马克思主义理论和实践中的民族主义

王希恩 —— 著

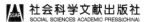
社会科学文献出版社
SOCIAL SCIENCES ACADEMIC PRESS(CHINA)

目　录

前　言

　　十多年前，我在参与马克思主义理论研究和建设工程的课题研究中，发现马克思主义关于民族主义的理论认识长期以来被简单化教条化了，于是写了《批判、借助和吸纳——对马克思主义经典作家关于民族主义论述的再认识》（《民族研究》2007 年第 5 期）一文，产生了较大影响。一些研究者受到启发，出现了一些跟进的相关成果。我也循着原来的思路，对经典作家关于民族主义的论述做了进一步的梳理，尤其是在主持编纂《马克思主义经典作家民族问题文选》和《马克思恩格斯列宁斯大林论民族》的过程中①，陆续发现和整理了经典作家关于民族主义的更多论述，为此又结合中国实际陆陆续续做了一些研究。这些研究心得有的已经发表，有的还未示人，但相互贯通，似有必要修补、整理成一个专题性的成果了，于是有了这本书的谋划和出版。

　　本书题为《马克思主义理论和实践中的民族主义》，力图尽可能准确和完整地阐述马克思主义关于民族主义的观点。但像其他研究一样，首先还得立准基点，明确概念。本书的两个核心概念

---

①　见中国社会科学院民族学与人类学研究所民族理论室编《马克思主义经典作家民族问题文选》（分《马克思恩格斯卷》上下、《列宁卷》上下和《斯大林卷》共五卷），社会科学文献出版社，2016；王希恩主编《马克思恩格斯列宁斯大林论民族》，中国社会科学出版社，2013。

"民族主义"和"马克思主义"都是有争议的。其中前者，我会在正文中以一章的篇幅全力解决；后者依从的是国内的一般理解，即马克思主义是由马克思、恩格斯所创立，用以指导无产阶级革命、以实现共产主义为宗旨的理论学说，可分两大块：经典马克思主义和中国化的马克思主义。经典马克思主义集中在马克思、恩格斯、列宁和斯大林的理论著述中，而中国化的马克思主义集中在中国共产党的理论武库中。据此，本书所谓"马克思主义理论和实践"即指马克思主义经典作家的理论和在其指导、影响下的国际共产主义运动实践，中国共产党的理论及其领导的革命、建设和改革开放实践。以此界定，我们便可摆脱在"马克思主义"名义下不同流派、学说和运动的干扰，集中在较少争议的范围内讨论问题了。也以此界定，本书的内容做了以下三部分安排。

第一部分对经典作家著述中的相关问题做出解读。关于马克思主义经典作家，国内很多领域已经将斯大林排除在外了，但在民族理论界却不能这样做。因为中国共产党接受最早也是最多的马克思主义民族理论正是斯大林的部分，只是没有照搬。而马克思、恩格斯，尤其列宁的民族思想也的确在斯大林那里得到了更为明确的阐述和发展。当然，斯大林与列宁的分歧也是存在的，但不是根本观点和原则上的分歧。

马克思主义对于民族主义的完整立场是批判、借助和吸纳，这是笔者原已表达的观点，也是本书继续坚持并做出更充分阐述的观点。而能够确立这一观点的原因之一，是我们对马克思主义理论著述中民族主义的理解，没有局限在字面上的"民族主义"，还包括了体现民族主义内涵的其他理论和历史实践，包括民族国家问题、民族自决权问题、民族解放运动和民族建设问题，等等。也正因为如此，马克思主义理论和实践中的民族主义已远远超出了一般的民族关系问题，而是伴随于无产阶级革命和科学社会主义事业的全过程之中了。

由于对民族主义理解的狭窄，国外一些学者常常否认马克思、恩格斯在民族主义研究上的建树，认为马克思和恩格斯对待民族运动的看法："通常反映在他们为报刊写的文章，以及演讲、通信和他们所写的关于其它问题的著作中顺便提到的一些评论中，并没有上升到一种普遍的理论的高度。"甚至不赞成把马克思、恩格斯包括民族主义在内的民族问题论述纳入"马克思主义"。① 这显然是错误的。实际上，马克思、恩格斯亲身参与了德国的 1848 年革命，也对同时和其后波兰、爱尔兰等国的民族解放运动给予了全力的声援，对工人运动中的民族利己主义、沙文主义，国际关系中的泛斯拉夫主义等给予了充分批评、批判和揭露。而这些革命运动、思想和思潮都是民族主义的具体表现。正是在对这些民族主义运动的参与、指导、声援，在对其中的错误和反动予以批评、批判和揭露过程中，马克思、恩格斯树立了马克思主义关于民族问题的基本观点，也包括了在民族主义问题上的基本立场。

与马克思、恩格斯不同，列宁和斯大林关于民族主义的论述要直接得多，因此在他们的文章中从题目到内容的"民族主义"和冠之以诸如"黑帮"、"自由"、"大俄罗斯"和"狭隘"等定语的各类"民族主义"林林总总、不胜枚举。可以说，列宁和斯大林正是在同各种各样的"民族主义"论战中阐述自己的各类主张，形成自己的民族理论和具体观点的。而在这些批判中，关于"崩得主义"、关于"民族文化自治"和"两种民族主义"的论述最为集中。通过这些批判，民族主义对于无产阶级政党建设和革

---

① 〔澳〕伊恩·卡明斯：《马克思恩格斯与民族运动》，柯明译，湖北人民出版社，1983，第 3 页。

命队伍团结的危害、对于大小民族关系的危害、对于新型无产阶级国家建设的危害等都得到了充分揭露。与此同时，"民族平等"、"民族自决权"、"民族国家"乃至"民族"概念等原本属于民族主义的理念和理论也在论述中被赋予了完全积极的意义，成为马克思主义民族理论的重要构成。

第二部分试图用马克思主义观点对与民族主义有关的一些重大历史过程做出分析，包括资本主义与民族主义的关系、国际共运与民族主义的关系以及马克思主义与民族解放运动的关系。民族主义原本就是资本主义伴生物，二者纠缠始终、互为因果。在资本主义的发展进程中，民族主义曾异化出极端的法西斯主义，也为被压迫民族提供了最普遍、最有效的斗争武器；它可以为全球化的热浪所消解，也会为发展不平衡所支配重新得到升腾。无产阶级革命本身就有国际主义的性质，但从19世纪马克思、恩格斯开创国际共产主义运动开始，国际主义在其中呈现的却是一种由盛而衰的趋势，直至被各国共产党完全放弃，其教训之深刻令人唏嘘，但根本原因是没有处理好国际主义与民族主义的关系。马克思主义领导的无产阶级革命几乎是与世界民族解放运动同步而进的。进入20世纪以后马克思主义形成了完整的民族殖民地理论，并通过共产国际和各国共产党直接参加或领导了各国的民族解放运动，从而大大促进了民族解放运动的发展，加速了世界殖民体系的瓦解。然而马克思主义及其领导的社会主义阵营的分化也直接影响了"民族主义国家"的不同走向以至世界格局的变化。

第三部分是中国化的马克思主义关于民族主义的立场。中国的民族解放是"东方民族主义"的一面旗帜。改良派、革命派和其他主要政治力量都以各种姿态高举过这面旗帜，而同样高举这面旗帜并将它与中国革命实现成功对接的是中国共产党。这是中国共产党对民族主义的完美借助。而这种借助至改革开放以来爱国主义的弘扬和中华民族的伟大复兴展现出了更为深远的场景。当然，对于民族主义消极性和危害性的批判，尤其在民族工作中对于"两种民族主义"的批判斗争同样贯穿在中国共产党的理论和实践之中，使中国化的马克思主义对于民族主义的正确立场得到了完整呈现。这个呈现过程长达近百年并延续到当下，触及中国的现实和未来。

民族主义"消极""反动"的刻板印象早已被打破，但完整揭示它的两重性仍然是一个有待完成的大课题。本书所涉内容广泛、重大，远非笔者一人能力所及，也远非一本小书篇幅所能承载。所以，略陈管见以为引玉就是我的全部期望了。

第一章　民族主义的理论起源及基本主张

　　"民族主义"是有两个层面的：一个层面是泛义的，指民族产生以来人们出于本能维护和获取自身民族利益的行为和主张；另一个层面是狭义的，指随近代资本主义产生以来，将民族和国家联系起来，以民族利益为旨归的意识形态、社会思潮或运动。如今人们讨论的民族主义多是在狭义上使用的。民族主义的基本主张表达的是两个意思：其一，民族是人类社会最神圣的群体，每个人都应该对自己的民族忠诚；其二，每一个民族都应是一个独立的政治单位，"一个民族，一个国家"是人类幸福安宁或和平正义的保证。这两条当是民族主义的核心理念，也是我们判断民族主义的根本标准。从思想史的角度而言，民族主义是18世纪的启蒙思想家们探索人类进步的一种途径。它与世界主义是相对的，又是相辅相成的，都属于那个时代的思想精华。然而，民族主义天生具有"唯我"的一面，留有明显的理论漏洞，它的理想也与社会历史的发展规律形成了对撞，这使得民族主义在作为人类文明成果照亮世界的同时，也以消极、褊狭乃至残暴的一面为人类历史留下了挥之不去的阴影和黑暗。

一 "民族主义"含义及理论的产生

"民族主义"（nationalism）是个现代术语。据安东尼·史密斯研究，西方最早使用"民族主义"这个词是在 18 世纪末期。1836 年，英语中首次使用"民族主义"，它当时是以神学用语出现的，指某些民族成为上帝选民的教条。此后，该词逐渐倾向等同于民族自大和以自我为中心。直到 20 世纪，"民族主义"一词才有了我们今天所认为的含义，但所指很泛。其中最重要的含义有：民族的形成和发展过程；民族的归属情感或意识；民族的语言和象征；争取民族利益的社会和政治运动；普遍意义或特殊性的民族信仰和民族意识形态。[①]

上述含义的确可以反映西方人对于"民族主义"的一般理解，但根据这些理解，并结合中国的话语传统可以说，"民族主义"是有两个层面的：一个层面是泛义的，指民族产生以来人们出于本能地维护和获取自身民族利益的行为和主张；另一个层面是狭义的，指随近代资本主义产生以来，将民族和国家联系起来，以民族利益为旨归的意识形态、社会思潮或运动。

两种"民族主义"的不同有三点。一是时代上的。前者与民族的存在相始终，只要有民族，就有在民族认同基础上对自身利益的追求和维护，而它们或可是理性的，或可是极端的。后者则产生于资本主义及其革命运动发生之后，从 18 世纪延绵至今，从欧洲扩展至世界。二是范围上的。后者将民族和国家联为一体，民族国家的建立和巩固是其政治的至高理想，而前者则不限于民

---

① 〔英〕安东尼·史密斯：《民族主义——理论，意识形态，历史》，叶江译，上海世纪出版集团，2006，第 6 页。

族国家问题，属于宽泛的民族利益诉求。三是自觉程度上的。前者出于族性认同的本能，后者则伴生有自觉的理论。民族主义理论是近代以来世界的主要意识形态之一，受此支配的民族主义运动极大地改造了近代以来的世界。

狭义的民族主义和泛义民族主义没有截然的区别。因为，泛义民族主义是人类利我本能在"民族"群体上的一种反映；泛义民族主义自觉化、理论化以后便成为狭义的，也即自觉化的民族主义了。

民族主义或人的类群的狭隘性有其天生的历史根源，"原始人从未通观世界，从未把'人类'视为一个群体，也从未感觉到他与他的种之间有一种共同的缘由。他从来就是一个画地为牢、自缚手脚的乡巴佬。无论是选择妻室，还是推举首领，头等重要的就是他们自己的人群与其范围之外的其他人群之间的差异。他们自己的群体及其全部行为方式都是独一无二的"。[①]

据此，卡尔顿·海斯（Carlton J. H. Hayes）曾对民族主义的起源做了颇为深刻的分析。他认为，人是"社交的动物"，但人交往的范围首先总是一个特定的集团。人对这个集团由此表现出一种始终的"忠顺心理"，这就是最早的"民族主义"（nationalism）。当然，这种"民族主义"只是一种小规模的"原始的部落主义"，"是原始社会的一种表号"。但是，"史前"的世界是这种小规模的民族主义的世界。[②] 这里所讲的就是我们所说的泛义的民族主义。它的产生实乃出于人类对于自己所出群体的天然的"忠顺心理"。

---

① 〔美〕露丝·本尼迪克特：《文化模式》，王炜等译，三联书店，1988，第10页。
② 〔美〕海斯：《现代民族主义演进史》，帕米尔等译，华东师范大学出版社，2005，第1~2页。

　　人类最早的群体是以部落为界的"原始民族"，由此产生的民族主义自然就是"部落主义"。由此推演下来，进入"文明时代"之后的"部族"和民族，或古代民族和现代民族等，也自然都有自己的"民族主义"。马克思主义经典作家关于民族主义的论述中既包含着狭义的民族主义，又包含着泛义的民族主义。斯大林所讲的格鲁吉亚历史上的"封建君主制的民族主义"以及列宁所讲的"黑帮民族主义"等，或是近代资本主义发生之前，或是封建阶级单纯的抗御外来压迫（格鲁吉亚）和实施民族压迫（沙俄），所以都不属于狭义的民族主义。此外，十月革命之后，列宁和斯大林反对的"大俄罗斯民族主义"和"地方民族主义"大多也不是狭义的民族主义，因为它们大多是俄罗斯和少数民族之间的历史成见和现实的民族偏见。当然，在地方民族主义当中也包含建立自己民族国家的狭义民族主义主张。

　　尽管泛义的民族主义是一种广泛的存在，但如今人们讨论的民族主义多数意义上是狭义的民族主义，"民族主义"一词多是在狭义上使用的。关于狭义民族主义的起源，西方学者已经做了大量的工作，其中海斯的观点是有代表性的。西方学者认为，就思想根源来说，民族主义理念是随着18世纪启蒙运动中世界主义的勃兴而形成的。那一时期欧洲的思想家们"主张说人类不但在相当小的集团里是社交的动物，而且在全世界人类中也是社交的动物。四海之内皆兄弟，一人的幸福是，或应该是，一切人类的责任。他们教人们超越狭隘的地方心理与集团心理，而应成为世界的公民，热心于全人类的进步"。但是，18世纪的思想家们不但关心全人类，而且非常关心人类的特殊表现。"从这里他们开始推究'民族'间的类同与对比之点，推究民族根本是什么；他们越从事推究的工作，越相信民族是人类社会的根本单位，是主持必要改革工作与增进人类进步的最自然的工具。"①

海斯认为，英国民众比欧洲大陆各国的民众较先产生强烈的民族意识。在法国革命之前，当法国人根本还自命为勃艮第人、加斯科尼人或布罗温斯人时，英国人已经自视为英国人，已经有了基于民族的爱国主义力量。英国哲人弥尔顿（Milton）和洛克（Locke）的政治哲学中的民族主义精神是欧洲大陆同时代的哲学家所不能及的。② 但民族主义有系统的学说是在 18 世纪产生的，其中以英国人博林布鲁克（Henry St. John Viscount Bolingbroke）、法国人卢梭（Jean Jacques Rousseau）和德国人赫尔德（Johann Gottfried von Herder）为代表的"人道民族主义"成为"最早的民族主义"。

根据海斯的研究，博林布鲁克的基本观点是：民族主义是直接从万物创造者的自然和理智之神那里来的；上帝创造了民族。民族的分水线是地理气候、语言、性格与政府的差异。自然和理智之神以为民族政府应当是最好的。各民族政府的根本工作是增进民族的利益，而不是增进朝代或阶级的利益。他指责基督教会中的"威权"为专制的，却称赞民族国家中的"威权"是合理的、神圣的。

卢梭不常被认为是一个民族主义理论家，但他的政治哲学却包含着一些人道民族主义的观念。他在其著名的《社会契约论》中提出，政府是"人民"自由缔结的契约的产物。而这里的"人民"就是民族的代名词。卢梭用他的理论"使民族主义得到一种

① 〔美〕海斯：《现代民族主义演进史》，帕米尔等译，华东师范大学出版社，2005，第 8 页。
② 〔美〕海斯：《现代民族主义演进史》，帕米尔等译，华东师范大学出版社，2005，第 66 页。

情感的热诚和教育的方略，而民族主义原来也就是由他的教训中产生的"。卢梭也在他的《论波兰政府》一书中讲到一个民族怎样才能成为更民族主义化的民族，忠告人们："创造一民族的天才、性格、嗜好、风俗的是民族制度；创造一民族而不创造另一民族的是民族制度；引动人民那种以长久习惯为基础的爱国热忱的，也是民族制度。"依此他提出包括建立民族军、民族教育、民族剧院、民族风俗与礼仪等在内的一整套民族主义宣传方略。

赫尔德从未声称自己是民族主义者，人们却称他是"德国民族主义之父"，认为："民族主义作为一种完整的学说，最初似乎是在 18 世纪的最后三十多年出现于赫尔德的著作中。"① 这话是有根据的。18 世纪启蒙运动以来，诸多思想家提出了关于国家与历史、个人意志的自治和自决等一系列观点，而将这些观点作为一种学说推出的主要贡献者是赫尔德。赫尔德理论的核心都与民族和文化有关。海斯认为，赫尔德的最大贡献是他的文化民族主义观念。他努力创造了关于民族和民族差异的整个理论，他的大部分著作包含着这种理论。赫尔德"不但在欧洲发现民族，也在亚洲、非洲、美洲及海岛上发现民族（他还称它们为'nations'或'people'不用'nationalities'一词）；不但在现代发现民族，也在最久违的古代发现民族。他越熟思他所看见到东西，越相信民族是人类种族最自然的分野，是不变的定律分配的结果；这些定律已经由自然与理智之神的好意培植在人类的心灵深处了"。赫尔德倡议用比较的方法对世界各民族做一番相貌研究："后来他很雄辩地主张作人类学、语言学与比较宗教的科学研究；最后他用更大的雄辩，恳求知识分子利用科学研究的结果，恢复诸民族的语

---

① 〔英〕伯林：《反潮流：观念史论文集》，冯克利译，译林出版社，2002，序言，第 35 页。

言、文学、宗教、风俗、服装，及其他一切文化民族主义的珍贵产物的原始的美丽与庄严。他亲自编辑出版许多代表各民族的民间诗集，以为倡导。"

　　海斯总结说："博林布鲁克与卢梭的教训中所显示或含蓄的民族主义根本是政治的：它主张各民族都应当拥有一个为民族目的而奋斗的民族政府，前者以为政府应当是贵族主义的，后者以为政府应当是民主主义的。在另一方面，赫尔德著作中所主张的民族主义几乎是完全属于文化的：它坚持各民族应当珍惜其民族文化——其语言、文学、历史的习惯与传统——因为这可以增强民族的性格。"[①]

　　海斯与汉斯·科恩（Hans Kohn）同被誉为西方民族主义研究之父，其论点的权威性是不言而喻的。不过，海斯在论述民族主义起源时忽略了康德（I. Kant）、威廉斯（Howard Williams）和盖尔纳（Ernest Geller）等一些当代民族理论家也同样冷落了康德，这是不应该的。因为康德在其伦理学理论中明确将个人的"自治"（autonomy）置于核心位置，强调了人的个人意志的"自治"和"自决"，[②] 为民族主义开启了"民族自决"的思路。已故民族理论家凯杜里（E. Kedourie）就此评论说："其本身在很大程度上是一种民族自决学说的民族主义，在这里找到了其生命力的最旺盛源泉。"[③] 康德本身并不是一个民族主义者，但他的关于个人自决的观点在其后继者中得到了发挥，直至费希特（J. G. Fichte）明确

---

① 〔美〕海斯：《现代民族主义演进史》，帕米尔等译，华东师范大学出版社，2005，第11~26页。

② 参见 Philip Spencer, Howard Wollman, *Nationalism—A Critical Introduction*, London: Sage publications, 2002, p. 6.

③ 〔英〕埃里·凯杜里：《民族主义》，张明明译，中央编译出版社，2002，第24页。

提出，一个人的完全自决最终要求民族的自决。① 费希特已经是公认的民族主义者，他的《对德意志民族的演讲》充满了对自己所属的德意志民族命运的忧虑和期望，"包含着现代民族主义的教义的经典性论述"，② 是一部有代表性的民族主义文献。

二　民族主义的基本主张

民族主义理论产生于18世纪，并在19世纪得到了发展和丰富。海斯将20世纪20年代以前的民族主义理论依次描述为"人道民族主义"、"雅各宾民族主义"、"传统民族主义"、"自由民族主义"和"完整民族主义"。这些民族主义既是不同的理论流派，又在发展历程上具有前后的继承关系。其中，有完全为后世所肯定的普适性的观点，也有给人类造成极大损害的理论污点。尽管它们都发生在20世纪20年代之前，但已完全涵括了民族主义的基本原则和主张，我们从理论上对民族主义做出评价已有了基本的凭据。依此，我们可以辨别出什么是民族主义的本义，什么是民族主义衍生的东西。

民族主义理论中有代表性的是凯杜里的概括。他说：民族主义主张，"人类自然地划分为不同的民族，这些民族由于某些可以证实的特征而能被人认识，政府的惟一合法形式是民族自治政府"。③ 又说："民族主义认为人类自然地分成不同的民族，这些

---

① 〔英〕埃里·凯杜里：《民族主义》，张明明译，中央编译出版社，2002，第135页。

② 邓正来主编《布莱克维尔政治学百科全书》，中国政法大学出版社，1992，第260页。

③ 〔英〕埃里·凯杜里：《民族主义》，张明明译，中央编译出版社，2002，第1页。

不同的民族是而且必须是政治组织的严格单位。然而，在现实世界中，政治组织并不遵循这一原则，因此，便出现了人类所经历的所有弊端——压迫、疏离和精神枯竭。除非每个民族都有自己的国家，享有独立存在的地位，否则人类不会获得任何美好的处境。"①

与此相近但同样有较大影响的是盖尔纳的表述："民族主义首先是一条政治原则，它认为政治的和民族的单位应该是一致的。""民族主义是一种关于政治合法性的理论"，它要求族裔（ethnic）的疆界不得跨越政治的疆界，尤其是某一个国家中，族裔的疆界不应该将掌权者与其他人分割开。②

凯杜里和盖尔纳同属西方民族理论"现代主义"阵营，其观点集中表达了对于民族主义"一个民族，一个国家"核心理念的揭示。与此不同，所谓族性符号主义理论家史密斯对于民族主义"基本主张"的概括是：

1. 世界由不同的民族所组成，每个民族都有它自己的特征、历史和认同；

2. 民族是政治权力的唯一源泉；

3. 对民族的忠诚超出所有的其他忠诚；

4. 为赢得自由，每个个人必须从属于某个民族；

5. 每个民族都需要完全的自决和自治；

6. 全球的和平和正义需要一个各民族自治的世界。

史密斯同时将这几点称为民族主义的"核心原则"，说它体现

---

① 〔英〕埃里·凯杜里：《民族主义》，张明明译，中央编译出版社，2002，导言，第7~8页。

② 〔英〕厄内斯特·盖尔纳：《民族与民族主义》，韩红译，中央编译出版社，2002，第1、2页。

了民族主义创立人卢梭、赫尔德、齐默尔曼、柏克、杰弗逊、费希特和马志尼以及他们的追随者的共同思想观点。[①] 这一表述是史密斯对当今民族主义研究各家学说观点的综合，应该说其比凯杜里和盖尔纳的概括更全面。但在此之外，似乎还有两点内容应补充至这些基本主张之中去。

第一，民族是人类自然而神圣的群体划分。从前述可知，最早的民族主义派别"人道民族主义"普遍阐述了这一观点，如博林布鲁克直言的"上帝创造了民族"，赫尔德所称的"民族是人类种族最自然的分野，是不变的定律分配的结果"等。此外，人道民族主义之后的其他民族主义流派也表达过同样的观点。如"传统民族主义"代表人物柏克认为，历史的背后有神圣的"天道"，有"上帝之手"；上帝把人类造成宗教的动物，上帝创造了不同的民族。[②] 自由民族主义的代表人物马志尼认为："民族是上帝指定为人类谋福利的工具，惟有这才是它的道德的本质。""民族主义就是上帝在人类工作中指定给各民族的东西。"[③] 民族的"神圣性"是民族主义理论的立身之本。唯有将民族的存在与"天道"和"上帝"联系起来，民族主义的强大动员功能才能产生效能，民族认同，进而与民族连为一体的民族国家认同才能高于其他认同而为人们所遵从。否则，仅仅作为人类群体的一种普通构成是无法获得更高地位的。所以，民族主义理论家重视这一点，强调这一点，对此，我们不能忽略。

---

① 〔英〕安东尼·史密斯：《民族主义——理论，意识形态，历史》，叶江译，上海世纪出版集团，2006，第23页。

② 〔美〕海斯：《现代民族主义演进史》，帕米尔等译，华东师范大学出版社，2005，第69页。

③ 〔美〕海斯：《现代民族主义演进史》，帕米尔等译，华东师范大学出版社，2005，第121页。

　　第二，世界文化呈现多样性，每个民族及其文化都具有自身的价值。这在赫尔德那里表述得最为充分。赫尔德早就谈道：多样性是世界的一种基本特性，是上帝的特意安排。上帝在主观意志上并不否认任何创造物，无论它如何低劣和卑微。多样性意味着每一种文化、每一种个性都具有不可比拟的价值。特殊性、个人偏爱以及差异性等是应该受到鼓励和保护的神圣事物。只有通过每个培养他自身特性的个体，通过每个达到其自身完善的不同种类，才能实现普遍的和谐。① 赫尔德认为，人类作为自然的生命分为不同的种族，每一种族都和它所处的环境密切联系，地理环境为生活其间的人塑造了独特的体质和精神特征，使每个种族一旦形成就成为一个人性的特殊类型、一种永恒不变的类型。每个民族或种族都有自己的生活观念和生活理想，都有各自的精神文化和各自的人性，因而世界的文化呈现多样性，各种民族文化都有其各自独特的价值。不论是地衣、青苔、羊齿，还是芬芳馥郁的鲜花，在造物主的安排下，它们都各得其所、争妍斗艳。各民族的心理、精神或人心，是造物主所命定的，永恒不变的。人类历史各个时代也具有各自的独特性和个别性，各个时代的时代精神和它们所创造的一切，都具有独特的价值。② 在全球化迅猛推进的当代世界，多样性的价值理念已深入人心，但溯及源头，又不能不推至赫尔德这里。从赫尔德以及其他民族主义理论阐述者的论述来看，文化多样性是与民族的神圣性连为一体的。每一种文化的独特价值及其民族载体都来自造物主或上帝的安排，这便决

---

① 〔英〕埃里·凯杜里：《民族主义》，张明明译，中央编译出版社，2002，第51、56页。

② 转引自陈勇、罗通秀编著《西方史学思想导论》，武汉大学出版社，1995，第95、96页。

定了每一种文化和民族都是平等和具有自主性的，也由此决定了世界正义和安宁取决于每一民族的自治或自决。所以，文化多样性是民族主义理论的基本建构之一，尽管当今世界并没有多少人真正关注二者的逻辑关系。

这两点内容加入上述六点之后，民族主义的基本主张便可达八点之多，但实际上又可重新概括一下，使其凝练和条理化一些：

1. 民族是人类自然而神圣的群体划分，每个民族都有它自己的特征和历史；

2. 世界由多样的民族和文化所组成，每个民族及其文化都具有自身的价值；

3. 为赢得自由，每个人必须从属于某个民族，对民族的认同和忠诚是至高无上的；

4. 民族是政治权力的唯一源泉，每个民族都需要完全的自决和自治；

5. 人类和平和正义需建立在各民族自治的基础之上。

这五点，实际上表达的是两个意思：其一，民族是最神圣的群体，每个人都应该对自己的民族忠诚；其二，每一民族都应是一个独立的政治单位，"一个民族，一个国家"是人类幸福安宁或和平正义的保证。这两条当是民族主义的核心理念，也是我们判断一个运动、一种思潮、一种观点或一种理论是否民族主义的根本标准。

从上述民族主义的基本主张来看，民族主义在本质上并不是一种恶的学说，而是人类探索自身进步和追求幸福和谐的一个视角。民族主义理论家们认为："'开明'的人做合理忠诚的民族主义者时，最能为全人类和国际主义服役。让各民族修明内政，扑灭弊恶，扫除迷信，重整政治和文化的器具吧；人类将获得利益，国际的和平将实现，人类的进步将一日而千里。"① 正是基于这一信念，正义、善意和开明在民族主义理论的表述和发展过程中也就有着深刻的反映。

"人道民族主义"被海斯称为"最早的民族主义"，"它们对全人类的幸福抱着极大的慈心，对其他民族的权利具有极动人的尊重，对侵略主义与不容异教的观念抱有极愤恨的态度"。② 作为人道民族主义中"贵族民族主义"代表人物的博林布鲁克，在其大量的著作中不曾攻击过外国人或轻视过任何异族，"他不但视民族主义为增进民族合法利益最自然合理的工具，而且也视之为达到最崇高的国际主义，获得最佳的人道主义结果时，最自然合理的工具"。③ 卢梭既是资产阶级民主政治理论的创始人，也是"民主民族主义"的代表人物。他主张："一切的国民，尤其是'平民'，将取君王及地主贵族阶级的地位而代之，成为民族爱国主义的维护者。""他不愿一个民族因扩大自己的势力而牺牲其他民族的利益。"④ 文化民族主义的鼻祖赫尔德"是帝国主义的大敌人。他排斥任何民族限制或阻碍另一民族的自然发展"，主张一切民族都需要自尊心，认为："一个政府剥削和降低一个民族的文化，乃是不合理的专横主义的最恶的表现。他对于亚洲民族的权利和对于欧洲民族的权利，同样地主张维护；他屡次攻击所谓基督教的列强企图欧化中国与印度的行为，因为这会抹杀东方民族最特殊，

---

① 〔美〕海斯：《现代民族主义演进史》，帕米尔等译，华东师范大学出版社，2005，第27页。

② 〔美〕海斯：《现代民族主义演进史》，帕米尔等译，华东师范大学出版社，2005，第13页。

③ 〔美〕海斯：《现代民族主义演进史》，帕米尔等译，华东师范大学出版社，2005，第17页。

④ 〔美〕海斯：《现代民族主义演进史》，帕米尔等译，华东师范大学出版社，2005，第21页。

故亦最神圣的东西，抹杀对全人类具有无上价值的东西。"① 杰出的自由民族主义者马志尼主张："应当在这世界上实行一种法律：各人不该为自己生活，而该为别人生活；人生的目的不是在享受多少的快乐幸福，而是在使我们和其他的人更好；在各地方为我们兄弟的利益而攻击不义和谬误：这不是权利，而仅是义务。"他坚持说："人类的伟大中心义务是以全人群为对象的。各民族和民族国家存在的目的乃在使人类能够完成他对全人群的义务。'民族是上帝指定为人类谋利的工具，惟有这才是它的道德的本质。'"他"不仅为一个自由民族主义者的意大利而努力奋斗。他的心为一切'被压迫的'民族而跳动，他的笔为一切'被压迫的'民族而狂挥"。②

看得出，从思想史的角度而言，民族主义是 18 世纪的启蒙思想家们探索人类进步的一种途径。它与世界主义是相对的，又是相辅相成的，都属于那个时代的思想精华。民族主义理论家们的志向、情操和为理想而奋斗的决心丝毫不逊色于其他任何意识形态的信仰者。他们创造的理论、信念以及由此表现出的精神是人类文明非常珍贵的一部分，值得我们认真发掘和总结。所以，将民族主义视为罪恶和反动，至少在民族主义发源时期和从它原本的社会追求来看不是这样。

然而，民族主义天生具有"唯我"的一面，留有明显的理论漏洞，它的理想也与社会历史的发展规律最终形成了对撞，这使得民族主义在作为人类优秀文明成果照亮世界的同时，也以消极、

① 〔美〕海斯：《现代民族主义演进史》，帕米尔等译，华东师范大学出版社，2005，第 25 页。
② 〔美〕海斯：《现代民族主义演进史》，帕米尔等译，华东师范大学出版社，2005，第 121、122 页。

褊狭乃至残暴的一面为人类历史留下了挥之不去的阴影和黑暗。

所谓天生具有"唯我"的一面是说，民族主义者将"民族"神圣化的着眼点是自己的民族。可以看出，民族主义理论家们谈上帝创造民族的时候大都以自己民族为例，说明民族的特征时也主要以自己民族为参照点，强调民族认同高于一切的时候也是旨在强化和维护自己的民族凝聚。这使得民族主义理论家们在阐述自己主张的同时，总会情不自禁地将自己民族和其他民族区别来看，做出超出理性的颂扬和赞美；也使得自己的理论总是和种族主义和极端主义极易相通，甚至使得民族主义无论怎样辩解，总是和偏见、歧视、压迫或隔阂、分离、分裂这些概念联系在一起。被海斯列为传统民族主义代表人物之一的法国人庞纳特反对法国大革命的"雅各宾民族主义"的极端性，但他同样有着极端的民族情感。他说法语是"最完美的现代语也是一切语言中最完美的语言"，"这种语言是简易而不鄙陋，高尚而不浮夸，和谐而不劳惫，正确而不含糊，文雅而不矫饰，多隐喻而少造作的；这种语言是十全十美的性质的真实表现"。他说，法国人是"欧洲最开明最合理的民族"，法兰西"种族"，即"罗马人、高尔人与日耳曼人"是"最佳血液的适当混合"。① 所以，传统民族主义虽然反对雅各宾民族主义的极端性，"但事实上它和雅各宾民族主义一样地好战，一样的残暴"。②

所谓天生留有理论漏洞是说，民族主义者一方面鼓吹每一个民族及其文化都有其自身的价值，另一方面又鼓吹"一个民族，

---

① 〔美〕海斯：《现代民族主义演进史》，帕米尔等译，华东师范大学出版社，2005，第76页。

② 〔美〕海斯：《现代民族主义演进史》，帕米尔等译，华东师范大学出版社，2005，第87页。

一个国家",这实际上也就把同样具有价值的其他民族排拒在自己民族主导的国家之外了。赫尔德是文化多样性理论的最早提出者,但同时也是"一个民族,一个国家"的主张者。"他排斥任何民族限制或阻碍另一民族的自然发展,他以为这种企图是犯罪的行为。在他看来,一个政府剥削或降低一个民族的文化,乃是不合理的专横主义的最恶表现。"但是他也曾说:"最自然的国家是一个具有一种民族性格的民族。……与政府的目的绝对相反的莫如国家不自然的扩充,莫如各种类各民族在一个权力下的混合。"①这里,民族主义理论的矛盾和疏漏是非常明显的。

所谓民族主义的理想与社会发展规律形成对抗是说,国家社会的多民族存在是一个规律,民族主义的最高政治追求"一个民族,一个国家"从来就是一个不曾实现的泡影。正如前引凯杜里和盖尔纳所说,民族主义首先是一个政治原则,它要求政治疆界和民族疆界的一致,也即民族和国家的一体。但二百多年来的世界历史,尽管在相当程度上可说是民族主义打造世界、不断用自己的理念影响甚至支配世界的历史,但在民族与国家的对应问题上,历史走的则是一条相反的路径。如果说,在民族主义早期影响下,在欧洲和亚洲的某些国家还真的出现过单一民族国家,那么至民族主义仍然大行其道的今天,世界各国的单一民族性已经根本不可能存在了。历史证实了民族主义这一核心原则的虚幻性。

所以,民族主义理论的纰漏及与社会发展现实的相悖,使得它的正义性、积极性和进步性也与非理性、消极性和落后性一脉相通。所以,我们就会看到,民族主义在为资本主义推翻封建主义,在为世界被压迫人民争取民族解放和实现社会正义点燃思想

---

① 〔美〕海斯:《现代民族主义演进史》,帕米尔等译,华东师范大学出版社,2005,第25页。

火炬的同时，也会看到它为种族主义、法西斯主义、极端主义、分裂主义提供理论基石，为民族歧视、排拒和文化霸权培育社会土壤。民族主义的两重性是根植于它的理论机体之中的。与海斯齐名的汉斯·科恩把民族主义分为西方式和东方式的两种，认为西方民族主义是人道主义的，与民主、自由主义以及宪政联系在一起，而东方民族主义则是一种威权制度，是封闭、仇外的。但实际上，与民族主义有渊源关系的法西斯主义既出现在东方的日本，也出现在西方的德国和意大利；东方民族主义者孙中山和甘地同样都以民主和宪政为自己的政治追求。所以，民族主义的两面性是不分西方和东方的，它的这一面总是和另一面相依相随的。

民族主义消极性的存在，直接影响到它的整体形象。基于此，民族主义尽管在现代世界有极大的话语权，但各种政治力量明确打出民族主义旗帜的并不多见。不过，与此着意回避的做法相反，西方也有人力图改造民族主义，设想在规避其消极性的基础上建立一种符合主流价值理念的"自由主义的民族主义"，认为这种"民族主义"将因吸收了"自由主义"的理念而变得温和和理性，它不是对民主的威胁，而是民主实现的一种条件，从而为解决当今世界的民族冲突提供新的思路。①

其实，自由主义的民族主义并不是资本主义世界现有的主张。溯及民族主义的历史，源于18世纪、盛于19世纪的所谓"自由民族主义"就是这种民族主义的早期版本。边沁、基佐、韦尔克、马志尼等都是这一派别的代表人物。"自由民族主义不仅是民族化

---

① 自由主义民族主义理论的提倡者以当代英国著名思想史家以赛亚·伯林（Isaiah Berlin）和英国著名法学家约瑟夫·拉兹（Joseph Raz）为代表。而伯林的学生、以色列学者耶尔·塔米尔（Yael Tamir）所著的《自由主义的民族主义》集中反映了这一理论主张。该书已由陶东风译为中文（上海世纪出版集团，2005）。

的和自由化的，而且也是（至少在言论上的趋势上）民主化的。"他们"主张彻底的政治民主主义，将其视为民族幸福的最有把握的工具"。① 马志尼"爱意大利胜于爱世界上一切东西，但不是用极端爱国主义的态度去爱她，也不是在伤害任何其他民族的立场上去爱她，而是始终以理想主义的态度去爱她。他们的特殊义务是去解放意大利，统一她，把她共和主义化，使她能更有成绩地完成她对全人类的义务"。②

如此正义的主张，如此崇高的情怀，丝毫不亚于现今的"自由主义的民族主义"，然而这种民族主义又真正存在了多久呢？而后这些民族主义不也演化出了法西斯主义这样的人类社会毒瘤吗？所以，可以肯定的是，民族主义具有的唯我性和政治理念的保守性决定了它的弊端是不可能得到根本改造的。

---

① 〔美〕海斯：《现代民族主义演进史》，帕米尔等译，华东师范大学出版社，2005，第 105 页。

② 〔美〕海斯：《现代民族主义演进史》，帕米尔等译，华东师范大学出版社，2005，第 122 页。

第二章　批判、借助和吸纳

马克思主义经典作家在对民族主义持批判、反对态度的同时，也对民族主义的进步性做了肯定，对不同性质的民族主义做了区别。根据经典作家的理论设想和世界历史的发展实践，民族主义是实现无产阶级革命和社会主义目标所需的"过渡"性途径。民族主义有着极为鲜明的两重性，既与民族本位、褊狭、排外以致暴力倾向相通，又为反对压迫和社会不公提供动员手段，为社会发展进步铺就理想。马克思主义经典作家对这个两重性有着清晰的辨别，并将它们长期分离开来，即将"民族主义"的名分抛给了它的消极面，而将它的积极面在实践上加以借助，在理论上吸纳改造，使其成了马克思主义民族理论的内容。经典作家对于民族主义的批判、借助和吸纳，既是矛盾的，又是统一的。我们唯有看到这一点，对他们关于民族主义思想的理解才是全面的。

典型的民族主义现象始于18世纪，对民族主义现象的研究则不早于19世纪后期，而在此进程中，马克思主义的著述绝对形成了民族主义研究史上的一个高峰。英国当代民族理论家 A. D. 史密斯讲："在1914年以前，马克思主义是民族主义研究的主要学派之一。虽然马克思和恩格斯没有在民族主义问题上形成成熟的理论，但东欧发生的民族主义运动使得马克思和恩格斯的追随者对这种现象给予了相当的注意。卡尔·考茨基（Karl Kautsky）、罗莎·卢森堡（Rosa Luxemburg）、奥托·鲍威尔（Otto Bauer）和伦纳（Renner）、列宁和斯大林等都对这些问题作了大量研究。事实上，在近几十年之前，他们是在连续性上最好的民族主义研究学派。"① 此言当为公允之论。事实上，经典马克思主义不但是民族主义研究的主要派别之一，而且对马克思主义解决民族问题的实践，乃至国际共产主义运动的历史实践都有着巨大影响。珍惜和深入研究这份历史遗产，有利于马克思主义民族理论的发展，也有利于正确认识民族主义这一重要历史现象。

在马克思主义阵营中，第二国际时期的卢森堡、考茨基以及鲍威尔等人虽都对民族主义问题做过一定的论述，但是他们的理论都在不同程度上受到列宁和斯大林的批判，一般来讲已经不能被视为"正宗"的马克思主义观点了。因此，我们研究马克思主义关于民族主义的理论，从其本源上说只能推及马克思主义的经典作家，即马克思、恩格斯、列宁和斯大林。马克思和恩格斯对于民族主义的直接论述不多，以至于西方学者普遍认为："马克思终其一生都低估了作为一股独立力量的民族主义……这是他的伟大体系中的主要弱点之一。"② "在卡尔·马克思讨论的所有历史现象中，他对于民族主义、民族主义运动和民族国家的出现的考察是最不令人满意的。"③ 但实际上，虽然直接论述不多，但马克

---

① Anthony D. Smith, *Theories of Nationalism*, New York: Holmes & Meier Publishers, 1983, p. 257.
② 〔英〕伯林：《反潮流：观念史论文集》，冯克利译，译林出版社，2002，第333页。
③ 华东师范大学当代中国马克思主义研究中心：《社会主义发展的历程研究》，上海人民出版社，2001，第369页引（阿维纳日《走向一种社会主义的民族主义理论》，《异议》1990年秋季卷）。

思和恩格斯对于民族主义问题的间接论述很丰富，这一点我们绝不能忽略。与马克思和恩格斯不同，在列宁和斯大林关于民族问题的论述中，"民族主义"属于使用频率最高的关键词之一。可以说，列宁和斯大林的民族理论正是在对民族主义的论争和批判中建立起来的，马克思主义经典作家关于民族主义的基本观点也主要是在他们的论述中得到确立的。据此，本章马克思主义经典作家关于民族主义的理论及相关问题的分析将以列宁和斯大林的论述为主要依据。

一 经典著述中"民族主义"的主要类别及内容

作为分析的前提，首先需要根据经典作家的有关论述，排列出他们所论及的"民族主义"的大致类别及内容。① 1913 年 12 月列宁曾讲：马克思主义者正在同一切形式的民族主义进行坚决的斗争。而这"一切形式的民族主义"是"从我国统治集团和右派十月党的粗暴的、反动的民族主义直到资产阶级和小资产阶级政党的比较精致的和隐蔽的民族主义"。② 列宁在此对民族主义做了一个罗列，但实际上很笼统、很粗略，在他和斯大林的论述中，冠以"民族主义"的论述至少包括以下种类。

---

① 这里所列分类限于经典作家直接冠以"民族主义"的类别，而虽有民族主义性质但经典作家没有指明的未加列入，但后者将在后文中不断涉及。同时，由于马克思、恩格斯直接指明的"民族主义"不多，所以这里也主要列出的是列宁和斯大林对民族主义的分类。

② 列宁：《再论按民族分学校》，中国社会科学院民族学与人类学研究所民族理论室编《马克思主义经典作家民族问题文选·列宁卷（上）》，社会科学文献出版社，2016，第 331 页。

"封建君主制的民族主义"和"资产阶级民族主义"。斯大林在其《社会民主党怎样理解民族问题》一文中提到，在格鲁吉亚历史上形成过"封建君主制的民族主义"。意思是：格鲁吉亚归并俄国后，格鲁吉亚贵族感到丧失了特权和势力，有伤自己的尊严，所以想要"解放格鲁吉亚"。但这个"运动"并没有做出任何成绩，而是分化成了两派：一派抛弃了"民族主义"而向俄国专制制度伸出了手，想从那里换得高官厚禄和其他利益；另一派则同格鲁吉亚的主教和大祭司串通一气，把其"民族主义"置于教权主义之下，采取了教权主义的形式。而随着资本主义的发展，当年轻的格鲁吉亚资产阶级感到自己很难与外国资本家进行自由竞争时，他们就"开始嘟囔起什么独立的格鲁吉亚来了。格鲁吉亚资产阶级想用关税壁垒保护格鲁吉亚市场，用强力把'外国'资产阶级从格鲁吉亚市场赶出去，用人为的方法提高物价，并用这种'爱国的'手腕在发财的角逐场上求得成功"。这就是格鲁吉亚资产阶级的民族主义。①

斯大林这里谈到的"封建君主制的民族主义"用了俄文"национализм"，与资产阶级的民族主义是有区别的；而对格鲁吉亚资产阶级民族主义产生的描述也符合他对资产阶级"民族运动"或资本主义"民族"形成的一贯思路。

"黑帮民族主义"或"政府的民族主义"。1905 年以后，俄国国内经济生活发生了重大变化，而这一时期开始的"宪政"也促进了各民族自觉意识的觉醒，但当政的沙俄政府对边疆地区的民

---

① 斯大林：《社会民主党怎样理解民族问题》，中国社会科学院民族学与人类学研究所民族理论室编《马克思主义经典作家民族问题文选·斯大林卷》，社会科学文献出版社，2016，第 7 页。

族觉醒实施了种种高压手段，从上层掀起了"黩武的民族主义浪潮"。① 列宁把这种民族主义称为"黑帮民族主义"或"政府民族主义"，讲："俄国是一个民族关系复杂的国家。政府的政策，得到资产阶级支持的地主的政策浸透了彻头彻尾的黑帮民族主义"。"反动的或黑帮的民族主义力图保证一个民族享有特权，而使其余一切民族处于从属的、不平等的、甚至是根本无权的地位。"②

"从属的"或"被压迫民族中的民族主义"。这是与"黑帮民族主义"或"政府民族主义"相对应的一种民族主义。斯大林在讲到 1905 年以后因沙俄政府"从上层掀起的黩武的民族主义浪潮"时，也讲到由这种对边疆地区黩武和高压而产生的"下层"的"民族主义反击浪潮"汹涌而来，其中包括各民族中的"沙文主义"，犹太人中的"锡安主义"，鞑靼人中的"大伊斯兰主义"，亚美尼亚人、格鲁吉亚人、乌克兰人中的民族主义的加强，以及"没有教养的人反犹太主义的共同倾向"等。③ 这些民族主义多为各民族的上层所掀动，所以，列宁把它们称为："被压迫民族上层分子中的民族主义倾向。"1914 年，列宁在《关于民族问题的报告提纲》中又谈到了"被压迫民族中的民族主义"，指的是俄国占 57% 的非大俄罗斯居民"遭受极其深重的、前所未闻的压迫的

①　斯大林：《马克思主义和民族问题》，中国社会科学院民族学与人类学研究所民族理论室编《马克思主义经典作家民族问题文选·斯大林卷》，社会科学文献出版社，2016，第 28 页。

②　列宁：《工人阶级和民族问题》《再论按民族划分学校事业》，中国社会科学院民族学与人类学研究所民族理论室编《马克思主义经典作家民族问题文选·列宁卷（上）》，社会科学文献出版社，2016，第 228、331 页。

③　斯大林：《马克思主义和民族问题》，中国社会科学院民族学与人类学研究所民族理论室编《马克思主义经典作家民族问题文选·斯大林卷》，社会科学文献出版社，2016，第 29 页。

情况下"的民族主义。①

"自由派民族主义"。1912年12月列宁在《真理报》撰文，批判了当时俄国杜马中出现的"民族主义自由派"观点，指出，"他们不希望地主和官僚独占整个的统治权"，而追求两院制的受严格限制的宪法，"希望有一个执行以火与剑为'祖国工业'争夺市场的'爱国'政策"，"建设'伟大的'资本主义俄国"。列宁认为这是一种"'真正的'的资本主义资产阶级政党"，追求的是"资本主义资产阶级的自决"。"民族主义自由派"或"自由派民族主义"主要由俄国杜马和国务会议中的"进步派"及立宪民主党内大资产阶级的头面人物所组成。列宁反对这种民族主义是因为，当时的无产阶级政党的任务是彻底推翻旧的国家机器，实现无产阶级的自决，而不是维护和实行由资产阶级意志和力量所主宰的旧的俄国政权。因此，他号召人们"反对自由派民族主义。这种民族主义虽不那么粗暴，但是由于它的虚伪、由于它对人民进行'巧妙的'欺骗而特别有害"。也正是由于这一点，列宁又把它称为"虚伪地掩饰起来的精致的民族主义"。②

"社会民族主义"。列宁在《"联合者"》一文中称波兰社会党"左派"是"波兰社会民族主义派别之一"。③ 他们是波兰社会

---

① 列宁:《关于民族问题的报告提纲》，中国社会科学院民族学与人类学研究所民族理论室编《马克思主义经典作家民族问题文选·列宁卷（上）》，社会科学文献出版社，2016，第339页。

② 列宁:《关于工人代表的某些发言问题》《关于杜马中的工人代表和他们的宣言问题》，中国社会科学院民族学与人类学研究所民族理论室编《马克思主义经典作家民族问题文选·列宁卷（上）》，社会科学文献出版社，2016，第195、198页。

③ 列宁:《"联合者"》，中国社会科学院民族学与人类学研究所民族理论室编《马克思主义经典作家民族问题文选·列宁卷（上）》，社会科学文献出版社，2016，第171页。

党中持有民族主义偏见的一部分人。在第一次世界大战进行过程中，列宁又批判了以亚·波特利索夫和考茨基等人的"民族自由主义"和"社会民族主义"，指出他们打着国际主义和马克思主义的旗号，用"清一色的民族自由主义来反对杂色的民族自由主义"。他认为："机会主义的基本思想是主张资产阶级和它的对立体的联合或接近。社会民族主义的基本思想也是这样。机会主义和社会民族主义在思想政治上相近、相连甚至相同。"比喻现在的社会民族主义是由前一历史时代的机会主义的涓涓细流汇合而成的。他提醒人们与几种主要的社会民族主义，如普列汉诺夫的、波特列索夫的、崩得的、阿克雪里罗得的、考茨基的社会民族主义明确划清界限，把社会民族主义称为"资产阶级流派的最凶恶的保卫者"。列宁没有对"社会民族主义"做出明确的定义，但显然，这种"社会民族主义"是打着社会主义招牌的民族主义、社会民主党内的民族主义。

此外，列宁还把在第一次世界大战中一些社会民主党人为"保卫祖国"做思想辩护的行为称为"社会沙文主义"，认为他们主张的并不是反对异族压迫这个意义上的"保卫祖国"，而是这些或那些大国掠夺殖民地和压迫异族的"权利"，跟着资产阶级欺骗人民。社会沙文主义因此也属社会民族主义的范畴。

"崩得民族主义"。"崩得"是于1897年成立的立陶宛、波兰和俄罗斯犹太工人总联盟的译称，1898年加入俄国社会民主工党。崩得自称是犹太无产阶级利益的唯一代表，认为犹太无产阶级不仅仅是全世界无产者大家庭中的一部分，而且是在其他民族中占有特殊地位的犹太民族的一部分。崩得主张俄国社会民主工党各部分之间的团结应表现在"联邦制"上，提出要以"联邦"的形式保持与俄国社会民主工党的关系。列宁认为崩得的主张是民族主义，"因为联邦制意味着隔阂"，"联邦制在理论上只能用民族主义思想来进行论证"。① 1903 年因俄国社会民主工党拒绝了崩得的要求，崩得一度退出了该党。1906 年，崩得迫于内部要求统一的压力重新加入了俄国社会民主工党，但它并没有改变立场，先后提出了一系列错误口号和主张，对俄国社会民主工党的统一和工人阶级的团结造成了很大损害，并导致了它和俄国社会民主工党的正式决裂。为了清除崩得民族主义的影响，1913 年，列宁和斯大林分别在其《关于民族问题的批评意见》和《马克思主义和民族问题》两篇文章中对崩得做了集中批判。崩得民族主义主要表现在对"民族文化"口号和"民族文化自治纲领"的鼓吹上。

列宁认为，每个现代民族中都有两种"民族文化"，一种是剥削阶级的文化，另一种是民主主义或社会主义的文化。现在崩得笼统地提"民族文化"，只能是提倡"占统治地位的地主、神甫、资产阶级的文化"。列宁批判民族文化自治的"主要的、根本的缺陷，就在于它竭力要实现最精致、最绝对、最彻底的民族主义"。②

崩得民族主义是俄国社会民主党建党过程中面临的最严重的民族主义倾向。除了《关于民族问题的批评意见》和《马克思主义和民族问题》两篇主要文章之外，列宁和斯大林关于民族问题的其他一些论著也经常涉及批判崩得民族主义的内容。

"大俄罗斯民族主义（沙文主义）"和"地方民族主义"。早在 1913 年，列宁就在《论俄国社会民主工党的民族纲领》中讲

---

① 列宁：《最高的无耻和最低的逻辑》，中国社会科学院民族学与人类学研究所民族理论室编《马克思主义经典作家民族问题文选·列宁卷（上）》，社会科学文献出版社，2016，第 51 页。

② 列宁：《关于民族问题的批评意见》，中国社会科学院民族学与人类学研究所民族理论室编《马克思主义经典作家民族问题文选·列宁卷（上）》，社会科学文献出版社，2016，第 278、286 页。

道："沙皇政府比邻国政府更加反动，它是经济的自由发展的最大障碍，并且拼命激起大俄罗斯民族主义。"① 十月革命以后，列宁和斯大林将反对民族主义倾向的主要着力点放在了党内和国内的大民族主义和地方民族主义上。1919 年列宁在讲到如何应对正在从邓尼金军队占领下解放出来的乌克兰的问题时指出："许多世纪以来大俄罗斯人在地主和资本家的压迫下，养成了一种可耻可憎的大俄罗斯沙文主义偏见。""我们大俄罗斯共产党人，对我们当中产生的一点点大俄罗斯民族主义的表现，都应当极其严格地加以追究。"同时也认为："长期遭受压迫使乌克兰落后群众具有民族主义倾向。"② 实际上，不仅乌克兰，而且当时所有面临着与俄罗斯建立联盟关系的各国都有民族主义倾向。因此，列宁号召各族共产党人共同奋斗，粉碎各种民族主义阴谋、消除各种民族主义偏见。

1921 年，斯大林在《论党在民族问题方面的当前任务》一文中认为，当前大俄罗斯族的共产党员容易倾向于"大国主义、殖民主义、大俄罗斯沙文主义"，而边疆地区民族的共产党员则"趋向于资产阶级民主的民族主义。这种民族主义有时具有大伊斯兰主义、大突厥主义的形式（在东方）"。③ 1930 年，斯大林对"两种民族主义"又做了进一步的论述，说：目前条件下，"大俄罗斯沙文主义倾向的实质是：企图抹杀语言、文化和生活习惯方面的民

---

① 列宁：《论俄国社会民主工党的民族纲领》，《列宁全集》第 24 卷，人民出版社，1990，第 240 页。

② 列宁：《为战胜邓尼金告乌克兰工农书》《俄共（布）中央关于乌克兰苏维埃政权的决议》，中国社会科学院民族学与人类学研究所民族理论室编《马克思主义经典作家民族问题文选·列宁卷（下）》，社会科学文献出版社，2016，第 404、421、422 页。

③ 斯大林：《论党在民族问题方面的当前任务》，中国社会科学院民族学与人类学研究所民族理论室编《马克思主义经典作家民族问题文选·斯大林卷》，社会科学文献出版社，2016，第 193 页。

族差别；企图准备撤销民族共和国和民族区；企图破坏民族平等权利原则，破坏党关于机关民族化与报刊、学校及其他国家组织和社会组织民族化的政策"。"地方民族主义倾向的实质是：力图独树一帜并在本民族的狭隘范围内闭关自守，力图抹杀本民族内部的阶级矛盾，力图用脱离社会主义建设总流的方法抵御大俄罗斯沙文主义，力图漠视那些使苏联各民族劳动群众接近和联合的东西，而只看到那些能使他们彼此疏远的东西。地方民族主义倾向反映了过去被压迫民族中的垂死阶级对无产阶级专政制度的不满，反映了它们想单独成立自己的资产阶级民族国家并在那里确立自己的阶级统治的企图。"①

"小资产阶级民族主义"。1920年，列宁在为共产国际第二次代表大会草拟的《民族和殖民地问题纲领》中讲道："口头上承认国际主义，而事实上在全部宣传、鼓动和实际工作中却用市侩民族主义与和平主义偷换国际主义，这不仅是第二国际各政党中最常见的现象，而且也是那些已经退出了这个国际的各政党中，甚至往往是现在自称为共产党的各个政党中最常见的现象。"列宁同时把这种现象称为"小资产阶级民族主义"，讲："把无产阶级专政由一国的（即存在于一个国家内的，不能决定全世界政治的）专政转变为国际的专政（即至少是几个先进国家的，对全世界政治能够起决定影响的无产阶级专政）的任务愈迫切，同最顽固的小资产阶级民族主义偏见这种祸害的斗争就会提到首要地位。"

列宁同时分析了小资产阶级民族偏见产生的原因："帝国主义列强历来对殖民地的和弱小的民族的压迫，使被压迫国家的劳动

---

① 斯大林：《联共（布）中央委员会向第十六次代表大会的政治报告（摘录）》，中国社会科学院民族学与人类学研究所民族理论室编《马克思主义经典作家民族问题文选·斯大林卷》，社会科学文献出版社，2016，第428、433页。

群众不仅憎恨而且不信任一切压迫民族，其中也包括这些民族的无产阶级。……另一方面，一个国家愈是落后，这个国家的小农业生产、宗法制度和闭塞性就愈加厉害，而且这种情况必然使最深刻的小资产阶级偏见，即民族利己主义和民族狭隘性的偏见特别厉害和顽固。"① 也就是说，小资产阶级民族偏见或民族主义根源于帝国主义的民族压迫和其本身生产方式的封闭性。

二　经典作家关于"民族主义"的基本观点

以上为马克思主义经典作家的论述中所涉及的"民族主义"的主要类别，另外还有个别的、属于偶尔提到的"民族主义"，这里没有列入，真可谓形形色色。这些"民族主义"从历史类型来分，有中世纪的，更多是现代的；从阶级属性来分，有属于"封建君主制的民族主义"，有"资产阶级民族主义"、资产阶级的"民族主义的自由派"，以及"小资产阶级民族主义"；从政治营垒来分，有属于沙皇政府的"黑帮民族主义"以及与之对应的"从属"或被压迫民族中的民族主义，有属于维护旧程序或资本主义制度的"自由派民族主义"，也有属于无产阶级政党内部的"崩得民族主义""社会民族主义"，以及更广泛层面的"大俄罗斯沙文主义"和"地方民族主义"。如此众多的"民族主义"，其性质和表现都是各有区别的，但我们从经典作家对它们的论述中还是可以看出其共同点的。

---

① 列宁：《为共产国际第二次代表大会准备的文件》，中国社会科学院民族学与人类学研究所民族理论室编《马克思主义经典作家民族问题文选·列宁卷（下）》，社会科学文献出版社，2016，第452、454页。

其一，民族主义是剥削阶级，尤其是资产阶级的意识形态和思想倾向。斯大林提到的格鲁吉亚的"封建君主制的民族主义"已经点明了这个"民族主义"所属的封建阶级性质。至于沙皇政府的"黑帮民族主义"，由于列宁将沙俄称为"军事封建帝国主义"国家，故它的民族主义无疑也属封建阶级之列。此外，其他的民族主义都属资产阶级范围，只是有的直接，有的间接。如，"自由派民族主义者"多为沙俄政府和杜马中的一些立宪民主党人，他们本身就是大资产阶级的头面人物，政治追求也是资本主义。因此，这是一种真正的"资产阶级民族主义"。又如关于"民族文化自治"，列宁明确讲："'民族文化自治'的口号，正是这种资产阶级民族主义的表现。"① 所以，从经典作家对民族主义的论述来看，尽管他们所谈的"民族主义"形形色色，有不同的阶级属性，但总的倾向是将民族主义与资产阶级联系起来。因为只有资产阶级民族主义才是最完整、最具影响力，也是对无产阶级革命最具现实威胁的。

其二，民族主义把本民族的诉求放在第一位，实质上维护的是本民族资产阶级的特权和利益。关于对民族主义总的评价，列宁的这段话是有代表性："资产阶级和资产阶级民主主义的民族主义，口头上承认民族平等，实际上则维护（常常暗中，背着人民）一个民族的某些特权，并且总是力图让'自己的'民族（即为本民族的资产阶级）获得更大的利益。"② 这句话实际上是对前一观

① 列宁：《向拉脱维亚边疆区社会民主党第四次代表大会提出的纲领草案》，中国社会科学院民族学与人类学研究所民族理论室编《马克思主义经典作家民族问题文选·列宁卷（上）》，社会科学文献出版社，2016，第233页。
② 列宁：《再论按民族分学校》，中国社会科学院民族学与人类学研究所民族理论室编《马克思主义经典作家民族问题文选·列宁卷（上）》，社会科学文献出版社，2016，第331页。

点，即民族主义是资产阶级意识形态和思想倾向的自然延伸。

其三，分离、隔绝和发展特殊性是民族主义的共有特征。经典作家没有对民族主义做出完整的定义，却在不同的场合揭示了民族主义的一些特征，其中提及最多的是把民族主义与"分离"、"隔绝"和发展"特殊性"联系起来。基于这一点，列宁反复谈道："无产阶级不能支持任何巩固民族主义的做法，相反，它支持一切有助于消灭民族差别、消除民族隔阂的做法，支持一切促使各民族之间的联系日益紧密和促使各民族融合的做法。"①

出于上述认识，马克思主义经典作家明确表明："资产阶级的民族主义和无产阶级的国际主义——这是两个不可调和的敌对的口号，它们同整个资本主义世界的两大阶级营垒相适应，代表着民族问题上的两种政策（也是两种世界观）"。②

资产阶级总是和民族主义联系在一起，因为每个国家的资产阶级都有他们自己的特殊利益，而且由于他们认为这些利益高于一切，他们无法越出民族的范围。而"工人阶级就其本性来说是国际主义的"③。全世界的无产阶级有共同的利益、共同的敌人，面临共同的斗争。所以，"所有的无产者生来就没有民族的偏见，

---

① 列宁：《关于民族问题的批评意见》，中国社会科学院民族学与人类学研究所民族理论室编《马克思主义经典作家民族问题文选·列宁卷（上）》，社会科学文献出版社，2016，第288页。

② 列宁：《关于民族问题的批评意见》，中国社会科学院民族学与人类学研究所民族理论室编《马克思主义经典作家民族问题文选·列宁卷（上）》，社会科学文献出版社，2016，第280页。

③ 恩格斯：《五一节致捷克同志们》，中国社会科学院民族学与人类学研究所民族理论室编《马克思主义经典作家民族问题文选·马克思恩格斯卷（上）》，社会科学文献出版社，2016，第568页。

所有他们的修养和举动实质上都是人道主义的和反民族主义的"。①

以上观点无疑就是马克思主义经典作家在民族主义问题上的基本观点。

对于马克思主义经典作家为什么反对民族主义，将其列为与无产阶级"不可调和的敌对的口号"，还可以从以下三个方面理解。

第一，马克思主义主张的阶级分析方法和阶级斗争观点是与民族主义主张的民族至上、以民族来划分人群、界定利益根本冲突的。

马克思主义一诞生，便向世人昭告了它的伟大发现："至今一切社会的历史都是阶级斗争的历史"②；阶级斗争是阶级社会"历史发展的直接动力"，而阶级产生和分化则出于纯粹的经济原因。"劳动和分工是一切人类社会生存的条件……'几千年来地球上的一切民族的情况都是这样'！！！在埃及有过劳动和分工，因此有等级；在希腊和罗马有过劳动和分工，因此有自由民和奴隶；在中世纪有过劳动和分工，因此有封建主和农奴，行会，等级等等。在我们这个时代也有劳动和分工，因此也就有阶级。"③

阶级分化是历史的必然，阶级斗争是历史发展的动力，所以，马克思主义自然将阶级分析作为自己观察社会现象包括民族现象的第一视角和基本方法，也因此就必然将民族压迫的根源视为阶

---

① 恩格斯：《在伦敦举行的各族人民庆祝大会》，中国社会科学院民族学与人类学研究所民族理论室编《马克思主义经典作家民族问题文选·马克思恩格斯卷（上）》，社会科学文献出版社，2016，第99页。

② 马克思、恩格斯：《共产党宣言》，《马克思恩格斯选集》第1卷，人民出版社，1995，第272页。

③ 马克思：《孟德斯鸠第五十六》，高哲等主编《马克思恩格斯要论精选》，中央编译出版社，2001，第167页。

级问题，认为解决民族压迫问题有赖于阶级问题的解决。

而民族主义的根本视角是民族，根本立场是民族利益。民族主义坚信归属一个民族是压倒一切的需要，坚信自己民族的价值，坚信自己民族的权利至高无上。① 因此，即便这一视角和立场没有掺杂阶级的私利，也是与马克思主义的观点相悖的，何况在马克思主义经典作家的笔下，民族总是划分为阶级、民族利益总是分解为阶级利益的。

所以，以民族划线还是以阶级划线，民族利益优先还是阶级利益优先，这是民族主义和马克思主义的根本区别。正如后人评说的："有思想家主张，整个民族，有的则说整个阶级，才是人类共同感情与共同自我表达的天然单位。……你可以要民族，可以要阶级，但不可能两者兼得，除非动一点障眼欺人的手脚。"②

民族和阶级是人类社会构成的不同形态，它们各有自己的群体认同和利益诉求，本质上并不是排斥和对立的关系。但二者有交叉，阶级的诉求由此常常充任民族的诉求，阶级压迫的本质被掩盖、被抹杀。这在无产阶级革命时代，资产阶级的做法中尤为突出。因此，揭开民族问题的表象，还原阶级斗争的本质，就必须反对民族主义。马克思主义在此显示了巨大的洞察力。

第二，马克思主义与民族主义属于两种对立的阵营；无产阶级革命时代是打破民族隔阂、建立国际统一的时代，为此必须反对以分立和隔绝为特征的民族主义。

一直以来，以"合"为特征的世界主义、国际主义与以

① 〔英〕伯林：《反潮流：观念史论文集》，冯克利译，译林出版社，2002，第411页。
② 〔英〕约翰·麦克里兰：《西方政治思想史》，彭淮栋译，海南出版社，2003，第682页。

"分"为特征的民族主义分属两大阵营，它们超越了阶级属性，但仍属于思想意识形态的对立。

马克思主义经典作家将无产阶级的民族观定位为国际主义，这是明确的，但是否也是世界主义呢？苏联理论界曾把世界主义与民族主义一并列入资产阶级的思想范畴，认为世界主义是"一种否定民族传统和民族主权，宣扬对祖国对民族文化漠不关心和要求建立'世界国家'、'世界国籍'的反动资产阶级思想体系"，是在资本主义发展到帝国主义阶段之后，帝国主义瓜分世界、建立其世界统治的主要思想武器。"世界主义和民族主义是资产阶级世界观的一物两面而已。"① 这一论点对中国理论界也有过长期的影响。但实际上，世界主义可以溯源于古希腊和中国的先秦时代，并在世界中世纪和近代启蒙运动时期得到了延续和发展。它所提倡的"世界大同"、"人类一统"和马克思主义所设想的共产主义都是对人类一体化的憧憬。马克思主义经典作家并没有对世界主义做出抽象的批判，相反，倒是在某些地方将共产主义和世界主义并列，将共产主义的世界主义与"自由贸易的伪善的自私自利的世界主义"做了区别。② 研究表明："可以肯定，恩格斯认为自己是一名'共产主义的世界主义公民'，并且在他的政治词汇中'世界主义'一词与国际主义相近。""马克思的世界主义与普遍主义相似，并且两者都与狭隘的民族主义对立。"③ 社会主义理论

① 〔苏〕莫·克·魏托什金等：《民族主义、大国沙文主义、世界主义、种族主义》，李毅夫、梅林译，民族出版社，1959，第9~10页。

② 恩格斯：《在伦敦举行的各族人民庆祝大会》，中国社会科学院民族学与人类学研究所民族理论室编《马克思主义经典作家民族问题文选·马克思恩格斯卷（上）》，社会科学文献出版社，2016，第96、100页。

③ 莫·勒维：《马克思和恩格斯论世界主义》，黄文前译，载俞可平、李慎明、王伟光主编《全球化与全球化问题》，中央编译出版社，2006，第148、149页。

界对世界主义的否定肇端于 20 世纪三四十年代，尤其表现于 1949~1952 年东欧的所谓"斯大林式审判时期"。这一"审判"将对世界主义的指控和对"犹太复国主义"与"托洛茨基主义"的指控紧密联系在一起。① 虽然荒唐，但影响深远。

所以，马克思主义以解放全人类为己任，是国际主义和世界主义，这就自然要与以主张分离为特征的民族主义对立了。

但民族主义并不是作为无产阶级的对立面出现的，因为当它出现的时候，无产阶级尚没有作为一个"独立的力量"登上历史舞台。马克思主义经典作家之所以将它作为无产阶级的对立面，是因为他们所处的时代，民族主义所提倡的"民族利益"已成为无产阶级革命斗争的严重障碍。换言之，这个时代，是马克思和恩格斯号召各国无产阶级实现世界的联合，推翻世界资本主义，是列宁领导的俄国马克思主义者为建立第一个无产阶级专政政权而竭力团结各国各民族的社会主义者和劳动群众并为之奋斗的时代。这个时代只能要求各民族的联合而不能分离和隔绝。所以"马克思主义提出用国际主义代替一切民族主义，这就是各民族通过高度统一而达到融合"。②

第三，马克思主义经典作家领导无产阶级革命和建设的具体实践使得他们必须坚决反对民族主义。

马克思主义经典作家认为，民族问题在每个时代都有不同的内容，而在列宁和斯大林所处的俄国十月革命之前，"为了无产阶级的胜利，必须不分民族地把一切工人联合起来。很明显，打破民族

---

① 莫·勒维：《马克思和恩格斯论世界主义》，黄文前译，载俞可平、李慎明、王伟光主编《全球化与全球化问题》，中央编译出版社，2006，第 149 页。

② 列宁：《关于民族问题的批评意见》，中国社会科学院民族学与人类学研究所民族理论室编《马克思主义经典作家民族问题文选·列宁卷（上）》，社会科学文献出版社，2016，第 286 页。

间的壁垒而把俄罗斯、格鲁吉亚、亚美尼亚、波兰、犹太和其他民族的无产者紧密团结起来，乃是俄国无产阶级胜利的必要条件"。[1]而这一时期的各类民族主义则成为各民族无产阶级联合的主要障碍。它们有来自社会民主党内部的"崩得"的"联邦制"主张，伦纳、鲍威尔提倡的"民族文化自治"；有沙皇政府的"黑帮民族主义"，混迹于这一政府之内的资产阶级的"自由派民族主义"；也有第二国际内部流行的"社会民族主义"和"小资产阶级民族主义"等。这些民族主义虽然来源不同、表现不一，对俄国无产阶级革命的破坏却是致命性的，不在思想上清除其影响，就不能完成推翻沙皇和资产阶级的统治，完成无产阶级革命的历史使命。

十月革命以后，建立和巩固第一个无产阶级专政的国家政权成为马克思主义理论和实践的主要使命。作为有着世界最大面积，民族成分和各民族发展形势十分复杂的苏俄和苏联，怎样处理由沙皇时代遗留下来的民族关系遗产，成为这个新生大国能否存在和巩固的重大问题。因此，延续列宁的反对民族主义的思想路线，将反对两种民族主义，尤其是反对大俄罗斯主义作为建立新型民族关系的基点就成为马克思主义政党的必须选择。1923年，斯大林将当时阻碍苏维埃制度下解决民族问题的三大障碍概括为"大国沙文主义的残余"（或"大俄罗斯沙文主义"）、"各民族在事实上即在经济上和文化上的不平等"以及"许多民族中间的民族主义残余"（或"地方沙文主义"）。[2]这充分反映了当时民族主义危害的严重性，

---

① 斯大林：《社会民主党怎样理解民族问题》，中国社会科学院民族学与人类学研究所民族理论室编《马克思主义经典作家民族问题文选·斯大林卷》，社会科学文献出版社，2016，第8页。

② 斯大林：《党和国家建设中的民族问题》，中国社会科学院民族学与人类学研究所民族理论室编《马克思主义经典作家民族问题文选·斯大林卷》，社会科学文献出版社，2016，第237、238页。

也反映了马克思主义反对民族主义的历史必然性。

经典作家对于民族主义的批判奠定了后世社会主义思想领域在此问题上的基本立场。苏联理论界这样认识民族主义："民族主义，是一种反动的资产阶级思想，是在'全民族'利益虚伪旗帜下捍卫本民族资产阶级利益的政策，它为民族压迫作辩护，宣传对其他民族的歧视，煽动民族之间的仇恨，模糊劳动人民的阶级意识。"① 这些话选自苏联大百科全书第二版的有关条目，很有权威性和代表性。这是把民族主义的消极性推向极端的一种认识，现在看来不无偏激，但的确反映了传统马克思主义，尤其是列宁以后的马克思主义理论界对民族主义的理解。它的基调就是对民族主义的彻底否定和批判。

虽然，马克思主义经典作家在民族主义问题上持坚决的反对态度，但我们必须注意两点。

其一，经典作家充分肯定了民族主义运动在历史上的进步作用，却技术性地将这种进步性从"民族主义"中剥离出来。

马克思、恩格斯对欧洲民族国家的建立给予了积极的评价，并认为"当一个富有生命力的民族受外国侵略者压迫的时候，它就必须把自己的全部力量、自己的全部心血、自己的全部精力用来反对外来的敌人"。② 称各民族都有"民族独立和民族自决的历史权利"，却没有赋予它们"民族主义"的名义。

列宁曾谈道："民族原则在资产阶级社会中有其历史的必然性，因此，马克思主义者重视这个社会，完全承认民族运动的历

---

① 〔苏〕莫·克·魏托什金等：《民族主义、大国沙文主义、世界主义、种族主义》，李毅夫、梅林译，民族出版社，1959，第 1 页。

② 恩格斯：《支持波兰》，中国社会科学院民族学与人类学研究所民族理论室编《马克思主义经典作家民族问题文选·马克思恩格斯卷（下）》，社会科学文献出版社，2016，第 130 页。

史合理性。然而，不要把这种承认变成替民族主义辩护，因此应该极严格地仅限于承认这些运动中的进步东西……。在民族问题的各个方面维护最坚决最彻底的民主主义是马克思主义者的义不容辞的职责。……可是无产阶级不能超出这项任务去支持民族主义，因为超出这项任务就属于力图巩固民族主义的资产阶级的'积极'活动了。"①

显然，这里的"民族原则"只能是民族主义的原则，这里的"民族运动"只能是民族主义的运动，列宁完全肯定它们的合理性和积极意义，却将它们与"民族主义"区别开来。

列宁还说过："有些人认为，民族国家是比民族文化自治更大的民族主义。幼稚可笑的错觉！民族国家是世界历史经验中的通例。民族文化自治是一些蹩脚知识分子的臆造，任何地方都未曾实现过。"②

"民族国家"是民族主义的最高政治追求。一方面充分肯定民族国家的历史地位，另一方面又将它推出民族主义的大门之外；一方面承认民族主义的历史进步性，另一方面却在进步的历史中排除了民族主义，这在马克思主义经典作家的论述中具有相当的普遍性。这说明，马克思主义经典作家把民族主义一剖两半了：一半是进步的、积极的，另一半是反动的、消极的，而只有反动和消极的一半才是"民族主义"，另一半是不算在内的。

其二，列宁在其晚年已开始对民族主义做出区别。

① 列宁：《关于民族问题的批评意见》，中国社会科学院民族学与人类学研究所民族理论室编《马克思主义经典作家民族问题文选·列宁卷（上）》，社会科学文献出版社，2016，第287页。

② 列宁：《关于民族问题的报告提纲》，中国社会科学院民族学与人类学研究所民族理论室编《马克思主义经典作家民族问题文选·列宁卷（上）》，社会科学文献出版社，2016，第340页。

　　1919 年列宁在向俄国东部各民族共产党组织讲话时谈道：
"你们不得不立足于正在这些民族中间产生出来并且必然要产生出
来的资产阶级民族主义。这种民族主义的产生是有其历史根
据的。"①

　　列宁在这里提出对于民族主义"借助"的问题，是一个非常
重要的理论命题，因为历史证明，无产阶级革命实际上离不开对
于民族主义的借助（这一点，后面将会具体论述）。而这里列宁对
于民族主义产生"历史根据"的肯定，刘少奇在其《论国际主义
和民族主义》一文中引述为"这种民族主义有着历史的正当
性"，② 可能更符合列宁的原意。

　　1922 年，由列宁口授的《关于民族或"自治化"问题》一文
再次谈道："抽象地提民族主义问题是极不恰当的，必须把压迫民
族的民族主义和被压迫民族的民族主义、大民族的民族主义和小
民族的民族主义区别开来。"③ 列宁这里主要在于说明"大民族主
义"的危害性，但也明确表达了不能一概地否定民族主义的思想。

　　列宁关于区分不同民族主义的观点，在刘少奇的民族主义论
述中被明确为"资产阶级的民族主义在一定历史条件下的进步
性"：

　　　　当资本主义初起时代，资产阶级所进行的民族运动，是

① 列宁：《在全俄东部各民族共产党组织第二次代表大会上的报告》，中国社会科
　　学院民族学与人类学研究所民族理论室编《马克思主义经典作家民族问题文
　　选·列宁卷（下）》，社会科学文献出版社，2016，第 402 页。
② 刘少奇：《论国际主义和民族主义》，中共中央统战部编《民族问题文献汇编》，
　　中央党校出版社，1991，第 1194 页。
③ 列宁：《关于民族或"自治化"问题》，中国社会科学院民族学与人类学研究所
　　民族理论室编《马克思主义经典作家民族问题文选·列宁卷（下）》，社会科
　　学文献出版社，2016，第 524 页。

为反对异民族压迫、建立民族国家。这是具有历史的进步意义的，无产阶级曾经拥护了这样的民族运动。在近代，则有殖民地半殖民地的资产阶级的民族主义。这种民族主义，也是有其客观历史上的一定的进步意义。①

上述两点说明，马克思主义经典作家对民族主义持坚决反对态度的同时，也对它的历史进步性有着积极的肯定，但它经历了一个从事实上承认、名义上否定到完全承认这样一个过程。应该说，这一过程的存在反映了经典作家对于民族主义的认识有变化有发展，也反映出民族主义的巨大危害对于经典作家的认识有一种情感制约。坚定的原则立场和严酷的斗争环境使得经典作家的文字不可能都那么瞻前顾后、四平八稳。所以，应像对待马克思主义其他理论的认识一样，我们对经典作家关于民族主义思想的理解也不能仅仅停留在他们的部分论述或字面含义上，而应有一种历史的眼光和全面的视角。

三　社会主义的"目的"
与民族主义的"过渡"

其实，马克思主义经典作家对民族主义进步性的肯定是与其对社会发展的总体指向一致的。列宁曾表达过这样一个重要观点：

社会主义的目的不只是要消灭人类分为许多小国的现象，消灭一切民族隔阂状态，不只是要使各民族接近，而且要使

---

① 刘少奇：《论国际主义和民族主义》，中共中央统战部编《民族问题文献汇编》，中央党校出版社，1991，第1194页。

各民族融合。……正如人类只有经过被压迫阶级专政的过渡时期才能导致阶级的消灭一样，人类只有经过所有被压迫民族完全解放的过渡时期，即他们有分离自由的过渡时期，才能导致各民族的必然融合。①

这里"被压迫民族完全解放的过渡时期，即他们有分离自由的过渡时期"，讲的是"民族自决"问题，属于民族主义的核心原则，也即共产主义和民族融合这一目的的实现要经过民族主义这样一个"过渡"。当然，列宁这里讲的"过渡"十分笼统，实际上，结合经典作家的其他论述和世界历史的发展实践，这种民族主义"过渡"包含三个环节。

第一个环节是资本主义取代封建主义的统治，与此相应的民族运动和民族国家成为无产阶级革命的必要准备。

马克思和恩格斯充分肯定了资本主义取代封建社会过程中民族运动和民族国家的历史地位。列宁更明确地指出：资本主义战胜封建主义的时代是与民族运动联系在一起的。"因此，建立最能满足现代资本主义这些要求的民族国家，是一切民族运动的趋势（趋向）。最深刻的经济因素推动着人们来实现这一点。因此民族国家对于整个西欧，甚至对于整个文明世界，都是资本主义时期典型的正常的国家形式。"②

当然，资本主义性质的民族运动和民族国家并不是与无产阶

---

① 列宁：《社会主义革命与民族自决权》，中国社会科学院民族学与人类学研究所民族理论室编《马克思主义经典作家民族问题文选·列宁卷（下）》，社会科学文献出版社，2016，第92页。

② 列宁：《论民族自决权》，中国社会科学院民族学与人类学研究所民族理论室编《马克思主义经典作家民族问题文选·列宁卷（上）》，社会科学文献出版社，2016，第409页。

级革命无关，马克思、恩格斯称："1848 年革命虽然不是社会主义革命，但它毕竟为社会主义革命扫清了道路，为这个革命准备了基础。"① 而 1848 年革命正是资产阶级民族运动蓬勃发展的"民族之春"。

资产阶级民族运动和民族国家之所以成为无产阶级革命的必要准备，是因为："无产阶级的国际运动，无论如何只有在独立民族的范围内才有可能。"② 民族国家是资产阶级的正常政治组织，也是建立各民族协调的国际合作的必要先决条件，"没有这种合作，无产阶级的统治是不可能存在的。要保障国际和平，首先就必须消除一切可以避免的民族摩擦，每个民族都必须获得独立，在自己的家里当家做主"。③ 因此，马克思主义不但不反对民族主义性质的独立运动和民族国家的建立，而且积极支持和鼓励这种运动。

第二个环节是帝国主义时期作为无产阶级革命同盟军的民族解放运动。

资本主义自由竞争推动了生产力高速发展，也导致了资本的高度垄断，资本主义由此推进到帝国主义阶段。帝国主义促成了世界压迫民族和被压迫民族的分化。附属国和殖民地国家被压迫民族进行的反帝斗争是他们摆脱压迫和剥削的唯一出路；而发达

---

① 马克思、恩格斯：《共产党宣言·1893 年意大利文版序言》，中国社会科学院民族学与人类学研究所民族理论室编《马克思主义经典作家民族问题文选·马克思恩格斯卷（上）》，社会科学文献出版社，2016，第 168 页。

② 恩格斯：《恩格斯致卡尔·考茨基》，中国社会科学院民族学与人类学研究所民族理论室编《马克思主义经典作家民族问题文选·马克思恩格斯卷（上）》，社会科学文献出版社，2016，第 244 页。

③ 恩格斯：《暴力在历史中的作用》，中国社会科学院民族学与人类学研究所民族理论室编《马克思主义经典作家民族问题文选·马克思恩格斯卷（上）》，社会科学文献出版社，2016，第 498 页。

国家的无产阶级运动也需要把自己的斗争与民族解放运动结合起来。"列宁主义已经证明,帝国主义战争和俄国革命也已经证实:民族问题只有和无产阶级革命相联系并在无产阶级革命的基础上才能得到解决,西方革命必须同殖民地和附属国反帝解放运动结成革命的联盟才能取得胜利。民族问题是无产阶级革命总问题的一部分,是无产阶级专政问题的一部分。"① 由此,帝国主义时代和十月革命以后的世界民族解放运动已经和无产阶级世界革命联系在一起,反对民族压迫的民族主义成为无产阶级的同盟军,支持这种民族主义运动成为无产阶级革命的必需内容。

第三个环节是社会主义时期对国家利益的维护和对民族国家体制的继承。

马克思主义经典作家所讲的"无产阶级的国际运动,无论如何只有在独立民族的范围内才有可能",其意义绝不限于资本主义时期,因为无产阶级取得政权以后同样需要在国家的范围内建立和巩固社会主义制度,为实现共产主义创造条件。社会主义只能是对已有文明成果的继承,而不能凭空产生;民族国家对资本主义是适宜的,对于社会主义同样是必要的。马克思、恩格斯在《共产党宣言》中讲:"无产阶级首先必须取得政治统治,上升为民族的阶级,把自身组织成为民族……"② 这里的"民族"当然是与国家结合在一起的。于是,将国家利益和民族利益联系在一起的民族主义或爱国主义就成为马克思主义必需的内容。十月革命前列宁曾说,资产阶级民族国家在第一个时代是争取摆脱封建

① 斯大林:《论列宁主义基础》,中国社会科学院民族学与人类学研究所民族理论室编《马克思主义经典作家民族问题文选·斯大林卷》,社会科学文献出版社,2016,第303页。
② 马克思、恩格斯:《共产党宣言》,中央编译出版社,2005,第43页。

制度的人类生产力发展的支柱，"现在到了第三个时代，已成为生产力进一步发展的障碍了"。① 但事实证明，民族国家直到全球化时代的今天仍保持着旺盛的生命力，是包括社会主义国家在内的世界各国普遍实行的国家形态。

显然，上述三个过渡环节虽然是阶段性的，但又是贯穿于马克思主义经典作家所设想的无产阶级革命和建设事业全过程的。据此，民族主义就成为无产阶级革命和社会主义运动所需的伴生物。或说，无产阶级革命和社会主义是目标、是原则，民族主义则是实现这个目标和原则必需的途径和桥梁。这就使得马克思主义在对民族主义持批判态度的同时，也需根据具体实践对其采取借助的立场。

四　对民族主义的实践"借助"

海斯认为："马克思自己为社会民族主义的先驱者。他不反对民族主义的理论。他承认民族主义是一种事实，而且颂扬它。他对祖国很有感情。他还与意大利民族主义的使徒马志尼维持着多年的亲密关系，他对意（大利）人、波兰人及其他反'异族侵略'的'被侵略'民族的斗争，曾在文字上表示过同情。"在马克思的心目中，民主主义始终是无产阶级国家的必要条件。然而，民主主义如果不以民族为基础，不在民族国家范围内，就不能实现和运行。"马克思曾（也许无意地，但是明确地）把他的无产

---

① 列宁这里讲的三个时代是指：第一个时代为1789~1871年，"这是资产阶级上升的时代"；第二个时代为1871~1914年，"是资产阶级绝对统治和衰落的时代"；第三个时代为1914~?，"这是帝国主义时代"。见列宁《打着别人的旗帜》，中国社会科学院民族学与人类学研究所民族理论室编《马克思主义经典作家民族问题文选·列宁卷（下）》，社会科学文献出版社，2016，第18页。

阶级社会主义和雅各宾（民主主义的）民族主义联系起来。"海斯还认为，马克思的社会主义理论虽将阶级置于民族之前，却是现代民族主义发展上的一个因素。它的经济学说从马克思开始就已经和"民主雅各宾主义"的民族主义学说发生关系。①

不能说这种议论正确无误，但至少可以说明马克思对于民族主义的确有着客观的认识，并非完全排斥和否定。马克思和恩格斯对于民族主义的正面论述很少，却对属于民族主义范畴的欧洲民族解放运动给予过积极支持。位居欧洲中部的波兰自 18 世纪开始便屡遭俄、普、奥等封建帝国的瓜分。19 世纪中期波兰的民族解放运动出现高潮，遭到沙皇军队的残酷镇压。马克思和恩格斯非常重视波兰问题，号召各国的无产阶级支援波兰人民的解放斗争。在他们的影响下，1863 年英国工人在伦敦召开大会声援波兰，英、法、德工人组织募捐予以物质支持，马克思受德国工人委托写了声援波兰的呼吁书。1864 年，英、法、德、意、波等国工人代表在伦敦再次为支援波兰集会。正是在这次大会上成立了国际工人协会，即"第一国际"。马克思为大会起草了《国际工人协会成立宣言》。此后，马克思在第一国际的各次会议上都为波兰的独立进行了积极的工作和斗争，发表过多次演说。②

爱尔兰是英国的近邻，也是英国最早的殖民地。数百年来，爱尔兰人民一直为反抗英国的殖民政策进行着长期的斗争。19 世纪中叶，爱尔兰人民的斗争出现高潮，受到了欧洲各国无产阶级的积极支持。马克思和恩格斯高度重视爱尔兰问题，从 19 世纪 40 年代开始，他们就为爱尔兰问题写了许多文章和信件。在此他们

---

① 〔美〕海斯：《现代民族主义演进史》，帕米尔等译，华东师范大学出版社，2005，第 203、206 页。

② 梁守德等：《民族解放运动史》，北京大学出版社，1985，第 144 页。

论证了爱尔兰民族运动的意义，揭露了英国殖民者的策略，分析了爱尔兰民族运动的阶级关系及发展前景，也批判了各种机会主义在爱尔兰问题上的立场和观点。同时，马克思和恩格斯指导下的第一国际也对爱尔兰问题给予了高度重视。第一国际的总委员会不仅多次讨论爱尔兰问题，制定了明确的纲领，而且把英国和爱尔兰的冲突问题提到首要地位，公开站在爱尔兰一方，支持他们的民族运动。① 列宁评价说："马克思和恩格斯在爱尔兰问题上的政策提供了各压迫民族的无产阶级应当怎样对待民族运动的伟大范例。"②

同样，马克思和恩格斯也对同时期意大利和匈牙利等国的民族解放运动给予了积极支持。此外，19 世纪中叶欧洲以外殖民地半殖民地的民族运动也引起了马克思和恩格斯的关注。为此马克思和恩格斯写了《中国革命和欧洲革命》、《波斯和中国》、《不列颠在印度的统治》、《俄国在远东的成功》、《俄国的对华贸易》、《鸦片贸易史》、《英人在华的残暴行动》和《帕麦斯顿内阁的失败》等一系列文章。在这些文章中，马克思、恩格斯驳斥了殖民者对殖民地民族的种种诬蔑，严厉谴责了殖民主义的野蛮暴行，也蕴含着对殖民主义和民族革命问题的科学分析和深邃见解。

正是在对欧洲以及其他民族解放运动的观察、研究和支援的实践中，马克思和恩格斯创立了他们民族殖民地问题理论的基本观点。

---

① 梁守德等：《民族解放运动史》，北京大学出版社，1985，第 159 页。
② 列宁：《论民族自决权》，中国社会科学院民族学与人类学研究所民族理论室编《马克思主义经典作家民族问题文选·列宁卷（上）》，社会科学文献出版社，2016，第 450 页。

相对于马克思和恩格斯，列宁和斯大林对民族主义有着更为直接的借助。

沙皇俄国是经过三百多年扩张建立起来的近代封建殖民帝国，其国内的广大非俄罗斯民族与沙皇俄国是殖民地和宗主国的关系，民族压迫极为残酷。因此，作为社会主义革命的前提，俄国的无产阶级政党必须首先尊重各民族的自决权，支持被压迫民族从俄国的殖民压迫下解放出来。列宁领导俄国社会民主党正确制定和执行了这一路线。十月革命爆发不久，苏维埃政权即于 1917 年 11 月 15 日发表《俄国各族人民权利宣言》，宣告各族人民拥有平等和自主权；享有完全自决乃至分离并建立独立国家的权利；废除任何民族的和民族宗教的一切特权和限制；居住在俄国境内的各少数民族与部族可以自由发展。在列宁民族自决思想的鼓舞下，各民族纷纷建立起自己的独立国家和自治共和国。波兰、芬兰、爱沙尼亚、拉脱维亚、立陶宛先后宣布独立，并得到了苏俄的承认。[1] 所以，十月革命是与俄国境内各民族脱离沙皇的统治同步发生的。

十月革命及第一次世界大战改变了世界历史的方向，俄国社会主义道路的开启将世界无产阶级革命和被压迫民族的解放联系在一起。1919 年，在列宁的领导下，"第三国际"（即共产国际）第一次代表大会在莫斯科召开。列宁宣布："我们现在不仅是全世界无产者的代表，而且是各被压迫民族的代表。"他赞成第三国际提出的口号："全世界无产者和被压迫民族联合起来！"认为它虽然不同于《共产党宣言》中的口号，"而从现在的政治情况来看，

---

[1]　徐天新、许平、王红生主编《世界通史（现代卷）》，人民出版社，1998，第264 页。

这样的提法是正确的"。① 从 1919 年成立到 1943 年解散,第三国际共召开了 7 次代表大会、13 次执行委员会会议。这些会议都有殖民地半殖民地民族无产阶级的代表参加,几乎都讨论了民族殖民地问题,对被压迫民族的解放运动给予了实际的指导和帮助。比如帮助各国建立共产党组织,在苏联建立东方劳动者共产主义大学和中山大学等,为被压迫民族培养干部,并直接派人到一些国家指导革命运动等。中国、朝鲜、印度、印度尼西亚、土耳其、埃及、巴西、智利、阿根廷、墨西哥、突尼斯、南非等国都在这一时期成立了共产党。十月革命后不久苏俄政府就向中国、朝鲜、伊朗、土耳其、阿富汗等国发布了一系列文告,向这些国家的民族解放运动表示了真诚的支持和声援,同时宣布取消沙俄时期强加于中国、土耳其、伊朗等国的一些不平等条约。

中国的民主革命自始至终与反对帝国主义列强的侵略压迫结合在一起,是半殖民地民族解放运动的典范。中国从旧民主主义革命向新民主主义革命的转变,从中国共产党的成立、最初发展到第一次国内革命战争的胜利进行,都得到了列宁和他领导的第三国际的指导和帮助。

列宁在讲到民族解放运动时曾这样说:"斗争的结局归根到底取决于这一点:俄国、印度、中国等等构成世界人口的绝大多数。正是这大多数的人口,最近几年来也非常迅速地卷入争取自身解放的斗争中,所以在这个意义上讲来,世界斗争的最终解决将会如何,是不能有丝毫怀疑的。在这个意义上讲来,社会主义的最

---

① 列宁:《在俄共(布)莫斯科组织积极分子大会上关于租让的报告》,中国社会科学院民族学与人类学研究所民族理论室编《马克思主义经典作家民族问题文选·列宁卷(下)》,社会科学文献出版社,2016,第 470 页。

后胜利是完全和绝对有保证的。"①

将被压迫民族的解放运动视为社会主义最后胜利的"完全和绝对"保证，是马克思主义经典作家对民族主义历史作用的巨大肯定和最高评价。

十月革命的胜利，为人类历史奉献了第一个社会主义国家。为保卫和巩固这一革命成果，列宁领导苏俄人民同国内外敌人进行了艰苦卓绝的斗争。而到了斯大林时期，由他领导的苏联社会主义和国际共运则出现了所谓的"民族主义革命"，表现为斯大林将苏联的国家利益置于国际主义之上，将各国无产阶级的国内革命与保卫苏联结合起来，在社会主义国家关系中奉行民族利己主义和大国沙文主义等。② 当然，众所周知，斯大林及其以后苏联国家层面的民族主义更多反映的是"大俄罗斯民族主义"，这种民族主义的存在和弘扬是与其对国内"地方民族主义"的压制结合在一起的，实际效果却是激起后者的更大反弹。两种民族主义呈现的是"此起彼伏"的状态。除了苏联之外，其他社会主义国家也都经历了类似的"民族主义化"过程。这是由各国无产阶级革命在此阶段所面临的共同历史任务所决定的。但不同于苏联民族主义的一个方面是，这些国家的民族主义大都有着对抗苏联"大国沙文主义"和霸权主义的内容。奉行国际主义原则的社会主义阵营为民族主义所分化，这是国际共运史上的悲哀，也是民族主义在支撑社会主义运动过程中固有消极性的突出表现。

列宁为无产阶级专政的社会主义国家体制建设进行了艰苦的理论探索。早先，他极力排斥联邦制的主张，认为："联邦制在理

---

① 列宁：《宁肯少些，但要好些》，《列宁专题文集·论社会主义》，人民出版社，2009，第378页。
② 郭树勇：《从国际主义到新国际主义》，时事出版社，2006，第142~144页。

论上只能由民族主义思想来进行论证。"① 在各种不同的民族组成一个统一的国家的情况下，"马克思主义者就决不主张实行任何联邦制原则，也不会主张实行任何分权制的"。② 但他后来采纳了联邦制，构建了一个多民族联合的社会主义国家联盟，这已经是对"民族主义思想"的一种借助。然而"联邦制只是一种过渡形式，也是列宁根据沙俄帝国的历史及其遗留的民族问题遗产做出的策略选择，而建立多民族统一的新型或社会主义的'尽可能大'的民族国家是列宁的基本思想"。③ 列宁的过早离世使他未能实现自己的思想。斯大林继承了列宁的遗愿，将构建多民族的社会主义民族国家付诸实践。尽管基于苏联多民族、多形态和多层次的社会结构和复杂国情，斯大林领导建立的社会主义政治体制被证明是一种失败的试验，但"从斯大林时期开始，直到赫鲁晓夫、勃列日涅夫时期，消除民族差别，构建单一化的'苏联民族'实践一直在进行，只是这个'苏联民族'的内涵是指'俄罗斯化'而已"。④ 尽管苏联的国家体制充满了矛盾，是一种失败的民族国家构建，但本质上还是对民族主义"一个民族，一个国家"原则的借助，是民族主义"民

① 列宁：《最高的厚颜无耻和最低的逻辑推理》，中国社会科学院民族学与人类学研究所民族理论室编《马克思主义经典作家民族问题文选·列宁卷（上）》，社会科学文献出版社，2016，第59页。这句话尽管是批判"崩得"鼓吹的在俄国社会民主党内实行的按民族建党的理论，但也指按民族立邦建国的国家体制。苏联最终由基于民族国家性质的加盟共和国、自治共和国等构成说明了这一点。
② 列宁：《关于民族问题的批评意见》，中国社会科学院民族学与人类学研究所民族理论室编《马克思主义经典作家民族问题文选·列宁卷（上）》，社会科学文献出版社，2016，第297页。
③ 郝时远：《重读斯大林民族定义——读书笔记之三：苏联多民族国家模式中的国家与民族（нация）》，《世界民族》2003年第6期。
④ 郝时远：《重读斯大林民族定义——读书笔记之三：苏联多民族国家模式中的国家与民族（нация）》，《世界民族》2003年第6期。

族建设"（nation-building）历史实践的一个类型。

五 对民族主义理论的吸纳与改造

马克思主义经典作家对于民族主义的实践借助是与他们对于民族主义理论的一定认同联系在一起的。必须承认，作为资产阶级革命的伴生物，民族主义学说也是资本主义文明的一部分，而它在自己最为流行的19~20世纪对马克思主义理论也产生了重大影响。马克思主义经典作家著作中关于各民族独立自主自决的主张、关于被压迫民族反抗殖民统治和争取民族解放的论述、关于国家划界需由语言和共同感情来确定的观点、关于语言在民族生活中的重要地位的观点、关于民族国家的地位和作用的论述等，都明显体现着民族主义的理论内容。如1859年恩格斯在谈到欧洲国家的划界问题时说：

> 在整个欧洲，没有一个大国境内不包括有一部分其他民族。……谁都不能肯定地说，欧洲地图已最后确定。但是一切改变，如果希望能长期保持，就应当从下列原则出发，这就是应当愈来愈多地使那些大的、有生命力的欧洲民族具有由语言和共同感情来确定的、真正自然的疆界；同时在某些地方还保留着的，但是没有能力再作为独立的民族而存在的那些残余的民族，仍然应当留在比较大的民族里面，或者溶化到他们中间，或者没有任何意义地作为人种学的纪念品。①

---

① 恩格斯：《波河与莱茵河》，中国社会科学院民族学与人类学研究所民族理论室编《马克思主义经典作家民族问题文选·马克思恩格斯卷（上）》，社会科学文献出版社，2016，第464页。

这里所讲，欧洲国家的边界应是"具有由语言和共同感情来确定的、真正自然的疆界"，正是 19 世纪民族主义盛行的原则，源自费希特。他提出："一个国家最初的、原有的和真正的民族疆界无疑是内在的疆界。早在任何人类文明开始以前，那些操有相同语言者便在天性上被大量无形的纽带相互联系在一起；他们彼此理解和具有使他们自身越来越清楚地被他人理解的力量；他们共同属于、在本质上就是一个不可分割的整体。……从这种内在的疆界之中形成依据居住地的外部疆界是作为一种结果而产生的。"① 费希特是 19 世纪早期德国民族主义思想家。他的这些话正是国家划界应依据民族语言和共同感情的理论基础。但是，这种民族国家的划界只适用于"那些大的、有生命力的欧洲民族"，而"那些残余的民族"则应"溶化"到比较大的民族里面，这又正是为满足民族主义原则而在各民族国家中普遍得到推行的同化理念。显然，恩格斯在这里倡导了民族主义的理念，却未做改造。《马克思恩格斯论民族问题》的编者为此做注说："恩格斯关于一些小民族的历史命运的看法，即他认为这些小民族通常没有能力作为一个独立的民族存在下去，而在集中的进程中不可避免地要被更大的、生命力更强的民族所吞并的意见，是不确切的。恩格斯正确地看到了资本主义社会所固有的集中的趋势，建立大国的趋势，但是没有充分估计到另一种趋势——小民族反对民族压迫、争取独立的斗争的趋势，它们力求建立自己的国家的趋势。历史表明，有许多小民族，而且首先是以前参加了奥地利帝国的那些斯拉夫民族，不仅表现了作为一个独立民族发展的能力，而且成

---

① 〔英〕埃里·凯杜里：《民族主义》，张明明译，中央编译出版社，2002，第 64 页引。

了建立新社会制度——社会主义制度的参加者。"① 此说甚是。

然而，作为无产阶级革命家和理论家，马克思主义经典作家对于民族主义原则和理念总体上采取的是有立场、有批判的吸纳态度。

所谓有立场的吸纳，是说经典作家对于民族主义原则的运用始终立足于无产阶级立场，服务于无产阶级的革命斗争要求。列宁讲：无产阶级"承认各民族平等，承认各民族都有成立民族国家的平等权利，同时又把各民族无产者之间的联合看得高于一切，提得高于一切，从工人的阶级斗争着眼来估计一切民族要求，一切民族的分离"。② "各民族都有成立民族国家的权利"和"民族分离"的权利，都是民族主义的核心主张，无产阶级承认它们的合理性，但无产者之间的联合"高于一切"，任何民族的要求都要服从无产阶级的最高利益。列宁在这里最清晰地表明了马克思主义对待民族主义的正确态度。在马克思主义经典作家看来，无产阶级和资产阶级的阶级阵线是不可混淆的；作为资产阶级思想武器的民族主义只可服务于无产阶级的革命斗争，而绝不可以让它混淆无产阶级的阵线，取代无产阶级的利益。

所谓有批判的吸纳，就是对民族主义所具有的分离性和褊狭性等消极因素做最坚决的摒弃。前述马克思主义经典作家们对民族主义的批判也主要是就这一点展开的。民族主义的分离性和褊狭性是由它的基本理念——民族是最自然、最合理的人类划分，

① 《马克思恩格斯论民族问题》（下），中国社会科学院民族研究所编，民族出版社，1987，第 909 页，注释 211。

② 列宁：《论民族自决权》，中国社会科学院民族学与人类学研究所民族理论室编《马克思主义经典作家民族问题文选·列宁卷（上）》，社会科学文献出版社，2016，第 422 页。

民族利益高于一切——所决定的，这与马克思主义所主张的国际主义是根本对立的。民族主义的这一特性太鲜明了，由此产生的消极影响也太强烈了，以至于马克思主义经典作家过多地以此来定义民族主义，而每每将它的积极意义从中剔除了。正因为在对民族主义问题上持有的批判态度和坚定立场，民族主义的一些原则和论点在被经典作家吸纳以后就成了马克思主义的理论构成，马克思主义在此得到丰富和充实。实际上，经典马克思主义民族理论的一些重要论点正是在对民族主义的批判性吸收中建立起来的，特别是以下几种理论。

民族自决。"民族自决"为民族主义的基本主张。人们公认：民族主义"其本身在很大程度上是一种民族自决学说"；[1] "每个民族都需要完全的自决和自治"为民族主义的"核心原则"之一。[2] 然而，"民族自决"也被认为是马克思主义民族理论的一个重要原则。马克思早在 1865 年致海尔曼·荣克的信中就谈道，要通过"实现民族自决权并在民主和社会的基础上恢复波兰"，"消除俄国佬在欧洲的影响"。[3] 恩格斯 1875 年在讲到波兰问题时也提到，被奴役的民族"具有民族独立和民族自决的历史权利"。[4] 而到了列宁时代，"民族自决"又成为无产阶级革命政党领导俄国革

---

[1] 〔英〕埃里·凯杜里：《民族主义》，中央编译出版社，张明明译，2002，第 24 页。

[2] 〔英〕安东尼·史密斯：《民族主义——理论，意识形态，历史》，叶江译，上海世纪出版集团，2006，第 23 页。

[3] 《马克思致海尔曼·荣克》，中国社会科学院民族学与人类学研究所民族理论室编《马克思主义经典作家民族问题文选·马克思恩格斯卷（上）》，社会科学文献出版社，2016，第 526 页。

[4] 恩格斯：《支持波兰》，中国社会科学院民族学与人类学研究所民族理论室编《马克思主义经典作家民族问题文选·马克思恩格斯卷（下）》，社会科学文献出版社，2016，第 130 页。

命推翻沙皇统治和建设新型社会主义政权的核心问题。1902年，列宁在为俄国社会民主工党起草的纲领草案中就已把"承认国内各民族的自决权"列入其中。其后他又针对民族自决问题发表了大量著述，仅题目中包括"民族自决权"的文章就有近十篇之多。尽管"民族自决"也成为马克思主义民族理论的重要论点，但并不能依此否认民族主义在此问题上的"发明权"，因为"民族自决"是民族主义主张的个人"自由"向集体（民族）"自决""自治"的自然延伸，这一概念和理论的产生早在马克思主义之前。① 马克思主义的民族自决理论是对民族主义相关理论的继承和吸纳，只是，在马克思主义经典作家那里，民族自决理论已被大大改造了。

第一，扩大了"民族自决"的适用范围。受历史条件所限，马克思和恩格斯早年谈民族自决主要着眼于波兰、爱尔兰等这样一些"大的民族"和"文明民族"；而至恩格斯晚年已提出："每个民族都必须获得独立，在自己的家里当家做主。"② 并把这些"民族"的范围扩大到"全部所谓的东方问题"所涉及的马扎尔人、罗马尼亚人、塞尔维亚人、保加利亚人、阿尔纳乌特人、希腊人和土耳其人等。当俄国人民终结了沙皇政府的侵略政策，世界战争的全部危险消失以后，这些民族"将终于有可能不受外来的干涉而自己解决相互间的纠纷，划定自己的国界，按照自己的

---

① 较多的研究认为，"民族自决"理论源于康德的"个人自决论"和赫尔德的民族理念，形成于19世纪早期的费希特的《对德意志民族演讲集》，见〔英〕约翰·麦克里兰《西方政治思想史》，彭淮栋译，海南出版社，2003，第692页。

② 恩格斯：《暴力在历史中的作用》，中国社会科学院民族学与人类学研究所民族理论室编《马克思主义经典作家民族问题文选·马克思恩格斯卷（下）》，社会科学文献出版社，2016，第498页。

意见处理自己的内部事务"。①

列宁是将马克思主义民族自决理论做出完整阐发的经典作家，也把民族自决的权利真正赋予了所有民族。他说："一切民族都有自决权，大可不必把霍屯督人和布西门人专门提出来说。这个论断对于地球上绝大多数居民，对于十分之九也许百分之九十五的居民都适用。"②

"民族自决"的主体该如何界定：是仅适用于具有"民族"（nation）资格的"大民族"，还是包括"小民族"和"落后民族"在内的"一切民族"？这一问题自19世纪初既已成为欧洲"文明世界"争论不休的问题，前引恩格斯关于欧洲划界问题的议论就明显带有这一争论的痕迹。然而，列宁将"民族自决"的适用范围扩大到"一切民族"，其意义不在于"民族"资格的界定，而在于强调被压迫民族摆脱民族压迫和奴役的"权利"，体现出的是民族不论大小一律平等的无产阶级民族平等观。

第二，明确了"民族自决"的含义。斯大林在说到列宁的民族自决思想时讲："从前，民族自决原则通常被曲解，往往把它缩小为民族自治权……列宁主义扩大了民族自决的概念，把它解释为附属国和殖民地被压迫民族有完全分离的权利，各民族有成立独立国家的权利。……"③

---

① 恩格斯：《俄国沙皇政府的对外政策》，中国社会科学院民族学与人类学研究所民族理论室编《马克思主义经典作家民族问题文选·马克思恩格斯卷（下）》，社会科学文献出版社，2016，第525页。
② 列宁：《俄共（布）第八次代表大会文献》，中国社会科学院民族学与人类学研究所民族理论室编《马克思主义经典作家民族问题文选·列宁卷（下）》，社会科学文献出版社，2016，第374页。
③ 斯大林：《论列宁主义基础》，中国社会科学院民族学与人类学研究所民族理论室编《马克思主义经典作家民族问题文选·斯大林卷》，社会科学文献出版社，2016，第302页。

事实的确如此。1914 年列宁就明确指出："所谓民族自决，就是民族脱离异族集体的国家分离，就是成立独立的民族国家。""马克思主义者的纲领中所谈的'民族自决'，除了政治自决，即国家独立、建立民族国家以外，不能有什么别的意义。"① 十月革命前夕列宁又讲，"'自决'一词曾多次引起了曲解，因此我改用了一个十分确切的概念：'自由分离的权利'"。② 十月革命发生后，列宁代表新生的无产阶级政权宣布："俄罗斯社会主义政府即人民委员会再次确认凡是过去受沙皇政府和大俄罗斯资产阶级压迫的民族都享有自决权，直到这些民族同俄国分离的权利。"③

列宁这样明确"民族自决"的含义，在于批判当时在"民族自决"旗号下混淆无产阶级革命目标的各种错误论点，在于从根本上解决无产阶级革命政党摆脱各种"民族主义"束缚，引导和帮助被压迫民族从帝国主义奴役下解放的问题。它是无产阶级革命彻底性的表现，和当今世界民族问题涉及的"民族自决"有着性质上的不同。

第三，将"民族自决"置于无产阶级革命斗争的利益范畴之内。民族自决原本就是同反对民族压迫和奴役联系在一起的。马克思主义经典作家坚持了这一点，但又不限于这一点。作为无产阶级革命的理论，马克思主义更把民族自决权同无产阶级的革命

---

① 列宁：《论民族自决权》，中国社会科学院民族学与人类学研究所民族理论室编《马克思主义经典作家民族问题文选·列宁卷（上）》，社会科学文献出版社，2016，第 410、413 页。

② 列宁：《论修改党纲》，中国社会科学院民族学与人类学研究所民族理论室编《马克思主义经典作家民族问题文选·列宁卷（下）》，社会科学文献出版社，2016，第 326 页。

③ 列宁：《告乌克兰人民书》，中国社会科学院民族学与人类学研究所民族理论室编《马克思主义经典作家民族问题文选·列宁卷（下）》，社会科学文献出版社，2016，第 337 页。

斗争利益联系起来。早在 1903 年，列宁在阐述俄国社会民主党关于民族自决的态度时就说："无条件地承认争取民族自决的自由的斗争，这丝毫也不意味着我们必须支持任何民族自决的要求。"①

1913 年，列宁又指出："不允许把民族自决权的问题（即受国家宪法保障用完全自由和民主的方式解决分离的问题）同某一民族实行分离是否适宜的问题混淆起来。对于后者，社会民主党应当从整个社会发展的利益和无产阶级争取社会主义的阶级斗争的利益出发，完全独立地逐个加以解决。"② 这一观点在列宁的其他文章中也得到反复陈述。

列宁的民族自决权理论主要应用的是两个场合：一个是沙俄帝国内的各民族自决；另一个是世界被压迫民族，即殖民地、附属国人民反抗帝国主义压迫的自决。前者是针对沙俄帝国这个特定国家的；后者是为适应资本主义发展到帝国主义阶段这个特定时代的。但是这两个场合自决所要实现的最终目标都是在全世界建立无产阶级专政，代表的都是无产阶级的最终利益。因此，各民族的自决，即自由分离的权利和选择只是走向这一目标的必需途径。这在列宁的论述中都有着反复的说明。

但是，使民族自决服从无产阶级的利益并不等于可以用"阶级自决"来取代。1919 年，针对有人试图用"劳动者自决"来取代"民族自决"的意见，列宁讲："我们是否可以到这些民族那

① 列宁：《我们纲领中的民族问题》，中国社会科学院民族学与人类学研究所民族理论室编《马克思主义经典作家民族问题文选·列宁卷（上）》，社会科学文献出版社，2016，第 37 页。
② 列宁：《有党的工作者参加的俄国社会民主工党中央委员会 1913 年夏季会议的决议》，中国社会科学院民族学与人类学研究所民族理论室编《马克思主义经典作家民族问题文选·列宁卷（上）》，社会科学文献出版社，2016，第 261 页。

里去说'我们要打倒你们的剥削者呢'？我们不能这样做，因为他们完全受自己的毛拉的控制。这里必须等待这个民族的发展，等待无产阶级同资产阶级分子的分离，这种发展必然会来到。""我们的党纲不应当说劳动者自决，因为这是不正确的。……每个民族都应当获得自决权，而这会促使劳动者的自决。"①

这就可以证明，在无产阶级革命的进程中，尽管民族自决可以而且必须服从无产阶级的最终利益，但它本质上仍属于资产阶级民族主义范畴。"任何民族运动都只能是资产阶级民主性质的"。② 因此，它只能成为无产阶级革命的一个阶段性内容或实现各民族劳动阶级联合的一个先决条件，而不是无产阶级革命的最终目标。

民族平等。一般认为，"民族平等"是资产阶级最先提出的，但准确讲是源于民族主义理论。早期的民族主义思想家大都将"民族"看作"神"的创造，并认为民族赖以存在的文化是世界多样性的表现，而多样性又是"上帝"的安排，都有同样的价值。赫尔德用18世纪的眼光"射过遥远的时间和空间，看见各地各代的民族；他不但在欧洲发现民族，也在亚洲、非洲、美洲及海岛上发现民族（他还是称它们为'nations'或'peoples'不用'nationalities'一词）；不但在现代发现民族，也在最久违的古代发现民族。他越熟思他所看见的东西，越相信民族是人类种族最自然的分野，是不变的定律分配的结果"。"他排斥任何民族限制

---

① 列宁：《俄共（布）第八次代表大会文献》，中国社会科学院民族学与人类学研究所民族理论室编《马克思主义经典作家民族问题文选·列宁卷（下）》，社会科学文献出版社，2016，第373、375页。

② 列宁：《共产国际第二次代表大会文献》，中国社会科学院民族学与人类学研究所民族理论室编《马克思主义经典作家民族问题文选·列宁卷（下）》，社会科学文献出版社，2016，第458页。

或阻碍另一民族的自然发展，他以为这种企图是犯罪的行为。……他对于亚洲民族的权利和对于欧洲民族的权利，同样地主张维护。"①

美国独立战争是世界近代资本主义革命的重大事件，也是近代世界上最早的民族主义性质的民族解放运动。美国独立宣言（1776）称：一个民族解除与另一个民族的政治联系，在世界列国中取得独立和平等地位，是由"自然法则"和"自然神明"所规定。② 这里已将"民族平等"作为民族解放的理论依据正式提出。

所以，正是民族主义将民族平等的价值理念阐发出来，将早期资产阶级主张的"平等"从个人引申到民族中来。"民族平等"与其说最早是资产阶级提出的口号，毋宁说是民族主义的口号。然而，在马克思主义的理论武库中，"民族平等"已经得到了根本的改造。

第一，将"民族平等"从资产阶级的空谈变成了具有牢固基础的社会目标，这个基础就是无产阶级专政和私有制的废除。列宁认为："资产阶级民主无论在何时何地都保证公民不分性别、宗教、种族、民族一律平等，但是它无论在什么地方也没有实行过，而且在资本主义的统治下也不可能实行。"③ 为什么资本主义不可能实现民族平等？因为它是以生产资料私有制为基础的社会，私有制的存在决定了阶级差别和社会压迫的存在，而民族压迫和不平等的本质正在于阶级关系的不平等。所以"平等思想本身就是

---

① 〔美〕海斯：《现代民族主义演进史》，帕米尔等译，华东师范大学出版社，2005，第 23、25 页。

② 董云虎、刘武萍编《世界人权约法总览》，四川人民出版社，1990，第 272 页。

③ 列宁：《共产国际第一次代表大会文献》，中国社会科学院民族学与人类学研究所民族理论室编《马克思主义经典作家民族问题文选·列宁卷（下）》，社会科学文献出版社，2016，第 369 页。

商品生产关系的反映";① "无产阶级平等要求的实际内容都是消灭阶级的要求"。② 将民族平等同消灭私有制联系起来，同社会主义的根本任务联系起来，这就使民族平等从空谈坐落到坚实的物质基础之上，变得真正有意义了。

第二，使"民族平等"的实践倾向于少数民族权利的保障。民族平等的是否实现在很大程度上取决于社会对于少数民族和弱小民族的态度。早在 19 世纪 40 年代，马克思和恩格斯就表现出了对于各民族不同特性的尊重和所有民族一律平等的价值取向。他们讲"直到现在每个民族同另一个民族相比都具有某种优点"，③ 批评各民族中存在的民族偏见和民族优越感是极端有害的"大规模的利己主义"。而到了 1913 年，列宁就明确谈道："保障少数民族权利同完全平等的原则是分不开的。"④ "我们要求国内各民族绝对平等，并且要求无条件地保护一切少数民族的权利。"⑤ 更重要的是，随着十月革命胜利和无产阶级专政国家政权的建立，为了更好地体现马克思主义的平等原则，列宁提出了著名的"让步"理论：

① 列宁：《为共产国际第二次代表大会准备的文件》，中国社会科学院民族学与人类学研究所民族理论室编《马克思主义经典作家民族问题文选·列宁卷（下）》，社会科学文献出版社，2016，第 450 页。
② 恩格斯：《反杜林论》，《马克思恩格斯选集》第 3 卷，人民出版社，1995，第 448 页。
③ 马克思、恩格斯：《神圣家族》，中国社会科学院民族学与人类学研究所民族理论室编《马克思主义经典作家民族问题文选·马克思恩格斯卷（上）》，社会科学文献出版社，2016，第 74 页。
④ 列宁：《关于民族问题的批评意见》，中国社会科学院民族学与人类学研究所民族理论室编《马克思主义经典作家民族问题文选·列宁卷（下）》，社会科学文献出版社，2016，第 294 页。
⑤ 列宁：《向拉脱维亚边区社会民主党第四次代表大会提出的纲领草案》，中国社会科学院民族学与人类学研究所民族理论室编《马克思主义经典作家民族问题文选·列宁卷（上）》，社会科学文献出版社，2016，第 232 页。

……没有什么比对民族问题上的不公平态度更能阻碍无产阶级阶级团结的发展和巩固的了，因为"受侮辱"民族的人没有比对平等感，对破坏这种平等更敏感的了，哪怕是自己的无产者同志出于无心或由于开玩笑而破坏这种平等。因此，在这种情况下，对少数民族让步和宽容这方面做得过些比做得不够要好。①

作为实行完全平等政策的延续，斯大林也提出，因少数民族在经济文化上都很落后，"消灭民族在事实上的不平等是一个长期的过程"，"但是，我们一定要把它铲除掉。而且只有通过俄罗斯无产阶级给予联盟各落后民族真正的长期的帮助，使它们在经济和文化方面繁荣起来，才能把它铲除掉"。②

所以，在马克思主义经典作家的理论中，民族平等绝不是一种貌似公正的"对等"的关系，而是需要"大民族""压迫民族"做出"让步"，以对自己的"不平等"给予少数民族和原来的被压迫民族以"补偿"方能建立的关系；是需要对落后民族给予真诚而长期的帮助，以消除"事实上的不平等"方能建立和维持的关系。这种关系是任何剥削阶级难以做到的，也是民族主义的平等观难以企及的。

第三，将"民族平等"与"民族自决"联系起来，使其成为被压迫民族反对帝国主义统治和民族压迫的思想武器。斯大林在

---

① 列宁：《关于民族或"自治化"问题（续）》，中国社会科学院民族学与人类学研究所民族理论室编《马克思主义经典作家民族问题文选·列宁卷（下）》，社会科学文献出版社，2016，第525页。

② 斯大林：《党和国家建设中的民族问题》，中国社会科学院民族学与人类学研究所民族理论室编《马克思主义经典作家民族问题文选·斯大林卷》，社会科学文献出版社，2016，第238页。

讲列宁对于马克思主义民族理论的贡献时讲：

> 从前，通常都把被压迫民族问题看做纯粹法的问题，冠冕堂皇地宣布"民族的平等权利"，发表无数关于"民族平等"的宣言，——这就是第二国际各党所心满意足的事情。它们抹杀了这样一个事实，就是在帝国主义时代，所谓"民族平等"不过是对于被压迫民族的嘲弄。现在，民族问题方面的这种资产阶级的法的观点可以说已经被揭穿了。列宁主义把民族问题从大吹大擂的宣言的天空拉到地上来，指出如果无产阶级政党不直接援助被压迫民族的解放斗争，"民族平等"的宣言就是空洞的虚伪的宣言。于是被压迫民族问题就成了支援、帮助，真正地经常地帮助被压迫民族反对帝国主义，争取真正的民族平等，争取成立独立国家的问题。①

按照列宁的思想，实现民族自决权，使各民族都有从异族压迫下分离和建立独立国家的权利，是民族平等在政治上的最高表现。在资本主义时代，能够解决民族问题的唯一途径就是建立民主的国家制度，而这又正是需要民族自决才能解决的。所以，能否实现民族平等，至为关键的一点就是能否实现民族自决权，也即能否推翻帝国主义和殖民主义的民族压迫和统治。这就使"民族平等"的内容变得很实在，并与无产阶级的历史使命联系起来了。

民族概念。民族是什么？怎样才算一个民族？这个问题在民

---

① 斯大林：《论列宁主义基础》，中国社会科学院民族学与人类学研究所民族理论室编《马克思主义经典作家民族问题文选·斯大林卷》，社会科学文献出版社，2016，第302页。

族主义出现以前是鲜少有人关心、鲜少有影响的理论出现的。而将这样的问题提出来，并将它作为一个重要的理论加以阐释的正是民族主义，因为只有民族主义者才最关心如何界定自己、界定民族与其他事物和现象的区别。民族主义思想家大都为民族做出过概念性的阐述。如"德国民族主义之父"赫尔德（J. G. Herder）认为，民族不是一个国家，而是一个文化实体；同一民族的人说共同的语言，生活在共同的地域，有着共同的习惯、共同的历史和共同的传统。① 被海斯誉为与赫尔德"并驾齐驱，同是阐明民族原理的先锋"的柏克说："民族是一个'连续'的具体表现，是人民在时间上、数目上、空间上的一种扩张性的具体表现。它是一些共同的政治制度、法律制度、宗教制度与传统的产物，尤其是习惯风俗的长期连续一致的产物。一群依这种方式经过长时期的共同生活，经过同样的历史进化的人民便将组成一个民族。"②

不能说他们的解释多么完美无缺，因为"民族"概念迄今也还是一个见仁见智的不解之题，但我们应该而且能够肯定的是，他们将民族要素集中到语言、地域、传统文化、风俗习惯和"历史的进化"这样一些方面，对包括马克思主义在内的后世各派思想家对于民族概念的讨论具有奠基性的意义。斯大林讲："民族是人们在历史上形成的一个有共同语言、共同地域、共同经济生活以及表现在共同文化上的共同心理素质的稳定的共同体。同时，不言而喻，民族也和任何历史现象一样，也受变化规

---

① 〔伊朗〕拉明·贾汉贝格鲁：《伯林谈话录》，杨祯钦译，译林出版社，2002，第95页。
② 〔美〕海斯：《现代民族主义演进史》，帕米尔等译，华东师范大学出版社，2005，第71页。

律支配的，同有自己的历史，有自己的始末。"① 对照上述赫尔德等人的言论，谁能否认他们之间的渊源关系呢？当然，如同其他对民族主义理论的吸纳一样，马克思主义经典作家对于民族概念的讨论也远远超出了单纯的学术意义，而是成为他们指导无产阶级革命、构建新型社会主义国家体制和民族关系的重要理论内容了。

民族国家理论。如果说把上述论点的"发明权"归于民族主义还需做出一定解释的话，那么"民族国家"理论的最早归属当是没有争议的。盖尔纳讲："民族主义首先是一条政治原则，它认为政治的和民族的单位应该是一致的。""民族主义认为，民族和国家注定是连在一起的；哪一个没有对方都是不完整的，都是一场悲剧。"② 这已成为公论。依此，马克思主义经典作家关于民族国家的论述也是来自对民族主义理论的吸纳。

马克思主义经典作家认为，民族国家是资本主义摆脱封建束缚、实现生产力发展的必要条件。恩格斯曾对欧洲民族国家的产生做了详细分析，指出：欧洲"日益明显日益自觉地建立民族国家（Nationale Stiaaten）的趋向，是中世纪进步的最重要杠杆之一"③。列宁强调了经济因素在民族国家形成中的作用，认为资本主义战胜封建主义的时代是与民族运动联系在一起的，这种运动的经济基础是为了使资产阶级占领国内市场，必须使操着同一种

---

① 斯大林：《马克思主义和民族问题》，中国社会科学院民族学与人类学研究所民族理论室编《马克思主义经典作家民族问题文选·斯大林卷》，社会科学文献出版社，2016，第32页。

② 〔英〕厄内斯特·盖尔纳：《民族与民族主义》，韩红译，中央编译出版社，2002，第1、9页。

③ 恩格斯：《论封建制度的瓦解和民族国家的产生》，中国社会科学院民族学与人类学研究所民族理论室编《马克思主义经典作家民族问题文选·马克思恩格斯卷（上）》，社会科学文献出版社，2016，第470页。

语言的人所居住的地域用国家形式统一起来。①

正因为有着最深刻的经济因素，"因此民族国家对于整个西欧，甚至对于整个文明世界，都是资本主义时期典型的正常的国家形式"。列宁由此也把民族国家的建立看作资产阶级民主革命的重要内容，提出，在西欧大陆上，从1789年至1871年的资产阶级革命时代，恰恰也是民族运动和民族国家建立的时代，而在东欧和亚洲，这个时代是从1905年开始的。遭受列强瓜分和殖民压迫的"印度和中国觉悟的无产者，除了走民族道路以外也不能走别的道路，因为他们的国家还没有形成为民族国家"。②

列宁认为考茨基关于"民族国家是世界通例"和"常态"的观点"绝对正确"。③ 所以，不符合这一"常态"的多民族国家就需要运用"民族自决"的武器来推翻帝国主义和殖民主义的民族压迫，实现民族独立，建立民族国家。这就把民族国家的建立与民族解放，进而与无产阶级的世界革命联系起来了。

然而，前已述及，尽管列宁曾认为民族国家在帝国主义时代会成为生产力进一步发展的障碍，但根据他的"过渡"理论和马克思、恩格斯关于无产阶级"只有真正成为国家的民族时，才更能成为国际的民族"的思想，尤其是列宁晚年表现出来的建立多民族统一的"尽可能大"的新型社会主义民族国家的思想倾向及

---

① 列宁：《论民族自决权》，中国社会科学院民族学与人类学研究所民族理论室编《马克思主义经典作家民族问题文选·列宁卷（上）》，社会科学文献出版社，2016，第409页。

② 列宁：《论民族自决权》，中国社会科学院民族学与人类学研究所民族理论室编《马克思主义经典作家民族问题文选·列宁卷（上）》，社会科学文献出版社，2016，第417页。

③ 列宁：《论民族自决权》，中国社会科学院民族学与人类学研究所民族理论室编《马克思主义经典作家民族问题文选·列宁卷（上）》，社会科学文献出版社，2016，第412页。

其后的实践，民族国家在社会主义时代，至少在社会主义的一定时期也还需要存在，是马克思主义经典作家民族国家理论的重要内容。当然，这个理论还不能说十分明确，因为他们还缺少实践；斯大林实践了，却又失败了。真正使这个理论得到明确和发展的是当代社会主义，包括中国特色社会主义的实践。

六　民族主义为马克思主义所借助和批判的几个因素

马克思主义对于民族主义的借助和吸纳说明，民族主义并不是和马克思主义绝然对立的，从本源上说，它也是人类文明发展史中的一份重要成果。

民族主义理念是随着 18 世纪启蒙运动中世界主义的勃兴而形成的。人道民族主义是最早的民族主义，也可谓"正宗"的民族主义，从人道民族主义的主张中我们看不到什么"罪恶"，倒是处处感触到正义、善意和开明。所以，将民族主义视为罪恶和反动，至少在民族主义发源时期和它原本的社会追求来看不是这样的。从思想史的角度而言，民族主义是 18 世纪的启蒙思想家探索人类进步的一个视角和途径。它与世界主义是相对的，又是相辅相成的，都属于那个时代的思想精华。正是这一点，才构成了民族主义为马克思主义所借助和吸纳的前提。

不但如此，民族主义在唤起民族感情、动员社会方面也有着其他意识形态所难以企及的巨大价值。近代以来的世界历史证明："不与民族主义感情结盟的任何政治运动都不可能获胜。"[1] 资产

---

① 〔英〕伯林：《反潮流：观念史论文集》，冯克利译，译林出版社，2002，第422页。

阶级创造了民族主义，也最早发掘和运用了它的功能，无产阶级革命和马克思主义理论是在民族主义运动高涨时期萌生的，也自然地感受到并借助了这一功能。马克思主义将阶级作为社会认同的着眼点，但最终也得正视"族性"具有的强大生命力。所以，民族主义天然具有的社会动员功能也是它为马克思主义所看重和借助的内在动因。

民族主义中蕴含的进步因素和强大功能为马克思主义对它的借助提供了必要性，而它的从属性和依附性则为马克思主义的借助提供了可能性。

我们从民族主义的源头已可以知道，民族主义从一开始就不是一个独立的意识形态，它只是服务于启蒙时代思想家们通向他们各自"大同"理想的一个"工具"。从民族主义的基本主张可以看出，民族主义主要提出的是人类社会的归属问题、确立归属和协调归属的原则，并没有涉及更多的问题。

所谓人类社会的归属问题，包括身份认同、利益和价值认同等，民族主义者将其目标明确为"民族"：民族是人类最神圣、最崇高的归属；民族利益是最高的社会价值。这是各个时代、各个国家民族主义思想家及其追随者们最一致的地方。所谓确立归属，就是把由一个民族组成的国家作为民族认同和价值体现的政治终结点，民族是政治权力之源。所谓协调归属的原则就是"多样性"原则和与之相应的"民族平等"的原则。在早期民族主义思想家，尤其是赫尔德的论述中，文化多样性问题的确是事关民族身份的神圣，直至民族地位平等的根本。

然而，民族主义提出了人的社会归属或认同问题，却没有涉及人类社会的发展目标和具体内容；提出了民族国家的政治形式，却没有解决这种形式的阶级定位、具体结构和运作机制；提出了民族之间的关系原则，却没有涉及民族与其他社会结构之间的问题。史密斯讲："民族主义的意识形态在结构上就不能解决诸如社会正义、资源分配和冲突管理等主要的社会和政治问题。事实上，如果简单地与主流的意识形态相比，如自由主义、社会主义、保守主义等，民族主义通常不是清晰的意识形态。"① 这里所谓"不是清晰的意识形态"，实际应说不是独立的意识形态。因为无论在理论上还是在实践上民族主义从来就不能独立也没有独立过，而从来都是依附于主流意识形态打天下。就意识形态而言，民族主义始终都是不完整的，它唯有寄附于其他意识形态才可实现自己的价值。这就使它既能够为资本主义所用，也可为社会主义所用。

所以，马克思主义经典作家对民族主义的实践借助和理论吸纳取决于无产阶级革命的具体需要，也取决于民族主义固有的合理因素、卓越的社会功能，以及因理论上的不完整而导致的从属性和依附性。马克思主义是人类一切思想文明的集大成者，其中，也有民族主义提供的一份成果。

然而，民族主义毕竟又为马克思主义经典作家倾力批判，其中的原因除了阶级的、时代的以及具体革命实践的因素之外，也必须归因于民族主义在情感和政治上的极端性特点。

民族主义情感上的极端化是与它赋予了"民族"过多的神圣色彩分不开的。因为"在民族主义者眼里，民族可被描述为拥有历史和天命的群体"。② 这就使他们在阐述正义主张（包括世界主义和利他主义）的同时，也会情不自禁地对自己的民族做出超出

---

① 〔英〕安东尼·史密斯：《民族主义——理论，意识形态，历史》，叶江译，上海世纪出版集团，2006，第 24 页。

② 〔英〕安东尼·史密斯：《民族主义——理论，意识形态，历史》，叶江译，上海世纪出版集团，2006，第 31 页。

理性的赞美和歌颂，从而将自己的民族与其他民族区别开来，显现出偏见、歧视，甚至种族主义和极端主义。法国人庞纳特是"传统民族主义"的代表人物，他反对法国大革命中"雅各宾民族主义"的极端性，但他同样表现出了极端的民族感情。他说法语是"最完美的现代语也是一切语言中最完美的语言"，说法国人是"欧洲最开明最合理的民族"，把法兰西"种族"，即"罗马人、高尔人与日耳曼人"看作"最佳血液的适当混合"。所以，传统民族主义虽然反对雅各宾民族主义的极端性，"但事实上它和雅各宾民族主义一样的好战，一样的残暴"。① 庞纳特的例子极具代表性。海斯讲：从民族主义的先驱卢梭、赫尔德和马志尼至法西斯主义的莫拉斯、希特勒和墨索里尼，"似乎是一条很长道路，而这条路径看起来是迂回的。前三人所排斥的东西正是后三人所提倡的。然而后三人看来却是和前三人同一直系的产物"。② 从"人道民族主义"到法西斯主义经历了复杂的演化过程，有着深刻的社会和思想根源，但其中"神圣"而极端化的民族情感又是其最坚韧的思想链条。

民族主义政治上的极端化表现集中在它"一个民族，一个国家"的理念和与此相关的"民族自决"政治主张。自古至今，一个民族自成一个国家的现象少而又少；人类社会的流动性和开放性决定了这一理念的虚幻性。然而，民族主义对此却有着矢志不渝的追求。为此，"主体民族"对所谓的"异族"就要驱逐、要同化；"异族"对"主体民族"就要闹"独立"、搞"自决"。

① 〔美〕海斯：《现代民族主义演进史》，帕米尔等译，华东师范大学出版社，2005，第76、87页。
② 〔美〕海斯：《现代民族主义演进史》，帕米尔等译，华东师范大学出版社，2005，第242页。

"民族自决"由此可以是被压迫民族争取民族独立的旗帜，也可以是分离主义瓦解统一主权国家的利器，而伴随其中的就有不尽的摩擦、冲突和暴力。至此人们就有理由认为："民族主义是一种破坏性的革命意识形态，它是争取不可能在地球上实现的完美状态的集体意志。"①

所以，民族主义情感和理论原本不无合理之处，但因为它与邪恶和谬误靠得太近并太容易突破了，以至于人们常把它们等同起来。马克思主义经典作家对民族主义近乎"绝对"的批判，正是建立在这种等同之上的。

民族主义是为近代以来的人类历史持续造成重大影响的思潮和运动。它有着极为鲜明的两重性，既与民族本位、褊狭、排外以至战争和暴力相通，又为反对压迫和不公提供动员手段，为社会发展进步铺就理想。这个两重性在马克思主义经典作家的理论和实践中有着清晰的辨别，并将它们分离开来。所以，我们对于马克思主义经典作家关于民族主义的论述也应持辩证的、全面的观点，既要看到他们对于民族主义的鞭挞和批判，又要看到他们对于民族主义的吸纳和借助。这一点，对正确理解马克思主义和民族主义的关系，理解民族主义在世界共产主义运动中的作用和地位，都太重要了。

---

① 〔英〕安东尼·史密斯：《民族主义——理论，意识形态，历史》，叶江译，上海世纪出版集团，2006，第24页。

第三章 马克思、恩格斯确立的
基本立场

马克思主义经典作家对于民族主义的完整立场是批判、借助和吸纳，这在马克思和恩格斯那里已表现得非常鲜明。他们对"狭隘的民族主义感情"和"利己的民族主义情绪"的批评，对"民族沙文主义"和"泛斯拉夫主义"的揭露和批判，对1848年革命、波兰、爱尔兰和亚洲民族运动的支持等，都贯穿着这一点。然而，无论是批判还是借助和吸纳，经典作家着眼的始终都是无产阶级革命这一根本目标。反对民族压迫，推动建立和维护统一的民族国家是19世纪中期欧洲资产阶级民主革命的中心环节，也是无产阶级革命的时代使命。马克思、恩格斯一分为二地对待民族主义的态度绝不能被视为机会主义，因为马克思、恩格斯关于民族主义的论述始终坚守无产阶级革命立场，也始终充溢着社会正义和人类道义。无产阶级可以与民族主义有合作、有借助，但绝不能丧失自己的立场、放弃根本的阶级利益，这在马克思、恩格斯那里做得无可挑剔。

"民族主义"这个词出现得比较晚，所以，身处19世纪的马克思、恩格斯在其著作中对"民族主义"的使用并不频繁，也没有对这一概念做出过正式阐释。可能是因为这一点，一些西方学者就认为马克思对于民族主义、民族主义运动和民族国家的考察不能令人满意。① 但事实上，马克思和恩格斯对涉及民族主义的现象、性质及其在无产阶级革命中的作用等论述非常丰富，确立了马克思主义在民族主义问题上的基本立场。

一 明确"民族主义"的指向

早在马克思、恩格斯的青年时代，"民族主义"就出现在他们的著述中，如1841年恩格斯在为德国文学家伊默曼的《回忆录》写的评述中讲道："正如伊默曼相当直率地指出的，他是为现代德国人，为那些同德国民族主义和世界主义这两个极端保持同样距离的人们写作的。他完全按现代的意义来理解民族并且提出了使命。"② 1852年马克思在谈到英国"愈来愈感到需要一个新的反对党"时，说提出这个问题的有"所谓的民族政党"，而这个"民族政党"的成员也即"民族主义者"。③ 正像我们现在所认识到的，马克思、恩格斯在论到"民族主义"一词时，除了少部分之外，一般总是缀以一些负面意义的定语，如对于包括工人阶级在内的各国劳动群众的民族情绪常称之为"狭隘的民族主义感情"和"利己的民族主义情绪"，而对于民族主义代表人物的言行则称之为"虚假的民族主义""狂热的民族主义"等。1848年8~9月，恩格斯在

---

① 华东师范大学当代中国马克思主义研究中心：《社会主义发展的历程研究》，上海人民出版社，2001，第369页引（阿维纳日：《走向一种社会主义的民族主义理论》，《异议》1990年秋季卷）。
② 恩格斯：《伊默曼的〈回忆录〉》，《马克思恩格斯全集》第41卷，人民出版社，1982，第169页。
③ 马克思：《建立新反对党的尝试》，《马克思恩格斯全集》第8卷，人民出版社，1961，第440~441页。

《新莱茵报》上连续发表评论文章，就法兰克福国民议会关于波兰问题的辩论做了集中评论，其中将为德国吞并波兰做辩护的发言斥为"多数派的荒谬绝伦的民族主义谎言"。① 巴黎公社期间，马克思曾在媒体上批驳资产阶级报刊对于第一国际和巴黎公社的污蔑，其中也讲道："马志尼一向反对工人运动。事实说明，马志尼带着他那套老式的共和主义思想，什么也没有懂得，什么也没有做成。他用他那套民族主义的口号使意大利走上了军事专制。他在自己想象中建立的国家，对他说来就是一切，而现实存在的社会对他说来毫无意义。人民越快地摆脱这种人就越好。"② 马志尼是意大利著名的民族主义理论家和坚定的民主革命者，马克思对马志尼的批评在马克思主义关于民族主义的态度问题上很具代表性。

总的来看，马克思、恩格斯对于明确的"民族主义"概念的使用，有的是针对工人阶级和劳动群众内部的不良民族情绪，有的是针对一些国家特定时期出现的"民族主义"政治派别，有的是指一些资产阶级革命代表人物的政治倾向，但都没有将其纳入敌对的"反动势力"范畴。这是因为，马克思、恩格斯时代的民族主义属于自由主义或民主主义阵营。在反对封建专制的政治斗争中，民族主义是自由主义的同盟军，是反抗外来压迫和争取民族独立的主要发动者和参与者。"在历史上，自由主义和民族主义曾结合得相当紧密。19世纪中叶，民族主义曾是自由主义积极争取实现的目标之一。"③ 但是，民族主义的资产阶级属性以及其在

---

① 恩格斯：《法兰克福关于波兰问题的辩论》，《马克思恩格斯全集》第5卷，人民出版社，1958，第400、411、374页等。
② 《卡·马克思驳资产阶级报刊污蔑国际和巴黎公社的发言报道》，《马克思恩格斯全集·附录》第17卷，人民出版社，1963，第680页。
③ 〔以〕耶尔·塔米尔：《自由主义的民族主义》，陶东风译，上海世纪出版集团，2005，第10页。

社会革命中表现出的消极面和保守性，决定了自一开始它就要被马克思、恩格斯所批评和批判，站在他们倡导的无产阶级民族观的对立面。

二　"泛民族主义"和"沙文主义"

与"民族主义"这个概念相近，马克思、恩格斯的论述也涉及另外一些相近概念及问题，其中最值得重视的是"泛民族主义"和"沙文主义"。

在马克思、恩格斯心目中，民族主义和泛民族主义是相通的。1869 年恩格斯在给马克思的一封信中曾讥讽具有泛民族主义倾向的巴枯宁，说他"以为可以在工人面前扮演一个世界主义的共产主义者，而在俄国人面前扮演一个狂热的民族主义者——泛斯拉夫主义者"。[①] 这里恩格斯明确把"狂热的民族主义"和"泛斯拉夫主义"连在一块、视为一体。实际上，现代民族理论也是把包括泛斯拉夫主义在内的"泛民族主义"纳入广义的民族主义之内的。"泛民族主义"（macro-nationalism），又称"宏观民族主义"。基于该主张的"泛群运动（pan-movement）是一种政治-文化运动，旨在增进和加强具有共同或相近语言、相似文化、同一历史传统和地理邻接关系的民族的联合。这种运动主张民族（nation）要在世界不同的民族联合体（community of nations）范围内扩展"。[②] 泛民族主义有着久远的历史，近现代历史上的泛斯拉夫主

---

① 《恩格斯致马克思》，《马克思恩格斯全集》第 32 卷，人民出版社，1974，第 334 页。

② Louis L. Snyder, *Macro-Nationalisms: A History of the Pan-Movements*, London, 1984, p. 5.

义、泛日耳曼主义、泛突厥主义、泛阿拉伯主义、泛非主义等都为世界历史留下了深刻的印记。

马克思、恩格斯对泛民族主义问题的论述很多，但主要集中在泛斯拉夫主义。19 世纪的泛斯拉夫主义者号召斯拉夫人实现"种族解放"，认为日耳曼民族和拉丁民族已经衰败，他们的辉煌已成为过去，而生机勃勃的斯拉夫人正在成为历史的主角；所有的斯拉夫人都有共同的过去，他们的生存有赖于政治上的统一。[1] 然而，这一主张及其运动就其性质来说则是"反动的"，19 世纪中期前后，恩格斯就泛斯拉夫主义发表了一系列文章集中给予批判，包括《匈牙利的斗争》（1849 年 1 月）、《民主的泛斯拉夫主义》（1849 年 2 月）、《德国的革命和反革命》（1851~1852 年）和《德国的泛斯拉夫主义》（1855 年）等。在这些文章中，恩格斯对泛斯拉夫主义的内容、本质和目的等做了深刻的分析。他指出，泛斯拉夫主义是奥地利和土耳其内的"一切弱小的斯拉夫民族为了反对奥地利的德国人、马扎尔人，可能也是为了反对土耳其人而结成的同盟"。"泛斯拉夫主义按其基本倾向来说，是要反对奥地利的革命分子，因此，它显然是反动的"。"泛斯拉夫主义的直接目的，是要建立一个由俄国统治的从厄尔士山脉和喀尔巴阡山脉直到黑海、爱琴海和亚得里亚海的斯拉夫国家。"而在这个"国家"中，并不存在什么共同的"斯拉夫的民族特征"，也不存在共同的"斯拉夫语"。所有这些民族都处在文明发展极不相同的阶段，有波希米亚相当发达的现代工业和文化，也有克罗地亚和保加利亚的几乎是游牧性质的野蛮状态。所以，这些民族的利益可能是极为对立的，泛斯拉夫主义的统一，不是纯粹的幻想，就

---

[1] Louis L. Snyder, *Macro-Nationalisms: A History of the Pan-Movements*, London, 1984, p. 7.

是"俄国的鞭子"。①

恩格斯对泛斯拉夫主义的批判，是以涉及这一运动的民族在整个欧洲革命和发展中的作用为衡量标准的。由于泛斯拉夫主义代表旧的生产关系，其站在欧洲革命运动的对立面，是俄国主导的欧洲大国争夺世界霸权的骗术，所以，它虽然也是民族运动，却是反动的，必须加以揭露和遏制。"泛斯拉夫主义的浪潮，在德国和匈牙利的斯拉夫人地区，到处都掩盖着所有这些无数的小民族力求恢复独立的企图，到处都与欧洲的革命运动相冲突，同时，斯拉夫人虽然自称为自由而战，却总是（除了波兰的一部分民主派之外）站在专制主义和反动势力一边。"②"泛斯拉夫主义，这不仅仅是一种争取民族独立的运动；这是一种力图把一千年来历史所创造的一切东西化为乌有的运动；这是一种只有把土耳其、匈牙利和半个德国从欧洲地图上抹掉才能达到自己的目的，而在达到这个目的之后，又只有通过征服欧洲的办法才能保证自己的未来的运动。"③ 所以，泛斯拉夫主义虽然在形式上是斯拉夫民族争取"民族独立"的运动，却是反革命、反民主的运动。在此，恩格斯树立了一个判断民族运动性质的标准，这就是看它是谁发动的，目标是什么，发动者代表新的生产关系、代表新时代的文明进步，就是革命的、进步的，而不在于发动者的强弱大小，也不在于是在实施同化还是被同化。因为，参与泛斯拉夫主义的民族大多是小民族，是千百年来受德意志、匈牙利和土耳其统治和

---

① 恩格斯：《匈牙利的斗争》，《马克思恩格斯全集》第 6 卷，人民出版社，1960，第 200~202 页。

② 恩格斯：《德国的革命和反革命》，《马克思恩格斯文集》第 2 卷，人民出版社，2009，第 429~430 页。

③ 恩格斯：《德国和泛斯拉夫主义》，《马克思恩格斯全集》第 11 卷，人民出版社，1962，第 218~219 页。

同化的民族，它们发起的运动也是企图摆脱奥匈帝国和土耳其帝国控制的民族运动，但由于这一运动的目的和趋向是与当时欧洲民主革命方向背道而驰的，所以就是反动的。

关于沙文主义与民族主义的关系，马克思曾做过定性："资产阶级的沙文主义只不过是一种虚假的装饰，它给资产阶级的种种无理要求罩上一件民族的外衣。"正因为此，他也间或把沙文主义称为"民族沙文主义"，① 所以，沙文主义仍然是民族主义的一种类型。马克思、恩格斯对于沙文主义的集中批判，一是针对普法战争期间的法国，二是针对沙皇俄国。

发生于 1870~1871 年的普法战争是 19 世纪欧洲革命和国际关系史上的重大事件。战争以法国对普鲁士的进攻为始，以普鲁士转守为攻、逼使法国投降割地赔款为终。在此期间，法国诞生了世界上第一个无产阶级政权"巴黎公社"，战后德意志和意大利完成了各自的民族统一。这些事件对欧洲和世界产生了极为深远的历史影响。马克思、恩格斯始终关注着这一事件的发展。战争开始不久，恩格斯就致信马克思，将战争的根源追究于法国的沙文主义："如果没有大批法国人的沙文主义，即资产者、小资产者、农民以及由波拿巴在大城市中所创造出来的、怀有帝国主义情绪的、欧斯曼的、出身于农民的建筑业无产阶级的沙文主义，巴登格是无法进行这场战争的。这种沙文主义不遭到打击，而且是彻底的打击，德国和法国之间就不可能实现和平。"② 巴黎公社建立后，马克思又对法国沙文主义的性质和表现做了深刻揭露：资产

① 《德国农民战争·1870 年第二版序言的补充》，《马克思恩格斯文集》第 2 卷，人民出版社，2009，第 216 页。

② 《恩格斯致马克思》，《马克思恩格斯文集》第 10 卷，人民出版社，2009，第 340~341 页。

阶级的沙文主义"是用挑拨本国的生产者反对另一国生产者弟兄的办法以压服本国生产者的手段，是防止工人阶级的国际合作的手段"，而这种合作是工人阶级解放的首要条件。他认为"是资产阶级沙文主义者"肢解了法国。① 事过十年之后的 1882 年，恩格斯又对法国沙文主义的产生原因做了反思，认为："1830—1848年，有点共和主义色彩的国际主义寄希望于法国，认为它负有解放欧洲的使命，其结果，法国的沙文主义日益加强，以致法国解放世界的使命及其与此相联的领导运动的长子权利，直到现在还在步步妨碍着我们。而在国际中，法国人也把这个观点当做天经地义的东西来坚持。只有事变才能教育他们，而且还要天天教育他们——以及许多其他的人，使他们知道，只有在平等者之间才有可能进行国际合作，甚至平等者中间居首位者也只有在直接行动的条件下才是需要的。"② 恩格斯在此认为，法国沙文主义源于拿破仑征服欧洲后在法国社会产生的"解放世界"的"领导"意识、"长子权利"意识：法国人给欧洲和世界带来了解放的希望，所以对别国的干涉、支配和侵犯都是"天经地义"的。这是大民族主义或民族主义霸权化的典型表现，是需要得到事实的教育才能克服的。显然，在马恩的笔下，法国沙文主义并不仅仅属于反动阶级或反革命阵营，而是包括资产者、小资产者、农民以及部分无产阶级这些"大批法国人"所共有的情绪。尽管它是资产阶级挑拨工人阶级国际合作的工具，但沉浸其中的其他阶级包括无产阶级也是难辞其咎的。随拿破仑征服欧洲产生的"解放世界"

① 马克思：《〈法兰西内战〉草稿》，《马克思恩格斯全集》第 17 卷，人民出版社 1963，第 605~606 页。
② 恩格斯：《恩格斯致卡尔·考茨基》，《马克思恩格斯文集》第 10 卷，人民出版社，2009，第 472 页。

的"领导"意识、"长子权利"意识渗透在法兰西整个社会之中。法兰西民族由此激发了自豪的情感，也为它付出了沉重的历史代价。马克思、恩格斯在此揭示的教训，值得各民族尤其是有着和正有着"英雄业绩"的民族牢牢记取。

19世纪的沙皇俄国是欧洲封建专制主义的堡垒，始终受到马克思、恩格斯的鞭挞，其中"沙文主义"也是对其对外扩张和建立殖民霸权的一种概括。恩格斯讲："到叶卡捷琳娜逝世的时候，俄国的领地已超过了甚至最肆无忌惮的民族沙文主义所能要求的一切。凡是冠有俄罗斯名字的（少数奥地利的小俄罗斯人除外），都处在她的继承者的统治之下，这个继承者现在完全可以称自己为全俄罗斯的专制君主。俄国不仅夺得了出海口，而且在波罗的海和黑海都占领了广阔的滨海地区和许多港口。受俄国统治的不仅有芬兰人、鞑靼人和蒙古人，而且还有立陶宛人、瑞典人、波兰人和德国人。——还想要什么呢？对于任何其他民族来说，这是足够了。可是对于沙皇的外交来说（民族是不必考虑的），这只不过是为现在才得以开始的真正掠夺打好了基础。"而至当前，"整个俄国都热衷于沙皇的侵略政策；到处是沙文主义和泛斯拉夫主义"，"政府成年累月地在所有学校里培养这种沙文主义和泛斯拉夫主义"。①

从马克思、恩格斯对沙文主义的批判来看，沙文主义主要发生在强势民族和大民族之中，这其实和后来列宁所批判的"大俄罗斯沙文主义"或大民族主义是一脉相承的。由此也可以讲，马克思、恩格斯对沙文主义的批判是后来苏俄和中国等反对大民族主义的理论之源。当然，马克思、恩格斯这里所论的沙文主义是

---

① 恩格斯：《俄国沙皇政府的对外政策》，《马克思恩格斯文集》第4卷，人民出版社，2009，第366、367、389页。

发生在不同国家，或代表不同国家的民族之间的，这与后来主要
是指国内不同民族之间的情况有所不同。但这并不影响这一理论
的普适性和重大意义。

三　几种民族主义运动

除了对于"民族主义"及相关概念的直接论述，马克思、恩
格斯对于民族主义论述更多涉及这个领域的其他民族运动，包括
欧洲 1848 年革命、波兰问题和爱尔兰问题等。

1848 年革命是欧洲大陆波及甚广、影响极为深远的资产阶级
民主革命；因奥地利、德国和奥匈帝国及沙俄境内各自复杂的民
族成分及相互关系，伴随这场社会革命的也是极为广泛的民族运
动。马克思、恩格斯亲历了这场革命，并通过《新莱茵报》对于
革命和民族运动即时做出评析和指导，其后仍不断地在此问题上
做出论述。

还在 1848 年革命之初，马克思和恩格斯就为德国革命拟定了
无产阶级的斗争纲领《共产党在德国的要求》，其中第一条就是推
动建立一个统一的、不可分割的德意志共和国。[①] 因为消灭德国在
经济和政治上的分散状态是德国进一步发展的必要条件。马克思
和恩格斯创办的《新莱茵报》名义上是德国民主派的机关报，却
表现出了鲜明的无产阶级立场。这份报纸在报道评论德国和欧洲
革命的同时，也对当时的民族运动做了大量分析。1848 年革命期
间马克思、恩格斯通过《新莱茵报》表达的民族思想是马克思主
义民族理论的重要内容。在《法兰克福激进民主党和法兰克福左

---

① 马克思、恩格斯：《共产党在德国的要求》，《马克思恩格斯全集》第 5 卷，人
民出版社，1958，第 3 页。

派的纲领》《〈阅报室〉报论莱茵省》等文章中，马克思和恩格斯反对把德国统一在普鲁士和奥地利的霸权之下，也反对建立像瑞士那样的联邦国家，而主张自上而下建立一个真正统一的民主国家。同时指出，德国统一是全欧洲的问题，只有同英国的反革命统治阶级和沙俄这个欧洲的反动势力进行斗争，德国才能达到统一。在《德国的对外政策》《丹麦和普鲁士的休战》《法兰克福关于波兰问题的辩论》《布拉格起义》等文章中，马克思、恩格斯对革命中的波兰、捷克、匈牙利和意大利的民族解放运动也给予了热烈的支持。

当然，1848 年革命中的民族运动范围很广、成分非常复杂，并不都是得到马克思、恩格斯肯定和支持的。在革命尚未结束的 1849 年恩格斯就讲，1848 年革命强迫欧洲的一切民族表明态度：是拥护这次革命，还是反对这次革命。其中，斯拉夫人无声无息，完全投入了反革命的怀抱；而忠实于自己以前的历史作用的德国人和马扎尔人则领导了运动。① 同样，马克思也讲，1848 年革命中的西班牙独立战争一开始，上层贵族和旧官员就失去了对资产阶级和人民的任何影响，背弃了资产阶级和人民。"看起来，整个运动与其说是拥护革命的，不如说是反对革命的。"② 所以，在马克思主义经典作家看来，对于民族运动的性质是需要分析的，因为它们既有"革命"的，也有"反革命"的。同理，基于在这些民族运动中的作用，相关民族也就有了"革命"与"反革命"之分。

---

① 恩格斯：《民主的泛斯拉夫主义》，《马克思恩格斯全集》第 6 卷，人民出版社，1960，第 337 页。
② 马克思：《革命的西班牙》，《马克思恩格斯全集》第 13 卷，人民出版社，1998，第 515 页。

随着历史的发展和马克思主义理论的成熟，恩格斯在其晚年对 1848 年革命有了更为深刻的总结，他说："欧洲各民族的真诚的国际合作，只有当每个民族自己完全当家作主的时候才能实现。1848 年革命在无产阶级的旗帜下使无产阶级战士归根到底只做了资产阶级的工作，这次革命也通过自己的遗嘱执行人路易·波拿巴和俾斯麦实现了意大利、德国和匈牙利的独立。"① "1848 年革命虽然不是社会主义革命，但它毕竟为社会主义革命扫清了道路，为这个革命准备了基础。最近 45 年来，资产阶级制度在各国引起了大工业的飞速发展，同时造成了人数众多的、紧密团结的、强大的无产阶级；这样它就产生了——正如《宣言》所说——它自身的掘墓人。不恢复每个民族的独立和统一，那就既不可能有无产阶级的国际联合，也不可能有各民族为达到共同目的而必须实行的和睦的与自觉的合作。试想想看，在 1848 年以前的政治条件下，哪能有意大利工人、匈牙利工人、德意志工人、波兰工人、俄罗斯工人的共同国际行动！"②

显然，恩格斯这里的评价放眼的是无产阶级革命的大视野，着眼的是无产阶级国际联合的大目标，于此就会看到资产阶级民族运动和无产阶级革命的必然联系，看到无产阶级对于民族主义运动应有的正确态度。

波兰问题和爱尔兰问题是马克思、恩格斯关注最多的民族运动个案。

波兰地处欧洲地缘中枢，是欧洲大陆大国争霸以及革命与反

---

① 恩格斯为《共产党宣言》波兰文版写的序言，《马克思恩格斯文集》第 2 卷，人民出版社，2009，第 24 页。

② 恩格斯为《共产党宣言》意大利文版写的序言，《马克思恩格斯文集》第 2 卷，人民出版社，2009，第 25~26 页。

革命两大势力斗争的前哨阵地。由此近代以来的波兰民族命运多舛。1772~1795 年，沙俄、奥地利和普鲁士三次瓜分，使波兰从地图上消失了 123 年。亡国以后的波兰人一直在为恢复自己的国家而斗争。1830 年波兰的起义者一度建立了民族政府，宣告了波兰的恢复；1846 年波兰人在克拉科夫和加里西亚再掀起义，成为1848 年欧洲革命的序幕。这些革命和起义虽然最终归于失败，但彰显了波兰问题的意义。波兰由此成为东欧民主革命的策源地，在世界近代史上占有突出地位。19 世纪中叶以后，随着沙俄的衰败和欧洲无产阶级革命的高涨，1863 年波兰的起义又与国际工人运动结合在一起，继续在国际革命斗争中发挥重要作用。[①] 正因为波兰问题和波兰民族在欧洲革命中的重要地位，马克思、恩格斯对于波兰民族运动始终给予高度关注，做出了非常多的论述。从19 世纪 40 年代直到恩格斯逝世之前的 19 世纪 90 年代，他们的文章仅在题目中专门论及波兰问题的就有《论波兰》《论波兰问题》《对波兰的重新瓜分》《法兰克福关于波兰问题的辩论》《伦敦德意志工人教育协会支援波兰的呼吁书》《工人阶级同波兰有什么关系》《在伦敦纪念波兰起义大会上的演说》《支持波兰》《在一八六三年波兰起义纪念会上的演说》《致日内瓦一八三〇年波兰革命五十周年纪念大会》《〈共产党宣言〉1892 年波兰文版序言》等10 多篇，其他著述中论及波兰问题的就更多。这些论述成为他们关于民族主义认识的重要内容。

马克思、恩格斯对波兰民族解放运动的始终给予很高的评价，1892 年恩格斯在谈到波兰问题的时候甚至讲，波兰"从 1792 年以来对革命所作的贡献比这三个国家（指意大利、德国和匈牙利）

---

① 程人乾：《波兰民族解放运动在世界近代史上的地位》，《世界历史》1979 年第3 期。

所作的全部贡献还要大"①。但是，恩格斯 1851 年 5 月 23 日在给马克思的信中却说了另外的一番话：

> 我愈是思考历史，就愈是明白：波兰人是一个毫无希望的民族，它只是在俄国本身进入土地革命以前的时候有当工具的用处。在这之后，波兰就绝对不再有存在的理由。除了一些大胆的争吵不休的蠢事外，波兰人在历史上从来没有做过别的事。所以很难指出波兰在什么时候，甚至只是和俄国相比，曾经有效地代表过进步，或者做出过什么具有历史意义的事情。相反地，俄国和东方相比确实是进步的。俄国的统治，不管怎样卑鄙无耻，怎样带有种种斯拉夫的肮脏东西，但对于黑海、里海和中亚细亚，对于巴什基里亚人和鞑靼人，都是有文明作用的，而且俄国所接受的文化因素，特别是工业因素，也比具有小贵族懒惰本性的波兰多得多。……波兰从来不会同化异族的分子——城市里的德国人始终是德国人。但是俄国却很会把德国人和犹太人俄罗斯化，每个第二代的俄籍德国人都是明显的例子。甚至那里的犹太人也长出斯拉夫型的颧骨来。②

这段话和马克思、恩格斯在其他场合对波兰民族的赞美性评价完全相反，为此有学者不理解，甚至做出了另类的解释。其实早在 1914 年列宁便注意到了这段话，他这样讲：

---

① 恩格斯为《共产党宣言》波兰文版写的序言，《马克思恩格斯文集》第 2 卷，人民出版社，2009，第 24 页。
② 《恩格斯致马克思》，《马克思恩格斯全集》第 27 卷，1972，人民出版社，第 285 页。

马克思和恩格斯对于任何民族问题都是采取严格的有批判的态度，认为这个问题只有相对的历史意义。例如 1851 年 5 月 23 日，恩格斯写信给马克思说，研究历史的结果使他对波兰问题得出了悲观的结论，波兰问题只有暂时的意义，即只是在俄国土地革命以前才有意义。波兰人在历史上所起的作用只是干了一些"大胆的蠢事"。……恩格斯不相信波兰贵族的起义会成功。可是这些非常英明的和有远见的思想，绝对没有妨碍恩格斯和马克思在 12 年以后，即俄国仍然处于沉睡状态而波兰已经沸腾起来的时候，又对波兰运动表示最深切的和热烈的同情。①

据此我们就可理解，波兰民族和民族运动也和其他事物一样，只有"相对的历史意义"。对马克思、恩格斯的赞美或批评的理解，都应该从具体的历史背景出发，不应该绝对化。何况这段话也是恩格斯和马克思的私人信件，其中的一些表达应当置于具体的场景中去分析。一种观点在形成和巩固之前，发生认识上的曲折或对原有认识的怀疑否定都是很常见的现象，马克思主义经典作家也不例外。所以不应对此做出过度解读。

自 12 世纪后期开始，爱尔兰就逐渐成为英国的最早殖民地，与英国存在深刻的民族矛盾。英国的殖民统治不断遭到爱尔兰人民的激烈反抗。19 世纪 50 年代起爱尔兰人民争取独立的斗争出现高潮，在"爱尔兰革命同志会"（通称"芬尼亚党"）的领导下发动起义，同政府军战斗。② 爱尔兰的民族运动遭到了英国

---

① 列宁：《论民族自决权》，《列宁全集》第 25 卷，人民出版社，1988，第 264~265 页。
② 梁守德等：《民族解放运动史》，北京大学出版社，1985，第 149、150 页。

统治阶级的镇压，也引发了工人运动内部不同路线的激烈争论。与对待波兰问题一样，马克思、恩格斯也对爱尔兰问题给予了很高的关注，为此写了诸如《英国工人阶级状况》、《爱尔兰的复仇》、《1867 年 12 月 16 日在伦敦德意志工人共产主义教育协会所作关于爱尔兰问题的报告的提纲》、《总委员会关于不列颠政府对囚禁的爱尔兰人的政策的决议草案》、《马克思致路德维希·库格曼》（1869 年 11 月 29 日）、《马克思致齐格弗里特·迈耶尔和奥古斯特·福格特》、《爱尔兰歌曲集代序》、《爱尔兰史》、《爱尔兰的警察恐怖》、《关于各爱尔兰支部和不列颠联合会委员会的相互关系》等大量文章以及书信。这些著述对爱尔兰的历史、文化特性、爱尔兰民族独立的策略目标等问题做了深入探讨，其中爱尔兰民族运动和英国工人运动的关系的理论变化在马克思主义发展史上尤具启发性。起初马克思和恩格斯认为，爱尔兰的解放只有借助英国无产阶级革命才能实现。没有英国工人阶级在本土给资产阶级以毁灭性打击，爱尔兰的独立是不可能完成的。而在 1867 年后，他们对此做出了重要的修正，认为"杠杆一定要安放在爱尔兰"，而不是在英国，只有在爱尔兰才能给英国统治阶级以决定性的打击。而这对于全世界的工人运动来说也是有决定意义的。①

随着工业革命的推进，西方资本主义加紧了对殖民地半殖民地的侵略。与欧洲民族运动相对应，19 世纪中期亚洲也掀起了反殖反封建的民族解放运动。对此，马克思、恩格斯同样给予了高度关注，写了大量文章予以支持。在《英中冲突》《英人在华的残暴行动》《英人对华的新远征》《波斯和中国》等文中，他们强

---

① 庄福龄主编《马克思主义史》第 1 卷，人民出版社，1996，第 293 页。

烈谴责英国殖民主义的侵略暴行，将中国人民在第二次鸦片战争和太平天国运动中的英勇抵抗赞为："这是一场保卫社稷和家园的战争，一场维护中华民族生存的人民战争。"并预言"过不了多少年，我们就会亲眼看到世界上最古老的帝国的垂死挣扎，看到整个亚洲新纪元的曙光"。①同样，马克思、恩格斯也为1857年印度爆发的反英起义写了《印度军队中的起义》、《来自印度的消息》、《德里的攻占》和《印度起义》等文章，叙述了起义的过程，分析了起义的性质、社会根源和失败的原因。而在《不列颠在印度的统治》《不列颠在印度统治的未来结果》中，马克思提出了英国殖民统治"充当了历史的不自觉的工具"；"野蛮的征服者"总会"被他们所征服的臣民的较高文明所征服"是"一条永恒的历史规律"的经典论断。

严格来讲，我们所讲的民族主义是近代以来围绕民族理念，以民族国家独立为核心的思潮和实践。马克思、恩格斯亲历的1848年革命，波兰、爱尔兰的民族解放运动以及德意志和意大利的统一等都是典型的民族主义运动，美国独立战争和其后的拉丁美洲独立运动也有着同样的性质。而当时的中国和印度，尚没有产生现代意义上的民族理念，他们的斗争只是被压迫民族对侵略者的自发性反抗，和进入20世纪以后在孙中山、甘地领导下的两国真正的民族主义运动是有区别的。但就其反对民族压迫的性质以及与欧洲民族运动同时代的背景来说，马恩对这些民族反压迫斗争的论述也可视为他们民族主义认识的一部分。

---

① 恩格斯:《波斯和中国》,《马克思恩格斯全集》第16卷,人民出版社,2003,第146、148页。

四　评价民族主义的根本出发点

马克思主义的产生和发展始终是与民族主义相伴而行的。从思想史的角度而言，民族主义是 18 世纪的启蒙思想家们探索人类进步的一个视角，在其历史发展中始终有着积极与消极、进步与反动的两重性。马克思主义经典作家对此有着清晰的辨别，对其消极性反动性始终予以鞭挞和批判，而将其积极性和进步因素加以借助和吸纳。经典作家对于民族主义的完整立场是批判、借助和吸纳。① 这一立场在马克思和恩格斯那里已表现得非常鲜明。上述对"狭隘的民族主义感情"和"利己的民族主义情绪"的批评，对民族沙文主义和泛斯拉夫主义的揭露和批判，对 1848 年革命、波兰、爱尔兰和亚洲民族运动的支持等，都贯穿着这一点。然而，无论批判还是借助、吸纳始终都被经典作家置于无产阶级革命利益这个更根本的立场之下。"我们应当为争取西欧无产阶级的解放而共同奋斗，应当使其他的一切都服从这个目的。"② 但由于无产阶级革命历史阶段的不同、国家和领域革命形势发展的不同，对于民族主义的态度也表现出差异。仔细比较，同为经典作家的马克思、恩格斯与列宁、斯大林对待民族主义的侧重点是不同的。究其根本，是他们面临的革命阶段和形势不一样，所要实现的目标不一样。马克思、恩格斯指导和参与的无产阶级革命显然属于初创期，当时的欧洲除了西欧几个国家之

---

① 王希恩：《批判、借助与吸纳——对马克思主义经典作家关于民族主义论述的再认识》，《民族研究》2007 年第 5 期。
② 恩格斯：《恩格斯致爱德华·伯恩斯坦》，《马克思恩格斯全集》第 35 卷，人民出版社，1971，第 272 页。

外，包括德国、意大利在内的中东欧国家整体上尚没有完成资产阶级民主革命。在马恩看来，无产阶级必须彻底推翻资本主义制度才能获得自身的解放，但消灭资本主义不能靠保存封建主义来实现。所以资产阶级反对封建制度的革命是工人革命的前提。工人阶级不仅能够而且应当参加资产阶级民主革命。① 也就是说，这一时期无产阶级革命的主要任务不是去推翻尚没有完全取得统治地位的资产阶级，而是应当协助和推动资产阶级完成民主革命。无产阶级革命需在帮助资产阶级取得统治权过程中和之后完成。

无产阶级革命的任务和目标是马克思、恩格斯评价民族主义的根本出发点。其中，反对民族压迫，推动建立和维护统一的民族国家又是这一问题的中心环节。民族压迫本是阶级社会的常态，进入近代以后，欧洲民族战争更是频频发生，由此造成的民族分裂领土纷争成为制约经济发展社会进步的巨大障碍。这也正是欧洲民主革命总是与争取民族独立和统一联系在一起的原因。而民族独立和统一的结果就是民族国家的恢复和建立。"一族一国"是民族主义的最高政治理想，也是民族主义的核心原则。"民族主义认为，民族和国家注定是连在一起的；哪一个没有对方都是不完整的，都是一场悲剧。"② 而民族国家又被马克思主义经典作家视为资本主义时期典型的正常的国家形式。只有民族国家，"才是欧洲占统治地位的资产阶级的正常政治组织，同时也是建立各民族协调的国际合作的必要先决条件，没有这种合作，无产阶级的统

---

① 庄福龄主编《马克思主义史》第 1 卷，人民出版社，1996，第 164 页。
② 〔英〕厄内斯特·盖尔纳：《民族与民族主义》，韩红译，中央编译出版社，2002，第 9 页。

治是不可能存在的"。① 资产阶级的民主革命向来都与民族主义运动联系在一起，而建立民族国家又是其政治建构的必然要求。因此无产阶级对资产阶级民主革命的支持也必然要和对以建立民族国家为核心的民族主义运动的支持合为一体。在马克思的心目中，民主主义始终是无产阶级国家的必要条件。然而，民主主义如果不以民族为基础，不在民族国家范围内，就不能实现和运行。②

由此，马克思、恩格斯必然要支持"民族之春"的 1848 年革命，支持德国"自上而下建立一个真正统一的民主国家"，支持波兰和爱尔兰为争取民族独立和解放的斗争。泛斯拉夫主义的政治理想也是要建立一个"民族"的国家。但这里的所谓"斯拉夫民族"只是基于某种文化和历史联系的幻影，是服务于沙俄大国霸权主义的工具，悖逆于欧洲民主革命的大潮流，因而只能遭到马恩的痛斥和鞭挞。而参与其中的那些民族理所当然地就会被视为"反动民族"。

维护和建立统一的民族国家，势必会出现一个怎样理解多民族国家内不同民族的权利问题，恩格斯的《工人阶级同波兰有什么关系？》一文因涉及这个问题而留下了诸多争议。该文内容非常丰富，中心观点是对所谓"民族原则"的批判。在恩格斯看来，这一"原则"虽然被路易·拿破仑所鼓吹，但发明者则是沙俄统治集团，其目的是分解波兰、实现"泛斯拉夫主义"霸权。文章首先阐明恢复波兰的统一是欧洲工人阶级政治纲领的重要组成部分，但"恢复波兰"绝不意味着要承认"民族原则"。1815 年的

① 恩格斯：《暴力在历史中的作用》，《马克思恩格斯全集》第 21 卷，人民出版社，1965，第 463 页。
② 〔美〕海斯：《现代民族主义演进史》，帕米尔等译，华东师范大学出版社，2005，第 203 页。

《维也纳条约》使得德意志、意大利、波兰和匈牙利等欧洲国家四分五裂，从而使"争取恢复民族统一就成了一切政治运动的第一步"，欧洲各大民族所享有的政治独立权利应该得到承认。这时出现的"民族原则"却是一个"搅混水"的观点。"民族原则"（principle of nationalities）标榜"每一个民族都应当是自己命运的主宰，任何一个民族分离出去的每一个小部分都应当被允许与自己的伟大祖国合并，——还有什么能比这更符合自由主义呢？只是请注意，现在说的已经不是 Nations［民族］，而是 Nationalities［民族］了"。所以，虽同是"民族"，却不是一个类别，将其搅在一块儿就会出现很多问题。恩格斯写道：

> 欧洲没有一个国家不是不同的民族处于同一个政府管辖之下。苏格兰高地的盖尔人和威尔士人，按其民族来说，无疑地有别于英格兰人，然而，谁也不把这些早已消失了的民族的残余叫做民族，就如同不会把法国布列塔尼的克尔特居民叫做民族一样。此外，没有一条国家分界线是与民族的自然分界线，即语言的分界线相吻合的。法国境外有很多人，他们自己的母语是法语，同德意志境外也有许多人说德语的情况完全一样，这种情况看来肯定还在继续存在下去。欧洲最近一千年来所经历的复杂而缓慢的历史发展的自然结果是，差不多每一个大的民族都同它的本身的某些处于边远位置的部分分离，这些部分脱离了本民族的民族生活，多数情况下参加了某一其他民族的民族生活，以至不想再和本民族的主体合并了。瑞士和阿尔萨斯的德意志人不愿再合并于德意志，就像比利时和瑞士的法兰西人不愿在政治上再归附于法国。于是，政治上形成的各个不同的民族大都在其内部有了一些

外来成分，这些外来成分构成了同邻邦的联系环节，从而使本来过于单一呆板的民族性格丰富多彩起来，这毕竟是一件大好事。①

恩格斯在这里的意思很明白，不能将"这些早已消失了的民族的残余叫做民族"，那些"根本没有历史而言，也没有创造历史所必需活力的民族"与那些有上千年历史"有生命力的大民族"不可等而视之。现在人们已经普遍注意到了这一论点的历史局限性，认为这是恩格斯没有注意到小民族反对民族压迫、争取独立斗争的趋势，甚至没有注意到它们的平等权利。这种看法肯定是有道理的，但如果我们从恩格斯写作此文的背景和当时无产阶级革命的主要任务来看，就会发现其中有很多的合理成分和启迪意义。因为首先，既然欧洲工人阶级要推动资产阶级革命的完成，就要坚定支持各国的民族独立，建立和维护统一的民族国家，但沙俄和路易·拿破仑鼓吹的"民族原则"是借各国"小民族"和"民族残余"伸张各自的"民族"权利分解国家的统一，继而纳入由沙俄主导的"泛斯拉夫主义"国家体系，这既有反动性又有欺骗性。因而加以揭露和批判绝对是正确的、必要的。否定泛斯拉夫主义必然要否定这些"小民族"的民族运动，也自然不能承认他们的所谓权利。波兰人民争取民族独立解放的斗争是欧洲民族主义运动的一面旗帜，与波兰民族独立运动相悖的"泛斯拉夫主义"及其理论支撑的"民族原则"也是一种民族主义。恩格斯在此鲜明地表明了马克思主义对待两种不同民族主义的态度：对前者予以支持、借助，对后者予以批判、否定。

① 恩格斯：《工人阶级同波兰有什么关系》，《马克思恩格斯全集》第21卷，人民出版社，2003，第224~225页。

其次，多民族国家中的"民族"的确是有很大差别的，像恩格斯提到的那些例子大多是主体在外，现今被称为"跨界民族"或"跨境民族"的族体。它们在历史上的不同时期来到他国，既与所在国的民族交融在一起，又与母国主体民族有着各种联系。对于这样的族体，包括"根本没有历史可言"人数极少的族体，是否也要赞同有"民族自决权"，或如"民族原则"提出的做"自己命运的主宰，被允许与自己的伟大祖国合并"？显然不能盲目赞同。因为这样做会产生怎样的后果是不言而喻的。我们现在看到了这样的问题，知道要对"民族"做出"世居"、"原著"、"移民"和"族群"等不同的分类，恩格斯比我们更早看到，也知道了应将"nations"和"nationalities"区别开来。对此，我们应该肯定其中的正面意义和理论启示，将之作为一份理论遗产多加珍惜才对，而不必过多挑剔。因为当代世界，在维护各民族平等的大原则下，如何根据不同情况公正地维护不同群体的权利，并不是已经得到解决的问题。何况，恩格斯晚年的认识已有变化，不但提出了"每个民族都必须获得独立，在自己的家里当家做主"①，还把这些"民族"的范围扩大到"全部所谓的东方问题"所涉及的马扎尔人、罗马尼亚人、塞尔维亚人、保加利亚人、阿尔纳乌特人、希腊人和土耳其人等。说当俄国人民终结了沙皇政府的侵略政策，世界战争的全部危险消失以后，这些民族"将终于有可能不受外来的干涉而自己解决相互间的纠纷，划定自己的国界，按照自己的意见处理自己的内部事务"②。所以，在这个问

①　恩格斯：《暴力在历史中的作用》，《马克思恩格斯全集》第 21 卷，人民出版社，1965，第 463 页。
②　恩格斯：《俄国沙皇政府的对外政策》，《马克思恩格斯文集》第 4 卷，人民出版社，2009，第 390 页。

题上，我们既要看到恩格斯原有观点的缺憾，也要看到其后来的变化，持一种历史的和全面的观点。

此外，从上引可知，恩格斯在谈那些"跨界民族"的作用时，也谈到他们的存在增加了"同邻邦的联系"，使得"单一呆板的民族性格丰富多彩起来"。这一看法放到现在也都是很有价值的。

我们讲马克思、恩格斯对待民族主义一分为二的态度，绝不能被视为机会主义，因为我们看到，马克思、恩格斯关于民族主义的论述始终坚守的是无产阶级革命立场，也始终充溢着社会正义和人类道义。他们始终对被压迫民族的斗争予以同情，对西方殖民统治给殖民地半殖民地造成的灾难予以强烈的谴责，而对被压迫人民的抵抗斗争给予真诚的声援和支持。同时我们也看到，尽管马克思、恩格斯对于民族主义的进步性有着充分的肯定和支持，但在阶级和思想阵营上始终坚持的是无产阶级国际主义，对民族主义对工人阶级的侵蚀保持着高度的警惕。马克思、恩格斯申明：无论是法国人、德国人，还是英国人，都不能单独赢得消灭资本主义的光荣。无产阶级的解放只能是国际的事业。① 每个民族与其他民族相比都具有自己的优点，因而反对民族偏见和民族利己主义，号召在无产阶级共同利益基础上的国际团结和民族团结。无产阶级可以与民族主义有合作、有借助，但绝不能丧失自己的立场、放弃根本的阶级利益，这在马克思、恩格斯那里做得是无可挑剔的。

---

① 恩格斯：《恩格斯致保尔·拉法格》，《马克思恩格斯文集》第 10 卷，人民出版社，2009，第 656 页。

第四章　"崩得"民族主义批判

　　"崩得"提出的"党内联邦制"是俄国马克思主义政党创建时期出现的一种民族主义主张，受到了列宁和斯大林的强烈抵制和批判。列宁和斯大林的民族理论最早就是在对民族主义的批判中建立起来的。他们的批判文章不但深刻阐明了马克思主义民族理论的一些基本原则，也成为列宁建党学说的重要内容，对我们在新的时代背景下加强党的建设，丰富和发展中国特色民族理论，有着双重的启示和指导意义。

　　列宁和斯大林关于民族问题的论述集中在三个时间段：一是1903年至1906年，反映的是俄国无产阶级政党（社会民主党）创建时期和1905年俄国革命时期的民族问题；二是1913年至1918年，面对的是第一次世界大战和俄国二月革命至十月革命期间的民族问题；三是1922年前后，围绕的是苏联国家构建过程中面临的重大理论和实践。学习列宁和斯大林的民族问题著述可以发现一个重要的现象，即他们关于民族理论的阐述都是与对民族主义的批判联系在一起的，或者说，列宁和斯大林的民族理论都是在应对各种民族主义挑战中创立和发展起来的。当然，他们在三个时期面对的民族主义表现各有不同，其中第一个时间段面对的主要危害是以民族为基础的"党内联邦制"。列宁和斯大林通过对于"党内联邦制"的抵制批判,不但深刻阐明了马克思主义民族理论的一些基本原则,也成为列宁建党学说的重要内容。

一 "崩得"与"党内联邦制"

俄国统一的无产阶级政党是在列宁领导下创建的。1895 年列宁通过大量工作将在彼得堡的所有马克思主义工人小组统一起来,成立了工人阶级解放斗争协会,以此为基础,1898 年成立了俄国社会民主工党。俄国社会民主工党虽然成立,但在思想上、组织上并没有得到统一。1903 年俄国社会民主工党第二次代表大会召开,形成了党内布尔什维克(多数派)和孟什维克(少数派)的分化,列宁的主张和领导占据了主导地位。在此期间列宁对无产阶级政党理论做了全面而系统的阐述,击败了孟什维克和"经济派"等机会主义派别在政党问题上的错误思想。[1] 不但如此,列宁也对党内出现的民族主义思潮,尤其是"党内联邦制"主张做了坚决斗争,使新生的俄国社会民主工党向集中统一的方向发展。

俄国社会民主工党创立早期组织上有很大的分散性。俄国是一个多民族的封建专制国家,大俄罗斯沙文主义的残酷统治使得国内的民族矛盾十分尖锐。19 世纪八九十年代俄国边疆民族地区开始出现各种民族政治组织,包括社会主义性质的组织。到 1905 年,俄国境内的 50 个社会主义政党中就包括 47 个少数民族的政党派别。[2] 这些组织接受马克思主义的思想指导,力图通过革命斗

---

[1] 中国人民大学马列主义发展史研究所编《马克思主义史》第 2 卷,人民出版社,1995,第 129 页。

[2] 叶艳华:《19 世纪末 20 世纪初俄国少数民族政党的形成和发展》,《历史教学》2008 年第 10 期。

争推翻俄国专制统治，实现民族解放和社会主义的目标，但在组织上并不想与全俄性的社会主义政党完全统一。俄国社会民主工党成立后，党内一些民族性很强的工人政党组织，包括"崩得"、波兰社会党、拉脱维亚党等与俄国社会民主工党的关系若即若离，有着很强的离心倾向。列宁在谈到这一点时说："波兰人和拉脱维亚人在俄国社会民主工党成立以来的最初 9 年（1898—1907 年），处于与党完全隔绝的状态；这种隔绝状态在 1907—1911 年间，实际上仍继续存在着。崩得在 1903 年脱离了党，直到 1906 年（确切些说，是 1907 年）都置身于党外。直到目前它还没有同各地党组织联合起来，而这种联合是俄国社会民主工党 1908 年的代表会议正式规定了的。在拉脱维亚组织和崩得内部，有时取消派占上风，有时反取消派占上风。至于波兰人，1903 年他们站在孟什维克方面，1905 年又站在布尔什维克方面……"[①] 这是列宁对当时俄国社会民主工党内分裂状况的真实描述。在列宁的著述中常将上述非俄罗斯族社会民主党的成员称为"民族的"社会民主党人，或称"民族党员"。

"民族的"社会民主党基于各自的民族身份，既力图代表本民族无产阶级的利益，反对沙皇专制统治和民族压迫，又与以列宁为首的布尔什维克在建党策略和斗争目标上有着分歧，是俄国社会民主工党创建进程中的民族主义障碍。"党内联邦制"即他们的代表性主张，而这一主张的主要倡导者和践行者就是"崩得"。

"崩得"是意第绪语"协会"或"联盟"的音译。作为一个组织的名称，崩得是指 1897 年 10 月在立陶宛的维尔诺成立的"俄罗斯和波兰犹太工人联盟"（1901 年又改称"立陶宛、波兰和俄罗斯犹太工人总联盟"）。"作为所有犹太社会主义组织的总联

---

① 列宁：《〈前进报〉上的匿名作者和俄国社会民主工党的党内状况》，《列宁全集》第 21 卷，人民出版社，1990，第 207~208 页。

盟,它的目标不仅仅是一般俄国人的政治要求,它还肩负着保护犹太工人利益的特殊任务,它要为犹太工人的公民权利而斗争,而且最重要的是,它要为取消歧视性的反犹法律而斗争。"① 俄国社会民主工党的各个组织是按地区建立的,代表的是某个地区的党员而不管他们是什么民族。崩得提出必须为犹太党员建立单独的地方组织,要求俄国社会民主工党承认它是犹太工人的唯一代表。基于这种主张,崩得始终在俄国社会民主工党内有着强烈的分离倾向。

1898 年 3 月俄国社会民主工党成立,其实际是由三个组织合并而成的,一是列宁领导的"工人阶级解放斗争协会",二是"工人报小组",三是"俄罗斯和波兰犹太工人总联盟"即"崩得"。代表大会 9 名代表中有 3 名是崩得的成员,但崩得提出要以一个"自治组织"的形式加入党,"在涉及与犹太无产阶级有关的问题上是独立的"。这一要求被写入俄国社会民主工党一大决议。② 在 1903 年俄国社会民主工党第二次代表大会上,崩得不满足于在党内的"自治"地位,进一步提出要用"联邦制"来作为党的组织原则。这一要求受到了大会的坚决抵制。会议关于崩得的地位问题专门做出决议,明确指出:"俄国社会民主工党第二次代表大会深信:根据联邦制原则改建犹太无产阶级和俄国无产阶级之同的组织关系,将严重地妨碍各不同种族的觉悟无产者更充分地在组织上接近起来,并不可避免地会使俄国的整个无产阶级特别是犹太无产阶级的利益受到重大损失,因此,代表大会坚决摒弃在俄国社会民主工党和党的一个组成部分即崩得之同有任何

---

① 肖宪等:《犹太巨人》,2007,中国工人出版社,第 118 页引。

② 中央编译局译《苏联共产党代表大会、代表会议和中央全会决议汇编》第 1 分册,人民出版社,1964,第 8 页。

联邦制关系的可能，认为这是原则上不能容许的，并决定：崩得在统一的俄国社会民主工党内的地位是一个自治的组成部分，其自治权的范围应在制定全党章程时规定。"[①] 至此，崩得代表的主张由于与党的组织原则发生严重分歧并被拒绝，一度退出了俄国社会民主工党。

1905 年俄国革命发生后，崩得表现很是出色。他们多次组织大规模的反对沙皇政府的罢工和各种抗议活动，许多成员被逮捕，受到折磨、流放甚至杀害。于是 1906 年俄国社会民主工党四大召开时崩得重新被接纳入党。1907～1914 年崩得组织遭到严重挫折，但还是参与了俄国社会民主工党内部关于取消派的争论。第一次世界大战期间崩得站到了社会沙文主义立场。俄国二月革命到十月革命后，崩得先是支持资产阶级临时政府，又与外国干涉势力站在一起，在内部也始终与孟什维克站在一起，反对布尔什维克的革命路线。1921 年崩得自行解散，一部分加入了俄共（布），另一部分则迁往波兰。[②]

从国际社会主义运动历史来看，崩得是有其历史功绩的，尤其是在俄国社会民主工党的成立过程中，崩得起了很大的推动作用并在党内占有很大比重。但在和俄国社会民主工党的关系问题上，它一开始就以犹太无产阶级代表自居要求在党内保持"自治"地位，其后随着力量的增强和影响的扩大，又不满足于"自治"地位，提出以"党内联邦制"原则改造俄国社会民主工党，从而成为党的严重分化力量。

---

① 中央编译局译《苏联共产党代表大会、代表会议和中央全会决议汇编》第 1 分册，人民出版社，1964，第 47 页。
② 肖宪等：《犹太巨人》，中国工人出版社，2007，第 121 页。

二 列宁对"党内联邦制"的批判

历史上犹太人颠沛流离，备受歧视。19 世纪末的俄国约有500 万犹太人，占当时全世界犹太人的近 2/3，成为犹太人最集中的地方。沙皇政府对犹太人实行区域隔离和行业限制，税负沉重。犹太人在此遭受了更为严重的压迫和歧视。[①] 所以，在 19 世纪末俄国出现的反抗沙俄统治的各种革命运动中犹太人最先觉醒，表现出了抗拒外来压迫和歧视的强烈民族意识。就此而言，崩得在俄国社会民主工党内希望保持"自治"甚至搞"联邦制"也是情有可原之举。但"联邦制在理论上只能用民族主义思想来进行论证"。[②] 联邦制建党原则同样是一种民族主义，是与无产阶级奉行的国际主义背道而驰的。所以崩得的主张一出现就受到了列宁的坚决抵制。在俄国社会民主工党二大召开之前，列宁在其主持的《火星报》上连续发表了《论崩得的声明》（1903 年 2 月 1 日）、《犹太无产阶级是否需要"独立的政党"》（1903 年 2 月 15 日）和《我们纲领中的民族问题》（1903 年 7 月 15 日）等文章，针对崩得的主张予以严厉批评。列宁指出，俄国社会民主工党一大章程中规定的"自治"已经保证了犹太工人运动可能需要的一切。"在其余各方面，都必须完全同俄罗斯无产阶级最密切地结合在一起，这是为了整个俄国无产阶级斗争的利益。害怕这样的结合会发生'多数压制少数'，事实上是毫无根据的。因为在犹太运动的特殊问题上，正是这种自治可以保证不会发生多数压制少数的现

---

① 肖宪等：《犹太巨人》，中国工人出版社，2007，第 117 页。

② 列宁：《最高的无耻和最低的逻辑》，《列宁全集》第 8 卷，人民出版社，1986，第 27 页。

象。而在同专制制度、同全俄资产阶级斗争的问题上，我们应当以一个统一的、集中的战斗组织出现。我们应当不分语言和民族依靠整个无产阶级，依靠在经常共同解决理论问题和实际问题、策略问题和组织问题中团结一致的无产阶级，而不应当建立一些各行其是的组织，不应当分散成为许多独立的政党而削弱自己进攻的力量，不应当造成隔阂和隔绝，过后再拿声名狼藉的'联邦制'这种膏药来治疗人为的病痛。"①

但在俄国社会民主工党第二次代表大会上，崩得仍执意要将自己的主张强加于党的纲领，以列宁为首的"火星派"强烈反对。列宁认为，无产阶级政党是为被压迫各族人民的团结和解放而斗争的战士，按民族特征把它分割开来，就会使它遭到削弱，因为多民族国家的统治阶级总是竭力使民族之间的不和永远存在下去，以此作为自己进行统治的基础。列宁提议，如果崩得分子一定要搞联邦制，那就立即散伙而单独召开会议。列宁在无产阶级国际主义原则基础上建立马克思主义政党的主张，得到了大多数人的拥护。②

会议期间和其后列宁发表了《崩得民族主义的顶峰》（1903年8月15日）、《最高的无耻和最低的逻辑》（1903年10月1日）、《崩得在党内的地位》（1903年10月22日）及《告犹太工人书》（1905年5月底）等文章，对崩得的错误主张予以全面的批驳。在俄国社会民主工党二大会议的发言中，列宁指出，崩得提出的"联邦制之所以有害，是因为它把独特性和隔阂合法化，

---

① 列宁：《犹太无产阶级是否需要"独立的政党"》，《列宁全集》第7卷，1986，人民出版社，第103~104页。

② 李永全：《俄国政党史——权力金字塔的形成》，中央编译出版社，2006，第65页。

使之成为原则,提高为法律"。"我再说一遍:我们不承认任何必然存在的壁障,因此在原则上反对联邦制。"列宁直白地指出,崩得"已经站在民族主义的斜坡上","谁采取了民族主义立场,他自然就会希望在本民族、在本民族工人运动的周围筑起一道万里长城,甚至明知城墙就得筑在每个城镇和村庄的周围,明知他的分崩离析的策略会把关于让一切民族、一切种族、操各种语言的无产者接近和团结起来的伟大遗训化为乌有,也并不感到不安"。①

崩得在为自己的联邦制主张辩解时提出犹太是一个"民族"。列宁借用卡尔·考茨基和一位犹太裔法国学者的观点,认为民族没有地域和语言是不可想象的,如果认为犹太人是一个民族,那就只好去制造一种特殊民族。犹太是否一个"民族"是可以讨论的,但列宁否定"犹太民族"论意在阻断崩得的民族主义追求,这一点无可厚非,并没有追究的必要。此外就广义的"民族"来讲,视犹太人为民族也未尝不可;而放在狭义的或国家民族的角度,其显然就不能是一个民族。列宁接着肯定了勒南和考茨基的论点,反对恢复"犹太人居住区",说犹太种族对世界做出过巨大的贡献,它将来和其他各种不同的民族同化以后,和其他各种不同的民族单位和谐地融合在一起以后,还会做出和过去一样的贡献。要消除对异族居民的仇视,只有使异族居民不再是异己的而和全体居民融合在一起。这是解决犹太人问题的唯一可行的办法,所以我们应当支持能够促使犹太人隔绝状态消除的一切措施。崩得不是去消除犹太人的隔绝状态,而是通过散布犹太民族思想和联邦的方案去加剧隔绝状态,把这种隔绝状态固定下来。这是崩

---

① 列宁:《崩得民族主义的顶峰》,中国社会科学院民族学与人类学研究所民族理论室编《马克思主义经典作家民族问题文选·列宁卷(上)》,社会科学文献出版社,2015,第56~57页。

得主义的根本错误。① 列宁这里提出的观点很重要，也有着鲜明的现实意义。一百年后中国共产党提出建设民族互嵌式社会结构和社区环境，促进民族交往交流交融，显然是与列宁的思想一脉相承的。

1905 年 5 月底列宁以俄国社会民主工党中央机关报《无产者报》编辑部的名义给正要出版的依地文小册子《关于俄国社会民主工党第三次代表大会的通知》写了个序言，题为《告犹太工人书》，其中始终强调的一个观点是，全世界觉悟的无产阶级在进行的革命斗争中必须建立最密切的联系和保持高度的团结一致。他讲：半个世纪前响起的"全世界无产者，联合起来"的口号不但越来越体现为国际社会民主党策略上的一致，也越来越体现为各民族无产者为争取自由和社会主义而斗争时建立组织上的统一。俄国各民族工人，尤其是非俄罗斯民族的工人遭受的压迫使"我们必须努力使各民族所有分散的社会民主党联合为统一的俄国社会民主工党"。"党为了消除认为党具有民族性质的种种看法，而定名为俄国社会民主工党，而不是俄罗斯社会民主工党。"崩得脱离党的做法是它犯下的一个可悲的大错误。"崩得的错误是它的根本站不住脚的民族主义观点的产物；是妄图独霸犹太无产阶级唯一的代表权的产物，这就必然得出联邦主义的组织原则，这是长期与党疏远和向党闹独立的政策的产物。我们确信，这种错误必须改正，随着运动的进一步发展也必将得到改正。"②

---

① 列宁：《崩得在党内的地位》（1903 年），《列宁全集》第 8 卷，人民出版社，1986，第 69~71 页。

② 列宁：《告犹太工人书》（1905 年 5 月底），中国社会科学院民族学与人类学研究所民族理论室编《马克思主义经典作家民族问题文选·列宁卷（上）》，社会科学文献出版社，2015，第 99~101 页。

列宁对崩得和"党内联邦制"的批评体现了无产阶级政党阶级性高于民族性的原则,这一原则无疑是其建党学说的重要内容。犹太工人阶级虽然有其特殊的遭遇,在历史和现实中比其他民族遭受了更多的不平等,但这些绝不可以成为其在无产阶级政党中寻求特殊性和独立地位的理由。无产阶级革命和社会主义是全人类的事业,马克思主义政党代表的是无产阶级的阶级利益,而不是狭隘的民族利益;需要的是各民族团结统一的族际主义(internationalism),而不是自成一统、封闭隔阂的民族主义。这是列宁在与崩得民族主义斗争中反复阐明的一个道理。

联邦制本是基于地域或民族因素形成的复合型国家结构形式。就联邦制的本义来说,包括列宁在内的马克思主义经典作家原本就持排斥立场,[1] 更遑论将其纳入无产阶级的政党建设了。现代政党是社会利益博弈中形成的政治集团,代表着阶级、阶层或其他社会群体的不同利益,团结统一是实现政党利益和目标的必然要求。因此崩得力倡在俄国社会民主工党中实行联邦制,无论在理论上还是实践中都是十分荒谬的。列宁在此问题上的坚定态度代表了无产阶级的原则立场,是马克思主义的建党学说,也是马克思主义民族理论的珍贵遗产。

列宁将俄国社会民主党内出现的联邦制主张看作民族主义与社会主义的分歧,坚决反对"使社会主义迁就民族主义"。[2] 同时指出:"无产阶级的政党不能容许向民族主义情绪让步,即使对以

---

[1] 包括马克思、恩格斯、列宁和斯大林在内的经典作家都曾对联邦制问题做出过论述,其一致的观点是,在国家结构形式上,无产阶级只能采取单一的不可分割的共和国形式。联邦制只能是走向单一制和完全统一的过渡性形式。

[2] 列宁:《我们党的"迫切的问题"》,《列宁全集》第22卷,人民出版社,1990,第248~249页。

这种隐蔽形式出现的民族主义情绪也一样。"①

崩得的"党内联邦制"是列宁1903~1905年集中批判的民族主义内容，这些批判也是列宁关于民族问题的早期论述。列宁的民族理论最早就是在对民族主义的批判中建立起来的。

三 斯大林对"社会民主联邦主义"的批判

斯大林早年投身革命，1902~1903年被沙皇当局所拘，监禁于巴统和西伯利亚，因而未能参加俄国社会民主工党第二次代表大会及关于崩得问题的争论。但他1904年从流放地逃出之后很快便投入俄国社会民主工党高加索联合会委员会的工作，当年9月即发表了《社会民主党怎样理解民族问题?》一文，表明了他在民族问题上的观点。②

与列宁在俄国社会民主工党内的核心地位不同，斯大林作为格鲁吉亚人，当时主要参与的是格鲁吉亚和高加索地区的俄国社会民主工党的创建和领导工作，因而这篇文章主要涉及的也是当地的问题。斯大林在文中提到了三种"民族问题"，同时揭示了三种"民族主义"：第一种是格鲁吉亚贵族的"民族问题"及封建君主制的"民族主义"；第二种是"资产阶级的民族问题"和"格鲁吉亚资产阶级民族主义"；第三种是无产阶级所提出的"民族问题"及相关的民族主义。文章着重论述的是第三个问题。斯大林认为，所谓无产阶级面临的民族问题就是："俄国无产阶级的利益迟早一定要和沙皇专制制度的反动政策发生冲突。""为了无

---

① 列宁：《有党的工作者参加的克拉科夫会议的通报和决议》（1912年），《列宁全集》第22卷，人民出版社，1990，第280页。
② 刘彦章等编《斯大林年谱》，人民出版社，2003，第12~14页。

产阶级的胜利，必须不分民族地把一切工人联合起来。很明显，打破民族间的壁垒而把俄罗斯、格鲁吉亚、亚美尼亚、波兰、犹太和其他民族的无产者紧密团结起来，乃是俄国无产阶级胜利的必要条件。"因此，俄国各民族应该团结成一个由统一的中央来领导的全俄政党，以便使俄国各民族无产者更好地互相接近起来、更紧密地团结起来。但在无产阶级正在建立的政党——社会民主党内部则出现了"社会民主联邦主义者"，他们主张俄国社会民主党应该分成各个民族的政党并把它们组成一个"自由联盟"，从而硬塞给俄国社会主义者"一个畸形的、分散成各个政党的'联邦式的联盟'"。①

斯大林这里所讲的"社会民主联邦主义者"是指在高加索地区社会主义阵营内部出现的一个派别，包括"亚美尼亚社会民主工人组织""格鲁吉亚联邦主义党"等。斯大林在文中择要性地反驳了社会民主联邦主义者的错误论调，指出联邦主义者引导的方向"不是打破民族壁垒，而是依照联邦主义者的美意，用组织上的壁垒把它更加巩固起来"。② 然后，他根据俄国社会民主工党第二次大会的精神对党的民族纲领着重做了两点解读：

首先必须记住，现时在俄国活动的社会民主党是把自己称为俄国（而不是俄罗斯）社会民主党的。显然它是想以此向我们表明，它不仅要把俄罗斯无产者集合在自己的旗帜下，

---

① 斯大林：《社会民主党怎样理解民族问题?》（1904 年），中国社会科学院民族学与人类学研究所民族理论室编《马克思主义经典作家民族问题文选·斯大林卷》，社会科学文献出版社，2015，第 12 页。

② 斯大林：《社会民主党怎样理解民族问题?》（1904 年），中国社会科学院民族学与人类学研究所民族理论室编《马克思主义经典作家民族问题文选·斯大林卷》，社会科学文献出版社，2015，第 12 页。

而且要把俄国一切民族的无产者集合在自己的旗帜下，所以它将采取一切办法来消灭耸立在无产者之间的民族壁垒。

其次，我们党已经消除了那笼罩着"民族问题"而把它弄得神秘莫测的迷雾，已把这个问题分解成各个因素，使其中每一个因素都带有阶级要求的性质，并且在纲领中用条文的形式规定出来。这样，党就向我们清楚地表明：所谓"民族利益"和"民族要求"，就其本身来说，并没有特殊的价值；这些"利益"和"要求"究竟有多少值得注意，是要看它们把无产阶级的阶级觉悟和阶级发展向前推进多少或能够向前推进多少而定的。①

显然，这里的第一点体现的是联合和统一的原则，打破民族壁垒，实现无产者的各民族联合。这在俄国无产阶级的政党建设中特别重要，因为俄国是一个众多民族，是民族关系极为复杂的封建专制国家。第二点体现的是阶级性原则，民族利益和要求必须服从阶级的利益和要求。应该说，这都是对马克思主义民族观的正确阐发，与民族主义立场有着根本的对立。

斯大林没有对崩得及其"党内联邦制"主张做出直接批判，但他所指的"社会民主党联邦主义者"都和崩得有着密切的联系及相同的立场和观点。1905 年 9 月，列宁在致中央委员会委员的一封信中写道："这些人（指亚美尼亚社会民主联盟——引者注）是为培育高加索的崩得主义而专门虚构出来的崩得的亲信……高

---

① 斯大林：《社会民主党怎样理解民族问题?》（1904 年），中国社会科学院民族学与人类学研究所民族理论室编《马克思主义经典作家民族问题文选·斯大林卷》，社会科学文献出版社，2015，第 13 页。

加索的同志们全都反对这一帮破坏组织的文人。"① 因此，斯大林对"社会民主联邦主义者"的批判是对列宁批判崩得及其"党内联邦制"的继续和延伸。

四 启示和意义

"党内联邦制"是俄国无产阶级政党创建过程中遇到的一个最大的民族主义障碍。上述列宁和斯大林对民族主义的批判中，列宁具体针对的是崩得和亚美尼亚党的主张，而斯大林针对的是格鲁吉亚党内的错误倾向，都是对俄国无产阶级政党建立期间党内出现的民族主义倾向的批判。

研究表明，现代政党组织的权力结构可以分为集权制与分权制两大基础模式。政党联邦制或党内联邦制属于一种高度的分权制。与国家联邦制一样，政党联邦制在世界上也不乏其例，美国的政党组织即属于高度分权的党内联邦制。根据这一制度，美国政党的全国委员会对地方性党组织并没有直接的领导权力，党的领袖对本党成员没有发号施令的权力，对违纪犯规的党员没有纪律处分的权力，政党领袖寻求下级的支持不是通过命令而是劝说、协商等手段实现，各地方政党组织都为各自层级的选举服务，无须上报全国性政党组织审批。② 表面上看，这样的制度体现了党内的充分民主，实际上西方政党都是以组织和参加选举为目的的。政党内部制度是集权还是分权，完全取决于各党政治资源的分配，

---

① 列宁：《致俄国社会民主工党中央委员会》（1905 年 9 月 7 日），《列宁全集》第 45 卷，人民出版社，1990，第 81 页。
② 岑树海：《欧美国家的政党分权变革及其启示》，《上海行政学院学报》2016 年第 1 期。

取决于不同的政治文化。这和无产阶级政党的性质、宗旨和应有的组织原则是根本不同的。

崩得提出党内联邦制也并非无产阶级政党中的独创，在它之前，1899年奥地利社会民主党在其布隆会议上就提出了同样的建党原则。奥匈帝国（1867~1918）是所谓的"二元君主国"，民族众多、民族关系复杂。奥地利社会民主党建立于1888年，1899年实行党内联邦制后该党就变成了由日耳曼人、捷克人、斯洛伐克人、斯洛文尼亚人、意大利人、波兰人和小俄罗斯人等7个民族派别构成的联合集团。每一个派别都有自己的地方组织，在管理自己的事务方面拥有自主权；党的中央执行委员会被改组成一个由各民族的社会民主党执行委员会组成的联邦机关。① 这种党内联邦制和奥地利的民族构成及其政治结构相对应。平心而论，尽管搞的是"联邦制"，但能够在民族关系复杂的奥地利建立起这样一个无产阶级政党实属不易，因此他们在第二国际中备受尊敬，被称为"模范党"。他们也自豪地把自己称为第二国际内的"小国际"。② 所以，19世纪末20世纪初，"党内联邦制"在第二国际的各国社会民主党中其实是一个非常盛行的理论和实践。奥地利社会民主党为此创造了一个典范。

俄国和当时的奥地利有着相似的国情，都是拥有众多民族的大帝国，各民族都有着自己特殊的历史和文化，各自都有既联合又独立的工人阶级党组织。所以，在奥地利搞党内联邦制对俄国的影响之大是显而易见的，抵制已成为"典范"的党内联邦制对

---

① 〔英〕C. D. H. 柯尔：《社会主义思想史》第3卷下册，何慕李译，商务印书馆，1986，第12页。

② 〔英〕C. D. H. 柯尔：《社会主义思想史》第3卷下册，何慕李译，商务印书馆，1986，第1页。

俄国无产阶级政党来说也的确是一个重大考验。但实践证明，在俄国要联合各民族进行无产阶级革命没有一个强大而统一的政党是根本不行的。经过十月革命，能够在沙俄帝国基础上建立起社会主义的苏联和列宁打破民族隔阂成立了巩固坚强的布尔什维克党是有直接关系的。何况，奥地利党的典范效应也是很有限的。从1889年第二国际成立至1906年，奥地利社会民主党的主要斗争目标是领导工人争取普法权。为了斗争的胜利，他们搁置民族分歧，维护了"阶级"利益，但当实现了斗争目标之后，原有的矛盾加上新生的矛盾便开始频频出现，原来统一的局面就很难维系了。而"党内联邦制"又恰为分裂增添了天然的组织裂痕。奥匈帝国1918年解体后分裂为奥地利、匈牙利、捷克、斯洛伐克四个国家，其余部分分别并入意大利、波兰、乌克兰、南斯拉夫、罗马尼亚等国。奥地利社会民主党也就由原来的联盟或联邦式政党变为单一民族政党了。列宁建党思想和革命路线指导下的俄国与党内联邦制下的奥地利形成了鲜明对比。

列宁和斯大林通过对党内联邦制的批判有力遏制了俄国社会民主党分裂倾向的蔓延，促进了党的统一。此外，通过这种批判，也更加明确地阐述了马克思主义在民族和阶级、无产阶级革命团结的统一性以及民族特殊性等问题上的正确立场。在俄国和国际共运史上，崩得是有其历史功绩的，人们公认崩得是一个"社会主义的、革命的、实际上是马克思主义的政党。它领导犹太无产者进行反对波兰、俄国以及犹太资产阶级的阶级斗争。……但是，崩得也讲求实现民族目标。它不单单努力使犹太工人阶级意识到自己的社会主义使命，而且也努力唤醒它的民族自信心，使它具有免疫力而不被其他民族所同化，并保持和发展犹太民族文化财富"①。正因为如此，崩得除了早期提出"党内联邦制"之外，也成为稍后"民族文化自治"的主要鼓噪者。包括早期的社会民主党在内的各国共产党都是无产阶级的政党组织，奉行的都应是国际主义原则，与"民族至上"的民族主义原则是根本对立的。在组织建设上只能搞"五湖四海"，而不能以民族划界，搞成民族党。多民族国家的马克思主义政党应当是阶级和民族利益的统一论者，但它首先是无产阶级政党，首先必须服从的是党的利益和阶级利益，而不能颠倒过来。

对党内联邦制的批判是列宁在俄国社会民主工党创建过程中与各种改良主义和机会主义斗争的一部分。在列宁的建党理论中，马克思主义政党是工人阶级的先进队伍，应该有严密的纪律和从中央到地方的统一组织体系。为了保证党内团结和有效的工作，必须要有组织上的统一。如果没有少数服从多数的原则，没有部分服从整体的原则，那简直是不可想象的。② 所以，列宁和斯大林对党内联邦制的批判既是对马克思主义民族理论的丰富和发展，也为列宁建党学说的形成提供了重要内容。这对我们在新的时代背景下加强党的建设，丰富和发展中国特色民族理论，有着双重的启示和指导意义。

---

① 〔奥〕尤利乌斯·布劳恩塔尔：《国际史》第 3 卷，杨寿国等译，上海译文出版社，1992，第 440 页。
② 列宁：《论无产阶级政党》，《列宁专题文集》，人民出版社，2009，第 130~131 页。

第五章 "最精致、最绝对、最彻底的民族主义"

在国际共运史上，第二国际期间出现的民族文化自治主张影响极为深远，成为马克思主义政党制定民族纲领的重大思想障碍。纵观列宁的著作，民族文化自治是列宁在批判民族主义问题上最为着力、用心最多的一种理论，被列宁定性为"最精致、最绝对、最彻底的民族主义"。与列宁的观点一致，斯大林在同一时期对民族文化自治的批判也极为集中，一些问题说得更为透彻，并着重从历史发展规律上对民族文化自治做了否定。民族文化自治着眼的是各民族自身的文化诉求，体现的是西方自由主义理念和"公民社会"建设。基于民族文化自治固有的性质、局限和中国现有民族工作体制的优越性，民族文化自治绝不能成为我们民族政策的选项。

在国际共运史上，第二国际期间出现的"民族文化自治"主张影响重大，成为第二国际关于民族问题争论的主要分歧点。[①]"民族文化自治"基于民族问题又超越民族问题，严重模糊了无产阶级革命中的阶级视线，成为马克思主义政党制定民族纲领的重大思想障碍。以列宁和斯大林为代表的俄国布尔什维克联系俄国

---

① 陈林：《第二国际时期关于民族问题的争论》，《国际共运史研究》1990 年第 3 期。

实际，深刻揭示了民族文化自治的民族主义实质，由此提出和阐发了马克思主义在民族问题上的一系列原则性观点，大大推动了马克思主义民族理论的发展。但从第二国际到当今时代的一百多年间，民族文化自治的影响从未间断，以至于在中国重新认识和评价乃至"引入"民族文化自治的声音近年来也时有所见。所以，民族文化自治既是历史问题，又是现实问题。

一　"民族文化自治"的提出及内容

19世纪末20世纪初，欧洲工人运动进入新的历史时期，各种矛盾纷繁复杂。不同于西欧国家的单一民族结构，中东欧国家尤其是奥匈帝国和沙俄帝国民族众多，民族关系与阶级关系纵横交织。这使得领导工人运动的社会民主党不能不把民族问题放在十分重要的地位，不能不在自己的斗争纲领中将民族问题的解决纳入其中。

"民族文化自治"最早是1899年9月在布隆召开的奥地利社会民主党代表大会上出现的一个民族纲领建议，主要内容是："居住在奥地利的每一个民族，不论其成员所居住的地域，组成一个自治团体，完全独立地管理本民族的（语言的和文化的）一切事务。"但这个建议被大会否决，而后通过了另外一个纲领，将此表述为："同一民族所居住的各自治区域共同组成统一的民族联盟，完全按自治原则来处理本民族的事务。"[①] 完整来说，就是在奥地利要依据民族聚居情况设立一些民族自治区，以取代与民族划分

---

① 列宁：《关于奥地利和俄国的民族纲领的历史》（1914年2月5日），中国社会科学院民族学与人类学研究所民族理论室编《马克思主义经典作家民族问题文选·列宁卷（上）》，社会科学文献出版社，2015，第357页。

不相一致的传统省份。每一个自治区都设立一个议会,用民族议会来取代旧的地方议会,对该地区的民族和文化事务行使独立的立法权和行政权。同一民族居住的几个地区应组成民族联盟;每一地区的少数民族的权利则由代表整个奥地利的议会制定法律加以保障。①

列宁对两者做了比较后讲,相比前一个纲领,"这是一个妥协性的口号,因为这里丝毫没有提出超地域的(按人的民族属性的)民族自治。但这个口号也是错误的、有害的,因为把罗兹、里加、彼得堡、萨拉托夫的德意志人结成一个民族根本不是俄国社会民主党人的任务"②。

1905年,为了统一奥地利社会民主党在民族问题上的认识,奥托·鲍威尔(1881~1936)受托写了一本理论专著——《民族问题和社会民主党》,并于1907年发表。奥托·鲍威尔是当时奥地利社会民主党的领导人之一,第一次世界大战末期到1934年又成为该党公认的领袖,同时也是"奥地利马克思主义者中最重要的人物",而他的《民族问题和社会民主党》一书也被认为"对各民族在一个多民族国家内进行合作的问题做出了杰出的贡献"③。

该书首先阐述了自己的"民族"概念,认为其是"通过命运共同性而结成的一个性格共同体",然后论述了多民族国家中工人阶级面临的民族问题、社会主义和民族原则等问题,最后谈到了

① 〔英〕C. D. H. 柯尔:《社会主义思想史》第三卷下册,何慕李译,商务印书馆,1986,第13页。
② 列宁:《民族问题纲领》(1913年6月26日),中国社会科学院民族学与人类学研究所民族理论室编《马克思主义经典作家民族问题文选·列宁卷(上)》,社会科学文献出版社,2015,第244页。
③ 〔英〕C. D. H. 柯尔:《社会主义思想史》第三卷下册,何慕李译,商务印书馆,1986,第33页。

奥地利社会民主党的民族纲领和策略。鲍威尔在书中对布隆大会上提出的"民族文化自治"纲领做了系统阐发。他着重从文化方面论述民族问题，认为："在资本主义社会中，工人阶级被排除在民族文化共同体之外，占统治地位的有产阶级独自地把民族文化财富据为己有。社会民主工党力求使民族文化，即全民族的劳动成果也成为全民族的财产，从而把所有民族同胞联合成一个民族文化共同体，这样才能使民族成为一种文化共同体。"所以，在鲍威尔看来，"文化共同体"原来只是民族的一部分，即民族中有文化的剥削阶级部分；在资本主义社会中，工人阶级是被排除在民族文化共同体之外的，而把所有民族同胞联合成一个民族文化共同体，正是社会民主党的奋斗目标。为此他为奥地利社会民主党制定了一个旨在"彻底改造奥地利"的民族纲领，大意是：

1. 奥地利应改组为各民族民主联盟的国家；

2. 应组成以民族为界限的自治团体来代替历来的邦，每个团体的立法和行政均由根据普遍、直接和平等的选举权选出的民族议院管理；

3. 属于同一民族的各自治区域组成单一的民族联盟，该联盟完全按自治原则来处理本民族的事务；

4. 每个自治区域内的少数民族应组成公法团体，这些团体完全按自治原则来管理少数民族的学校事业，并且在官厅和法院面前给其民族同胞以法律方面的帮助。①

显然，鲍威尔的这个纲领与之前奥地利社会民主党通过的纲

---

① 〔奥〕奥托·鲍威尔著，殷叙彝编《鲍威尔文选》，人民出版社，2008，第62、63页。

领完全一致。鲍威尔设想："社会主义社会制度像它以前的任何新的社会制度一样，也将彻底改变建立和划分共同体的原则。它将消灭那些今天还支持从封建时代和早期资本主义时代遗留下来的多民族国家的那些势力。它将把人类分为按民族划分的共同体，这些共同体掌握它们的劳动资料，自由地和自觉地掌握本民族文化的进一步发展。"社会主义社会也将实行国际分工，"它将逐渐把民族共同体变为一个巨大的新型的国际共同体的自治成员。把整个文明人类联合起来去共同征服自然，并把人类分成享有本民族文化财富和自觉地掌握本民族文化的进一步发展的民族自治共同体。这就是国际社会民主党在民族方面的最终目的"。[1]

《民族问题和社会民主党》是关于民族问题的专论，其涉及的问题普遍为人们所关注，因此发表后在奥地利社会民主党乃至第二国际各党中都产生了很大影响，而且其观点也几乎为"中派"各党所普遍接受。[2] 20世纪80年代以来，随着西方"第三条道路"和民族问题的凸显，鲍威尔的民族理论再度引起了人们的重视，他的《民族问题和社会民主党》一书也被译为西班牙、法、意、英等多种文字出版。在国际共运史上，鲍威尔的这本书是关于民族文化自治的代表性著作，但始终不无争议。西方民族理论界认为鲍威尔代表了马克思主义在民族理论上所达到的高度，而在传统马克思主义者那里，鲍威尔又作为修正主义以及唯心主义的代表受到批判。[3]

① 〔奥〕奥托·鲍威尔著，殷叙彝编《鲍威尔文选》，人民出版社，2008，第64页。
② 中国人民大学马列主义发展史研究所编《马克思主义史》第2卷，人民出版社，1995，第393页。
③ 王幸平：《奥托·鲍威尔民族理论研究》，中国社会科学出版社，2017，第90页。

此外，同为奥地利社会民主党领袖的卡尔·伦纳也有很多关于民族文化自治的论述，与奥托·鲍威尔一道被视为民族文化自治理论的主要创始人和阐发者。

对鲍威尔的民族文化自治观点，列宁称其为："超地域的（按人的民族属性的）民族自治并要设立民族议会和民族事务大臣的口号。"说它"是更加错误的。这种违背资本主义国家的一切经济条件并且在世界任何一个民主国家中都没有试行过的制度，是某些人的机会主义的幻想"。① 的确，鲍威尔的《民族问题和社会民主党》一书尽管应时而生颇有影响，但缺乏科学研究必要的实证依据，抽象而空洞，经不起实践验证。

二　列宁批判最为着力的民族主义

由于沙俄帝国与奥匈帝国相似的多民族国情，也由于奥地利社会民主党与俄国社会民主党同样的工人阶级政党性质以及他们在第二国际中的密切联系，民族文化自治理论出现以后直接影响到了俄国社会民主党，以至于成为十月革命之前影响俄国马克思主义政党制定民族纲领的最大思想危害。为了团结俄国各民族的无产阶级一道进行革命，制定和阐发马克思主义的民族纲领，列宁对民族文化自治主张做了全力抵制和批判，撰写了大量论著，成为马克思主义民族理论的重要构成。

列宁是从 1903 年开始较多论述民族问题的，其中就贯穿了对于"民族文化自治"的批判。1902 年夏亚美尼亚社会民主党联合

① 列宁：《民族问题纲领》（1913 年 6 月 26 日），中国社会科学院民族学与人类学研究所民族理论室编《马克思主义经典作家民族问题文选·列宁卷（上）》，社会科学文献出版社，2015，第 244 页。

会在高加索地区成立。这个组织是广泛分布在全俄各地的俄国社会民主工党的一个分支,属于马克思主义指导下的无产阶级政党。该党成立后在其机关报《无产阶级报》上发表了自己的活动纲领,其中关于民族问题的主张是:俄国存在许多不同的民族,文化发展和利益保障存在很复杂的情况,因此将来在俄罗斯应建立一个联邦制的共和国,但在高加索地区则应实行"文化自治"。"至于高加索,由于它的居民种族极不相同……各种族之间又不存在地理上的界限,我们认为不可能把高加索各民族实行政治自治的要求列入我们的纲领;我们只要求文化生活方面的自治,即语言、学校、教育等方面的自由。"显然,在高加索地区实行文化自治的主张与奥地利社会民主党提出的"民族文化自治"完全一致,因而受到了列宁的关注。列宁委婉地提出批评并建议说,亚美尼亚社会民主党联合会"如果要做到立论前后完全一致,就应当从纲领中删去成立联邦制共和国的要求,只提出成立一般民主共和国的要求。鼓吹联邦制和民族自治并不是无产阶级应做的事情"[1]。列宁这时不但反对民族(文化)自治也反对联邦制。但随着对俄罗斯国情认识的深入和局势的发展,列宁转而主张联邦制并推动建立了联邦制的苏联,却并没有改变反对民族文化自治的立场。

列宁对"民族文化自治"的集中批判是在 1913 年前后。因为1912 年 8 月俄国"取消派"代表会议根据崩得分子的建议,"承认民族文化自治是可以接受的"。"取消派"是 1907 年在俄国社会民主工党内出现的一个机会主义派别。1905 年俄国革命失败后,俄党内的一些人认为沙皇政府正在通过改革解决土地问题,工人

---

[1] 列宁:《论亚美尼亚社会民主党人联合会的宣言》,《列宁全集》第 7 卷,人民出版社,1986,第 88~89 页。列宁这里也反对联邦制,但十月革命后就改变了态度,领导俄国人民建立了俄罗斯苏维埃联邦共和国以及后来的苏联。

阶级的斗争应趋向社会改良，把主要注意力集中在国家杜马（俄语"议会"的音译）选举上。因此主张"取消"无产阶级的秘密政党，成立一个合法的、公开的工人党。"取消派"形成后影响很大，而他们对于"民族文化自治"的支持又成为最能蛊惑人心的口号。此外，俄国国内的犹太资产阶级政党、崩得和一些"左派民粹派"也在自己的纲领中通过了"民族文化自治"，致使"民族文化自治"成为影响无产阶级民族纲领的一个关键问题。因此列宁不得不极为重视对民族文化自治的研究和批判。1913年5月底列宁在向拉脱维亚边疆区社会民主党第四次代表大会提出的纲领草案中着重论述了"民族文化自治"问题，他写道："民族文化自治"这个口号是同社会民主党的国际主义相抵触的。"我们要求国内各民族绝对平等，并且要求无条件地保护一切少数民族的权利。我们要求广泛的自治并实行区域自治，自治区域也应当根据民族特征来划分。"① 这是列宁对少数民族平等权利和民族区域自治问题的明确表述。列宁把"民族文化自治""这种资产阶级民族主义的表现"概括为："要把同一民族的无产阶级和资产阶级联合起来而把不同民族的无产阶级分裂开来。"列宁指出有人往往引证奥地利的例子来为民族文化自治这个口号辩护，但即便是"奥地利主要的民族问题理论家奥托·鲍威尔"本人也认为奥地利党的那个民族制度是矛盾的和不稳定的，正是这个制度导致现在奥地利党的完全分裂。列宁疾呼"自下而上地统一起来，所有的工人组织中的所有民族的社会民主主义工人在各地完全统一和打

---

① 列宁：《向拉脱维亚边疆区社会民主党第四次代表大会提出的纲领草案》（1913年5月25日以前），中国社会科学院民族学与人类学研究所民族理论室编《马克思主义经典作家民族问题文选·列宁卷（上）》，社会科学文献出版社，2015，第232页。

成一片，——这就是我们的口号。打倒资产阶级骗人的和妥协性的'民族文化自治'口号"①。

一个月之后，列宁又就上述观点做了梳理，分别于7月中旬在苏黎世、日内瓦、洛桑和伯尔尼等城市做了专题演讲。这些演讲以《民族问题提纲》为题收入《列宁全集》和他的其他著作中。在其后的相当一段时间内，列宁对"民族文化自治"的批判几乎贯穿于他的关于民族问题的每一篇文章和演讲之中。1913年10~12月，列宁写了《关于民族问题的批评意见》一文，并相继在《启蒙》杂志上连载发表。该文篇幅较大，共分六个问题，除了针对当时民族问题所面临的争论之外，也涉及一些基本理论问题，是列宁民族思想的代表性著作，文章的第4部分小标题即"民族文化自治"。在此，列宁认为民族文化自治纲领的实质是："每一个公民都登记加入某一个民族，每一个民族就是一个法律上的整体，有权强迫自己的成员纳税，有本民族的议会（国会），有本民族的'国务大臣'（大臣）。"②

列宁指出："这个纲领主要的、根本的缺陷，就在于它竭力要实现最精致、最绝对、最彻底的民族主义。"列宁的这个定性极为准确。什么是民族主义？尽管民族主义出现以来表现出各种不同的形态，但其根本观点无非两个：一是认为民族是最神圣之物，社会最应该按民族划分，人们最应该向民族效忠；二是民族单元

---

① 列宁：《向拉脱维亚边疆区社会民主党第四次代表大会提出的纲领草案》（1913年5月25日以前），中国社会科学院民族学与人类学研究所民族理论室编《马克思主义经典作家民族问题文选·列宁卷（上）》，社会科学文献出版社，2015，第234页。

② 列宁：《关于民族问题的批评意见》（1913年10~12月），中国社会科学院民族学与人类学研究所民族理论室编《马克思主义经典作家民族问题文选·列宁卷（上）》，社会科学文献出版社，2015，第286页。

应该和政治单元相对应，每个民族都应该建立自己的民族国家。正如凯杜里所讲："民族主义认为人类自然地分成不同的民族，这些不同的民族是而且必须是政治组织的严格单位。……除非每个民族都有自己的国家，享有独立存在的地位，否则人类不会获得任何美好的处境。"① 所以，民族文化自治的以民族为线自成一体、成立议会和政府的主张正是典型的"最彻底"的民族主义。然而"马克思主义同民族主义是不能调和的，即使它是最'公正的'、'纯洁的'、精致的和文明的民族主义。马克思主义提出以国际主义代替一切民族主义，这就是各民族通过高度统一而达到融合"②。

值得特别重视的是，列宁对怎样认识民族主义的必然性和合理性划了"一条界限"，他说："民族原则在资产阶级社会中有其历史的必然性，因此，马克思主义者重视这个社会，完全承认民族运动的历史合理性。然而，不要把这种承认变成替民族主义辩护……""群众从封建沉睡中觉醒，反对一切民族压迫，为争取人民主权、争取民族主权而斗争，这是进步。因此，在民族问题的各个方面维护最坚决最彻底的民主主义是马克思主义者的义不容辞的责任。……可是无产阶级不能超出这项任务去支持民族主义……冲破一切封建桎梏，打倒一切民族压迫，取消一个民族或一种语言的一切特权，这是无产阶级这个民主力量的义不容辞的责任，是正在为民族纠纷所掩盖和妨碍的无产阶级阶级斗争的绝对利益。然而，超出这些受一定历史范围的严格限制去协助资产

① 〔英〕埃里·凯杜里：《民族主义》，张明明译，中央编译局出版社，2002，第四版序言，第 7~8 页。
② 列宁：《关于民族问题的批评意见》（1913 年 10~12 月），中国社会科学院民族学与人类学研究所民族理论室编《马克思主义经典作家民族问题文选·列宁卷（上）》，社会科学文献出版社，2015，第 286 页。

阶级的民族主义,就是背叛无产阶级而站到资产阶级方面去了。这里有一条界限,这条界限往往是很细微的……反对一切民族压迫的斗争是绝对正确的。为一切民族发展,为笼统的'民族文化'而斗争是绝对不正确的。"①

列宁这里指出的"一条界限",虽然"很细微",却是无产阶级政党对待民族问题必须要掌握的原则,因为这条线的一边是必然的、合理的、进步的,另一边是反动的、错误的。前者正确,是反对封建压迫和民族压迫的"民族运动",支持这样的运动是"马克思主义者的义不容辞的责任",后者则是与无产阶级国际主义背道而驰的"民族主义"。同样一种运动,过了这条线性质就会发生变化,把握不住这里的变化必然会导致错误的结果。从民族主义的整体状况来看,不论在思想上还是实践上都不乏正义性和积极因素,马克思主义经典作家对民族主义的完整立场是批判、借助和吸纳。由此他们对民族主义的反动性、消极性与合理性、积极性做了明确的区别,只将反动性和消极性赋予"民族主义",而将积极和进步的一面称为"民族运动"的。列宁这里的论述充分印证了这一点。

当然,主张民族文化自治的人是难以做出这样的区分的,所以他们在鼓吹民族文化自治的同时会将民族平等和尊重民族差异绝对化,混淆文化的阶级性,无原则地提倡"民族文化",将无产阶级的国际主义批评为"民族同化"。针对这两个问题,列宁在《关于民族问题的批评意见》中都做了专门的应对。

关于民族文化,列宁指出:"每一个现代民族中,都有两个民

---

① 列宁:《关于民族问题的批评意见》(1913年10~12月),中国社会科学院民族学与人类学研究所民族理论室编《马克思主义经典作家民族问题文选·列宁卷(上)》,社会科学文献出版社,2015,第287页。

族。每一种民族文化中，都有两种民族文化。"其中有一些属于民主主义的和社会主义的成分："因为每个民族都有被剥削劳动群众，他们的生活条件必然会产生民主主义的和社会主义的意识形态。但是每个民族也都有资产阶级的文化，而且这不仅表现为一些'成分'，而表现为占统治地位的文化。因此，笼统说的'民族文化'就是地主、神父、资产阶级的文化。……因为资产者的整个利益要求散布对超阶级的民族文化的信仰。""谁想为无产阶级服务，谁就应当联合各民族工人，不屈不挠地同'自己的'和别人的资产阶级民族主义作斗争。谁拥护民族文化的口号，谁就只能与民族主义市侩为伍，而不能与马克思主义者为伍。"① 列宁这里坚持了马克思主义的阶级论，认为抽象地提倡超阶级的"民族文化"本质上是提倡剥削阶级文化，是与社会主义文化和无产阶级国际主义相悖的。列宁的两种民族文化的论述，是就文化的阶级内容说的，不是指文化的民族形式，其实质是要用无产阶级的阶级观点和国际主义精神来观察和处理民族问题，而不是在全面论述民族文化问题。② 这与我们现在讲的弘扬、传承民族文化等理念是两回事。

关于民族同化，列宁明确指出，消除民族隔阂、消灭民族差别、使各民族同化等具有世界历史意义的资本主义趋势，"是使资本主义向社会主义转化的最大推动力之一"。"谁没有陷进民族主义偏见，谁就不会不把资本主义的民族同化过程看作是极其伟大的历史进步，看作是对各个偏僻角落的民族保守状态的破坏，对

---

① 列宁：《关于民族问题的批评意见》（1913 年 10~12 月），中国社会科学院民族学与人类学研究所民族理论室编《马克思主义经典作家民族问题文选·列宁卷（上）》，社会科学文献出版社，2015，第 285、278~279 页。

② 中国人民大学马列主义发展史研究所编《马克思主义史》第 2 卷，人民出版社，1995，第 205 页。

俄国这样的落后国家来说尤其如此。"① 这就把怎样理解民族平等和尊重民族规律的关系提出来了。抽象地讲，民族平等是不能与对历史规律的尊重相对立的。

不论从布隆会议最早提出的方案还是鲍威尔的系统阐述，也不论是俄国高加索的"取消派"还是其他一些人的鼓噪，"民族文化自治"实际上都是一种纯粹的"民族自治"。也即上述列宁所概括的，每一个公民都登记加入某一个民族，每一个民族就是一个法律上和政治上的整体，以此为单位从事生活和各项事业。但这在实践中是完全行不通的，也无法付诸这样的实践。倒是同样属于这种"自治"内容的学校教育"民族化"在俄国进行了尝试。列宁在 1913 年 8 月 18 日发表的《犹太学校的民族化》一文对此做了揭露和激烈批判，认为：现代民族主义的极端表现，就是犹太学校民族化的方案。这个方案就是想把犹太人分出来去上专门的犹太学校，想叫其他一切学校，不管是私立的还是公立的，都紧紧地对犹太人关上大门。在俄国的整个政治生活中，特别是在上述方案中，除了对犹太人的虐待和压迫以外，最有害的就是力图煽起民族主义情绪，使国内各民族彼此隔绝，使他们进一步疏远，把他们的学校分开。②

3 个月后，列宁将这一问题的批判升级，称："所谓'民族文化自治'计划或纲领，其实质就是按民族分学校。"并说："只要弄清'民族文化自治'纲领的实质，就可以斩钉截铁地回答这个

① 列宁：《关于民族问题的批评意见》（1913 年 10~12 月），中国社会科学院民族学与人类学研究所民族理论室编《马克思主义经典作家民族问题文选·列宁卷（上）》，社会科学文献出版社，2015，第 281、283 页。
② 列宁：《犹太学校的民族化》（1913 年 8 月 18 日），中国社会科学院民族学与人类学研究所民族理论室编《马克思主义经典作家民族问题文选·列宁卷（上）》，社会科学文献出版社，2015，第 252~253 页。

问题：绝对不允许。只要不同的民族住在一国之内，它们在经济上、法律上和生活习惯上就有千丝万缕的联系。怎么能把学校教育与这种联系隔断呢？"① 其后，列宁在《俄国学校中学生的民族成分》《再论按民族分学校》等文章中进一步重申了自己的观点："我们的任务不是把各个民族分开，而是把各民族工人团结起来。我们旗帜上写的不是'民族文化'，而是各民族共同的（国际的）文化。""马克思主义者反对这种把各民族分开的说教，反对这种精致的民族主义，反对按民族分学校。"②

列宁反对按民族分校是其批判民族文化自治的实践环节，有着特定的历史背景和指向，和当今为便利少数民族就学、促进民族教育水平的提高而开设"民族学校"是两个性质的问题，不可混为一谈。

纵观列宁的著作，民族文化自治可谓他在批判民族主义问题上最为着力、用心最多的一种理论。1913 年前后，列宁对民族问题的论述中几乎每篇都提到民族文化自治或与之相关的民族文化问题。因为列宁把民族文化自治看作"最精致的、因而也是最有害的民族主义"，"同无产阶级国际主义是绝对矛盾的，它只符合民族主义市侩的理想"。③

---

① 列宁：《论"民族文化自治"》（1913 年 11 月 28 日），中国社会科学院民族学与人类学研究所民族理论室编《马克思主义经典作家民族问题文选·列宁卷（上）》，社会科学文献出版社，2015，第 306 页。

② 列宁：《再论按民族分学校》（1913 年 12 月 17 日），中国社会科学院民族学与人类学研究所民族理论室编《马克思主义经典作家民族问题文选·列宁卷（上）》，社会科学文献出版社，2015，第 331~332 页。

③ 列宁：《论俄国社会民主工党的民族纲领》（1913 年 12 月 15 日），《列宁全集》第 24 卷，人民出版社，1990，第 236 页。

三 斯大林更为透彻的批判

与列宁的观点一致，斯大林在同一时期对民族文化自治的批判也极为集中，而且在时间上略早于列宁，对一些问题说得更为透彻。

由于斯大林早期是在高加索地区领导革命运动，所以他较早发表的《在走向民族主义的道路上》对于民族文化自治的批判也是针对当地"取消派"的。斯大林在该文中对高加索地区俄国社会民主党在民族问题上的立场做了简单回顾，认为从19世纪90年代起高加索地区的俄国社会民主党坚持的就是国际主义立场，团结了格鲁吉亚、亚美尼亚和俄罗斯等地的工人，并对各自的民族主义进行了坚决斗争。1906年在高加索区域代表会议上第一次冒出的民族文化自治的问题，虽"被断然否决了"，但到了1912年，高加索的"取消派"就挡不住民族主义的冲击，丢掉了久经考验的国际主义旗帜，随着民族主义的浪潮起伏，开始赞成民族文化自治了。斯大林坚定地表示："高加索组织中的另一部分人，即格鲁吉亚、俄罗斯、亚美尼亚和回民组织中有党性的社会民主党人，将坚决地和民族主义取消派的先生们，和这些背叛了光荣的国际主义旗帜的高加索叛徒们一刀两断。"①

文中斯大林对"取消派""民族权利是不应当受到限制"的逻辑加以驳斥："各民族有权决定自己的命运，但这是不是说，党就不应当影响民族的意志去作最符合于无产阶级利益的决定呢？

---

① 斯大林：《在走向民族主义的道路上》，中国社会科学院民族学与人类学研究所民族理论室编《马克思主义经典作家民族问题文选·斯大林卷》，社会科学文献出版社，2015，第24~27页。

党赞成宗教信仰自由，赞成人们有信奉任何宗教的权利，是不是由此就可以得出结论说，党将拥护波兰的天主教、格鲁吉亚的正教、亚美尼亚的格列高里教而不和这一类的世界观做斗争呢？"①时过百年，斯大林的这一诘问对我们现实中的相似问题仍然不失警示之意义。

《马克思主义和民族问题》是斯大林民族理论的代表作，他的关于民族概念的提出和阐述就在这篇文章，而发表于1913年的这篇文章实际上也是专门就民族文化自治问题而写的。斯大林讲，1905年革命之后俄国社会出现了各种民族主义，有"从上层掀起的黩武的民族主义"，有在下层和边疆地区出现的民族主义反击浪潮。"民族主义的浪潮日益汹涌地逼来，大有席卷工人群众之势。""在这困难的关头，社会民主党负有崇高的使命：给民族主义一个反击，使群众同普遍的'时疫'隔离。"但在边疆地区的一些社会民主党人却不能完成这个任务，也表现出了不同形式的民族主义，其中包括代表奥地利社会民主党的施普林格②和鲍威尔提出的"民族文化自治"，这是"一种精致的民族主义"。③

值得提出的是，斯大林的《马克思主义和民族问题》一文写于1912年底和1913年初，先于列宁的《民族问题提纲》（1913年7月）、《关于民族问题的批评意见》（1913年10~12月）、《关于民族政策问题》（1914年4月）等批判"民族文化自治"的主

---

① 斯大林：《在走向民族主义的道路上》，中国社会科学院民族学与人类学研究所民族理论室编《马克思主义经典作家民族问题文选·斯大林卷》，社会科学文献出版社，2015，第25页。

② 鲁道夫·施普林格是奥地利社会民主工党右翼领袖卡尔·伦纳的笔名。

③ 斯大林：《马克思主义和民族问题》，中国社会科学院民族学与人类学研究所民族理论室编《马克思主义经典作家民族问题文选·斯大林卷》，社会科学文献出版社，2015，第28~87页。

要文章。《马克思主义和民族问题》在《启蒙》杂志登载之后，列宁极为重视，除了阐述民族定义的部分之外，对其观点在一些文章中都进行了反复论证，有的论证文章题目就用了斯大林的提法，如《腐蚀工人的精致的民族主义》（1914 年 5 月）等。斯大林的这篇文章写于奥地利的维也纳，这里正是民族文化自治理论的发源地。斯大林"收集了一切奥国的和其他的材料"，目睹了民族文化自治的实施使得原先统一的跨民族的奥地利社会民主党分裂成六个民族政党的惨痛事实，这使其一针见血地揭穿了民族文化自治纲领的真正含义及其危害性，表明主张"组织"民族、培植民族特点、只管文化不管政治、只按民族划分不按阶级划分的"自治"不仅不能解决民族问题，反而会使民族问题更加尖锐和紊乱，更加容易使工人运动的统一受到破坏，使工人们彼此按民族隔离开来，使纠纷加剧。① 从这个角度讲，斯大林的《马克思主义和民族问题》一文不但是马克思主义民族理论的经典著作，也在批判"民族文化自治"方面展示了更大的针对性和权威性。

斯大林着重从历史发展规律上对民族文化自治做了否定。他讲：民族文化自治也即"民族自治"，"是和民族的整个发展进程抵触的。民族自治提出组织民族的口号，可是，既然实际生活、既然经济发展使得整批的人脱离本民族，并使他们散居各地，试问，怎能人为地把这种民族结合起来呢？无疑的，在资本主义的最初阶段民族逐渐集结起来。可是同样无疑的，在资本主义的高级阶段开始了民族分散的过程，成批人离开本民族出外谋生，以至于完全迁移到国内其他地区去；同时，这些移民就逐渐失去旧

① 华辛芝：《斯大林民族理论评析》，《世界民族》1996 年第 4 期。

有的联系，而在新的地方取得新的联系，一代一代地养成新的风俗习惯，也许还会通晓新的语言。试问，能否把这些彼此隔离的集团合并成统一的民族联盟呢？什么地方竟有这样一种魔箍能把无法统一的东西统一起来呢？例如，难道可以把波罗的海沿岸和南高加索一带的德意志人'结合成一个民族'吗？既然这一切都是不可想象的，不可能做到的，那么民族自治和那些力图使历史开倒车的老民族主义者的空想又有什么区别呢"？"在资本主义的最初阶段，还可以谈无产阶级和资产阶级的'文化共同性'，然而随着大工业的发展和阶级斗争的尖锐化，这种'共同性'开始消失了。"把这些彼此对立的分子组成一个统一的包括各个阶级的民族联盟是不可能的。"既然如此，还谈得上'民族的全体成员结合成一个民族文化共同体'吗？民族自治是和阶级斗争的整个进程相抵触的，这不是很明显吗？我们暂且假定'组织民族'这个口号是可能实现的口号。资产阶级民族主义的议员们为了取得更多的选票而力图'组织'民族，那还可以理解。可是，社会民主党人什么时候竟也开始干起'组织'民族、'成立'民族、'建立'民族的事情来了呢？"

斯大林还讲："对现在的社会不适用的民族自治，对将来的社会主义社会是更不适用的。"因为那时"民族壁垒并不是在巩固，而是在毁坏，在倒塌"。马克思所讲的，各国人民之间的民族隔离和对立日益消失，无产阶级的统治将使它们更快地消失，将随着人类的发展和资本主义生产的巨大增长，各民族的杂居和人们在愈益广阔的地域上的结合，都将证实马克思的思想。"由此可见，民族文化自治并不能解决民族问题，不仅如此，它还使民族问题更尖锐、更紊乱，更容易使工人运动的统一遭受破坏，使工人们彼此按民族隔离开来，使他们中间的纠纷加剧下去。"①

斯大林对民族文化自治在解决民族问题上的结论是"不适用"。"第一，它是人为的，没有生命力的，因为它要把一些被实际生活拆散和转移到全国各地去的人勉强凑合成一个民族。第二，它驱使大家走向民族主义，因为它主张人们按民族标准'划分'，主张'组织'民族，主张'保全'和培植'民族特点'，——这些都绝非社会民主党所应做的事情。"

这个论断极为明确、一语中的，所以民族文化自治行不通。"出路何在呢？正确解决问题的惟一办法是区域自治。""区域自治的优点首先在于实行的时候不是没有地域的空中楼阁，而是居住于一定地域上的一定居民。其次，区域自治不是把人们按民族划分的，不是巩固民族壁垒的，相反的，是打破这种壁垒，把居民统一起来，以便为实现另一种划分即按阶级划分开辟道路的。"②

在此斯大林和列宁高度一致，他们在否定了民族文化自治之后自然就将视线转向了基于民族特殊性的"区域自治"。民族区域自治成为民族文化自治的替代物。它的出发点是各民族的团结与合作，着眼的是打破民族壁垒，而不是树立和强化民族壁垒。由此可以说，民族区域自治的思想是列宁和斯大林在批判民族文化自治的理论论争中树立起来的。不过，这一思想的成功实践是他们之后的中国，而不是他们在革命成功之后创建和领导的苏联。

---

① 斯大林：《马克思主义和民族问题》，中国社会科学院民族学与人类学研究所民族理论室编《马克思主义经典作家民族问题文选·斯大林卷》，社会科学文献出版社，2015，第54~57页。

② 斯大林：《马克思主义和民族问题》，中国社会科学院民族学与人类学研究所民族理论室编《马克思主义经典作家民族问题文选·斯大林卷》，社会科学文献出版社，2015，第78页。

四 "民族文化自治"与政策实践

民族文化自治并非一种严谨的理论。鲍威尔写的那本题为《民族问题和社会民主党》的专著,皇皇500多页,只花了短短几个月时间,[①] 其中的可靠程度是要打折扣的,何况全书全然没有实证研究,充满了空洞的推论。从泛义上讲,各国依据民主原则和自由结社的权利都可以组织和实行所谓的"民族文化自治",半个世纪以来主要在西方国家流行的多元文化主义也算是一种"文化自治"。而就严格意义上讲,实现民族文化自治的并不多,只在二战后鲍威尔的故乡奥地利和其他一些社会党执政的欧洲国家做过尝试。[②] 冷战结束之后有所改变,爱沙尼亚、拉脱维亚、斯洛文尼亚和克罗地亚等一些东欧国家开始将民族文化自治作为处理国内民族问题的制度。[③] 特别是苏联解体以后,俄罗斯联邦基于对苏联民族理论政策的"反思",于1996年颁布了《民族文化自治法》,成为其民族政策调整的一个重要标志。根据这个法律,俄罗斯的"民族文化自治是民族文化自决的形式,是属于一定族体的俄联邦公民的社会联合,他们在自愿自我组织的基础上独立地决定保存其独特性、发展语言、教育和民族文化的问题"[④]。民族文化自治的适用主体主要是散居的民族成员及那些没有本民族自治实体的

---

① 中国人民大学马列主义发展史研究所编《马克思主义史》第2卷,人民出版社,1995,第393页。
② 宁骚:《民族与国家——民族关系与民族政策的国际比较》,北京大学出版社,1995,第391页。
③ 李红杰:《由自决到自治》,中央民族大学出版社,2009,第314页。
④ 转引何俊芳、王莉《俄罗斯联邦民族文化自治政策的实施及意义》,《世界民族》2012年第4期。

少数民族,同时也包括居住在俄罗斯的外国移民。他们可以自主地选择自身对某个民族共同体的归属,在同一民族成员相对集中的地方建立不同层级的文化自治组织,通过自我组织和自我管理反映本民族的文化诉求,在公共权力机构的支持下建立教育和学术组织、文化机构等。俄罗斯联邦现有 89 个联邦实体,其中有 21 个民族共和国、1 个民族自治州、10 个民族自治区。这些自治实体既有民族因素也有区域因素,实际上也是一种民族区域自治。但俄罗斯联邦的多数人口并没有生活在本民族的自治实体内。因此为了满足这些人口维护和发展本民族文化的需要,民族文化自治就成为其民族区域自治的补充。民族文化自治政策实施以来,得到了不断调整和发展,截止到 2016 年底,俄罗斯的《民族文化自治法》已经历了 10 次修改,俄联邦注册的各类民族文化自治组织已达到 1184 个。[①] 目前来看,学界对俄罗斯民族文化自治的评价大都比较正面,认为该项政策在保存和发展俄罗斯各民族的精神文化、构建公民社会及培育包容、和谐精神等方面发挥了重要作用。

苏联解体之后,俄罗斯联邦民族政策的变化在中国产生了较大影响,一些学者由此提出应重新认识民族文化自治,或直接认为中国也应引入这一政策,并为之做出了具体的实施建议。然而,基于民族文化自治固有的性质、局限和中国现有的民族工作体制,民族文化自治不能成为我们民族政策的选项。

其一,民族文化自治是一种典型的民族主义主张。尽管民族主义并不都是坏东西,对其积极面也有借助和吸纳的必要,但就民族文化自治来说,它起的作用只能是对各民族的分化。"我们的

---

① 孙连庆:《浅析〈俄联邦民族文化自治法〉》,《西伯利亚研究》2017 年第 4 期。

任务不是把各个民族分开，而是把各民族工人团结起来。"民族文化自治"同无产阶级国际主义是绝对矛盾的，它只符合民族主义市侩的理想"。① 民族文化自治问题的理论是非很清楚。我们是马克思主义者，被马克思主义经典作家所反复批判的典型的、彻底的民族主义，绝不能在新形势下再度得到提倡。

其二，有违民族发展规律和中国的民族政策原则。民族分布随经济社会的发展从聚居走向杂散居是必然趋势，对此我们只能顺应不能违逆，所以中央提出加强民族交往交流交融，推进建立嵌入式的社会结构和社区环境，为各民族共居共事共乐创造条件。民族文化自治却是要在已经打破的民族界限中重新竖起藩篱。正如前述斯大林所讲，既然实际生活和经济发展使得整批的人脱离本民族，并使他们散居各地，怎能人为地再把这种民族结合起来呢？主张民族文化自治是力图开历史的倒车。民族发展离不开交往，而当民族交往打破封闭以后再把它们拉回来，以保护民族文化为名义再把它们隔离起来，这个回头路是绝对走不得的。

中国的民族政策目标是各民族团结进步、共同繁荣，而不是各行其是、独善其身。这一目标是贯穿于中国特色社会主义全过程，体现在不同领域、不同层级相关制度和政策中的。民族文化自治着眼的是各民族自身的狭隘的文化诉求，体现的是西方自由主义理念和"公民社会"建设。在民族文化自治体制下，各民族的自治最终是为了各自的文化权益。而能否建立起自己的文化自治组织，能否实现自己的文化诉求和其他利益，除了自身的自觉意识之外，还取决于该民族的经济实力、政治实力和动员能力，这在各民族之间无疑是有很大差距的。由此形成的竞争关系、博

---

① 列宁：《论俄国社会民主工党的民族纲领》（1913 年 12 月 15 日），《列宁全集》第 24 卷，人民出版社，1990，第 236 页。

弈关系很难保证民族之间的真正平等和和睦。这和我们始终坚持的"共同繁荣"、"团结进步"和"互助合作"有着根本的区别。

其三，中国民族事务的体制和政策优于各种民族文化自治。从民族文化自治的最早版本来看，奥地利社会民主党提出的纲领实际上是一种全面的"民族自治"，这种典型的民族主义主张是必须要抛弃的。而现在俄罗斯的民族文化自治只适用于民族聚居区之外，是对其民族区域自治的补充，就此来看，似乎对中国有一定的参照意义。但实践证明，中国现有的民族工作体制和政策比之民族文化自治要有效得多、完备得多。

中国的民族区域自治是在国家统一领导下，在少数民族聚居地方实行的区域自治，不但可以满足聚居少数民族各项权益的需求，其中的政策原则也对散杂居少数民族有着广泛的覆盖性，而我们的城市民族工作和民族乡制度又是对散杂居民族事务的专门政策。党委领导、政府负责、有关部门协同配合、全社会通力合作，这是中国行之有效的民族工作体制和格局，比之民族文化自治至少有三点明显的优越之处。一是这套体制维护的是各民族，尤其是少数民族的共同利益，而不是哪一个民族的独特私利。因为这套体制从工作人员的配备到政策目标的设定都是面向各民族的；而民族文化自治只是各民族通过自治组织对自己一家权益的维护。二是这套体制维护的是各民族的全部合法权益，不仅仅是文化权益；而文化自治则明确限定在语言和教育等文化领域。三是这套体制使党委、政府、人大、政协等"官方"机构成为维护各民族权益的主导力量，其他社会力量全力配合，从而使其具有很强的权威性和有效性，同时也具有了当前我们提倡的"治理"的性质；而文化自治主体则是各自民族成员组成的"社会组织"，政府或官方只负有"指导"和"协调"责任。在分析俄罗斯民族文化自治存在的问题时，人们最常提到的是自治组织获得的财政支持不够、关注不够。这里固然有俄罗斯经济发展乏力的因素，但根本上还是体制问题，因为文化自治中的政府和权力机关没有"刚性"责任。民族文化自治下的各个"自治组织"属于民间性质，他们各自为政，各种实力和能力与"官方"相比，其权威性和有效性的差距是不言而喻的。

所谓"引入"民族文化自治无非两种情况，一是对原有体制的补充，二是对原有体制的取代。从上述来看，前一种情况纯属画蛇添足：我们现有的制度已包括了各民族自我管理的性质，不管是民族区域自治还是"全社会通力合作"中所含的内容。而如果是后者就会是自毁长城了。全面实施民族文化自治必然出现的情况就是：少数民族的权益维护大面积缺位，因为它只限于文化领域；大量的民族工作空洞化，因为它是"自治"，是社会组织的自我管理，政府无责和虚责；各民族的关系走向隔阂，因为每个自治组织都是以自己民族的利益为旨归。

随着现代化和中华民族伟大复兴进程的推进，中国民族分布将加速从聚居走向散居或杂居，散杂居地区和城市民族工作将占据民族事务的更大份额。因此，民族区域自治之外的民族工作只能强化不能虚化，少数民族权益需要得到全面维护而不仅是文化事务管理，民族关系只能更加走向交往交流交融而不能使其疏离化。就此而言，民族文化自治是和民族发展趋势以及中国民族工作的要求背道而驰的，所以不能成为我们民族政策的选项。

第六章　大小民族关系的经典之论

　　列宁和斯大林在批判"两种民族主义"问题上留下了大量著述。列宁明确提出大民族要以"让步"和对自己"不平等"的态度来换取小民族的理解和信任，成为马克思主义认识和处理大小民族关系的经典论述。在列宁的理论体系中，大民族主义和地方民族主义问题牵涉的不仅仅是民族关系，而且涉及苏联与其他走社会主义道路的国家之间的关系问题。斯大林在反对两种民族主义方面有很多理论贡献，但在具体论述上和列宁存在分歧。斯大林对两种民族主义问题的论述在 20 世纪 30 年代以后逐渐减少和消失，"民族主义"在很大程度上成为他打压政敌、消除"异见"的"棍棒"。马克思主义经典作家反对两种民族主义的论述也是其国家建设理论的重要内容，因为不论列宁还是斯大林对于两种民族主义的论述都是和苏联国家构建联系在一起的。苏联的国家构建最终是一个失败的结局，从民族角度看，有反对两种民族主义不力的原因，更有其天生的难以克服的结构性困难。我们学习列宁和斯大林两种民族主义的理论要有一个整体观，既要着眼于这一理论对大小民族关系的重大意义，也要透过这种关系看到多民族国家，尤其是多民族大国的国家建设的复杂性和艰巨性。

　　列宁和斯大林的民族理论是在不断对民族主义的批判中建立

和发展起来的。他们在其著作中提及和批判的"民族主义"种类繁多，但批判最为着力的是三种：一是"党内联邦制"；二是"民族文化自治"；三是大俄罗斯民族主义和地方民族主义，或称"两种民族主义"。就时间上来说，十月革命之前，列宁和斯大林着重批判的是前两种，十月革命之后，就集中在大俄罗斯民族主义和地方民族主义了。两种民族主义实际上是表现于大民族和小民族之间的民族主义。在马克思主义民族理论中，处理大民族和小民族的关系始终和对于两种民族主义的批判分不开。限于历史条件，马克思、恩格斯基本没有涉及大小民族关系问题，而在列宁和斯大林那里，克服两种民族主义就成为正确处理大民族和小民族关系乃至全部民族关系的关键问题了。列宁和斯大林在批判两种民族主义问题上留下了大量著述，成为马克思主义认识和处理大小民族关系的经典理论。回顾和学习这些著述对全面理解马克思主义民族理论、正确认识和处理新形势下的民族关系很有必要。

一 列宁反对两种民族主义的基本论述

1917 年十月革命之前，列宁对明确的"两种民族主义"论述不多，但也多次提到"大俄罗斯民族主义"，将其视为俄国统治阶级的民族思想，称其为"反动或黑帮民族主义"，它"力图保证一个民族的特权，而使其余一切民族处于从属、不平等甚至根本无权的地位"。[①] 列宁认为沙俄政府的政策彻头彻尾地表现出民族主义精神，竭力使"统治"民族，即大俄罗斯民族享有种种特权，竭力把住在俄国的一切其他民族的权利削减得愈来愈少，使它们

---

① 列宁：《再论按民族分学校》（1913 年 12 月 17 日），《列宁全集》第 24 卷，人民出版社，1990，第 247 页。

彼此隔绝并煽起它们之间的仇恨。①

　　然而列宁又发现，大俄罗斯民族主义也同任何民族主义一样，会经历几个不同的阶段，有着不同的形式，表现于不同的群体。"1905 年以前，我们几乎只知道有民族主义反动派。革命以后，我国就产生了民族主义自由派。"当时的"十月党人"和"立宪民主党人"，"即当代整个资产阶级，也都是站在这个立场上的"。往后又产生了"大俄罗斯的民族主义民主派"，以至于出现了"大俄罗斯农民的民族主义"。② 这样，在列宁笔下，大俄罗斯民族主义就成为大俄罗斯民族各个阶级和政治派别都可能有的民族主义，包括沙皇君主集团及其代表的封建统治阶级，包括俄罗斯资产阶级及其所谓的"自由派""民主派"，也包括一般的农民和其他阶级的人。列宁曾说，自由派（进步党—立宪民主党的）民族主义的表现可以从关于"斯拉夫人"的使命的沙文主义言论，从关于俄国的"大国使命"的言论，从主张俄国为了掠夺其他国家而同英国和法国达成协议的言论看出来。③ 而这些表现也是和其他资产阶级民族主义派别一致的。

　　实际上，在列宁批判的各种民族主义派别和思潮中，只要是出自大俄罗斯民族成员的，不管是哪个阶级，都可能成为大俄罗斯民族主义的一种来源和表现。

　　沙俄帝国是由原来一个小小的莫斯科公国发展起来的。从 14 世纪起，莫斯科大公利用钦察汗国衰落和内讧之机，摆脱蒙古人

① 列宁：《犹太学校的民族化》（1913 年 8 月 18 日），《列宁全集》第 23 卷，人民出版社，1990，第 395 页。

② 列宁：《论民族自决权》（1914 年 2～5 月），《列宁全集》第 25 卷，人民出版社，1988，第 283～284 页。

③ 列宁：《关于工人代表的某些发言问题》（1912 年 11 月），《列宁全集》第 22 卷，人民出版社，1990，第 217 页。

的统治，并开始向邻国扩张疆土。特别是从 1547 年伊凡四世自称沙皇到 1917 年尼古拉二世王朝覆灭的 370 年间，历代沙皇向四周大肆侵略扩张，使俄国版图从 280 万平方公里扩大到 2280 万平方公里，由原来单一的俄罗斯民族国家变成了拥有 100 多个大小民族的多民族国家。① 统治集团对被征服民族软硬兼施，强制推行俄罗斯化，同时在俄罗斯人中散布大俄罗斯主义，制造大俄罗斯民族优越感，形成了歧视非俄罗斯民族的传统。列宁讲："大俄罗斯人在俄国占 43%，但是大俄罗斯民族主义却统治着 57% 的居民，压迫着所有的民族。"② 而被压迫民族中也不断形成反抗和抵制大俄罗斯民族统治的各种思潮和行动，成为大俄罗斯民族主义的对立面。沙俄帝国的形成过程始终是与奴役、掠夺被征服民族联系在一起的。各周边民族及其国家是沙皇通过武力征服合并到俄国的。因此，他们与自沙皇伊凡四世开始的历届中央政府，同大俄罗斯民族之间的矛盾根深蒂固，一旦有条件，就会争主权、闹独立，直至同俄罗斯决裂。③ 所以大俄罗斯民族主义和地方民族主义的源头均在于沙皇时代的民族压迫，两种民族主义实际上已渗透到俄国社会的各个层面，成为民族关系上的主要障碍。

正因为这样，列宁在揭露和批判大俄罗斯民族主义的同时，也揭露和批判了"被压迫民族中的民族主义"，即地方民族主义。列宁讲："社会民主党应当注意到，被压迫民族的地主、神父和资产阶级往往用民族主义的口号来掩饰他们离间工人和愚弄工人的意图，暗中同占统治地位的民族的地主和资产阶级勾结，损害各

---

① 赵常庆等：《苏联民族问题研究》，社会科学文献出版社，1996，第 2 页。
② 列宁：《论俄国社会民主工党的民族纲领》（1913 年 12 月 15 日），中国社会科学院民族学与人类学研究所民族理论室编《马克思主义经典作家民族问题文选·列宁卷（上）》，社会科学文献出版社，2016，第 328 页。
③ 赵常庆等：《苏联民族问题研究》，社会科学文献出版社，1996，第 10 页。

民族劳动群众的利益。"① 列宁提醒说，俄国的民主改革进行得愈慢，各民族资产阶级的民族迫害和厮杀也就会愈顽强、愈粗暴、愈残酷。同时，也会在某些被压迫民族中间，引起（并加强）分立主义的趋向。②

但是，在对两种民族主义的批判力度和侧重点上，列宁对大俄罗斯民族主义的批判远甚于地方民族主义。他在不同的场合一再指出："不根除黑帮的大俄罗斯民族主义，大俄罗斯居民就无法建立民主国家。"③ 俄罗斯无产阶级"要反对一切民族主义，首先是反对大俄罗斯民族主义"④。

列宁提出首先反对大俄罗斯主义，一是因为在俄国，俄罗斯族是"统治民族"，俄罗斯统治集团实行的是大俄罗斯民族主义，击败这种民族主义是和推翻沙俄封建专制统治完全一致的。二是由于沙俄对其他民族统治形成的民族隔阂和偏见已渗入社会各个层面，无产阶级革命建立民族联合的努力必须要克服这些偏见和错误认识，包括隐性的、不自觉的民族情绪和思想，这些现象本身就是大俄罗斯民族主义或潜在的大俄罗斯民族主义。斯·格·邵武勉（1878~1918）是一个坚定的俄国马克思主义者，曾与列宁多次讨论民族问题理论，出版有关于民族问题的专著。他坚持

---

① 列宁：《有党的工作者参加的俄国社会民主工党中央委员会 1913 年夏季会议的决议》（1913 年 9 月），《列宁全集》第 24 卷，人民出版社，1990，第 62 页。
② 列宁：《论民族自决权》（1914 年 2~5 月），《列宁全集》第 25 卷，人民出版社，1988，第 284 页。
③ 列宁：《有党的工作者参加的俄国社会民主工党中央委员会 1913 年夏季会议的决议》（1913 年 9 月），《列宁全集》第 24 卷，人民出版社，1990，第 61 页。
④ 列宁：《论民族自决权》（1914 年 2~5 月），《列宁全集》第 25 卷，人民出版社，1988，第 284 页。

国际主义原则，宣传各民族的友谊和团结，不调和地反对民族主义，① 但在一些问题上和列宁有分歧，包括主张把俄语作为国语在俄国加以推行。1913 年 12 月 6 日列宁去信批评他："俄罗斯语言对许多小民族和落后民族起过进步作用，这是不容争辩的。但是，难道您看不见，假如不搞强迫的话，它本来可以在更大范围内起进步作用？难道'国语'不正是驱使大家离开俄罗斯语言的一根棍子吗？？您怎么就不想弄明白在民族问题上特别重要的那种心理因素呢？？只要搞一点强迫，这种心理因素就会破坏和损害中央集权、大国家和统一语言的无可争辩的进步作用，使之化为乌有。"② 列宁在此没有直接谈及大俄罗斯民族主义，但对隐藏在人们内心中的大俄罗斯民族主义的揭露是十分深刻的。1914 年 7 月 6 日在给邵武勉的另一封信中，列宁针对邵武勉说他"夸大了大俄罗斯民族主义的危险性"，不客气地回应道："这真是笑话！俄罗斯的 16000 万人是否在吃亚美尼亚民族主义或波兰民族主义的苦头呢？一个俄国的马克思主义者持亚美尼亚鸡窝的观点不害臊吗？是大俄罗斯的民族主义，还是亚美尼亚民族主义或者波兰民族主义在压制并支配俄国统治阶级的政策呢？？"③

1919 年 12 月 28 日，苏俄内战激战正酣。列宁为即将战胜邓尼金军队的乌克兰人民写了一封公开信，就乌克兰解放后如何建国的问题发表了看法。就此问题当时有三种选择：一是乌克兰完

---

① 〔苏〕涅尔西襄：《邵武勉——为共产主义奋斗的光辉战士》，金星译，新知识出版社，1955，第 11 页。

② 列宁：《致斯·格·邵武勉》（1913 年 12 月 6 日），中国社会科学院民族学与人类学研究所民族理论室编《马克思主义经典作家民族问题文选·列宁卷（上）》，社会科学文献出版社，2016，第 310 页。

③ 列宁：《致斯·格·邵武勉》（1914 年 7 月 6 日以前），中国社会科学院民族学与人类学研究所民族理论室编《马克思主义经典作家民族问题文选·列宁卷（上）》，社会科学文献出版社，2016，第 477 页。

全脱离俄国，成为一个独立的国家；二是同俄国合并成为一个统一的国家；三是与俄国结盟形成一个联邦制国家。列宁在到底该选哪一种方案上没有给出具体的意见，却对大俄罗斯族的共产党人警惕和防止大俄罗斯民族主义问题表达了非常鲜明的态度。他说，资本主义把民族分成占少数的压迫民族，即大国的（帝国主义的）、享有充分权利和特权的民族，以及占大多数的被压迫民族，即附属或半附属的、没有平等权利的民族。没有充分权利的附属民族对大国压迫民族是充满愤慨和不信任的，例如乌克兰民族对大俄罗斯民族的愤慨和不信任已经积累了好几百年。所以，在力求实现各民族统一和无情打击一切分裂各民族的行为时，我们对民族的不信任心理残余应当采取非常谨慎、非常有耐心、肯于让步的态度。大俄罗斯共产党人不应当坚持要乌克兰同俄罗斯合并，那样乌克兰人就很容易怀疑，那是出于旧时大俄罗斯民族主义即帝国主义的偏见。"产生这种不信任是很自然的，在相当程度上是难免的和合乎情理的，因为许多世纪以来大俄罗斯人在地主和资本家的压迫下，养成了一种可耻可憎的大俄罗斯沙文主义偏见。"所以，大俄罗斯共产党人，对其中产生的一点点大俄罗斯民族主义的表现，都应当极其严格地加以追究，因为这种表现根本背离共产主义，会带来极大害处。[1]

1918 年 5 月外高加索各族人民废除了沙皇时期的"总督府"，分别建立了格鲁吉亚、阿塞拜疆和亚美尼亚三个独立的共和国，但红军在以苏维埃政权取代这三个共和国后，这一地区就由设在

---

[1]　列宁：《为战胜邓尼金告乌克兰工农书》（1919 年 12 月 28 日），中国社会科学院民族学与人类学研究所民族理论室编《马克思主义经典作家民族问题文选·列宁卷（下）》，社会科学文献出版社，2016，第 419~422 页。

梯弗里斯的俄共中央外高加索局来管理。① 1922 年 10 月，苏维埃社会主义共和国联盟（即苏联）即将成立，俄共（布）中央通过决议，要求格鲁吉亚、阿塞拜疆和亚美尼亚三国以"外高加索联邦"的名义加入苏联。但格鲁吉亚共产党中央对此不满，主张三国直接加入而不同意中间再加个联邦。外高加索的布尔什维克党比俄罗斯帝国任何一个别的民族共和国的党组织都强大，但他们没有成为独立或自治的党，而是统一的俄国共产党（布）的一个组成部分。② 因此，以格·康·奥尔忠尼启则为首的俄共（布）外高加索局对格共中央的主张进行了严厉压制。先对格共中央领导人做了"党内警告"和撤职处理，继而在对方不满上诉后进一步"改组"了格共中央，奥尔忠尼启则还动手打了格共中央领导人姆季瓦尼。事件发生后俄共（布）中央向梯弗里斯派了一个调查委员会调查此事，主任是捷尔任斯基，斯大林也是委员会成员之一。③ 列宁为此事的发生极为忧虑和痛心，在听了调查此事的捷尔任斯基汇报后两次发病。12 月 30、31 日，正值苏联宣告成立之际，病榻上的列宁口授了一封题为《关于民族或"自治化"问题》的信，之后 1923 年 3 月 5 日和 6 日又口授了两封信，就处理"格鲁吉亚事件"做后续安排，其中对奥尔忠尼启则的粗暴，对斯大林和捷尔任斯基的纵容姑息态度表示愤慨。④

　　《关于民族或"自治化"问题》是列宁留给俄国共产党人在

① 〔苏〕迈斯特连科：《苏共各个时期的民族政策》，林钢译，人民出版社，1983，第 57 页。

② 〔苏〕迈斯特连科：《苏共各个时期的民族政策》，林钢译，人民出版社，1983，第 53 页。

③ 〔苏〕迈斯特连科：《苏共各个时期的民族政策》，林钢译，人民出版社，1983，第 83 页。

④ 见中国社会科学院民族学与人类学研究所民族理论室编《马克思主义经典作家民族问题文选·列宁卷（下）》，社会科学文献出版社，2016，第 521 页注释 1。

苏联创建和社会主义事业中怎样认识和处理民族关系的一份珍贵文献，也是其关于民族问题的最后一篇文献。这封信是 12 月 30 日和 31 日两次口述完成的。前半部分，即 30 日部分列宁首先对自己因病未能"十分坚决十分果断地过问有名的自治化问题"而深感内疚，"觉得很对不起俄国工人"。[①] 对在筹建过程中出现的所谓"统一机关"的存在而使"退出联盟的自由"变成"一纸空文"而严重不满，因为"它不能够保护俄国境内的异族人，使他们不受典型的俄罗斯官僚这样的真正俄罗斯人，大俄罗斯沙文主义者，实质上是恶棍和暴徒的侵害"。同时他还说："毫无疑问，在苏维埃的和苏维埃化了的工人中，会有很少一部分人沉没在这个大俄罗斯沙文主义垃圾的大海里，就象苍蝇沉没在牛奶里一样。"之后他对斯大林和捷尔任斯基在调查格鲁吉亚事件中表现出的"俄罗斯化的异族人"的"过火情绪"、[②] 对直接处理该事件的

---

① 所谓"自治化"是指 1922 年 8 月主要由斯大林提出的一种建国方案，基本内容是：已经成立的几个苏维埃社会主义共和国乌克兰、白俄罗斯、阿塞拜疆、亚美尼亚和格鲁吉亚"在自治的基础上加入俄罗斯联邦"。列宁坚决反对这个方案，强调党在解决民族问题时不允许表现出任何形式的大国沙文主义，认为"自治化"计划没有充分考虑到大国沙文主义的危险性，仅仅是片面地开展反对地方民族主义的斗争。贯彻无产阶级国际主义原则首先要求绝对尊重昔日惨遭沙皇压迫的各非俄罗斯民族共和国的主权。"重要的是，我们不去助长'独立分子'，也不取消他们的独立性，而是再建一层新楼——平等的共和国联邦"（参见苏联科学院历史所编《苏联民族-国家建设史》上册，赵常庆等译，商务印书馆，1997，第 288~290 页）。根据列宁的指示，新建的国家是由乌克兰、白俄罗斯、外高加索联邦和俄罗斯联邦各以平等的身份构成的国家联盟——苏维埃社会主义共和国联盟。后外高加索联邦分解为格鲁吉亚、阿塞拜疆和亚美尼亚三个独立的加盟共和国。第二次世界大战后，加入联盟的共和国有 15 个。
② 列宁在此指出："俄罗斯化的异族人在表现真正俄罗斯人的情绪方面总是做得过火。"意在指责奥尔忠尼启则、斯大林和捷尔任斯基，因为前二人都是格鲁吉亚人，捷尔任斯基是波兰人。

奥尔忠尼启则表现出的粗暴行为做了严厉批评。① 还在这个事件之前，1922年10月6日列宁在给俄共（布）中央的另一重要领导人加米涅夫的一个便条中写道："加米涅夫同志：我宣布要同大俄罗斯沙文主义决一死战。我那颗该死的牙齿一治好，我就要用满口的牙吃掉它。"② 可见当时列宁对大俄罗斯民族主义的痛恨之情，与此相应，列宁这里把以前常用的"大俄罗斯民族主义"改成了"大俄罗斯沙文主义"。

在31日部分，列宁进一步表达了大民族的无产阶级在对待小民族问题上应有的态度：

> 抽象地提民族主义问题是极不恰当的。必须把压迫民族的民族主义和被压迫民族的民族主义，大民族的民族主义和小民族的民族主义区别开来。

> 对于第二种民族主义，我们大民族的人，在历史的实践中几乎从来都是有过错的，我们施行了无数暴力，甚至施行了无数暴力和侮辱，自己还没有察觉。只要回忆一下我在伏尔加河流域时的情况，就可以知道我们的人是怎样蔑视异族人的：把波兰人都叫作"波兰佬"，嘲笑鞑靼人为"王爷"，乌克兰人为"一撮毛"，格鲁吉亚人和其他高加索异族人为"蛮子"。

> 因此，压迫民族或所谓"伟大"民族（虽然只不过是因

---

① 列宁：《关于民族或"自治化"问题》（1922年12月30日），中国社会科学院民族学与人类学研究所民族理论室编《马克思主义经典作家民族问题文选·列宁卷（下）》，社会科学文献出版社，2016，第519~521页。

② 列宁：《就反对大俄罗斯沙文主义给列·波·加米涅夫的便条》（1922年10月6日），中国社会科学院民族学与人类学研究所民族理论室编《马克思主义经典作家民族问题文选·列宁卷（下）》，社会科学文献出版社，2016，第515页。

为施行暴力而伟大，只不过是象杰尔席莫尔达那样的伟大）的国际主义，应当不仅表现在遵守形式上的民族平等，而且表现在压迫民族即大民族要处于不平等地位，以抵偿在生活中事实上形成的不平等。谁不懂得这一点，谁就不懂得对待民族问题的真正无产阶级态度，谁就实质上仍持小资产阶级观点，因而就不能不随时滚到资产阶级的观点上去。

对无产者来说重要的是什么呢？对无产者来说，不仅重要而且极其必要的是保证在无产阶级的阶级斗争中取得异族人的最大信任。为此需要什么呢？为此不仅需要形式上的平等。为此无论如何需要用自己对待异族人的态度或让步来抵偿"大国"民族的政府在以往历史上给他们带来的那种不信任、那种猜疑、那种侮辱。

……因为没有什么比民族问题上的不公正态度更能阻碍无产阶级阶级团结的发展和巩固的了，因为"受欺侮"民族的人没有比对平等感、对破坏这种平等更敏感的了，哪怕是自己的无产者同志出于无心或由于开玩笑而破坏这种平等。因此，在这种情况下，在对少数民族让步和宽容这方面做得过些比做得不够要好。因此，在这种情况下，无产阶级团结以及无产阶级阶级斗争的根本利益，要求我们对待民族问题无论何时都不能拘泥形式，而要时刻考虑到被压迫民族（或小民族）的无产者在对待压迫民族（或大民族）的态度上必然有的差别。

在该信的"续记"部分，列宁表示应当保留和巩固正在建立的社会主义共和国联盟，但同时表示不能允许有人借口统一而"干出大量俄罗斯式的胡作非为的事情"，要通过法典和规章来保障各民族共和国的应有权利。提出"需要处分奥尔忠尼启则同志以儆效尤",应当使斯大林和捷尔任斯基对"这一真正大俄罗斯民族主义的运动负政治上的责任"。最后提出,应当站在整个国际和世界历史的角度看待苏联体制中各民族的关系:"由于各民族机关和俄罗斯机关没有统一起来而可能给我们国家造成的损害,比起那种不仅给我们,而且给整个国际、给继我们之后即将登上历史前台的亚洲几亿人民造成的损害要小得多。如果在东方登上历史前台的前夜,在它开始觉醒的时候,我们由于对我们本国的异族人采取哪怕极小的粗暴态度和不公正态度而损害了自己在东方的威信,那就是不可饶恕的机会主义。"①

列宁逝世前的这篇文章是他留给苏联共产党人的一份重要政治"遗嘱"。他阐明了俄国无产阶级应当怎样认识和处理压迫民族(大民族)和被压迫(小民族)的关系、苏联建国后大小民族共和国之间的关系,提出大民族要以"让步"和对自己"不平等"的态度来换取小民族的理解和信任,宁肯牺牲新建国家体制上的统一和权力集中也要换取非俄罗斯民族共和国的真心合作。列宁的这一"让步"理论极为必要和可贵,体现了无产阶级的伟大胸怀。沙俄帝国的形成是与它对其他民族和国家征服压迫联系在一起的,新生的俄国无产阶级政权要想巩固原有疆土并建设社会主义,就不能不为旧政权在民族关系上造成的巨额负资产"买单",以完全真诚和平等的态度来联合、团结以前的被压迫民族,而不能有任何的疏漏。这也就是列宁对在格鲁吉亚事件中表现出的大俄罗斯沙文主义极为忧虑、极为愤慨的原因。实际上,列宁在此

---

① 列宁:《关于民族或"自治化"问题》(续)(1922 年 12 月 31 日),中国社会科学院民族学与人类学研究所民族理论室编《马克思主义经典作家民族问题文选·列宁卷(下)》,社会科学文献出版社,2016,第 524~527 页。

体现出的大民族和小民族关系的思想也为他设想中的"世界苏维埃联盟"中的民族关系和国际关系确定了原则。[①] 因为按照列宁的设想,新建的"苏联"国家既是未来世界苏维埃社会主义国家联盟的样板,又是这个联盟的第一步;搞不好样板走不好第一步就不可能有社会主义国家的未来。所以,在列宁的理论体系中,大民族主义和地方民族主义问题牵涉的不仅是民族关系,而且涉及苏联一国之内的国际关系以及未来苏联与其他社会主义国家之间的关系。在此,国际主义(internationalism)是和族际主义相连相通的。

二 斯大林的理论贡献及与列宁的分歧

作为列宁的战友和苏联共产党前期的主要领导人,斯大林在反对两种民族主义方面也有很多理论贡献,但在具体论述上和列宁有分歧,以致后来背离了列宁的理论,在实践上走向了自己原初理论的反面。

和列宁一样,斯大林反对两种民族主义的论述主要在十月革

---

① 十月革命之后,在如何构建新型的俄国国家体制问题上,列宁的设想是和社会主义的世界进程联系在一起的。如他在 1919 年 12 月 28 日写的《为战胜邓尼金告乌克兰工农书》中就谈道:"我们是国际主义者,我们力求实现世界各民族工农的紧密团结,力求使它们完全合并为一个统一的世界苏维埃共和国。"希望俄罗斯共产党人和乌克兰共产党人共同奋斗,消除各种民族主义偏见,给全世界劳动者做出榜样,共同为建立苏维埃政权、消灭地主和资本家的压迫、"建立世界苏维埃联邦共和国而斗争"。在 1920 年 4~5 月写的《共产主义运动中的"左派"幼稚病》中,列宁批评第二国际不善于或没有能力建立"一个能在革命无产阶级为建立世界苏维埃共和国而进行的斗争中指导无产阶级的国际策略的中心"。见中国社会科学院民族学与人类学研究所民族理论室编《马克思主义经典作家民族问题文选·列宁卷(下)》,社会科学文献出版社,2016,第 436 页。

命之后，尤其是苏联创建前后。1921 年 1 月 1 日，他在《俄罗斯苏维埃联邦社会主义共和国突厥语系民族共产党员会议上的开幕词》中讲：

> 俄罗斯共产主义发展的历史中，同民族主义倾向作斗争从未有过重大的意义。所有的俄罗斯人，其中包括俄罗斯共产党员，过去都是统治民族，他们没有经受过民族压迫，除了某些"大国沙文主义"的情绪外，一般说来，他们中间没有发生过民族主义倾向，因此他们用不着，或者几乎用不着去克服这种倾向。
>
> 突厥语系民族的共产党员是经历过民族压迫阶段的被压迫民族的儿女，他们与此不同，他们中间过去和现在都存在着民族主义倾向和民族主义残余，因此克服这种倾向和铲除这些残余是突厥语系民族共产党员的当前任务。毫无疑问，这种情况阻碍了我国东部共产主义的形成。[①]

显然，斯大林在此把反对民族主义的着力点放在了非俄罗斯族的"突厥语系民族"，对大俄罗斯族的民族主义则做了完全的开脱。这有两个因素必须考虑：一是斯大林本身是格鲁吉亚人，属于非俄罗斯族；二是这是斯大林在"突厥语系民族共产党员会议"上的讲话。从这两个因素来看，着重对"突厥语系民族"中的民族主义提出批评也合乎常理。但斯大林对非俄罗斯族中的民族主义如此重视，也与当时这些民族地区存在的具体形势有关。1921年 7 月 6 日斯大林在文章中揭示了格鲁吉亚和其他南高加索地区

---

① 斯大林：《俄罗斯苏维埃联邦社会主义共和国突厥语系民族共产党员会议上的开幕词》，《斯大林全集》第 5 卷，人民出版社，1957，第 3~4 页。

出现的民族主义倾向：

> 民族主义在工人和农民中间增长了，对其他民族同志的不信任情绪加深了：反亚美尼亚的、反鞑靼的、反格鲁吉亚的、反俄罗斯的和其他种种民族主义现在极其盛行。旧的兄弟般的信任的关系破裂了，或者至少是大大地削弱了。显然，格鲁吉亚民族主义政府（孟什维克）、阿塞拜疆民族主义政府（木沙瓦特党人）和亚美尼亚民族主义政府（达什纳克党人）存在三年之久不是没有影响的。这些民族主义政府实行自己的民族主义政策，向劳动者灌输侵略性的民族主义精神，以致民族主义的仇视气氛包围住了这些小国中的每个国家，使格鲁吉亚和亚美尼亚得不到俄罗斯的粮食和阿塞拜疆的石油，使阿塞拜疆和俄罗斯得不到经过巴土姆运来的商品。至于武装冲突（格鲁吉亚和亚美尼亚的战争）和互相残杀（亚美尼亚和鞑靼的互相残杀），那就更不用说了，这都是民族主义政策的必然结果。在这种充满民族主义毒素的环境里，原有的国际主义关系破裂了，工人的意识遭到了民族主义毒素的侵害，这是不足为怪的。由于这种民族主义残余在工人中间还没有被铲除，这种情况（民族主义）就成了使南高加索各苏维埃共和国在经济（和军事）活动方面联合起来的极大障碍。①

斯大林在此反映的问题绝非虚构。十月革命之后，俄国各地

---

① 斯大林：《关于共产主义在格鲁吉亚和南高加索的当前任务》（1921年7月6日），中国社会科学院民族学与人类学研究所民族理论室编《马克思主义经典作家民族问题文选·斯大林卷》，社会科学文献出版社，2016，第214~215页。

经历了强烈的社会动荡，包括苏俄内战和外敌干涉，已经独立的各民族国家虽然逐步为苏维埃政权所控制，但相互之间的民族矛盾并没消除，在如何建立统一的社会主义国家联盟问题上也各有想法。所以，斯大林在此所论的确反映了他对这些情况的忧虑，也将属于地方民族主义的问题看得更重。

斯大林在"边疆"民族地区谈到的主要是地方民族主义，在其他相关场合也讲大俄罗斯民族主义，如他在 1921 年 2 月 10 日提交俄共（布）第十次代表大会讨论并经党中央批准的提纲中就讲道："边疆地区共产党组织的发展是在某些特殊条件下进行的，这些条件阻碍了党在这些地区的正常成长。一方面，在边疆地区工作的大俄罗斯共产党员是在'统治'民族存在的条件下成长起来的，他们不知道什么是民族压迫，往往缩小民族特点在党的工作中的意义，或者完全不重视民族特点，在自己的工作中不考虑某一民族的阶级结构、文化、生活习惯和过去历史的特点，因而把党在民族问题方面的政策庸俗化和歪曲了。这种情况就使他们脱离共产主义而倾向于大国主义、殖民主义、大俄罗斯沙文主义。另一方面，当地土著居民中的共产党员经历过民族压迫的苦难时期，他们还没有完全摆脱民族压迫的魔影，往往夸大民族特点在党的工作中的意义，抹杀劳动者的阶级利益，或者把某一民族劳动者的利益和这一民族'全民族的'利益简单地混淆起来，不善于把前者同后者区别开来，根据劳动者的利益进行党的工作。这种情况也就使他们脱离共产主义而倾向于资产阶级民主的民族主义，这种民族主义有时具有大伊斯兰主义、大突厥主义的形式（在东方）。"提纲"坚决斥责了这两种对共产主义事业有害的和危险的倾向，认为必须指出第一种倾向即大国主义、殖民主义倾向是特别危险和特别有害的"。①

　　这里没有用规范的大俄罗斯民族主义和地方民族主义概念，但基本内容都有了，也将二者的顺序摆正了，即两种倾向中，"第一种倾向即大国主义、殖民主义倾向是特别危险和特别有害的"。当然，还有之前提到的"大俄罗斯沙文主义"。这就和列宁的观点合拍了。这些观点，斯大林在其后的著述中做了重申，但一些地方有所变动，比如，上述的"资产阶级民主的民族主义"在《俄共（布）第十次代表大会》中就正式写成"在非俄罗斯共产党员中间可以看到的地方民族主义倾向"。② 将"地方民族主义"和"大俄罗斯沙文主义"对应，两种民族主义的提法也便正式形成了。此外，从上可知，在斯大林的笔下，"民族主义"只符合非俄罗斯民族地区的情况，而俄罗斯民族由于没有经受过民族压迫，所以不存在民族主义，而只有"沙文主义"。这和列宁的提法是不同的，列宁对相应情况更多表述的是"大俄罗斯民族主义"，"沙文主义"是在其晚年才出现的。

　　1922 年 12 月底苏联正式成立，同时新国家面临的任务和实行的政策也有了重大改变，特别是从"战时共产主义"到"新经济政策"的过渡，使得整个苏联的经济结构、社会心态都在发生变化，而作为一个新生的多民族联合政权，如何处理其中的民族关系更成为影响社会稳定和政权巩固的根本问题。因此斯大林在其后的一段时期内对影响民族关系的两种民族主义予以格外的关注。

---

① 斯大林：《论党在民族问题方面的当前任务》（1921 年 2 月 10 日），中国社会科学院民族学与人类学研究所民族理论室编《马克思主义经典作家民族问题文选·斯大林卷》，社会科学文献出版社，2016，第 193 页。

② 斯大林：《俄共（布）第十次代表大会》（1921 年 3 月 8 日至 16 日），中国社会科学院民族学与人类学研究所民族理论室编《马克思主义经典作家民族问题文选·斯大林卷》，社会科学文献出版社，2016，第 200 页。

1923 年 3 月 24 日他在《党在国家建设中的民族问题》一文中讲道，无产阶级在苏维埃制度中找到了正确解决民族问题的钥匙，发现了根据民族权利平等和自愿的原则组织稳固的多民族国家的道路。但要正确实现十月革命所提出的民族纲领，还必须克服过去民族压迫时期遗留给我们的那些障碍性遗产：

"第一、这种遗产是大国沙文主义残余，大国沙文主义是大俄罗斯人过去的特权地位的反映。这种残余还存在于我们中央和地方的苏维埃工作人员头脑中，盘踞在我们中央和地方的国家机关里，……。这种残余在实践中的表现是俄罗斯苏维埃官僚对各民族共和国的需要和要求采取傲慢轻视态度和冷酷无情的官僚主义态度。只有在我们国家机关的实际工作中毅然决然地消灭这种残余，多民族的苏维埃国家才能成为真正巩固的国家，各民族的合作才能成为真正兄弟般的合作。因此，同大俄罗斯沙文主义残余作坚决斗争是我们党当前的第一项任务。"

"第二、这种遗产是共和国联盟各民族在事实上即在经济上和文化上的不平等。……

最后，这种遗产是许多民族中间的民族主义残余，这些民族曾经受过沉重的民族压迫，还没有摆脱过去的民族耻辱感。民族之间的某种疏远和过去被压迫民族对俄罗斯人采取的措施的不完全信任，就是这种残余的实际表现。但是，在某些有几个民族的共和国内，这种防御性的民族主义往往变成进攻性的民族主义，变成这些共和国内较强大的民族反对弱小民族的顽固的沙文主义。……不用说，所有这些现象都阻碍着各民族真正联盟成一个统一的国家联盟的事业。既然民族主义残余是反对大俄罗斯沙文主义的一种特殊防御形式，那么同大俄罗斯沙文主义作坚决斗争就是铲除民族主义残余的最可靠的手段。既然这种残余在变成反对各个共和国的弱小民族集团的地方沙文主义，那么同这种残余作直接斗争就是党员的义务。因此，同民族主义残余首先是同这种残余的沙文主义形式作斗争，是我们党当前的第三项任务。"①

其后不久，在 1923 年 4 月召开的俄共（布）第十二次代表大会上斯大林又讲道："由于实行新经济政策，在我们内部生活中正在产生一种新的力量——大俄罗斯沙文主义，这种沙文主义盘踞在我们的机关里，它不仅透进了苏维埃机关而且透进了党的机关，它在我们联邦的各个角落里蔓延着，并在形成这样一种情况：如果我们不坚决回击这种新的力量，如果我们不把它连根拔掉（新经济政策的条件在培植它），就会使过去统治民族的无产阶级和过去被压迫民族的农民有分裂的危险，而这就意味着无产阶级专政的垮台。可是新经济政策不仅在培植大俄罗斯沙文主义，而且还在培植地方沙文主义，特别是在有好几个民族的共和国里。……这些民族的先进分子大概不久就要开始互争雄长。当然，这种地方沙文主义就其力量来说没有大俄罗斯沙文主义那样危险。但它毕竟是一种危险，它会使某些共和国变成民族纠纷的舞台，会切断那里的国际主义联系。"②

① 斯大林：《党在国家建设中的民族问题》（1923 年 3 月 24 日），中国社会科学院民族学与人类学研究所民族理论室编《马克思主义经典作家民族问题文选·斯大林卷》，社会科学文献出版社，2016，第 237~239 页。

② 斯大林：《俄共（布）第十二次代表大会（摘录）》，中国社会科学院民族学与人类学研究所民族理论室编《马克思主义经典作家民族问题文选·斯大林卷》，社会科学文献出版社，2016，第 244 页。

斯大林在此把大俄罗斯沙文主义、各民族事实上的不平等和各个共和国的地方民族主义视为阻碍各民族和各共和国联合成统一联盟的三个因素。他对大俄罗斯沙文主义的危害做了足够的阐述，告诫人们："如果听任大俄罗斯沙文主义这种力量蓬勃发展，猖獗横行，我们就得不到过去被压迫民族的任何信任，就不能在统一的联盟内建立起任何合作，也就没有任何共和国联盟。"大俄罗斯沙文主义"这是我们最危险的敌人，我们必须把它打倒，因为打倒了它就是把某些共和国内过去保存下来的、现在正在发展的民族主义打倒十分之九"。①

但斯大林也对各个共和国的民族主义做了足够的阐述，尤其对列宁关注的格鲁吉亚事件做了辩解性的说明。他讲，南高加索（即前述的"外高加索"——笔者注）是由包括十个民族的三个共和国（即格鲁吉亚、阿塞拜疆和亚美尼亚）组成的，其在历史上和现实中都是互相残杀和纠纷的舞台。格鲁吉亚有30%以上的非格鲁吉亚居民，也同阿塞拜疆人和亚美尼亚人有着很多的矛盾。在这种互不信任的环境里，如果苏维埃政权不能在南高加索"设立一个可以调解摩擦和冲突的民族和平机关"，那就会回到人们互相残杀的时代。"正因为如此，中央曾三次确认有必要保存南高加索联邦这个维护民族和平的机关。"但一些格鲁吉亚共产党员说在格鲁吉亚人和新建的联盟之间不需要南高加索联邦这样的中间物，说联邦是多余的。这听起来似乎很革命，却是别有用心的。根本原因在于南高加索联邦的成立会使格鲁吉亚丧失因地理位置可以获得的那些特权，以及格鲁吉亚人在梯弗里斯因人数比亚美尼亚

---

① 斯大林：《俄共（布）第十二次代表大会（摘录）》，中国社会科学院民族学与人类学研究所民族理论室编《马克思主义经典作家民族问题文选·斯大林卷》，社会科学文献出版社，2016，第257页。

人少而处的不利地位。斯大林坚定地说："我们能不能忽视南高加索民族和平的利益而创造一种使格鲁吉亚人对亚美尼亚和阿塞拜疆两共和国处于特权地位的条件呢？不，我们不能容许这样做。"①

正因为有这样的理由，即设立南高加索联邦是为了避免和减少这一地区三个共和国之间的冲突，俄共（布）中央也再三确认有必要设立这个联邦，包括格鲁吉亚在内的南高加索地区三个共和国以一个联邦身份的加入"苏联"。那为了维护中央的决定，以奥尔忠尼启则为首的俄共（布）外高加索边疆区委员会对格鲁吉亚党中央的处理无疑是正确的，斯大林和捷尔任斯基对这种处理的维护也是正确的。所以尽管受到了列宁的严厉批评，斯大林仍坚持自己的立场，甚至对列宁的一些观点公开加以反对。在俄共（布）十二次代表大会上他讲："有人对我们说，不能委屈少数民族。这是完全正确的，我同意这一点，不应当委屈少数民族。但是如果因此而创造出一种新的理论，说必须使大俄罗斯无产阶级在对过去被压迫民族的关系上处于不平等的地位，——那就是胡说八道了。"② 显然，这是针对列宁前述压迫民族即大民族要以对待自己的不平等抵偿在生活中事实上形成的不平等观点的。

从斯大林的这个申述来看，斯大林并没有错误，因为这是在维护俄共（布）中央的决定，而这个决定也是在列宁领导下做出的；后来苏维埃社会主义共和国联盟成立时，格鲁吉亚、阿塞拜疆和亚美尼亚三个共和国也是作为南高加索联邦一个联盟单位加入的。不但如此，斯大林作为一个格鲁吉亚人，能够站在维护民

---

① 斯大林：《俄共（布）第十二次代表大会（摘录）》，中国社会科学院民族学与人类学研究所民族理论室编《马克思主义经典作家民族问题文选·斯大林卷》，社会科学文献出版社，2016，第252~253页。

② 刘彦章等编《斯大林年谱》，人民出版社，2003，第268页。

族团结的立场上毫不留情地批判本民族共产党内的民族主义更是值得称道的。斯大林讲："只有俄罗斯的共产党员才能从事反对大俄罗斯沙文主义的斗争，并把它进行到底。"同时"非俄罗斯共产党员有同自己的沙文主义进行斗争的义务。……只有鞑靼、格鲁吉亚等等的共产党员才能反对鞑靼、格鲁吉亚等等的沙文主义，只有格鲁吉亚的共产党员才能顺利地同自己的格鲁吉亚的民族主义或沙文主义进行斗争。这就是非俄罗斯共产党员的义务"①。从不同民族的党员"义务"这个角度讲，作为非俄罗斯族的共产党人，斯大林这也是在模范地履行自己的义务。同样，作为俄罗斯族的无产阶级领袖，列宁如此痛恨大俄罗斯民族主义或沙文主义，容不得伤害包括无意识地伤害其他民族事情的发生，也是在履行自己俄罗斯族共产党员的义务。就此而论，列宁和斯大林都是无产阶级族（国）际主义的模范践行者，围绕"格鲁吉亚事件"产生的纷争是他们在践行各自"义务"中的矛盾对撞。"格鲁吉亚事件"中的问题不在于是不是应该得到处理，而在于处理的方式简单粗暴。主要当事人奥尔忠尼启则虽然也是格鲁吉亚人，但他是代表俄共（布）中央的，是他的粗暴使对方产生了对俄罗斯族的不信任或憎恨情绪及其影响。就此而论，列宁的忧虑、愤恨和批评都是可以理解的。列宁严肃对待这件事的意义在于由这件事引发的告诫全党对大俄罗斯沙文主义的警觉，体现为一种即将建立的新的多民族社会主义国家里关于处理大民族和小民族关系的马克思主义态度。

"格鲁吉亚事件"的处理以及列宁和斯大林在此问题上的论述，大大深化了无产阶级政党对反对两种民族主义重要性的认识，

① 刘彦章等编《斯大林年谱》，人民出版社，2003，第260~261页。

也深化了在处理两种民族主义关系问题上的认识，其理论意义和实践意义都是非常之大的。

三　斯大林观点的变化

"格鲁吉亚事件"是苏联建国过程中的一个典型事件，但没有对苏联的建立产生实质性的影响。在苏联建国初期的一段时间内斯大林对苏联中部地区和边疆地区，或俄罗斯联邦和其他民族共和国的矛盾仍然给予了很高的关注，对这两种地区表现出的大俄罗斯民族主义和地方民族主义始终予以批评。同时，随着环境的变化，两种民族主义也有了不同于之前的表现。1930年6月27日斯大林在联共（布）中央委员会向第十六次代表大会的政治报告中讲道：

> 大俄罗斯沙文主义倾向的实质是：企图抹杀语言、文化和生活习惯方面的民族差别；企图准备撤销民族共和国和民族区；企图破坏民族平等权利原则，破坏党关于机关民族化与报刊、学校及其他国家组织和社会组织民族化的政策。①

显然，这些表现与前段时间斯大林所讲的"俄罗斯苏维埃官僚对各民族共和国的需要和要求采取傲慢轻视态度和冷酷无情"以及"特权思想"是有所不同的。

斯大林讲："这类倾向分子在这方面所持的出发点是：既然在

---

① 斯大林：《联共（布）中央委员会向第十六次代表大会的政治报告》（1930年6月27日），中国社会科学院民族学与人类学研究所民族理论室编《马克思主义经典作家民族问题文选·斯大林卷》，社会科学文献出版社，2016，第428页。

社会主义胜利的条件下各民族应该融合成一体，而它们的民族语言则应该变成统一的共同语言，那么现在已经是消灭民族差别和放弃支持以前被压迫的各族人民发展民族文化的政策的时候了。""毫无疑问，民族问题上的这种倾向尤其因为它是戴上国际主义假面具并以列宁的名字做掩蔽的，所以是一种最精致因而也是最危险的大俄罗斯民族主义。""倾向于大俄罗斯沙文主义的人认为，苏联社会主义建设的时期就是民族文化瓦解和消灭的时期，这是一个很大的错误。实际情形恰恰相反。事实上苏联无产阶级专政和社会主义建设的时期是社会主义内容和民族形式的民族文化的繁荣时期，因为在苏维埃制度下各民族本身并不是普通的'现代'民族，而是社会主义民族。它们的民族文化按内容说也不是普通的资产阶级文化，而是社会主义文化。"①

从斯大林的这些论述来看，这时的大俄罗斯民族主义是一种以"左"的姿态出现的在民族过程认识上的"超前"倾向，说明了社会主义时期是"民族繁荣"的时期，而不是可以人为超前去瓦解和消亡的时期。这里，斯大林阐明了马克思主义在民族过程认识上的一个基本观点。

从列宁和斯大林对民族主义现象的揭露和批判来看，前期是针对民族主义的分立和隔绝特征的，而后期，尤其是这时候，就把急于促进融合和消融民族性作为主要反对内容了。应该说，这既是经典作家针对民族问题上的错误观点或现象的正确反映，也是他们在民族主义（也是民族问题规律）认识上的深化。表面上看，后期的这些民族主义以促进民族融合为标牌，骨子里透出的

① 斯大林：《联共（布）中央委员会向第十六次代表大会的政治报告》（1930 年 6 月 27 日），中国社会科学院民族学与人类学研究所民族理论室编《马克思主义经典作家民族问题文选·斯大林卷》，社会科学文献出版社，2016，第 432 页。

却是对异族文化的歧视，以尽快将其消融为目的，客观上仍是在制造分化，与"原生"的民族主义殊途而同归。

关于地方民族主义的危险，斯大林在此讲得很少，主要谈道："地方民族主义倾向的实质是：力图独树一帜并在本民族的狭隘范围内闭关自守，力图抹杀本民族内部的阶级矛盾，力图用脱离社会主义建设总流的方法防御大俄罗斯沙文主义，力图漠视那些使苏联各民族劳动群众接近和联合的东西，而只看到那些能使他们彼此疏远的东西。地方民族主义倾向反映了过去被压迫民族中的垂死阶级对无产阶级专政制度的不满，反映了它们想单独成立自己的资产阶级民族国家并在那里确立自己的阶级统治的企图。"①其中"想单独成立自己的资产阶级民族国家并在那里确立自己的阶级统治"，是民族主义最本质的内容。斯大林尽管仍然把大俄罗斯民族主义或沙文主义称为"是党内在民族问题方面的主要危险"，对地方民族主义倾向讲得虽然少，却将其上升到阶级矛盾，似乎比之大俄罗斯民族主义有着更强烈的警示。

斯大林在联共（布）中央第十六次代表大会所做政治报告是其论述两种民族主义问题较多的文献。报告通过对于两种民族主义的批判，确立了一系列民族理论政策原则性的论点和话语，对后世苏联民族理论也对包括中国在内的其他社会主义国家的民族理论产生了深远的影响。

然而，以上述报告为界限，斯大林对于两种民族主义的观点开始发生变化，在联共（布）十七大报告上他对大民族主义和地

① 斯大林：《联共（布）中央委员会向第十六次代表大会的政治报告》（1930 年 6月 27 日），中国社会科学院民族学与人类学研究所民族理论室编《马克思主义经典作家民族问题文选·斯大林卷》，社会科学文献出版社，2016，第 428～433 页。

方民族主义的危害有了另外的说法：

> 有人在争论：哪一种倾向是主要危险，大俄罗斯民族主义倾向还是地方民族主义倾向？在目前条件下，这是一种表面的因而也是空泛的争论。如果想提出一种对任何时间和条件都适用的辨别主要危险和非主要危险的现成方法，那就愚蠢了。世界上根本没有这种方法。主要危险就是人们停止和它作斗争因而让它发展到危害国家的那种倾向。……解决什么是民族问题方面的主要危险的问题不是靠空泛的表面的争论，而是靠对当时的实际情况进行马克思主义的分析，靠研究这方面所犯的错误。①

与这种观点的改变或倒退有关系，在联共（布）十七大之后不久，斯大林公开质疑恩格斯于 1890 年发表的《俄国沙皇政府的对外政策》一文。1934 年 7 月 19 日他致信苏共中央政治局委员认为，最近一期《布尔什维克》上发表恩格斯的这篇文章是不适宜的："从说明帝国主义和帝国主义战争问题的角度来看，这是一篇对我党工作人员极有教益的文章。然而，恩格斯的这篇文章，从它的内容中就可看出，尽管有其优点，可惜却不具备这些性质。不仅如此，它还有许多缺点。如果文章发表时不加批判，这些缺点是会把读者弄糊涂的。"因为恩格斯在文章中谈及世界大战的原因时忽略了"争夺殖民地、争夺销售市场、争夺原料产地的帝国

---

① 斯大林：《在党的第十七次代表大会上关于联共（布）中央工作的总结报告》（1934 年 1 月 26 日），中国社会科学院民族学与人类学研究所民族理论室编《马克思主义经典作家民族问题文选·斯大林卷》，社会科学文献出版社，2016，第 448~449 页。

主义斗争，……忽略了作为后来的世界大战的因素的英国的作用，忽略了德国和英国的矛盾"。由此而产生了其他一些"缺点"，包括"过高估计了沙皇政权的作用，认为它是'全欧洲反动势力的最后壁垒'"。"目的是要在自己的文章中攻击俄国沙皇政府的对外政策。"① 恩格斯的这篇文章发表于 1890 年，斯大林指责那时的恩格斯"忽略"了十几年后第一次世界大战的原因显然是吹毛求疵，其真实心思无非是对恩格斯将沙俄视为"全欧洲反动势力的最后壁垒"，并"在自己的文章中攻击俄国沙皇政府的对外政策"不满。

所以，与斯大林这些立场和态度的变化相关联，他对两种民族主义问题，尤其是大俄罗斯沙文主义问题的论述在 30 年代以后就逐渐减少和消失。"民族主义"在很大程度上已经成为他打压政敌和"异见"的"棍棒"了。

马克思主义经典作家反对两种民族主义的论述不仅仅是民族关系理论，还是其国家建设理论的重要内容，因为不论列宁还是斯大林对于两种民族主义的论述都是和苏联国家的构建联系在一起的。苏联的国家构建最终是一个失败的结局，从民族角度看，有反对两种民族主义不力的原因，但更有其天生的难以克服的结构性困难的原因。列宁和斯大林的分歧，是在真正尊重各民族主权基础上建立一个新的社会主义国家联盟，还是仅给少数民族一个"自治"的名义但仍然建立一个中央集权的单一制国家。争论的结果，或说苏联国家构建的实践是形式上实现了列宁的设想，建立起了保留各民族国家主权的新的国家联盟；内容上却是实践

---

① 斯大林：《关于恩格斯的〈俄国沙皇政府的对外政策〉一文》（1934 年 7 月 19 日），中国社会科学院民族学与人类学研究所民族理论室编《马克思主义经典作家民族问题文选·斯大林卷》，社会科学文献出版社，2016，第 451~457 页。

了斯大林的设想，苏联只是一个表面上的各民族国家联盟，实际上却是一个主权单一的中央集权制国家。虽然斯大林本人有着非凡的意志和统摄力，但作为一个少数民族领导人，他并没有摆脱"大俄罗斯民族主义"的社会条件，让他突破沙俄帝国三百年征服和统治造就的民族关系环境真有点强人所难了。

但反过来看，如果苏联真正实行了列宁的建国构想，真正反对了"大俄罗斯民族主义"，苏联是否就能够避免后来解体的结局，变成一个团结稳定的社会主义国家呢？恐怕也不好说。因为苏联毕竟太大了，它接手的沙俄是一个在较短历史时期内扩张而成的殖民大帝国，一百多个民族中有相当一部分有自己的建国历史，有与大俄罗斯族不相上下甚至超过大俄罗斯族的经济和文化基础。实践证明，多民族的大国能够维系团结统一，除了合宜的政治建构和政策之外，关键还是要确立两种基本认同：一是各民族统一的文化认同，就是从文化上、心理上确认各民族都是一家人，有共同的祖国。中国共产党第四次中央民族工作会议指出，加强中华民族大团结，长远和根本的是增强文化认同。文化认同是最深层次的认同，是民族团结之根、民族和睦之魂。① 这一点不但适用于中国和中华民族，也有着广泛的世界意义。文化认同要有历史积淀，要有客观存在的文化、宗教、语言、历史渊源等具体事象。但苏联的文化认同基础实在太薄弱了，长期以来也对这样的认同建设重视不够，而只是用空泛的阶级意识和"觉悟"教育来充当这种建设。二是各民族共同的利益认同。并不是所有国家都有可资依凭的文化认同资源，也并不是所有的文化认同都牢不可破。所以现代国家建设和各民族间的团结更重要的是要靠共

① 国家民委编《中央民族工作会议精神学习辅导读本》，民族出版社，2015，第252、253页。

同的利益认同来维系。利益认同在对外方面要靠抗争、靠竞争来确立，对内方面就要靠建设、靠发展了。只有在共同目标覆盖下的建设和发展才能使各民族构建起相互离不开的利益关系和相互认同。苏联通过第二次世界大战和卫国战争大大锻造了自己的国家凝聚力，也因不断扩张而引发和积累了过多的民族矛盾。苏联虽然取得了经济建设方面的巨大成就，但在通过发展促进各民族交往交融方面远远不够，远没有形成相互离不开的利益关系和认同取向。

总之，我们学习列宁和斯大林两种民族主义的理论要有一个整体观，既要着眼于这一理论对大小民族关系的重大意义，也要透过这种关系看到多民族国家，尤其是多民族大国的国家建设的复杂性和艰巨性。一切从实际出发，而不是从既有的理论出发，解决任何问题都不能陷入简单化和教条主义。民族问题同样如此。

第七章　资本主义进程中的
民族主义

　　资本主义从产生到当代的发展，都和民族主义密切关联，民族主义和资本主义有着缠绕一体、难分难解的关系。资本主义经济的产生是民族主义形成的物质基础，而资产阶级的自由主义又是民族主义形成的理论来源。民族主义借资本主义的扩张从欧美走向亚非，实现了世界性的传布，改变了世界政治格局，也成为世界性的话语体系和价值体系。在此过程中它演化出了对外扩张、对内极权的沙文主义、极端民族主义至法西斯主义，又与民主革命相结合，借资本主义扩张促进了世界民族解放运动。跨国资本主义的出现和发展是民族主义的消解力量，却又是维系和激发民族主义的强大动因。在资本主义发展进程中，民族主义和世界主义是交替出现的两种倾向，也是资本运用的两种策略，而其根源则是资本的扩张和竞争两种属性。资本的发展有起有落，资本之间有强有弱，"起"的阶段、"强"的势力要世界主义，而"落"的阶段、"弱"的势力则要民族主义。20世纪90年代以来的世界正经历着这样的一起一落。长远来看，不论由各国经济发展和国际局势变化决定的世界经济结构调整的结局如何，当前的民族主义回潮仍然是向另一轮全球主义的过渡，因为全球化除了各种力量的主观推动之外，也是世界经济发展不可阻遏的大趋势。

马克思主义经典作家把民族主义划入资产阶级阵营，将其视为资产阶级的民族观和关于民族问题的政策纲领，是有其深刻道理的。因为民族主义是资本主义意识形态的一部分，而且是不可或缺的一部分。资本主义从产生到当代的发展，都和民族主义密切关联，民族主义和资本主义有着缠绕一体、难分难解的关系。可以说，没有民族主义的资本主义是不完整的，资本主义的功与过也都是与民族主义的作用分不开的。

一 资本主义与民族主义相伴而生

马克思主义经典作家并没有对民族主义的产生做过直接研究，但我们仍可以把他们视为民族主义形成研究的先行者，因为他们对民族形成问题的研究做出过杰出贡献。民族是民族主义存在的基体，民族的形成是民族主义发生的前提。

关于民族的形成，不论是对早期或原生的民族还是现代民族，马克思主义经典作家都有过论述，而对与民族主义产生直接相关的现代民族经典作家们的论述更为充分和清晰。早在1848年发表的《共产党宣言》中，马克思和恩格斯既已依据资本主义的历史初步论述了民族的形成。他们讲道，资产阶级日甚一日地消灭生产资料、财产和人口的分散状态，"由此必然产生的结果就是政治的集中。各自独立的、几乎只有同盟关系的、各有不同利益、不同法律、不同政府、不同关税的各个地区，现在已经结合为一个拥有统一的政府、统一的法律、统一的民族阶级利益和统一的关税的统一的民族"①。40年后，1884年恩格斯写了《论封建制度

---

① 马克思、恩格斯：《共产党宣言》，中央编译出版社，2005，第30页。

的瓦解和民族国家的产生》一文，对上述观点又做了完整的叙述。文章对欧洲民族的形成做了两个阶段的分析。第一阶段是讲日耳曼人进入罗马帝国之后，与罗马境内原有居民融合生成了"新的民族"或"现代的民族"（Natioalität）。这种生成是在征服者被当地居民同化及各族人民的混合中完成的，也是与欧洲全面进入中世纪、建立起完全的封建生产关系同步的。其结果是出现了以语言为界的"语族区"，而大多数语族区均有一个民族（Natioalität）作为其代表，成为其建立国家的基础。第二阶段是讲新的民族（Natioalitäten）向民族（Nationen）转化的过程，本质上是这种民族在资本主义经济推动下实现国家化的过程。欧洲封建经济的发展产生了代表新兴生产关系的城市和市民阶级，形成了城市市民与乡村封建贵族的阶级对立。"在这种普遍的混乱状态中，王权是进步的因素。"从10世纪开始，王权与城市的市民阶级结盟，并得到了"新兴法学家"的法律支持。到了中世纪后期，随着军队制度的变革，火药及大炮、印刷术等技术的传入和应用，文化复兴的兴起使欧洲各个地方的王权相继取得了胜利。至15世纪末，除了意大利和德国之外，由王权所主导的欧洲各民族的统一便相继完成了。[①] 这种统一与欧洲民族（君主国）国家的形成同步，与Natioalitäten 向 Nationen 的转化同步。这里的德语 Natioalitäten 和Nationen 就分别是英文的"nationality"和"nation"，其意义是非常明确的，就是由自然民族向现代民族的转换。

对于德国当时为什么未能实现民族统一，恩格斯在之前的《关于德国的札记》一文中做了深刻分析，概括起来就是三个原

---

① 恩格斯：《论封建制度的瓦解和民族国家的产生》，中国社会科学院民族学与人类学研究所民族理论室编：《马克思主义经典作家民族问题文选·马克思恩格斯卷（下）》，社会科学文献出版社，2016，第 468~475 页。

因：第一，德国的封建经济发展不够充分；第二，有异族成分，还未形成充分的民族要素；第三，各地方之间相互隔绝，联系交往不够。这一概括不但揭示了德国当时未能实现民族统一的基本原因，也揭示了民族（Nationen）形成的必备条件：充分的经济发展，各地之间的密切联系，统一的语言和文化等族性要素。①

恩格斯的民族（Nationen）形成理论在斯大林那里得到了进一步的论证。斯大林多次讲道，民族（нация）不是普通的历史范畴，而是一定时代即资本主义上升时代的产物，封建主义消灭和资本主义发展的过程同时就是人们形成民族的过程。凡民族的形成和中央集权国家的建立在时间上大体一致的地方，那里的民族自然就具有国家的属性，发展成独立的资产阶级民族国家。1929年斯大林在其《民族问题和列宁主义》一文中专门讲到了"民族的产生和发展"问题。他提出，世界上有各种民族，不能把一切民族搅在一起。在资本主义以前，是没有而且不可能有民族（нация）的，因为当时还没有民族市场，没有民族的经济中心和文化中心，因而还没有那些把该民族人民的各部分结合为一个民族整体的因素。但语言、地域、文化共同性等民族要素是在资本主义以前逐渐形成的。只是这些要素当时还处在萌芽状态，至多也不过是将来在一定的有利条件下使民族有可能形成的一种潜在因素。这种潜在因素只有在资本主义上升并有了民族市场、经济中心和文化中心的时期才变成了现实。②

俄文 нация 与德文 Nationen 同义，因此斯大林讲的民族形成

---

① 恩格斯：《关于德国的札记》（1873年），《马克思恩格斯全集》第18卷，人民出版社，1964，第647页。

② 斯大林：《民族问题和列宁主义》（1929年3月28日），中国社会科学院民族学与人类学研究所民族理论室编《马克思主义经典作家民族问题文选·斯大林卷》，社会科学文献出版社，2016，第413页。

和恩格斯讲的是同一件事，是与民族国家一体两面的资本主义民族。这一观点可以说是马克思主义经典作家的共同认识。列宁在1914年为《格拉纳特百科词典》写的"卡尔·马克思"的词条中明讲："民族是社会发展到资产阶级时代的必然产物和必然形式。"[1] 这句话，是对马克思民族思想的介绍，当然也代表了他自己的观点。

马克思主义关于民族形成的理论影响深远，不但在社会主义中国的民族理论界长期主导着关于"民族"的理解，也在国际上直接影响着民族主义的理论研究。安东尼·史密斯曾讲："在1914年以前，马克思主义是民族主义研究的主要学派之一"，也曾是其后几十年"在连续性上最好的民族主义研究学派"。[2]这是符合实际的见解。"现代主义"是当代西方民族理论的主要流派之一，其代表性的观点认为：民族（nation）和民族主义都是近代（modern）资本主义发展的产物，近代以来工业经济的扩张和教育、交通通信的发达为民族认同的建立和民族主义的传播创造了条件；民族国家（nation-state）的产生与资本主义经济体系和民主政治的建立相伴而生；民族和民族主义作为历史的产物也将随着新的历史条件的到来而走完自己的历程。尽管"现代主义"民族理论家的表述各有差异，但其中与马克思主义在此问题上的经典论述的相同和相近之处是不言而喻的，甚至可以说是源自马克思主义。这与"现代主义"流派的学者构成有关系，像盖尔纳（Ernest Gellner）、安德森（Benidict Anderson）、奈林（Tom

---

① 列宁：《卡尔·马克思》（1914年11月），中国社会科学院民族学与人类学研究所民族理论室编《马克思主义经典作家民族问题文选·列宁卷（上）》，社会科学文献出版社，2016，第495页。

② Anthony D. Smith, *Theories of Nationalism*, New York: Holmes & Meier Publishers, 1983, p. 257.

Nairn）和霍布斯鲍姆等领衔人物都有马克思主义的知识背景。①
但更重要的是，马克思主义关于民族形成的理论有着坚实的事实
根据以及历史唯物主义的科学方法，无可置疑。

　　资本主义经济关系是民族主义形成的物质基础，而资产阶级
的自由主义理论又是民族主义形成的理论来源。前已述及，民族
主义理论产生于启蒙运动时期的 18 世纪，而自由主义的起源，人
们一般也都要在欧洲的 17~18 世纪寻踪觅影。因为那一时代的民
主主义思想家洛克、卢梭和康德也都是自由主义思想家；自由主
义在美国革命期间得到了进一步解释和应用，而法国大革命产生
的《人权和公民权利宣言》是"18 世纪自由主义的典范陈述"②。
因此，自由主义和民族主义产生于同一大的时代背景。不但如此，
有学者甚至认为自由主义和民族主义在早期是缠绕一体的，最初
的民族主义是公民的、自由主义和个人主义的，它们建立在理性、
平等和个人自由的价值基础之上。③ 这个论点可以成立。因为至少
在法国大革命期间，民族（nation）观念就与"人民"（people）、
"国民"和"国家"观念趋于等同。在当时，"民族"是国民的总
称，国家是由全体国民集合而成的，是一主权独立的政治实体。
因此，这样的革命既是资产阶级民主革命，也是民族主义运动。
当然，民族主义与自由主义的缠绕还在于它们理论上的联系，尤
其在"民族自决权"理论上的渊源关系。自由主义价值观的核心
内容是个人自由，它与强调群体意志的民族主义在这方面是冲突

---

① Philip Spencer, Howard Wollman, *Nationalism—A Critical Introduction*, London：
Sage Publications, 2002, p. 37.

② 〔美〕斯塔夫里阿诺斯：《全球通史——1500 年以后的世界》，吴象婴、梁赤民
译，上海社会科学院出版社，1999，第 359 页。

③ L. Greenfeld, *Nationalism*, *Five Roads to Modernity*, Cambridge University Press,
1992, p. 4.

的，但两者在"自治"或"自决"理论上实现了对接。康德伦理学的核心是人的"自治"或"自决"，而人要实现"自治"或"自决"就必须是自由的。正是这种"自治"或"自决"理念同"民族"的连接铸就了民族主义理论的核心内容。① 实际上，谈"自治"或"自决"的自由主义思想家并非康德一人。卢梭在其《社会契约论》中一方面强调个人自由的神圣性，另一方面也表明了集体自由和自决的正当性，他在书中就为当时科西嘉人争取民族自由反对热亚那统治的斗争提供了理论声援。② 因此，"民族自决"脱自"个人自决"，而"自决理念有十足的启蒙运动渊源。非常概括地说，整个启蒙运动就是在谈自决"。启蒙运动时期"形成完整的自决论，由卢梭粗启雏形，至康德而大备"。③ 康德和卢梭们成就了自由主义的"自决"理念，也成就了"民族自决"的理论基础。

人们公认，1789 年的法国大革命是民族主义理念形成和传播的成功实践。托克维尔于 19 世纪中期完成的《旧制度与大革命》一书是研究法国大革命的名著，书中在讲大革命后的法国社会时说："每个个人，推而广之，每个民族，均有支配自身行为的权利；这个仍很模糊、定义不全面、表达欠妥的观念，逐渐被引入所有人的思想。它以一种理论的形式凝固在有教养的阶级中；它仿佛像一种本能流传到民间。""在法国，社会地位已比任何国家更加平等，大革命加强了平等，并把平等的学说载入法律。法兰西民族早于所有其他民族并比它们更加彻底地抛弃了中世纪的分

---

① Philip Spencer, Howard Wollman, *Nationalism—A Critical Introduction*, London: Sage Publications, 2002, p.7.

② 〔法〕卢梭：《社会契约论》，何兆武译，商务印书馆，1982，第 69 页。

③ 〔英〕约翰·麦克里兰：《西方政治思想史》，彭淮栋译，海南出版社，2003，第 692 页。

裂与封建个性；革命终于将国家的不同部分统一起来，形成一个单一整体。"①

在此，我们可以直观地感受到民族主义的社会氛围，而这种氛围又是与资产阶级的平等、自由理念和国家统一紧密结合成一体的。

二　民族主义和资本主义的互助互惠

同样是在《共产党宣言》中，马克思、恩格斯对资本主义的历史功绩做了充分的评价，认为："资产阶级它的不到一百年的阶级统治中所创造的生产力，比过去一切世代创造的全部生产力还要多、还要大。自然力的征服，机器的采用，化学在工业和农业中的应用，轮船的行驶，铁路的通行，电报的使用，整个整个大陆的开垦，河川的通航，仿佛用法术从地下呼唤出来的大量人口，——过去哪一个世纪料想到在社会劳动里蕴藏有这样的生产力呢？"②

资本主义取得如此巨大的历史成就中有着民族主义的巨大贡献。民族主义是资本主义经济增长的强大动因。美国学者里亚·格林菲尔德甚至认为"民族主义是导致经济活动一再趋向发展的决定因素"，③ 其理由是，只有民族主义才能使各国的民众为了民族的声誉而激发竞争意识，从而导致经济的持续增长。英国、荷兰、法国、德国、日本和美国近代以来的经济历程深刻地说明了

---

① 〔法〕托克维尔：《旧制度与大革命》，冯棠译，商务印书馆，1997，第308、310页。
② 马克思、恩格斯：《共产党宣言》，中央编译出版社，2005，第31页。
③ 〔美〕里亚·格林菲尔德：《资本主义精神——民族主义与经济增长》，张京生、刘新义译，上海世纪出版集团，2004，第1页。

这一点。这实际涉及民族主义具有的强大动员能力问题。民族主义将社会成员的个人荣誉和利益与民族国家的兴衰联系起来，使"民族"的尊卑荣辱放射到每个国民，这是激发人们社会认同和奋斗精神的独特优势。海斯曾感慨地说道："在新工业制度之下，经济生产第一是属于民族的，而次要才属于国际。一个工业国的国民几乎众口同声地、振振有词地谈到他们的'国家富源'，他们的'国家工厂和工场'，他们的'国家市场'。经济消费是国际的，但同时更是民族的。"资本主义的工业生产可以同时成为民族主义和国际主义两方面的工具。"事实上它在过去一世纪中多半是成为民族主义的工具，现在亦莫不然。团体、报纸、学校和军队在今日是大半民族主义化的，它们所灌输的民族主义日益单纯、日益有力。真的，经济发展仿佛是民族主义发展的侍女，而民族主义发展却不是经济发展的侍女。"①

民族主义为资本主义提供的帮助不仅仅是社会动员，还有政治的合法性依据。人们公认，民族主义是一种政治合法性理论，确切说是资本主义政治的合法性理论。林肯1863年在葛底斯堡的著名讲演中称美国政府是"民有、民治、民享"的政府，对资产阶级民主政治的概括堪称经典。这里的政治主体"民"无疑是"人民"，同时也可更具体地理解为"民族"（nation）。因为自启蒙运动、法国大革命和美国独立战争以来，"民族"是与"人民"、"公民"和"国民"一同进入西方政治语汇之中的，同时"民族"又将"人民""国民"等具体化和情感化了。资本主义的民主政治因民族主义的介入使得从中世纪以来的神权政治和王权崇拜彻底坍塌。"人民已不再相信君主是人间的上帝，不再相信君

---

① 〔美〕海斯：《现代民族主义演进史》，帕米尔等译，华东师范大学出版社，2005，第188~190页。

主说什么都是对的"①，已成为欧洲新时代政治的代表性话语。民族主义对"民族"的神圣化使得与民族连为一体的国家具有了新的凝聚因素，国民对于国家和民族的忠诚也被神圣化起来，爱国主义和对于国家、民族承担的义务和责任也由此被联系起来。在资本主义上升时代，"任何民族运动都只能是资产阶级民主性质的"②。

但民族主义对于资本主义的贡献绝不是单方面的付出，而是得到了资本主义的全力回报，二者是互助互惠的。首先是资本主义的发展为民族主义理想的实现提供了物质条件。这里所谓的理想即民族国家建立之后的"民族建设"。"一个民族，一个国家"的民族主义理想和一国之内多民族、多文化的现实形成的矛盾是普遍的，解决的途径只有两条：一是使国家按"一个民族，一个国家"的路线裂解，直至每个民族都有自己的国家；二是推进民族建设，努力促使国内民族和文化上的同质化。第一条路线肯定是行不通的，即便是在民族国家时代初期也是这样，但第二条路线的施行则需要相应的物质条件，即建立在资本主义经济发展基础之上的教育水平的提高、交通和通信工具的发达，以及社会流动性的大大增强。没有这些条件，传统社会中的区域分割和民族分割就不能被打破，同一国家内的文化认同或民族认同也便难以建立。海斯讲："纵使西欧在工业革命之前已有颇为发达的民族意识，纵使知识阶级一致努力使其同胞成为民族主义者，讲同一国语的各种文言的大群人民仍是不能造成一个真正统一的政治实体，

---

①　E. J. Hobsbawm, *The Age of Revolution 1789-1848*, London, 1962, p. 91.

②　列宁：《共产国际第二次代表大会文献》，中国社会科学院民族学与人类学研究所民族理论室编《马克思主义经典作家民族问题文选·列宁卷（下）》，社会科学文献出版社，2016，第458页。

因为机械的艺术尚未充分发展。不能使人民和思想在广大区域里交流迅速而且在工业革命尚不能使有力的国家政府施行其政治的时候，民众对其民族国家也无从产生至高的忠诚。换句话说，现代大规模生产和工业经济是世界各国民族主义向上发展的必要条件。"① 其实，安德森的民族是一个"想象的共同体"、盖尔纳所谓"是民族主义造就了民族，而不是相反"② 的思路都和海斯一致，即只有在资本主义生产条件下，依靠大工业所提供的教育体制、印刷技术、流动机会和交通手段才能使国内的不同民族打破隔阂、建立联系，形成文化和认同上的一体化乃至同质化，从而实现民族建设上的成功。历史的发展的确为民族主义的这一理想提供了条件，以民族主义为理念建立的民族国家都因此或多或少地巩固了自己的政治统一，但多民族多文化状况并没有因此改变，民族建设在民族和文化上的同质化目标并未实现，这已不是资本主义提供的技术条件所能决定的了。

三 资本主义的扩张和民族主义变异

在资本主义的发展历程中，资本需要冲破封建藩篱，使国家成为它的独有市场，因此孕育了民族主义；但资本从来都是与扩张相伴而行的，这又使它不可能囿于国内市场，因此而冲向国外，走向世界。在此过程中民族主义也会在两个方向发生变化：国内发生变异，可能成为维护对外扩张和极权统治的沙文主义、极端

① 〔美〕海斯：《现代民族主义演进史》，帕米尔等译，华东师范大学出版社，2005，第189页。
② 〔英〕厄内斯特·盖尔纳：《民族与民族主义》，韩红译，中央编译出版社，2002，第73页。

民族主义甚至法西斯主义；对外则会与民主革命相结合，成为反抗民族压迫的思想武器。这两种倾向至 20 世纪初期以后就日益明显了。

西方的殖民扩张有着悠久的历史，至少自 15 世纪末新大陆的发现和新航路的开辟就已是世界性的了，所谓全球化即以此为发端。殖民扩张和掠夺是西方资本积累的主要途径，也是资本主义发展的必然结果。19 世纪后期随着民族统一的完成和工业革命的推进，欧洲主要国家逐步由资本主义的自由竞争进入垄断阶段，连同欧洲之外的美国和日本变成为帝国主义国家。列宁对帝国主义做了深刻分析，称其为资本主义的最高阶段，是腐朽的、垂死的资本主义。但帝国主义又是最凶恶的资本主义，因为至 20 世纪初，经过一系列殖民扩张和掠夺，各帝国主义国家已经把世界瓜分殆尽了。而伴随这种全面瓜分和掠夺的就是被压迫民族全面反抗阶段的到来。随后的近一个世纪内，以反抗帝国主义侵略和殖民主义统治、争取民族独立为主要内容的民族解放运动席卷全球，成为人类进步的一个重要侧面。但值得回味的是，民族解放运动自始至终为民族主义所主导，而这些民族主义又源自西方资本主义，同时为殖民地半殖民地的资本主义所滋养和支持。

在中国，传统的"华夷之辨"源远流长，但严格意义上的民族主义来自西方，是近代中国的知识精英面临"亡国灭种"危机，纷纷向先进的西方寻求的"救世良方"。1901 年梁启超正式开始使用"民族主义"这个术语，而孙中山则把它纳入自己"三民主义"理论的第一个"主义"。早先孙中山的民族主义旨在推翻清朝统治，"驱逐鞑虏，恢复中华"，而至 1924 年就已明确为"国民党之民族主义，有两方面之意义：一则中国民族自求解放；二则中国境内各民族一律平等"，其目的皆在于"使中国民族得自由独立于世界"，"免除帝国主义之侵略"。① 正是这个意义上的民族主义，才成为与中国共产党合作的基础，成为团结中华民族完成民族解放的一面旗帜。

土耳其曾是奥斯曼帝国的统治民族。第一次世界大战后奥斯曼帝国丧权辱国，英、法、意等战胜国图谋肢解土耳其。以凯末尔（或译为基马尔）为代表的土耳其民族主义者挺身而出，毅然发动了挽救民族危亡、维护祖国统一的民族运动。在民族解放战争中，凯末尔依靠人民的支持和苏俄政府的援助，并充分利用了战胜国的矛盾，逐步收复了被瓜分的国土，废除了与战胜国签订的不平等条约，于1922年取得了民族解放战争的胜利，1923年10月建立了土耳其共和国。凯末尔领导的革命成为第一次世界大战后殖民地半殖民地民族解放运动的成功样板，对其后亚非国家的民族民主运动产生了深刻影响。

印度是英国的老牌殖民地，有着反抗英国殖民统治的历史传统，但其也是在民族主义的旗帜下实现民族独立的。领导印度民族主义运动的圣雄甘地青年时期就在英国接受高等教育，并经过在南非领导当地印度人争取权利的斗争历练。1915年回国后很快便成为印度民族主义运动的领袖。由他主持的印度国大党秉持"非暴力主义"，在两次世界大战之间及之后领导了三次"不合作运动"，赢得了印度人民的广泛支持，终至1948年印度实现了民族独立。

除中国、土耳其和印度之外，其他亚洲殖民地半殖民地国家也相继在一战至二战后发生了民族解放运动。非洲国家则大多在二战之后，尤其是20世纪五六十年代获得独立。而至20世纪90

---

① 《中国国民党第一次全国代表大会宣言》，魏宏远主编《中国现代史资料选编》2，黑龙江人民出版社，1981，第9页。

年代非洲大陆的殖民统治完全崩溃，世界性的民族解放运动便基本终结了。

引导民族解放运动的总是各民族的知识精英。他们的一个共同特征是具有近代思想和强烈的民族意识，这和他们多有接受西方教育的背景有直接关系。亚洲具有近代思想的知识分子出现于19世纪中期，而至20世纪初就有大批的青年走出国门，主动向西方学习。其中，印度人多到英国，西亚学生多到法国和德国，而中国学生则多到日本，同时也走向美国和欧洲。1902年中国在日本的留学生只有608人，到1908年就已增加到3万人。[①] 1939年非洲留英学生有400人左右，到1955年就增至3000人；1961~1962年热带非洲留学人数已达12863人，其中北非最多，达11017人。[②] 这些学生在国外接受西式教育，受到新思想新观念的熏陶，最先激发了民族意识。亚非殖民地半殖民地的觉醒正是由这些知识分子唤起的。

近代以来的民族解放运动从来不是单纯的民族反抗运动，还是资产阶级民主革命的主要内容。因此资本主义的出现和发展便成为殖民地半殖民地民族解放运动的经济基础。帝国主义的侵略在破坏当地传统社会经济结构的同时，也在客观上带来了资本主义生产方式，促进了殖民地半殖民地一定的生产力提高和社会发展，也培育了这些地区的"民族资产阶级"。帝国主义的统治压迫不仅极大地损害了被压迫民族中的劳动阶级，也直接损害了这些民族中的资产阶级，至少损害了他们政治上的统治地位。因此，从阶级属性上说，民族运动的领导力量多为被压迫民族中的民族

---

① 徐天新等主编《世界通史·现代卷》，人民出版社，1997，第57页。

② 〔英〕巴兹尔·戴维逊：《现代非洲史——对一个新社会的探索》，舒展等译，中国社会科学出版社，1989，第241~242页。

资产阶级。民族解放运动的资产阶级民主革命性质归根结底是由领导这个运动的阶级属性所决定的。从这个意义上讲，殖民地半殖民地的"民族资产阶级"和帝国主义的垄断资产阶级共同促成了被压迫民族的民族主义。

资本主义的扩张孕育了帝国主义。帝国主义为广大被压迫民族带来了殖民统治和压迫，也送来了解除这种统治和压迫的思想武器。民族主义借资本主义的扩张从欧美走向亚非，实现了世界性的传布。它改变了世界政治格局，也成为世界性的话语体系和价值体系。列宁多次谈到，每个被压迫民族的资产阶级民族主义，都有反对压迫的一般民主主义内容，"必须把压迫民族的民族主义和被压迫民族的民族主义，大民族的民族主义和小民族的民族主义区别开来"①。这是对被压迫民族的民族主义进步性的充分肯定，也是我们讲的民族主义积极性、正面性的主要体现。

20 世纪以降，民族主义除对外借资本主义扩张结出了民族解放运动这个正义之果之外，对内则在资本主义的土壤中异化出了法西斯主义，成为民族主义为人类酿出的最大恶果。

学理上对什么是法西斯主义是有争议的。但有一点可以达成共识，即它源出于极端的民族主义，或可说"德意日法西斯主义的出现都是以极端民族主义为原动力的"。②

法西斯主义的发源地是意大利。"法西斯"一词是拉丁文"Fasces"的音译，本义是"束棒"，即一把绑在多根围绕在一起的木棍上的斧头，时为古罗马国家的统治者出巡时的扈从所执，是古罗马统治权力的象征。以意大利为中心的古罗马曾汇集和承

---

① 列宁：《关于民族或"自治化"问题（续）》（1922 年 12 月 31 日），《列宁全集》第 43 卷，人民出版社，1987，第 352 页。

② 郝时远：《极端民族主义与法西斯主义》，《世界民族》1995 年第 1 期。

接了古希腊文明，开拓了地跨欧亚非延绵五百年强盛的帝国历史。源出意大利的法西斯主义矢志于强权、暴力、古罗马的荣耀和辉煌的用意昭昭可见。

意大利和德国一样是 19 世纪 70 年代才完成民族统一的，但德国在完成统一后生机勃勃，很快就跻身资本大国的行列，而意大利则贫弱依旧。"然而这个在经济上政治上的结构都很虚弱的王国，却野心勃勃地沉迷于大国政治的美梦。"① 第一次世界大战爆发后，意大利参加了协约国一方作战，背弃了与之结盟的德奥同盟，意图在于战后能获得更多一些利益。然而战争结束后作为四大战胜国之一的意大利只得到了它原先失去的特兰蒂诺、南蒂罗尔和的里亚斯特等小片地区，并未得到它垂涎已久的阜姆等地。"意大利人对此极其愤慨，全国出现了声势空前的'爱国热'和'怀念古罗马的情绪'。民族主义将各个阶级、阶层团结在一起指责政府无能，希望有一个强有力的政府和铁腕人物，采取军事行动来实现意大利的领土要求。民族主义者大肆鼓吹古罗马的尚武精神，叫嚣意大利'完全有理由要求生存空间'，'向祖国领土以外去扩张'。著名民族主义诗人邓南遮亲自率领由 2500 名民族主义分子组成的'义勇军'占领了阜姆城，并宣布将其并入意大利。这在意大利人的心理上产生了无法估量的影响。全国各地纷纷举行集会、游行欢庆胜利，提出'要么修改（凡尔赛）条约，要么进行新的战争'。由此不难看出，意大利民族主义的非理性因素是法西斯主义渊源于意大利的首要条件。"②

墨索里尼早年是一个社会主义者，参加了意大利社会党，

---

① 〔英〕弗·卡斯顿：《法西斯主义的兴起》，周颖如、周熙安译，商务出版社，1989，第 14 页。

② 陈祥超：《意大利与 20 世纪的法西斯主义》，《世界历史》2001 年第 1 期。

1912 年成为该党的领导成员。第一次世界大战爆发后，他的立场
从当初反对战争突然向极端民族主义转变，支持政府参加协约国
作战，与国内高涨的民族主义情绪相呼应。战后，作为战胜国的
意大利在分配胜利果实时没有得到更多的领土，觉得受骗了，被
战争激发起来的民族主义情绪更为高涨。1919 年初墨索里尼乘势
成立了"战斗的法西斯"组织，1921 年将其改称为意大利"国家
法西斯党"，成为该党的领袖。这个组织的政治纲领就是工团主义
和民族主义的结合。在此期间，意大利的法西斯工会或行业协作
组织也于 1921 年建立，其在 1922 年初举行的全国代表大会宣称：
"国家的含义就是种族的一切物质价值及精神价值的最高综合，超
乎个人、行业和阶级之上。"①

　　墨索里尼 1922 年至 1943 年任意大利王国首相，1925 年 1 月
宣布国家法西斯党为意大利唯一合法政党，从而建立了意大利法
西斯主义的独裁统治。统治期间，墨索里尼为他的"罗马帝国"
情结念兹在兹，"自始至终都是以恢复古罗马帝国的霸业，确立其
在红海、地中海和巴尔干的霸权地位为目标"②。为此，意大利
1935 年发动了侵略埃塞俄比亚的战争，并于次年将其并入意大利。
随后又与德国共同干涉西班牙内战，发动了侵略阿尔巴尼亚的战
争。第二次世界大战爆发后，意大利仍把实现自己的地中海霸权
作为首要目标，着力在非洲与英国开战，同时侵略周边的希腊、
配合德国进攻南斯拉夫和苏联。无奈墨索里尼在军事上从来就是
个"跛脚将军"，无论单独出兵还是作为德国的配角作战，总是败
绩连连，直至其 1943 年被迫下台并被囚禁。随后，墨索里尼虽被

---

① 〔英〕弗·卡斯顿：《法西斯主义的兴起》，周颖如、周熙安译，商务出版社，
1989，第 77 页。
② 陈祥超：《意大利与 20 世纪的法西斯主义》，《世界历史》2001 年第 1 期。

德军营救并扶持在意大利北部建立了一个"意大利社会共和国"，但已成为一个十足的傀儡。1945 年 4 月，随着第二次世界大战临近终结的炮声，墨索里尼被意大利游击队擒获并处死。他不断膨胀的"地中海帝国"乃至"罗马帝国"的美梦也终成泡影。

法西斯主义最早出现于意大利，而将其发挥到最充分的是德国，同样，希特勒也把德国的民族主义推向了极致。

希特勒出生于 1889 年的奥地利，父母双亡后生计窘迫，甚至流浪乞讨，靠打零工生活，却痴迷政治，阅读了大量德国历史方面的书籍，以至于后来他坦承"我是个纯粹的民族主义者"，自少年时就已是个"热烈的德意志民族主义者"，"始终爱好民族主义的观念"，对同为日耳曼人的奥地利不能回到德意志帝国这个日耳曼人的大家庭而伤感不已。[①] 1913 年希特勒迁居德国，随后从军参加了第一次世界大战。他作战勇敢，两次受伤并立过战功。战争结束后，1919 年希特勒参加了德国工人党。这是一个主张"社会主义、国家主义、反犹主义"的小党。没过多久希特勒便控制了德国工人党，将其改为"德国民族社会主义工人党"，即纳粹党。1920 年 2 月 24 日，希特勒在一次群众大会上宣布了党的纲领，即著名的"二十五点"。其中的前几点都属于极端民族主义的内容，即在自决权的基础上，把所有德意志人联合成一个大德意志国家，夺取国土和殖民地，废除剥夺了德国的殖民地及东西两边领土并禁止德奥合并的《凡尔赛条约》和《圣日耳曼条约》。接下去几点是针对犹太人的：只有德意志血统的人才能成为国家和民族的成员；只允许这样的公民有权决定立法和国家领导人并获得官职；凡在 1914 年 8 月 2 日后移入的人都必须立即从德国驱

---

① 〔德〕阿道夫·希特勒：《我的奋斗》，吴迟仁译，西藏自治区文艺出版社，2010，第 12 页。

逐出去等。①

1923 年 11 月，希特勒伙同他人在慕尼黑发动政变未遂被捕，在狱中经口述记录写成了自传《我的奋斗》。这本书花了大量的笔墨阐述了他的极端民族主义思想：人类按种族分为三个等级。最高等级是日耳曼人，他们是文化的创造者，而德国的雅利安人又是其中的最优秀者；第二等级是除斯拉夫人之外的其他欧洲种族以及部分亚洲人（日本人和中国人）；第三等级就是犹太人、吉卜赛人、黑人、斯拉夫人和大多数亚洲人。其中犹太人是最低等种族，他们不但不会创造文化，还正在毁灭人类文化。第三等级是不配做人的，是应该被消灭的。他认为严格的民族国家就是种族纯粹的国家，因此立志为德国的"纯正的日耳曼化"而奋斗，设想将来"最高贵的民族必定做着世界的盟主，而且受万国所拥戴"。②

在希特勒这里，民族主义和种族主义是合二为一的；日耳曼民族是一个种族，他们应该共居于一个日耳曼国家。"一个民族，一个国家"是民族主义的至高理想。实现这种理想统治者大多是将异质成分同化，但希特勒则坚定地实施驱除和屠杀。因为他认为，同化只能是对日耳曼高贵血统造成玷污，降低日耳曼种族的纯洁性。于是，被视为最低种族的 600 万犹太人、50 万吉卜赛人就被理直气壮地投入集中营、推向焚化炉，1000 万斯拉夫人也通过战争和其他途径被屠杀。

相对来说，意大利法西斯的反犹色彩不浓。这是因为当时意

---

① 〔英〕弗·卡斯顿：《法西斯主义的兴起》，周颖如、周熙安译，商务出版社，1989，第 100 页。

② 〔德〕阿道夫·希特勒：《我的奋斗》，吴迟仁译，西藏自治区文艺出版社，2010，第 146 页。

大利的犹太人不多，不超过人口的 0.1%，同时他们在经济文化领域也不是那么显赫，没有引发人们仇视的社会条件。而在其他国家就不同了，犹太人在欧洲广受歧视。在德国，自 19 世纪初年起，犹太人就已在金融和贸易领域十分活跃，并在政治上崭露头角。尤其在柏林，犹太人正在利用他们的财富把柏林变成一个"犹太人城市，而他们自己则成为新贵族"[1]。因此，19 世纪 80 年代前后德国激进势力崛起，就把"反犹"作为煽动社会的一个重要手段，出现了诸如"向犹太人宣战"的集会，20 多万人签名的"反犹太人请愿"活动，有了"反犹太人同盟"等组织，同时在文学和学术界也得到了响应。所以，到了希特勒时代，他的反犹主义发展到如此疯狂地步也是有其深刻社会背景的。

与意大利法西斯主义的产生类似，德国法西斯的产生同样有着第一次世界大战的因素。不同于意大利的是，德国是个战败国。战后 1919 年 6 月 28 日签订的《凡尔赛条约》使德国丧失了 7 万多平方公里的国土和其上的 700 多万人口。战败的屈辱和经济社会的紊乱激发了德国的民族主义高涨，至二三十年代，德国出现了很多民族主义的政党和团体。它们反对《凡尔赛条约》、反对议会民主制度，也反犹，把犹太人当作祸害社会的替罪羊。正是这种氛围造就了德国的法西斯主义，当然也有希特勒不同寻常的煽动能力等个人因素。在众多的民族主义组织中，"希特勒不仅是更加野心勃勃和更加极端。他的生存空间政策在本质上与民族主义者的政策极不相同。他要把东欧的非德意志人居住的广大地区并吞并迁移德意志人去定居。后来他毫不犹豫地为了他的强权政策的更广泛的方案和计划而牺牲了东欧德意志少数民族的生存。他

---

① 〔英〕弗·卡斯顿：《法西斯主义的兴起》，周颖如、周熙安译，商务出版社，1989，第 20 页。

的种族政策往往不顾德意志人的利益，而德意志人少数民族只不过是执行这一政策的方便工具。希特勒不仅要把德意志人，而且要把整个欧洲都按照不着边际的种族幻想曲的形象去加以改造"。① 1933 年希特勒正式成为德国内阁总理后，称其政府为"民族团结政府"，实际上也是他对这一政府的强烈民族主义性质的明确宣示。

法西斯主义并不仅仅出现在意大利和德国，而是弥漫在 20 世纪 20~40 年代欧洲和亚洲许多国家的一股强大思潮。这股思潮率先在意大利兴起后，受其影响在 1919~1923 年和 1929~1933 年两次世界性经济危机时期，在国际范围内，先后两次掀起发展高潮。到 1934 年，世界上已有 41 个国家和地区出现了法西斯运动和法西斯组织。② 包括在国民党统治的中国。而日本法西斯则成为中国和亚太地区最凶恶的帝国主义侵略势力。

法西斯主义的内容包括反对共产主义、反对民主政治、推行国家主义和极权专制，其与民族主义不是一个概念，但其核心却是民族主义，因为它的政治旨向是服从和扩展本民族最高利益，反共、反民主和极权只是实现其民族利益的手段。法西斯主义不同于民族主义的正常诉求，而是把民族的概念及其利益极度扭曲和膨胀了。德国法西斯的"民族"就是种族，它的民族利益范围是"大日耳曼德国"及其周边，意大利法西斯是"大罗马主义"，而日本法西斯则着眼于"大东亚共荣圈"。膨胀的范围必然是扩张的范围，也必然是伤害和危及其他民族的范围。法西斯主义由此而成为人类共同的危害。

---

① 〔英〕弗·卡斯顿：《法西斯主义的兴起》，周颖如、周熙安译，商务出版社，1989，第 128 页。
② 陈祥超：《意大利与 20 世纪的法西斯主义》，《世界历史》2001 年第 1 期。

由民族主义走向法西斯主义有各自具体的社会和历史背景，但归根到底还是资本主义发展引发的矛盾所致。

其一，资本主义走向垄断导致的世界大战激发了各国的民族主义狂热。民族主义在18世纪正式面世，19世纪就走向了更为辉煌的历史。1848年革命、普法战争以及随之完成的德国统一和意大利统一都是民族主义的胜利果实。进入20世纪后，各帝国主义因发展不平衡而产生的矛盾，以及殖民地和势力范围的争夺最终导致了大战的爆发。在国与国的战争面前，很少有哪一种社会力量能够抵御民族主义的侵袭，连代表工人阶级利益、以国际主义立身的各国社会民主党和第二国际都为此而分裂、破产，遑论代表其他阶级和阶层的政治势力了。大战结果是帝国主义利益的一次再分配，也是弱小民族和沦落为弱者利益的被宰割。然而获利者、失败者都会从民族主义情感中获得激励、勇气和信心，于是就有了殖民地半殖民地民族解放运动的高涨，也有了弥漫于欧洲和其他地区的法西斯主义的出现和泛滥。

其二，资本主义经济危机引发的社会矛盾为法西斯主义的形成创造了条件。法西斯主义出现并形成气候是在一战之后的二三十年代，而这一阶段又正是资本主义世界经历的两轮经济危机之间。第一轮出现在1919年至1923年，这一轮与一战之后欧洲各国的经济危机相叠加；第二轮就是1929年至1934年发端美国震荡世界的大危机、大萧条。两次危机期间，德国因战败赔款割地、资源被占，工农业生产急剧下降，严重时工业企业开工率不到15%，工人失业率高达30%~40%。通货膨胀、物价飞涨，人民生活困苦不堪。同样，意大利全国50%以上的中小企业矿产倒闭，失业者多达200多万人，大量的退役军人回到农村后没有得到政府承诺的土地，生活陷入困境。伴随严重经济危机的是严重的社会危机和政治危机。除爆发示威游行、占领工厂等一般的抗议运动之外，在俄国十月革命的影响下，欧洲各国还出现了无产阶级革命的高潮。芬兰、匈牙利、捷克、波兰和德国等都出现了一系列短暂的"苏维埃"形式的无产阶级政权，同时，受改良主义影响的各国资产阶级政府也屡陷困境。正是这样一种社会背景，为法西斯主义的形成和上台执政提供了机遇：既然已有的自由主义的经济政策失败了，民主议会制度失效了，那就让"国家主义"和极权、专制治理好了。所以，法西斯主义实际上是资本主义挽救自身统治的一种尝试。只是它最终失败了，把资本主义的政治招牌"民主"、"自由"和"人权"全部抛弃了，这也就为资本主义的主流意识形态所不容、为资本主义仍在发展中的民主制度所不容。

法西斯主义为政暴虐、专制极权，是资本主义发展过程中孕育出的一个怪胎，给人类社会带来了空前的劫难；它反对和扼杀正在出现的人类新生的文明形态共产主义和思想成果马克思主义，也反对资本主义发展中的民主政治和自由主义。它与民族主义有着渊源关系，却把民族主义"恶"的一面发挥到了极致。

四 跨国垄断资本中的民族主义

"资产阶级除非对生产工具，从而对生产关系，从而对全部社会关系不断地进行革命，否则就不能生存下去。"[1] 虽然是不得已，但正是这样的"不断革命"，才使得资本主义的生命力远没有那样脆弱，时至今日尚呈现着发展生机。资本主义是一个顺序发

---

[1] 马克思、恩格斯：《共产党宣言》，中央编译出版社，2005，第29页。

展的过程。一般认为，资本主义在经历了自由竞争阶段之后，就进入垄断时期，其中又先后经历了私人垄断、国家垄断和跨国垄断等不同阶段。现今正处于跨国垄断资本主义或称国际垄断资本主义阶段。马克思、恩格斯在讲资产阶级的历史功绩时候讲道："不断扩大产品销量的需要，驱使资产阶级奔走于全球各地。它必须到处落户，到处开发，到处建立联系。资产阶级，由于开拓了世界市场，使一切国家的生产和消费都成为世界性的了。"资产阶级挖掉了工业脚下的民族基础。"新的工业的建立已经成为一切文明民族的生命攸关的问题；这些工业所加工的，已经不是本地的原料，而是来自极其遥远的地区的原料；它们的产品不仅供本国消费，而且同时供世界各地消费。旧的、靠本国产品来满足的需要，被新的、要靠极其遥远的国家和地带的产品来满足的需要所代替了。"① 这段话是对早期全球化的经典描述，也是对资本主义跨国现象的经典描述。所以，跨国资本主义有很久的历史，但作为资本主义发展的一个阶段，跨国垄断资本主义是指跨国公司在资本主义经济中占据了统治地位。

跨国公司又称"多国公司"或"国际公司"，指在两个或两个以上国家里拥有并管理一些经济单位的企业，一般以一国总公司为基地，通过输出资本在其他国家设立分公司或控制当地企业使其成为子公司，从事跨国界的生产、销售和其他业务活动。② 现代意义上的跨国公司出现在 19 世纪后半期，第二次世界大战后蓬勃发展，至 20 世纪末 21 世纪初跨国公司已经成为纵横世界的"经济王国"。曾有统计说，在世界上最大的 100 个经济实体中，有 51 个是跨国公司，其余 49 个是主权国家。跨国公司控制着全

① 马克思、恩格斯：《共产党宣言》，中央编译出版社，2005，第 30 页。
② 杨宇光主编《联合国辞典》，黑龙江人民出版社，1998，第 152 页。

世界 70% 以上的对外直接投资、1/3 的贸易、70% 以上的专利和其他技术转让。① 跨国公司不是国家，但是它们的财富却可以比一个中小国家还要多。据 1997 年的一项统计，美国的通用汽车集团年销售额相当于印度尼西亚的国民生产总值（GNP），英荷壳牌石油公司年销售额相当于泰国的 GNP；日本的日立集团年销售额相当于马来西亚的 GNP，丰田年销售额相当于新加坡的 GNP。②

跨国公司的庞大经济实力及其跨国特征使它成为经济全球化的主导力量，同时，也使它本质上是对国家和民族的反动，成为与民族主义相悖的力量。正如霍布斯鲍姆所言："民族国家在今日，显然已正在失去其旧有的一项重要功能，亦即组成一个以其领土为范围的'国民经济'。在以往，'世界经济'大楼便是由这些'国民经济'一砖砖砌成，至少在已开发世界是如此。但自第二次世界大战结束之后，特别是自 20 世纪 60 年代以降，'国民经济'的角色已逐渐隐身，甚至因国际分工这项重大转变而显得令人怀疑。在国际分工的发展下，经济的基本单位已由大大小小的跨国或多国企业所取代。它们借由国际金融中心和经济交换网络进行沟通，这些中心与网络都不在任何政府的控制范围内。"③

资本主义经济的根本目的是最大限度地使资本增值。为此，首先它要冲破地区的界限，然后是国家的界限，包括自己母国和东道国的界限，最终形成跨国经济。跨国公司的全球性发展导致它们不断形成共同利益乃至共同联盟，并以各种不同的方式向现

---

① 宿景祥：《全球化与 21 世纪东亚的复兴》，庞中华主编《全球化、反全球化与中国》，上海人民出版社，2002，第 208 页。

② 杨文：《也谈经济全球化》，庞中华主编《全球化、反全球化与中国》，上海人民出版社，2002，第 165 页。

③ 〔英〕霍布斯鲍姆：《民族与民族主义》，李金梅译，上海人民出版社，2006，第 174 页。

存的国家体制提出挑战。1995 年，由跨国公司操纵的经济合作与发展组织起草了一个《多边投资协定》，它的要点是争取外资的国民待遇和最惠国待遇。根据这个协定，不但作为东道国的大多数发展中国家要在与跨国公司的交往中对其俯首听命，而且跨国公司所在母国的利益也会受到损失，因此受到各国政府的强烈反对。尽管这个协定因受到普遍抵制而胎死腹中，但它表现出的跨国公司对现存国家体制的挑战和冲击是很有代表性的。人们已普遍看到，"跨国公司的目标将是：如果它们不能完全驾驭国家这部机器，就会把它摧毁并以其他的以跨国公司自己为核心的世界组织来代替"。①

跨国公司及其经济不但直接冲击现有的国家体制，而且其自身的发展也自觉或不自觉地打造着超国家、超民族的社会。

跨国公司所垄断的现代资本主义经济包括高技术的制造业，更包括诸如金融、法律服务、设计、营销、维修、通信、保险、交通、清洁、保安等在内的现代服务业。这些产业形式所需要的人力资源呈两端化：一端是具有高知识、高技能的，另一端是仅靠简单劳动就可吃饭的。但在当今世界，这种两端化的分布并不限于特定的国家，而是与现代信息和交通相结合散布于各国，使劳动力资源的配置也在全球化。一般而言，跨国公司母国在这种资源配置中是不占优势的，因为这些国家，不论是高端人才还是低端苦力，其劳动力成本都要不同程度地高于发展中国家。这使跨国公司在劳动力的使用上总是倾向于向发展中国家开放，由此便形成了全球化进程中难以遏制的移民现象。当然，当代国际政治的博弈，西方国家对地区事务干涉导致的流血冲突、国际恐怖

---

① 杨伯溆：《全球化：起源、发展和影响》，人民出版社，2002，第 280 页。

主义的猖獗引发的难民流动也在不断增大移民的规模。

发展中国家人口向发达国家的流动大量地集中于一些跨国公司所在的大城市。因为这些城市正是跨国公司吸纳劳动力最集中的地方，包括纽约、伦敦、洛杉矶、东京、巴黎、悉尼、法兰克福、苏黎世、阿姆斯特丹和香港等在内的城市也由此成了所谓的"全球城市"。与跨国公司经济和由此形成的社会状态相适应，全球城市及其所在的国家普遍倡导"多元文化"，提倡来自不同国家、种族、民族、宗教、语言群体之间的相互尊重和包容，而传统的以国家为本位的"民族"观念和"同质化"政策则受到严峻挑战。有证据表明，在全球城市中，跨国公司是多元文化的着意推动者。出现于20世纪70年代的多元文化主义之所以在西方世界流行，仅仅将其看作民权运动的推动、"族性的复兴"和社会正义的反映是不够的，因为能够接纳和推动多元文化主义最终还在于符合跨国资本的经济需求。"对于推动全球化的跨国公司来说，无论是自己母国的西方文化还是'落后野蛮'的发展中国家文化本身都没有实质性意义。这些跨国公司感兴趣的是哪些文化从政治的角度上讲对全球城市的建设更有用处。说的更清楚一些，是全球城市离不开廉价的服务业，而不是居住在全球城市中的白人需要来自发展中国家的移民。"① 这是由跨国资本主义所支配的全球化的一项重要内容，而它又正是与对于民族和国家理念的超越同步的。

由人口流动造成的对于民族国家的超越同样发生在人口输出国家，其中的一个典型表现就是这些国家在"国籍"问题上的松动。传统的观念和政策一向视国籍为非此即彼。离开自己的国家

---

① 杨伯溆：《全球化：起源、发展和影响》，人民出版社，2002，第346~347页。

很可能会被认为是"叛国",至少不能再认为是自己的国民。但随着全球经济的渗透和移民的大量增加,这一观念正在受到严重冲击。越来越多的国家和地区实行双重国籍制度,而对有外国国籍或居住权的国民也给予了越来越大的包容。这些做法有着很实际的功利目的,或为了发展本国经济的需要,[①] 或为了扩大自己国家的影响和利益。[②] 国籍问题上的松动是和跨国公司推动的全球化进程相一致的,其结局最终又是对国家和民族观念在政治上的削弱。作为国际社会的重要一员,随着改革开放的深入,中国国内也对双重国籍的问题有了越来越多的关注。

与在政治和文化方面对民族国家的侵蚀相对应,跨国经济的发展也形成了一部分"超国家主义者"。对此,已经有了较多的描述。如有人在采访了23家美国跨国公司的主管人以后说:"这些精英人士肯定是四海为家者:他们周游世界各地,他们的责任范围是全世界。他们自视为'全球公民'。我们反复听到这些人说,与其说他们自己是碰巧在一个全球组织工作的美国公民,不如说他们自己是碰巧持有一个美国护照的'世界公民'。他们具有四海为家者的一切特征。他们老于世故,温文尔雅,从全球看问题和论是非。"又有研究指出,"日益一体化的全球经济已带出了一批

---

① 相当一段时间以来,墨西哥流入美国的人口与美国流入墨西哥的美元成正比。墨西哥在美国的移民寄回墨西哥的钱每年接近20亿美元,相当于1990年墨西哥全部农业出口的创汇,或占墨西哥全部旅游收入的59%。多米尼加旅游业中差不多1/3的收入来自其海外移民回国时的消费。同样,海外移民每年寄回萨尔瓦多的钱占其国民生产总值的15%~25%。见杨伯溆《全球化:起源、发展和影响》,人民出版社,2002,第358~359页。

② 这在美国最突出。美国是世界上头号移民东道国,各国政府都非常注重利用本国移民的活动来影响美国的政策,墨西哥、加拿大、沙特阿拉伯、韩国、日本、以色列、德国、菲律宾等都为此做了大量的工作,包括巨额投入。见〔美〕塞缪尔·亨廷顿《美国国家特性面临的挑战》,程克雄译,新华出版社,2005,第239页。

新的全球精英分子"，其成员包括学术界人士、国际公仆、全球性公司主管人，以及成功的高技术企业家。这些人是"超国家主义者，不需要对国家有什么忠诚，认为国界是碍事的障碍，认为国家的政府是历史的残留之物，其现今惟一有益功能就是为他们这些精英人士的全球活动提供方便"。① 这里所谓的"超国家主义者"尽管人数尚不很多，但他们所处的地位和具有的影响绝不是和他们的人数成比例的。他们对"超国家""超民族"的鼓噪和在经济社会政策上的动作走向都对现今所谓"全球社会"及其文化的营造产生着极大的影响。

正是由于以跨国公司为主导的全球化的扩展和对民族国家的瓦解和渗透，当代世界才不断出现"民族国家危机"的警告。霍布斯鲍姆预言："未来的世界历史决不可能是'民族'和'民族国家'的历史，不管这些民族主义指的是政治上、经济上、文化上甚至语言上的。未来的历史将主要是超民族和下民族的舞台，而且不管下民族穿的是不是迷你型民族主义的戏服，旧式民族国家都不是它想扮演的角色。在未来的历史上，我们将看到民族国家和族群语言团体，如何在新兴的超民族主义重建全球的过程中，被淘汰或整合到跨国的世界体系中。民族和民族主义当然还会在历史舞台上保有一席，但多半是从属或微不足道的小角色。"② 霍氏是深受马克思主义影响的西方学者，其学术思想趋向于民族是一种历史过程，无疑是符合历史规律的。此外，当今世界盛行的

① 〔美〕塞缪尔·亨廷顿：《美国国家特性面临的挑战》，程克雄译，第 222～223页引（John Micklethwait and Adrian Wooldridge, *A Future Perfect*: *The Challenge and Hidden Promise of Globalization*, New York: Crown Business, 2000, p. 235; "How Global Is My Company?", p. 4）。

② 〔英〕霍布斯鲍姆：《民族与民族主义》，李金梅译，上海人民出版社，2006，第 223～224 页。

其他各种超越民族国家的设想和主张，不断建立的各种非政府的组织和机构，都是离不开跨国公司和由其所支配的资本主义经济形态这个背景的。

然而，跨国资本主义的出现和发展是民族主义的消解力量，但绝不可轻言民族主义即将退出历史舞台。所谓民族主义和民族退出历史舞台还是"未来"的事，而就资本主义的现状而言，它除了具有消解民族主义的一面之外，仍然是维系和激发民族主义的强大因素。

其一，跨国垄断资本仍是其母国的经济基础和政治支柱，民族主义还是它们当然的统治策略。马克思、恩格斯早就说过："现代的国家政权不过是管理整个资产阶级的共同事务的委员会罢了。"① 这是对贯穿于全部资本主义国家本质的揭示，跨国垄断时代也不能例外。这在美国最为典型。二战以后，杜鲁门担任美国总统时，任命了 50 个大资本家担任政府的要职，因而被称为"富豪内阁"，国务卿马歇尔、艾奇逊等都是摩根财团的代表。艾森豪威尔任总统时，内阁官员有 86 人是大资本家。而肯尼迪和约翰逊总统本人就是大资本家。尼克松政府的副总统纳尔逊·洛克菲勒是美国人所共知的"石油大王"。在里根政府参与决策的重要官员中，有些原来就是大垄断企业的总经理或董事长。② 其后的布什父子，两任总统、五代富豪，祖上是制造业大亨、金融巨头，家族产业遍及石油、银行、军工企业乃至体育项目。而现任总统唐纳德·特朗普则是在全世界经营房地产、赌场、饭店和娱乐业的特朗普集团董事长及总裁。至于其他总统和高官政要背后也都有不同财阀的社会背景。这些人都有着双重身份、两副面孔：在任时

---

① 马克思、恩格斯：《共产党宣言》，中央编译出版社，2005，第 28 页。
② 樊亢主编《资本主义兴衰史》，经济管理出版社，2007，第 265 页。

是官员，下台后是大老板。没有资本的支持，连竞选的资格都没有。而得到资本支持的政客，如何能违背资本的利益？美国是最大的跨国公司母国，也是所谓最大的"民主国家"。由于跨国垄断资产阶级的渗透和改造，现今代表他们政治民主的两党制实际上已经变成了"一个以金钱为基础的为资本主义服务的一党制"。"到20世纪90年代，（跨国）公司已能确保无论哪个政党上台都是亲工商业的政党。从这个意义上说，在美国，公民无论在选举中投票与否都不能左右政治的运行方向了。正因为此，该国的民主在一定程度上已经转变成为（跨国）公司的专政。"①

需要明确的是，资本对于国家的操控、国家对于资本利益的维护是从本质上说的，但在现实表现上则要曲折得多、隐晦得多。最近的两任美国政府，奥巴马的政策偏"左"，着意于调整税收和医疗改革，维护少数族裔权益；而特朗普则偏"右"，鼓吹制造业回归，提高国内就业率、限制移民，美国优先。他们都声称"为民服务""代表民意"，也确实在维护民众利益上做出了努力。但这绝没有改变其政权性质的资产阶级属性以及最终服务于垄断资本的本质。因为他们知道，只有让他们的民众都得到一定的利益，处理好社会各阶级的关系，才能巩固他们的统治基础，提高资本增值的基数。

所以，就跨国垄断资本主义来说，它们和母国的关系并不是相互排斥，而是相互兼容的。跨国公司会为母国带来直接的经济收益和其他利益，反之，母国也会当然地承担起对于跨国公司的责任。同时，跨国垄断资本家已直接或间接地成为母国政府的参与者，这使其可以直接表达自己的利益诉求，体现了强烈的合二

① 杨伯溆：《全球化：起源、发展和影响》，人民出版社，2002，第296、297页。

为一性质，跨国公司当然也会有"祖国"意识和民族主义情怀。一般资本主义对于民族国家的利益垄断原则在跨国垄断资本占优势的国家依然有效。只是相对于其他资本，跨国垄断资本要表现出更多的世界主义和开放意识。这是一种进步，也为跨国垄断资本的性质所决定。

其二，由跨国资本主义主导的经济全球化加大了国家之间的贫富分化程度和发展差距，由此形成了不同国家层面上的民族主义的增强。在全球化进程中发展差距不断拉大问题已是一个不争的事实。从 19 世纪开始，富、贫两个世界之间的人均收入比率便不断攀升：1800 年为 3：1，1914 年为 7：1，1975 年达到 12：1。[①]而到了 21 世纪之初我们就可以看到："发展中国家每天几乎都有 3 万多名 5 岁以下的儿童死于可预防疾病，而这些疾病在西方国家却可以几乎全部根除。据估计，要给那些现在丧失基本卫生保健的人提供基本的卫生保健，其费用一年要达到 130 亿美元，这比欧洲和日本消费者每年在宠物食品上的支出还少大约 40 亿美元。生活机会的这种巨大的差距并不限于卫生保健，全球发展的每一个单项指标几乎都是如此。比如，从世界人均收入来看，2000 年大约为 7350 美元。这一数字隐藏了人均收入之间的巨大缺口，因为世界富裕地区的 9 亿人口的人均收入接近 27450 美元，而最贫困地区的 51 亿人口的人均收入却为 3890 美元。这 9 亿幸运儿居住在西方富裕地区，占有了世界消费支出的 86%、世界收入的 79%、所有电话线路的 74%。世界最穷的 12 亿人口只占世界总体消费的 1.3%、世界能源消费的 4%、世界鱼类和肉类消费的 5%、

---

① 〔美〕斯塔夫里阿诺斯：《全球通史——1500 年以后的世界》，吴象婴、梁赤民译，上海社会科学院出版社，1999，第 575 页。

全部电话端口的 1.5%。① 类似这样的研究数据已不胜枚举，它体现着世界贫富分化的极端状态。

国家之间的贫富分化首先导致了发展中国家以维护自身利益、摆脱依附地位为特征的民族主义的增强。发展中国家在取得民族独立之后，大多数在经济上陷入了世界资本主义的羁绊，而跨国资本主义的发展又拉大了不同国家之间贫富差距。资本的逐利性使得跨国公司不断地向发展中国家渗透，由此为这些国家带来了投资和技术进步等方面的好处（这也是它能够打开这些国家大门的基本因素），但同时也对东道国的民族经济造成了极大压力和损害，如对当地弱小企业形成的冲击从而导致它们的衰落和瓦解，创造一些就业机会却使更多的人失去工作等。因此，以发展中国家为主的东道国在接纳跨国公司进入的同时，也会自然地承担起维护国家利益的责任，以至于它们逐步认识到，自身经济上的落后和贫困是跨国公司及其所在发达国家母国控制自己的自然资源和经济命运的结果。因此，它们或独立抗争，或在区域和行业领域内联合起来，形成与发达国家在经济上，进而在政治和文化上的对抗。当今世界各国民族主义的凸显总是有着贫富分化的经济背景支撑的。

当然，不仅是发达国家和发展中国家之间的发展有差距，在发达国家之间、同一地区不同国家之间，各种因素导致的发展不平衡也在刺激和增加着相互之间的矛盾，激发着民族主义情绪和行为。

其三，资本主义的跨国竞争也波及各国内部的社会各阶层，

① 〔英〕戴维·赫尔德、安东尼·麦克格鲁：《全球化与反全球化》，陈志刚译，社会科学文献出版社，2004，第68页。

从而形成利益受损群体对于外来竞争的排斥和敌视，刺激国内民族主义的滋长。

跨国资本主义在向海外投资的同时，也将大量异国的廉价劳动力和商品带回国内。这对本国的以劳动阶级为主的人口就业，以及承担较高劳动力成本的企业都是一种极大的压力。自 20 世纪末以来，西方国家尤其是欧洲政坛上右翼势力的抬头以及民间生活中不断出现的排外倾向正是这种压力的反映。这也是当今发达资本主义国家滋生民族主义，甚至种族主义、法西斯主义的一个重要原因。

在外来移民对本国劳动力市场的冲击中，首当其冲受损的就是以简单劳动为生的"蓝领"工人。近年来风靡世界的"反全球化运动"，发达国家的部分劳工及代表他们的一些"左派"组织由此便成为其中的重要力量。1999 年 11 月底发生在美国西雅图抗议世贸组织的大游行，是反全球化运动典型的爆发性事件。西雅图示威者们的主要抗议内容，在于世贸组织的贸易自由化规则激发了跨国公司的全球野心，牺牲了它们母国工人的工作机会。与此相关，在中国加入世贸组织问题上，美国劳工界也给予当时的克林顿政府以巨大压力，迫使它在相当长时间内态度暧昧。① 随着以中国为代表的新兴经济体的崛起，"中国制造"已经无所不在。而在这种现象的背后则是西方发达国家相关企业的衰退和就业机会的丧失。特朗普之所以能在大选中得到美国劳工阶层的支持，并在当选后提高移民门槛，是与美国社会正在滋长的反全球化心态直接相关的。无产阶级就其本性来说是国际主义的，但在具体环境中又有着各自的民族认同及利益诉求，尤其在当代社会主义

---

① 时殷弘：《当今世界的反全球化力量》，庞中英主编《全球化、反全球化与中国》，上海人民出版社，2002，第 7 页。

处于低潮，各国无产阶级缺乏联合和协调的情况下更是如此。这
也是他们所在国家民族主义生存发展的一种要素和土壤。

实际上，跨国移民导致的国内民族主义的滋生并不限于发达国
家，正在走入全球化的发展中国家也是如此。有研究指出：非洲像
其他地区一样，也在经历着剧烈的全球化进程。国家强化了对于进
入本国移民的管制，当地人对于外国人和外来人变得冷酷。那些对
于移民表示欢迎的地方，其兴趣在于那些有技能的人和有钱可以来
投资的人。当那些没有技能的人勉强被接受以后，他们被期望来做
那些地位低下的工作，而那些工作是即使最贫困的国民都会拒绝
的。如在结束了种族隔离制的南非，当地国民与移民在最低水平
工作上的竞争很激烈，对于外来移民的敌意是很重的。他们认为，
外来移民，不管是有技能的还是无技能的，都应该将其作为"奴
隶劳动力"、"行尸走肉"般的人来役使。总之，当廉价的劳工从
高压力和低收入的国家能够很轻易获得的时候，"肮脏、危险和困
难的工作"就被种族化了（racialised）。因为他们是外国人，这个
国家的国民可以"拒绝接受他们，尽管他们处于极度贫困和失业
状态"。[1] "在南非，反对外来移民的情绪强烈而广泛，已经渗透
到按经济和自然状况划分的每个社会群体。来自外国的非洲黑人，
尤其为全体南非人所不喜欢。南非人极少有与他们的直接接触或
亲戚关系，把他们与各种疾病联系起来。……黑色的非洲人最可
能被认为是'非法'移民或外国侨民。"[2] 这一记述足以反映从南
非到非洲一般国家对于移民的态度，非洲不断"种族化"的环境

[1] R. Jureidini, *Migrant Workers and Xenophobia in the Middle East*, Geneva: UNRISD, 2003, p. 3.

[2] R. Jureidini, *Migrant Workers and Xenophobia in the Middle East*, Geneva: UNRISD, 2003, p. 14.

和民族主义生存空间的扩展与西方发达国家是一致的。

其四，跨国垄断资本主义之外，国家垄断资本主义和其他形态的资本主义也还大量存在，它们是民族主义形成的更丰润的条件。跨国资本主义并不是唯一的资本主义形式。且不说跨国公司主要集中在发达国家，发展中国家主要还是以私人资本主义和国家垄断资本主义为主，就是在发达国家，跨国垄断资本主义也并不一定都处在支配地位。比如法国就是一个"国有经济"比重很高的国家，即使在 20 世纪实行国有化改革失败后的今天，"法国的国有企业仍在国民经济中占有突出地位，仍然控制着国家的经济命脉。……在那里，就连一个路边的理发馆、比萨店的营业也要得到国家的批准，且从业人员也必须拥有国家机构发放的文凭"。此外，"法国实行着一种福利主义的社会政策。每一个雇员，无论是公务员还是私营企业的雇员，都在其被雇佣的那一刻起便享受着由雇主支付的社会保险，其中包括医疗保险、退休金、失业金等"。受薪者都享受着国家规定的最低法定工资，工资差距也不大，每个人从幼儿园到大学都享受无偿教育，国家还对低收入者给予各种优惠政策和补贴。①

在民族主义发展史上，法国是"公民民族主义"的发源地。国家垄断资本主义在当今法国的发达为国民与民族合一的公民民族主义保留了坚实的经济基础，而仍在发挥效益的社会福利政策对巩固国民的国家意识也起着巨大作用。所以，在资本主义世界中，法国的民族主义是极有传统的，而且从戴高乐时代起便显得很突出。当然，民族主义强盛后又容易和极右势力联通。在 2002 年 4 月法国总统的选举中，打着维护"国家"和"民族利益"招

---

① 许振洲：《西方抵抗西方》，庞中华主编《全球化、反全球化与中国》，上海人民出版社，2002，第 17~18 页。

牌的极右翼政党"国民阵线"步步推进,其候选人勒庞几乎登上总统宝座,形成了轰动一时的"勒庞现象"。时至2017年另一届大选中,勒庞的女儿玛丽娜·勒庞代表"国民阵线"再次参选,并进入最后一轮,成为与当选总统马克龙的最大竞争者。玛丽娜与其父亲一样,奉行"法国人优先"的原则,主张限制移民,表现出了非常浓厚的民族主义倾向,却得到了广泛的民意支持。国家垄断资本主义以国家的名义控制经济、政治和社会,少了跨国资本的掣肘,民族主义也便成为最便当、最易生长的统治工具。

所以,无论有无直接联系,民族主义在当代资本主义世界都是一个挥之不去的东西。人们已普遍认识道:"全球化,不论是由市场力量的推动还是由科技创新的促进,都不能根除贫穷、减少不平等或防止国内战争。"① 虽然由跨国资本所推动的全球化会对民族主义造成一定消弭,但在这一进程尚没有解决贫富对立和造就出真正超越国家的社会基础之前,民族主义就不会退出社会舞台。"尽管民族主义会广泛地带来恐怖和毁灭,但民族和民族主义也为现代世界提供了惟一现实的社会文化框架。如今它们还没有势均力敌的竞争对手。……那种认为民族主义不久将被替代、民族即将被超越的预测是愚蠢的。"②

五 世界主义与民族主义的交替而生

其实,在资本主义发展进程中,民族主义和世界主义是交替

---

① Anthony H. Richmond, "Globalization and its Implications", *Ethnic and Racial Studies*, Vol. 25, No. 5, September 2002, p. 714.

② 〔英〕安东尼·D. 史密斯:《全球化时代的民族与民族主义》,龚维斌、良警宇译,中央编译出版社,2002,第191页。

出现的两种现象，也是资本运用的两种策略，而这两种现象和策略的存在则根源于资本的扩张和竞争两种属性：资本因竞争而扩张，又因扩张而竞争，二者互为贯通。扩张需要开放和不受约束的空间，所以要世界主义；竞争要固守地盘，要以"国"为本、"族""国"合一凝聚力量，所以要民族主义。资本的发展有起有落，资本之间有强有弱，所以"起"的阶段、"强"的势力要世界主义，"落"的阶段、"弱"的势力则要民族主义。20 世纪 90 年代以来，世界就正经历着这样的一起一落。

随着冷战的结束，苏联的解体，原有的两极世界格局打破了。美国以其强大的军事和文化实力独霸世界，也为以美国为主的国际垄断资本的扩张提供了条件，全球化进程骤然加快。美国是这一轮全球化的最大推动者，也是最大受益者。欧洲发达国家虽然在与美国的竞争中处于劣势，受到挤压，但它们利用联合的力量，依托欧洲一体化的不断推进也在全球化中获益。所以，出于各自的境遇，美国呈现的是完全的全球主义，而欧洲呈现的是有限的全球主义或区域化的全球主义[①]。由美国主导的西方话语是当代世界的主流话语。所以，它们鼓吹并推进全球化，也造就了世界"全球主义"的话语声势。但西方鼓吹的全球化或全球主义不但是对人类经济社会发展现状的描述，也是一种向由西方制定并有利于西方的全球体系靠拢的策略导向，最终是服务于国际垄断资本扩张的。资产阶级的世界主义是"自由贸易的伪善的自私自利的世界主义"[②]。恩格斯对资产阶级世界主义本质的揭示并没有随着

[①] 欧洲的联合除了呈现出的"有限全球主义"以外，还因为它有着一种"泛欧洲主义"性质，故也可称为扩大的民族主义或"泛民族主义"。

[②] 恩格斯：《在伦敦举行的各族人民庆祝大会》，中国社会科学院民族学与人类学研究所民族理论室编《马克思主义经典作家民族问题文选·马克思恩格斯卷（上）》，社会科学文献出版社，2016，第 96 页。

时代的更移而改变。

进入21世纪之后，尽管全球主义之风仍在吹拂，但逐渐低迷，而至2010年代中期，不管在美国还是欧洲，全球主义的鼓噪已成强弩之末，民族主义骤然而成压倒性趋势。2016年美国总统大选特朗普上台和英国公投"脱欧"成为这种趋势的标志性事件。

特朗普当选后履行了自己"美国优先"的执政理念。他上任伊始便出台了"禁穆令"和一系列加息减税政策，号召"买美国货、雇美国人"，签署修筑"边境墙"计划，随后又废弃TPP，退出《巴黎协定》、联合国教科文组织和人权理事会等。如今，"美国优先"已贯穿经贸、国际战略、军事、能源、产业结构、移民、就业等全方位政策。其中对世界经济最有影响的就是改变了自由贸易理念，推行贸易保护政策。特朗普将"美国优先"作为衡量美国所有政策是否必要的唯一标准，对现行国际协定和规则，不管多么重要或是否被全球认可，只要认定美国在其中是"吃亏"的，都必须退出；国内政策也在按照这一标准来决定取舍和制定与否。"总之，以'美国优先'标准来衡量对外和对内政策，以是否对美国有利作为一切政策行动的逻辑出发点，是特朗普政府的核心利益价值诉求，也是其重塑美国经济政策框架的根本指南和准则。"[1] 特朗普毫不掩饰自己的民族主义立场，坦称自己是一个"民族主义者"。美国仍然是世界经济的老大，它向保守主义和保护主义的转变不能不影响到其他各国。所以，当前世界各国呈现出的经济民族主义也多是对美国民族主义的回应。

英国是较晚加入欧盟的欧洲大国，加入后也在其中首鼠两端、心志不坚，"疑欧""脱欧"声音早已存在多年。2013年1月23

---

① 洪娜：《"美国优先"取代"全球主义"——特朗普经济政策转向的悖论》，《世界经济研究》2018年第10期。

日，英国首相卡梅伦开始提及脱欧公投。2016 年 6 月，在大量难民涌入欧洲和恐怖主义袭击频发的形势催动下，英国"脱欧"公投一举成功。其后几年，英国政界虽在相关问题上屡经博弈，但最终还是完成了一系列法定程序，于 2020 年 1 月 31 日正式离开欧盟。

欧洲联盟的建立虽然有欧洲国家联合抗衡超级大国霸权主义的意味，却是突破民族国家界限的大开放，是一种缩小版或区域性的全球主义。就世界主义实现的趋势来说，总是应该先有局部的小联合，然后走向全球的大联合。在全球化的进程中，欧洲之外的区域性联合也日益普遍，但欧洲联盟的一体化无疑程度最高、进度最大。从这个意义上讲，欧盟是全球化的另一个引领者和先行者。而如今英国从中退出，不能不是全球主义的一个挫折。也正如美国在一系列国际组织的"退群"和全球化立场倒退的影响，英国脱欧对欧洲一体化也起了巨大的破坏作用。与英国脱欧进程几乎同步，自 2012 年以后的几年内，大部分欧盟国家对欧盟的支持率都出现了明显下降。德国、法国、意大利、比利时、波兰、匈牙利、西班牙等国的近半数民众对欧盟的未来都持悲观态度，而这些国家的右翼势力却备受鼓舞，在各自的政坛上争相鼓动起了相关的议题。人们担心"如果这种情绪蔓延开来，会使得欧洲大陆重新回到一战前或者二战前的幽暗时光，大国独自为政，又相互激烈竞争的分裂状态，而这意味着人类最为前瞻的、超越民族国家狭隘视野的首次尝试的失败"。①

2016 年美国大选中特朗普能够成为最后的赢家，其后他推行的"美国优先"政策又得到较大的社会支持，是因为特朗普所称

---

① 邵宇、秦培基：《全球化 4.0：中国如何重回世界之巅》，广西师范大学出版社，2016，第 25 页。

的美国"吃亏论"得到了美国人的认可。的确，进入21世纪以来，美国对外打反恐战争，对内应付次贷危机，国内债台高筑，财政赤字深不见底。从前美国制造业发达，而随着科技发展、产业升级、劳动力成本上升，现今不但中低端制造业在其国内难以立足，一些高端产业也开始流失，这为就业市场带来很大压力。美国长期以"世界领袖"自居，在国际事务中承担了各种"领导"角色，随着国内经济的不景气已经力不从心。

同样，英国脱欧也是以"吃亏论"为依据。首先从欧盟建立的历史和现状来看，传统的大陆国家德国和法国是主干，英国在其中的地位不如德国和法国，这不能不使它心存芥蒂。其次，自苏联解体、东欧剧变之后，欧盟东扩，一大批东南欧国家相继加入欧盟，它们分享了欧盟的较多利益，却难以担负相等的责任。而作为欧盟的"金主"和大户，英国却要承担"济贫"的角色，每年付出上百亿英镑用于欧盟财政。此外，欧盟各国之间打破了边界壁垒，同样是东南欧的穷国移民涌入也为英国增添了负担，近年来中东和北非难民的大批涌来还伴随着恐怖主义的威胁。

在英国的影响下，包括法国和德国两个欧盟骨干国在内，意大利、瑞典、丹麦、荷兰等国的政界和民意也都有了或多或少的脱欧意向。它们的理由也比较一致，就是觉得在欧盟中吃了亏，付出多、收益少。因此，在这些国家右翼势力的政治议题中争取脱欧也都是一个重要内容。

"美国优先"和英国脱欧不但是新的民族主义回潮的标志，也是一种先导。在全球化的大潮中，世界各国不论参与也好，合作也好，都是相互的、共济的。现在既然美国和英国作为合作的、共济的一方（还是占据主导的一方）退出了这种合作，原来的合作也便难以为继，另外的一方或各方只能退回到各自的本位主义立场。所以，当前国家间以贸易保护主义为主要表现的民族主义泛滥，美国和英国有着不可推卸的主要责任。

西方各国的民族主义除了国家层面上的单边主义、限制移民和贸易保护主义之外，国内的内容首先就是排外，包括反移民以及抵制伊斯兰文化等。2015年前后，随着中东北非地区一系列"颜色革命"的发生、"伊斯兰国"的兴起和叙利亚等国的战乱，成千上万的难民涌入欧洲，这给欧洲各国的经济、财政、社会秩序带来极大挑战。尤其恐怖主义事件的不断发生，致使各国原有的反移民浪潮进一步高涨；而针对伊斯兰文化的冲击也形成了前所未有的各种思潮。在西方，多元文化主义已屡遭责难，以欧洲文明为核心重塑各国"主导文化"的风潮渐起。

其次，种族主义的泛滥。西方社会的"反犹"伴随着"仇穆"思潮一并再现。法国接连发生了针对犹太人的暴力事件，致使法国的犹太人大量外逃，以色列为此做了迎接同胞难民的准备。美国也出现了针对犹太人的枪击案。在美国近年来的民粹主义运动中，被视为"政治正确"的"种族平等"遭到奚落，而"白人至上主义"则大行其道。特朗普既是"白人至上主义"的受益者，也是这一思潮的推动者。中下阶层的白人是特朗普在大选中的主要支持力量，而特朗普上台后一系列维护白人利益的举措又对这些支持者做了回报。包括黑人、拉美裔人和亚裔等在内的有色人种在司法、就业、移民和教育领域大有再陷歧视之虞。

再次，分离主义的抬升。苏格兰与英国的关系与脱欧有关联，于是当英国提出脱欧动议的时候，苏格兰便于2014年率先举行了"脱英公投"，但未能成功。而当英国公投脱欧成功以后，苏格兰独立党又不计成败地再次提出了"脱英公投"议题。稍晚于苏格兰，加泰罗尼亚也于2017年10月搞了一次脱离西班牙的独立公投，竟获百分之百的赞成，只因"违宪"不合法而未果。随两次独立公投的进行，苏格兰与英国、加泰罗尼亚与西班牙的裂痕再次增大。而巴斯克和北爱尔兰的分离主义虽放弃了暴力活动，但独立的社会基础和倾向并未消除。于是，作为西方政治倾向的整体反映，进入 21 世纪以来的"左翼力量总体上严重式微，始终处于守势；右翼则日益激进化，右翼保守主义势力集结了民粹主义、民族主义甚至种族主义的极端思潮而强势崛起，成为当下欧美政治中的主导力量"。①

　　两个层面民族主义的出现有着相互依存的经济和社会背景。全球化中的资本竞争一方面大大增加了世界财富，另一方面急速拉大了贫富差距。这种拉大既是不同国家之间的，也是各国不同社会阶层之间的。国家之间的差距拉大不但造成了国家间民族主义的形成，也加大了不同国家间人口流动的落差，从而产生了持续并不断增强的移民、难民流动。西方国家一方面离不开外来人口的输入，另一方面又难以承受这种输入带来的就业、环境、社会程序乃至民族问题的压力，成为引发以排外、保守乃至种族主义为特征的右翼政治和民族主义的直接诱因。同样是资本竞争的推动，由技术进步而导致的产业结构和社会分层结构已经发生变化，由传统产业萎缩而被排挤出来的低端劳动人口在就业和收入方面成为直接的受害者。即便在高技术领域的高端人才，面对外来高学历高技能人口的竞争，也时时面临着威胁。进入 21 世纪以来，由于金融危机和经济低迷的影响，西方社会分层的两端化倾向再次加大。2008 年以前美国的中产阶级人口占全国人口的 70%以上，而到 2017 年已不到 50%，欧洲也是类似的情况。中产阶级

---

① 林红：《失衡的极化：当代欧美民粹主义的左翼与右翼》，《当代世界与社会主义》2019 年第 5 期。

人口的流失意味着低端劳工阶级人口的增多，意味着社会更大的分化和不稳定。于是当有人以捍卫本国劳动人民权益和祖国利益为号召的时候，自然会得到广大民众的响应。近年来西方民粹主义盛行，根本原因就在于社会贫富不均、国家治理失能。当前民粹主义的主要表现就是仇富、排外、反建制，并伴有鲜明的民族主义色彩，以至于人们把美国大选期间形成的"特朗普现象"集中地概括为两种表现，即对内的民粹主义和对外的民族主义。[①] 其实，这在西方已是普遍现象，而不独美国。

在由国际垄断资本主导的新一波全球主义和民族主义的轮回中，中国经济是一个新的参与因素，也起了极为重大的作用。成规模的社会主义经济是从苏联建立就开始有的，但在自身发展的过程中，与资本主义世界的经济基本上是平行而进，有交集但不密切。二战后出现了一大批社会主义国家，扩大了国际联系，但仍限于社会主义阵营之间。所以，资本主义的经济周期性以及其表现出来的全球主义和民族主义的轮回性并没有和社会主义经济产生多大的联系。然而这一次就不同了，中国改革开放和全球化的高潮几乎同步发生。中国社会主义市场经济的建立和持续的对外开放使它与国际资本产生了密不可分的联系，而随着经济规模的增大和融入程度的加深其对全球经济的影响力也越来越大。当今中国的 GDP 已占世界的 16%，在实体经济上已超越美国，成为最大的制造业大国和贸易大国。当今西方各国，尤其是美国的贸易保护主义很大程度上是面对中国经济增长的回缩。

从长远来看，不论由各国经济发展和国际局势变化决定的世界经济结构调整的结局如何，当前的民族主义回潮仍然是一种向

① 郑永年：《反思"特朗普现象"》，《网络空间研究》2017 年第 1 期。

全球主义的过渡，因为全球化除了各种力量的主观推动之外，也是世界经济发展不可阻遏的大趋势。这个大趋势不会因局部和阶段性的中断而改变。但如果资本主义仍然是这个世界的主导经济形态，那么在这个大趋势的发展曲线上仍然会有民族主义的高潮出现，仍然是世界主义和民族主义的此起彼伏，而不是此生彼灭。这是由资本的扩张和竞争的周期性所决定的。

作为经济的基本要素，资本也对中国经济发挥着支配作用，也具有扩张性和竞争性，但它因受到社会主义性质的规约而规避了无序性和盲目性。因而中国的发展做到了世界主义与民族主义的有机结合：它始终自信地对外开放，在不同阶段提出不同的开放策略，直至倡导"一带一路"建设，引导世界构建人类命运共同体；也始终以中华民族伟大复兴为宗旨，在国际交往中维护中国人民的根本利益和长远利益。正因为如此，与以美国为首的西方相反，中国始终是全球化的积极参与者和推动者。即便在当前全球化的低迷期，仍然以积极的态度维护合理的经济秩序，承担应有的国际责任。所以，中国代表了新的国际经济秩序和全球主义的希望，而这种希望是与科学社会主义代表的未来联系在一起的。

第八章　国际主义与民族主义

　　马克思、恩格斯创立的无产阶级革命事业本身就是立足于国际主义立场，是与民族主义根本对立的。他们创立马克思主义学说和领导工人运动的过程就是奠定国际主义理论和实践无产阶级国际主义的过程。恩格斯去世后的第二国际是民族主义分化国际社会主义运动的集中营。列宁对第二国际和党内机会主义的批判为无产阶级正确理解国际主义和爱国主义的关系指明了方向，同时将国际主义的理论和实践做了两方面的延展：其一是延展到国内民族关系，实现了国际主义与族际主义的统一；其二是延展到殖民地和半殖民地被压迫民族与无产阶级的联合。列宁提出了在全世界实现无产阶级专政、建立"国际（或世界）苏维埃共和国"的设想。然而，由于苏联在社会主义运动中的核心地位和错误实践，服从国际主义在很大程度上成为服从苏联的领导和苏联的利益，与各国革命实际和民族利益形成了抵牾。这种抵牾是如此强大和广泛，以至于国际共产主义运动由此而分裂。为贯彻国际主义原则，列宁提出的反对"大俄罗斯沙文主义"或"大俄罗斯民族主义"，既是对外的，也是对内的。但从列宁之后的历史来看，其在国际层面是一场失败的实践，苏联国内依然是失败的实践。中国共产党是国际主义的受益者，也是脱离实际和霸权"国际主义"的受害者；是国际主义的积极践行者，也是国际主义错误的校正者。如何正确理解和践行无产阶级国际主义，中国共产党人做出了表率。

国外学者研究马克思、恩格斯民族思想的中译读本不多。在不多的译本中，澳大利亚学者伊恩·卡明斯（I. Cummins）的《马克思恩格斯与民族运动》一书（柯明译，湖北人民出版社，1983）因观点新颖而颇受关注。他在书中试图说明马克思、恩格斯是泛德意志主义者、民族主义者甚至欧洲中心主义者，言之凿凿。这个说法在西方学者中有一定的代表性，但如果这个观点能够成立，那世界历史的叙述就得大大"纠错"了，因为马克思、恩格斯创立的无产阶级革命事业本身就是立足于国际主义立场，与民族主义是根本对立的。这一立场从马克思、恩格斯创立科学社会主义开始，到了列宁时代，已将国际主义和民族主义视为无产阶级和资产阶级两种对立的民族观了。所以，马克思主义的国际主义立场是无可置疑的，但在整个国际共产主义运动史上，针对如何正确认识马克思主义的国际主义原则，如何认识和处理国际主义与民族主义、爱国主义的关系留下了可贵的经验教训。

一 无产阶级国际主义基本观点的奠定

"国际主义"，英文为"internationalism"，最早为 18 世纪英国法学家边沁（Jeremy Bentham）所创，早先指欧洲各国之间的关系，民族主义产生之后，"指任何独立国间的正式关系，也应该指民族国家间的各种关系，甚至指各民族间的关系，不管这些民族是不是独立国"①。所以，所谓的"国际主义"，即 internationalism

---

① 〔美〕海斯：《现代民族主义演进史》，帕米尔等译，华东师范大学出版社，2005，第 8 页。

实际上包含着两种含义，一是国际主义，二是族际主义。我们现在一概译成"国际主义"，很多时候是词不达意的。如讲无产阶级的民族观是"国际主义"，显然不合适，因为这里说的是"民族"，只能讲"族际主义"。"国际主义"只能用在国际问题上，而讲民族问题时则应还其本义"族际主义"。但由于现代国家都是民族国家，讲国家层面的民族关系时，将这种"族际主义"说成"国际主义"也能说得通。所以，对这个术语的使用我们可以约定俗成，只是应当辨别，知道不同语境中的不同内容。

"国际主义"尽管有着较早的使用历史，但马克思主义出现以后，就更多地成为马克思主义的术语，具有了"无产阶级"的阶级属性和意识形态属性，以至于有人认为这个术语出现在 19 世纪 60 年代，与第一国际的成立有关。[①] 历史上第一个建立在科学社会主义基础上的无产阶级政党——共产主义者同盟，是马克思、恩格斯对原有的正义者同盟改造的结果，他们为其拟定的纲领《共产党宣言》和提出的口号"全世界无产者，联合起来"，使他们开创的革命事业从一开始就是一个国际性的事业。

1864 年 9 月 28 日在伦敦圣马丁堂成立的国际工人协会，史称"第一国际"，是英、法、德、意、波等国工人代表为联合全世界的无产阶级反对压迫者而斗争的工人组织，马克思应邀出席大会并入选该组织的领导机构。其后，马克思为协会起草《国际工人协会成立宣言》和《协会临时章程》，以"实质上坚决，形式上温和"的方式，表达了科学社会主义的一些原理[②]，并以"全世界无产者，联合起来!"为协会的口号。马克思在第一国际内的正式职务是总委员会委员，实际上领导着协会总委员会的全部工作，

---

① 〔英〕哈利迪:《革命与世界政治》，张帆译，世界知识出版社，2006，第 61 页。
② 庄福龄主编《马克思主义史》第 1 卷，人民出版社，1996，第 291 页。

是国际的真正领袖和"灵魂"。总委员会所发表的一切文件几乎都出于马克思的手笔。恩格斯在 1870 年 10 月被选为总委员会委员，协助马克思领导了第一国际的工作。第一国际在马克思、恩格斯的领导下，支持各国工人的罢工斗争，声援各被压迫民族的解放运动，保卫新生的无产阶级政权巴黎公社，呈现了鲜明的无产阶级国际主义性质。1883 年马克思逝世以后，恩格斯继续承担了指导国际共产主义运动的繁重任务。1889 年第二国际的成立，从酝酿、筹备到产生，恩格斯都给予了积极支持。在第二国际成立后的五年内，恩格斯为这一国际工人组织制定了正确的活动方针，并在反对各种机会主义派别活动和处理一些重大国际问题上做出了巨大贡献。[①]

所以，马克思、恩格斯创立马克思主义学说和领导工人运动的过程就是实践无产阶级国际主义的过程，不但如此，他们也为作为科学社会主义一部分的国际主义奠定了理论基础。

第一，工人阶级就其本性来说是国际主义的。早在 1845 年 3 月马克思就对工人阶级的国际性做过深刻分析，说："工人的民族性不是法国的、不是英国的、不是德国的民族性，而是劳动、自由的奴隶制、自我售卖。他的政府不是法国的、不是英国的、不是德国的政府，而是资本。他的领空不是法国的、不是英国的、不是德国的领空，而是工厂的天空。他的领土不是法国的、不是英国的、不是德国的领土，而是地下若干英尺。"[②] 同年年底恩格斯也对无产阶级的国际主义属性做了进一步的阐发，同时与资产阶级的民族性做了比较："因为每个国家的资产阶级都具有他们自

---

① 庄福龄主编《马克思主义史》第 1 卷，人民出版社，1996，第 826 页。
② 马克思：《评弗里德里希·李斯特的著作〈政治经济学的国民体系〉》，《马克思恩格斯全集》第 42 卷，人民出版社，1979，第 256 页。

己的特殊利益，而且由于他们认为这些利益高于一切，他们无法超出民族的范围。……可是全世界的无产者却有共同的利益，有共同的敌人，面临着同样的斗争；所有的无产者生来就没有民族的偏见，所有的他们的修养和举动实质上都是人道主义的和反民族主义的。只有无产者才能够消灭各民族的隔离状态，只有觉醒的无产阶级才能够建立各民族的兄弟友爱。"① 三年以后，在标志着马克思主义诞生的《共产党宣言》中，马克思、恩格斯共同表明："现代的工业劳动，现代的资本压迫，无论在英国或法国，无论在美国或德国，都是一样的，都使无产者失去了任何民族性。"② "在无产者不同的民族的斗争中，共产党人强调和坚持整个无产阶级共同的不分民族的利益。"③ "工人没有祖国。"④ 马克思主义这一观点一以贯之，晚年的恩格斯再次重申，"工人阶级就其本性来说是国际主义的"。⑤

第二，无产阶级的解放只能是国际的事业。"无论是法国人、德国人，还是英国人，都不能单独赢得消灭资本主义的光荣。如果法国——可能如此——发出信号，那么，斗争的结局将决定于受社会主义影响最深、理论最深入群众的德国；虽然如此，只要英国还掌握在资产阶级手中，那么，不管是法国还是德国，都还

---

① 恩格斯：《在伦敦举行的各族人民庆祝大会》，中国社会科学院民族学与人类学研究所民族理论室编《马克思主义经典作家民族问题文选·马克思恩格斯卷（上）》，社会科学文献出版社，2016，第99页。

② 马克思、恩格斯：《共产党宣言》，中央编译出版社，2005，第36页。

③ 马克思、恩格斯：《共产党宣言》，中央编译出版社，2005，第38页。

④ 马克思、恩格斯：《共产党宣言》，中央编译出版社，2005，第43页。

⑤ 恩格斯：《五一节致捷克同志们》，《马克思恩格斯全集》第22卷，人民出版社，1965，第472页。

不能保证最终赢得胜利。无产阶级的解放只能是国际的事业。"①
这是恩格斯对无产阶级国际主义内涵的点睛之笔，却并不是说这
话时的 1893 年才产生的。因为从领导无产阶级革命运动一开始，
马克思和恩格斯就持有一种宏观的国际视野，洞察各国革命运动
之间的相互联系，在不同的时机指出不应该在波兰解放波兰，而
应该着眼于德国；强调"波兰问题就是德国问题。没有独立的波
兰，就不可能有独立统一的德国"②，德国的解放要依靠波兰从德
国人压迫下的解放，深刻地揭示了"一个民族当它还在压迫其他
民族的时候，是不可能获得自由的"③；等等。

第三，国际团结要以民族独立和平等为前提。这一观点在恩
格斯晚年得到了特别的强调。比如 1882 年他在给考茨基的信中就
提道："无产阶级的国际运动，无论如何只有在独立民族的范围内
才有可能。"各民族"只有在平等者之间才有可能进行国际合作，
甚至平等者中间居首位者也只有在直接行动的条件下才是需要
的"。④

恩格斯这里是就法国沙文主义滋长带来的危害来说明平等对
于国际合作的重要性的。1887 年恩格斯的《暴力在历史中的作
用》一文从历史角度对德国统一的必要性和意义做了深刻分析，
同时延伸到了无产阶级的国际合作问题："从中世纪末期以来，历

---

① 《恩格斯致保尔·拉法格》，《马克思恩格斯文集》第 10 卷，人民出版社，
2009，第 656 页。

② 马克思：《伦敦德意志工人教育协会支援波兰的呼吁书》，《马克思恩格斯全集》
第 15 卷，人民出版社，1963，第 614 页。

③ 马克思、恩格斯《关于波兰的演说》，中国社会科学院民族学与人类学研究所
民族理论室编《马克思主义经典作家民族问题文选·马克思恩格斯卷（上）》，
社会科学文献出版社，2016，第 159 页。

④ 恩格斯：《恩格斯致卡尔·考茨基》，《马克思恩格斯文集》第 10 卷，人民出版
社，2009，第 472 页。

史就在促使欧洲形成为各个大的民族国家。只有这样的国家，才是欧洲占统治地位的资产阶级的正常政治组织，同时也是建立各民族协调的国际合作的必要先决条件，没有这种合作，无产阶级的统治是不可能存在的。要保障国际和平，首先就必须消除一切可以避免的民族摩擦，每个民族都必须获得独立，在自己的家里当家作主。"①

1892 年恩格斯在为《共产党宣言》波兰文版写的序言中重申："欧洲各民族的真诚的国际合作，只有当每个民族自己完全当家做主的时候才能实现。"② 而在其后 1893 年为《共产党宣言》的意大利文版写的序言中恩格斯进一步说明，这些欧洲民族，意大利、德国、匈牙利的独立和统一的完成是从 1848 年革命开始的，而这场革命又是资产阶级性质的民主革命，"这次革命到处都是由工人阶级干的"：工人帮助资产阶级取得政权，推动了这些国家的独立和统一。所以，"不恢复每个民族的独立和统一，那就既不可能有无产阶级的国际联合，也不可能有各民族为达到共同目的而必须实行的和睦的与自觉的合作"。③ 也就是说，实行国际无产阶级的合作和联合，必须以完成民族独立和统一为前提，以此鼓励无产阶级帮助资产阶级完成民主革命，建立独立和统一的民族国家。这就为无产阶级怎样对待资产阶级革命和民族独立运动

① 恩格斯：《暴力在历史中的作用》，中国社会科学院民族学与人类学研究所民族理论室编《马克思主义经典作家民族问题文选·马克思恩格斯卷（下）》，社会科学文献出版社，2016，第 498 页。
② 恩格斯为《共产党宣言》1892 年波兰文版写的序言，《共产党宣言》，中央编译出版社，2005，第 21 页。
③ 恩格斯为《共产党宣言》1893 年意大利文版写的序言，《共产党宣言》，中央编译出版社，2005，第 23 页。中国社会科学院民族学与人类学研究所民族理论室编《马克思主义经典作家民族问题文选·马克思恩格斯卷（上）》，社会科学文献出版社，2016，第 168~169 页。

提供了理论依据，也为无产阶级如何实现国际联合指明了路径。

当然，民族独立和统一为国际团结创造了一个平等相处的条件，其中当时的德国和波兰、英国和爱尔兰之间不同地位的民族关系在马克思、恩格斯的具体论述中又有较多的展开。1864 年马克思在为第一国际起草的成立宣言中特别提到一句："努力做到使私人关系间应该遵循的那种简单的道德和正义的准则，成为各民族之间的关系中的至高无上的准则。"① 这是对国际无产阶级民族关系朴素的要求，十分经典。

第四，摆脱民族偏见和民族优越感。这又是真正保障民族团结，实现工人阶级国际联合的必要条件。《英国工人阶级状况》是1845 年恩格斯深入调查后写成的资本主义制度下工人阶级状况和历史使命的重要著作，他在其中"致大不列颠工人阶级"部分提到，希望工人阶级摆脱"民族偏见和民族优越感。这些极端有害的东西，它们归根到底不过是大规模的利己主义而已"，确信他们"不仅仅是单个的、孤立的民族的成员"，而且"是认识到自己的利益和全人类的利益相一致的人，是伟大的人类大家庭的成员"。② 这个要求说得十分委婉，却非常明确：不从思想观念上克服民族偏见和民族自我中心主义，实现国际民族团结只能是一句空话。

马克思和恩格斯为克服民族偏见和民族优越感做出了表率。恩格斯写于 1840 年的《恩斯特·莫里茨·阿伦特》一文是表现其民族思想的重要文献。他在文中以评价阿伦特及其《忆往事》一

---

① 马克思：《国际工人协会成立宣言》，《马克思恩格斯文集》第 3 卷，人民出版社，2009，第 14 页。

② 恩格斯：《英国工人阶级状况》，中国社会科学院民族学与人类学研究所民族理论室编《马克思主义经典作家民族问题文选·马克思恩格斯卷（上）》，社会科学文献出版社，2016，第 78 页。

书为话题，对当时德意志民族面临的一些重大问题做了评价，其中就包括对于表现德意志民族本位主义的"条顿狂"的批判，认为条顿狂"那些表露为理性的东西，也大都是够荒谬的。它的整个世界观在哲学上是站不住脚的，因为按照这种观点，整个世界就是为德国人创造的，而德国人自己早就达到了发展的最高阶段。……条顿狂总想把这个民族拉回到德意志的中世纪去"，而无视其他民族的文明。①

恩格斯的这一思想得到了延续并一以贯之。1847 年 11 月恩格斯在关于波兰的演讲中，"破例以一个德国人的身份"谴责德国的君主们从瓜分波兰中得到好处，谴责德国的士兵蹂躏加利西亚和波森。② 1848 年在《德国的对外政策》一文中又用了很多事例说明，德国统治者为了延长专制政权的寿命，"唆使各民族互相残杀，利用一个民族压迫另一个民族"。"这些卑鄙行为都是在德国的帮助下在其他国家中干出来的，这不仅是德国政府的罪过，而且在很大程度上也是德国人民的罪过。"由此"德国人"这几个字在国外"被人当做充满仇恨、诅咒和蔑视的骂人话"。③

无独有偶。1843 年 3 月身在荷兰的马克思对在当地和法国报纸上看到德国越来越陷于专制而深感耻辱，"连丝毫没有民族自尊心的人也会感到这种民族耻辱"。他珍惜这种羞耻，说"羞耻是一种革命，……羞耻是一种内向的愤怒。如果整个民族真正感到了

① 恩格斯：《恩斯特·莫里茨·阿伦特》，《马克思恩格斯全集》第 41 卷，人民出版社，1982，第 148 页。

② 马克思、恩格斯：《关于波兰的演说》，中国社会科学院民族学与人类学研究所民族理论室编《马克思主义经典作家民族问题文选·马克思恩格斯卷（上）》，社会科学文献出版社，2016，第 159 页。

③ 恩格斯：《德国的对外政策》，中国社会科学院民族学与人类学研究所民族理论室编《马克思主义经典作家民族问题文选·马克思恩格斯卷（上）》，社会科学文献出版社，2016，第 196 页。

耻辱，它就会像一头蜷身缩爪、准备向前扑去的狮子。我承认，德国现在甚至还没有感到羞耻，相反，这些可怜虫还是爱国者。"把他们的言行称为"空洞"的"爱国主义"。① 1845 年马克思、恩格斯在《德意志意识形态》中也痛心地谈到"如果民族的狭隘性一般是令人厌恶的，那末在德国，这种狭隘性就更加令人作呕……"②

马克思和恩格斯对自己民族"狭隘性"和"罪过"的耻辱、愤怒和谴责不是作秀和矫情，而是他们国际主义世界观的自然显露，与他们的宽广胸怀合拍、对应。他们没有把德国人的各种"卑鄙行为"都推给德国政府，也让"德国人民"承担"罪过"，深感这是一种"民族耻辱"，显示了马克思主义强烈的民族责任感和担当精神。正因为此，他们在勇于承担"民族耻辱"的同时，也不吝笔墨地赞美自己的民族及其无产阶级的崇高精神。尤其在最能得到考验的 1870 年德法战争问题上，恩格斯说，在因波拿巴的战争挑衅挑起的普遍的民族热情面前，"德国社会主义的工人一刻也没有被引入歧途。他们没有被卷入民族沙文主义的狂澜。当举国若狂地沉醉于胜利时，他们保持了冷静……不论是对战争光荣的迷恋，不论是关于'德意志帝国伟大'的废话，在他们中间都得不到响应；他们唯一的目标仍旧是整个欧洲无产阶级的解放。我们有充分的理由可以说，到现在为止还没有一个国家的工人如此辉煌地经受住了这样艰巨的考验"。

对于无产阶级应该具有怎样的国际主义、如何摒弃民族偏见，

① 马克思：《致阿尔诺德·卢格》，中国社会科学院民族学与人类学研究所民族理论室编《马克思主义经典作家民族问题文选·马克思恩格斯卷（上）》，社会科学文献出版社，2016，第 16 页。
② 马克思、恩格斯：《德意志意识形态》，《马克思恩格斯全集》第 3 卷，人民出版社，1960，第 555 页。

马克思、恩格斯在理论和实践上都为工人阶级树立了榜样。

第五，反对庸俗爱国主义和民族主义。"爱国主义"在马克思、恩格斯的著作中正面论述不多，比如前述马克思在抨击德国专制主义时就是以反面和讥讽的口吻谈到"爱国者"和"爱国主义"的。1893年春，法国各个保皇派集团大肆诽谤社会主义者，将他们所遵循的国际主义原则称为"反爱国主义"。法国工人党全国理事会领导人盖得和保尔·拉法格于1893年6月17日在《社会主义者报》上发表了《告法国劳动者书》，表示"国际主义决不意味着取消祖国，决不意味着牺牲祖国"。"走上了导致人类全面繁荣的国际主义道路的人，并不是就不再是爱国主义者了……恰恰相反，国际主义者能够宣称自己为唯一的爱国主义者。"恩格斯对此评价说：法国工人党对"爱国主义"采取的新立场就其本身而言是很有道理的。"国际联合只能存在于国家之间，因而这些国家的存在、它们在内部事务上的自主和独立也就包括在国际主义这一概念本身之中。"同时称赞盖得根据《告法国劳动者书》的精神在《费加罗报》上的谈话"好极了"。① 但一个星期后恩格斯在给保尔·拉法格的信中又谈了对《告法国劳动者书》的一些意见，委婉地指出它在表现爱国主义的立场上过头了，"有些越出了目标"。同时指出"爱国主义者"一词"涵义片面"或"词义含糊"，"所以我从来不敢把这一称号加于自己。我对非德国人讲话时是一个德国人，正象我对德国人讲话时又纯粹是一个国际主义者一样"，② 明确表达了他对于"爱国主义"这个概念的保留态

① 恩格斯：《致劳拉·拉法格》，《马克思恩格斯全集》第39卷，人民出版社，1975，第84页。
② 恩格斯：《致保尔·拉法格》，《马克思恩格斯全集》第39卷，人民出版社，1975，第86页。

度。不但如此，他还在几天之后在给梅林的信中进一步讲道，"打破保皇爱国主义的神话"，即使不是铲除掩盖着阶级统治的君主制度的"必要前提"，"也是完成这一任务的最有效的杠杆之一"。①

马克思、恩格斯对于"爱国主义"的态度是当时历史背景下的正确选择。在国家被封建主义和资产阶级把持的情况下，不加分析地讲究爱国主义只能是对统治阶级利益的维护。这和列宁对第二国际机会主义者"爱国主义"立场的批判是一致的。恩格斯在《德国的对外政策》中曾讲，在当前的国际环境下，以维护德国荣誉为借口的"爱国主义的华丽辞藻"和招牌背后都包含着旧政府和大资产阶级的"物质利益"。只有建立起真正的人民政府，彻底摧毁旧的上层建筑，旧制度的政策"才会被国际主义的民主政策所代替"②。所以，在马克思、恩格斯看来，那时的爱国主义只是维护旧的统治秩序的一个口号，而不是它应有的积极和正面的含义。恩格斯曾在讲述沙俄帝国的扩张史时将俄国公众的表现称为"庸俗爱国主义"："在庸俗爱国主义的公众的眼中，胜利的光荣、一连串的征服、沙皇政府的威力和表面的光彩，绰绰有余地足以补偿它的一切罪恶、一切暴政、一切不义和专横；沙文主义的夸耀绰绰有余地足以弥补一切拳打脚踢"，③ 可谓深刻。

与对"爱国主义"的态度一样，马克思、恩格斯对与国际主义对立的民族主义也持当然的反对立场。只是在他们的批判中，

---

① 恩格斯：《致弗兰茨·梅林》，《马克思恩格斯文集》第 10 卷，人民出版社，2009，第 660 页。
② 恩格斯：《德国的对外政策》，中国社会科学院民族学与人类学研究所民族理论室编《马克思主义经典作家民族问题文选·马克思恩格斯卷（上）》，社会科学文献出版社，2016，第 196 页。
③ 恩格斯：《德国沙皇政府的对外政策》，《马克思恩格斯全集》第 22 卷，人民出版社，1965，第 17~18 页。

直接使用"民族主义"概念并不多，而多为包括"民族利己主义""沙文主义""泛斯拉夫主义"等在内的泛义民族主义。这又和后来的列宁和斯大林很不相同，列宁和斯大林把几乎所有在民族问题上的错误或反动的观念、行为都纳入"民族主义"。

二　第二国际的民族主义与列宁的国际主义

恩格斯去世后的第二国际是民族主义分化国际社会主义运动的集中营。早在 1892 年，波兰社会党就打出了"民族社会主义"的旗帜，试图以波兰工人阶级的一己之力摆脱沙皇的统治，实现波兰的民族独立。以卢森堡为代表的波兰马克思主义者强烈批判了这一不切实际的主张。1898 年，德国社会民主党的伯恩斯坦发表《社会主义的前提和社会民主党》等论著，在修正马克思主义基本观点的同时，提出"文明民族"掠夺"非文明民族"是自己的历史权利，帝国主义殖民掠夺"是社会进步最有力的杠杆之一"，从而使他成为帝国主义侵略的辩护士。由于他的鼓噪，修正主义垄断了第二国际的话语权。在 1907 年德国斯图加特会议上，以万·科尔为代表的修正主义者甚至公开提出了"社会主义殖民政策"的论点。只是由于以列宁为首的俄国社会民主工党代表的坚决斗争，这一论点才未能通过决议。但在会议中，"德、英、奥、荷、比等几个主要帝国主义国家的代表，或全体或大部都赞成了'社会主义殖民政策'的提案，拥护万·科尔的决议。而许多小国和深受殖民政策之害的国家的代表都同俄国代表团一道，坚决反对机会主义的决议案"①。这说明，那些口称"国际主义"

---

① 梁守德等：《民族解放运动史》，北京大学出版社，1985，第 246 页。

的各国修正主义者关心的只是自己的民族利益，即便是强盗性的殖民掠夺，也是宁愿和自己民族的统治阶级站在一起加以维护的。也正因为如此，当1914年第一次世界大战爆发以后，第二国际的这些机会主义者便纷纷高喊"保卫祖国"的口号，公开支持自己的国家参加战争了。

其后，战争一开始，列宁就鲜明表达了自己的观点，认为这场欧洲和世界的大战，"具有十分明显的资产阶级、帝国主义、王朝战争的性质。争夺市场和掠夺其他国家，力图扼制国内无产阶级和民主派的革命运动，力图愚弄、分裂和屠杀各国无产者，驱使一国的雇佣奴隶为了资产阶级的利益去反对另一国的雇佣奴隶——这就是这场战争唯一真实的内容和作用"。而第二国际最大和最有影响的党——德国社会民主党的领袖们投票赞成本国的军事预算，比利时和法国社会民主党的领袖们也参加了资产阶级内阁，"第二国际大多数领袖背叛社会主义，意味着这个国际在思想上政治上的破产……他们在爱国主义和保卫祖国的幌子下鼓吹资产阶级沙文主义，而忽视或否定《共产党宣言》中早已阐明的一条社会主义的基本真理，即工人没有祖国"[1]。

其后，列宁又发表了一系列文章，重申了自己的观点，在这些文章中，列宁揭露了两大帝国主义集团进行战争的目的、内容和性质，以及在此问题上的各种谎言、诡辩和"爱国主义的花言巧语"。并号召："觉悟的无产阶级……要刻不容缓地负起责任，维护自己的阶级团结，捍卫自己的国际主义，坚持自己的社会主义信念，反对各国'爱国主义的'资产阶级集团的猖獗的沙文主义。"提出当前"唯一正确的无产阶级口号是变当前的帝国主义战

---

[1] 列宁：《革命的社会民主党在欧洲大战中的任务》，《列宁全集》第26卷，人民出版社，2017。

争为国内战争"。① 列宁把第二国际的民族主义者称为"公开的社会爱国主义者",说"他们在 1914~1918 年帝国主义战争时期始终支持本国资产阶级,并把工人阶级变为扼杀国际革命的刽子手";"社会爱国主义者一到紧要关头就明火执仗地反对无产阶级,跟这种人只有作无情的斗争"。②

列宁在同第二国际背叛立场进行斗争的同时,也尖锐地批判了俄国社会民主党内的机会主义,认为面对帝国主义战争党内已形成了"国际主义者"和"社会爱国主义者"两个基本派别,后者也被称为"社会民族主义者"。他揭露这些"社会民族主义者并不把自己叫作社会民族主义者,也不承认自己是社会民族主义者。他们竭力而且不得不竭力用假名来掩饰自己,蒙蔽工人群众,消灭自己同机会主义的联系的痕迹,掩盖自己的叛变即事实上已经转到资产阶级方面、同政府和总参谋部结成联盟的行径"。③

列宁对第二国际和本国党内机会主义的批判为无产阶级正确理解国际主义和爱国主义的关系,正确对待战争指明了方向。

第二国际机会主义者的狭隘立场显示了民族主义的"唯我"性本质。它是有害的,却是极有感召效力的。大战爆发后几个星期,英国、法国、德国、奥地利甚至俄国所有交战国的社会党和社会民主党都决定支持本国政府作战,并决定"保卫"他们的祖国。"爱国主义热情"的浪潮遍及全欧。社会党国际一度例外,宣称国际团结,并号召一旦宣战就举行总罢工。"只有一些小的极左

---

① 列宁:《战争和俄国社会民主党》《关于变帝国主义战争为国内战争的口号》,《列宁全集》第 26 卷,人民出版社,2017。
② 《共产国际第一次代表大会的邀请信》,戴隆斌主编《共产国际第一次代表大会文献》,中央编译出版社,2012,第 7 页。
③ 列宁:《空泛的国际主义的破产》,《列宁全集》第 26 卷,人民出版社,2017。

少数派——令人瞩目的有列宁的布尔什维克、德国的罗莎·卢森堡小组以及其他国家类似的小组——仍宣传忠于无产阶级国际主义和采取革命行动来反对战争的思想。他们的呼声不过是荒野呼唤，无人理睬。他们的领导人不是被流放，便是很快就被关进牢中；民族主义则处处取胜。"①

第二国际之所以破产，狭隘的爱国主义或民族主义之所以能得到拥护，恰恰即在于各自的民族立场。一份写于第一次世界大战后的文章说，第二国际未能形成国际主义的阶级团结，责任"在于马克思主义传统的抽象的国际主义虽然一再强调要献身于超越国界的国际团结，却未能扎根于制度和行为方式的具体媒介之中。结果是，工人在社会主义运动中找不到对他们有关其文化和遗产的具体意识的反应"②。国际主义的空泛化，没有民族根基，为机会主义对民族主义的利用留下了空间，这无疑是国际共产主义运动的深刻教训之一。利己的民族主义在此取得胜利，而国际主义却受到羞辱。

第一次世界大战前后，列宁在与第二国际机会主义斗争和领导俄国革命过程中涉及大量国际和族际关系问题，这使得他关于国际主义的思想比马克思、恩格斯有了进一步的发展。其中包括他把国际主义和民族主义提升到代表着民族问题上的两种政策，也是两种世界观的高度，也包括他对国际主义内涵的明确解读："无产阶级国际主义，第一，要求一个国家的无产阶级斗争的利益服从全世界范围的无产阶级斗争的利益；第二，要求正在战胜资

---

① 〔英〕弗·卡斯顿：《法西斯主义的兴起》，周颖如、周熙安译，商务出版社，1989，第45~46页。
② 华东师范大学当代中国马克思主义研究中心：《社会主义发展的历程研究》，上海人民出版社，2001，第369~370页。

产阶级的民族，有能力有决心为推翻国际资本而承担最大的民族
牺牲。"① "真正的国际主义只有一种，就是进行忘我的工作来发
展本国的革命运动和革命斗争，支持（用宣传、声援和物质来支
持）无一例外的所有国家的同样的斗争、同样的路线，而且只支
持这种斗争、这种路线。"② 然而更为值得关注的是列宁把国际主
义的理论和实践做了两方面的延展。

其一是延展到国内民族关系，实现了国际主义与族际主义的
统一。马克思、恩格斯的国际主义主要面对欧洲各国工人阶级之
间的联合问题，而列宁的国际主义面对的不仅仅是国际工人阶级
的团结和联合，也包括国内各民族之间的关系问题。因为俄国是
一个多民族的封建帝国，十月革命前后一些民族从沙俄帝国中独
立出来，其后又在自愿的基础上重新组建为一个社会主义国家联
盟。这期间不同民族之间的关系依序经历了"族际"到"国际"，
再到"族际加国际"的转换。沙俄帝国时期，不同民族之间就是
族际关系；沙俄帝国倒台后，各民族建立了各自的民族国家，相
互之间就成了国际关系；而苏联建立后，国内不同加盟共和国之
间、自治共和国之间以及相互交叉的关系之间就既是族际关系又
是国际关系。这些关系的存在使"internationalism"这个术语套用
在哪一层关系上都能适用，而列宁为在各层关系上贯彻国际主义
原则共同使用的一个对策就是反对两种民族主义：大俄罗斯民族
主义和狭隘民族主义。前者主要针对俄罗斯民族，后者针对非俄

---

① 列宁：《为共产国际第二次代表大会准备的文件》，中国社会科学院民族学与人
类学研究所民族理论室编《马克思主义经典作家民族问题文选·列宁卷
（下）》，社会科学文献出版社，2016，第 453 页。

② 列宁：《无产阶级在我国革命中的任务》，《列宁全集》第 29 卷，人民出版社，
1985，第 168 页。

罗斯族。而反对两种民族主义的重点是前者，因为大俄罗斯族是
原来的压迫民族或统治民族，是产生民族矛盾的主要方面。他反
复强调的一个观点就是，我们既然是国际主义者，就应该特别坚
决地反对俄罗斯共产党人的"大俄罗斯帝国主义和沙文主义残
余"，而不管这些残余是主观上的还是不自觉的。① 甚至要用对待
大民族的"不平等"来换取小民族的谅解和实现事实上的平等。
这些原则和策略使俄国无产阶级赢得了十月革命的成功和第一个
社会主义国家的创建，但并没有在苏联建立之后获得实践上的
成功。

其二是延展到殖民地和半殖民地被压迫民族与无产阶级的联
合。按照列宁的思想，20 世纪进入帝国主义阶段后，世界各国已
经因帝国主义的瓜分而区分为压迫民族和被压迫民族，无产阶级
要完成世界革命必须要将无产阶级革命同被压迫民族的解放运动
联合起来，共同推翻帝国主义的统治。这一时代背景和理论认识
使得国际主义的内涵必然也要包括资本主义国家无产阶级与殖民
地半殖民地被压迫民族的联合，马克思主义视野中的民族问题与
国际殖民地问题结合起来了。殖民地半殖民地民族解放运动是西
方民族主义的衍生物，或曰东方民族主义。但此民族主义不同于
彼民族主义，它不是国际主义的对立力量，而是同盟军。它因与
帝国主义的天然矛盾而有与无产阶级联合的必然要求和趋向，因
而是无产阶级必须联合的力量。列宁清醒地看到了这一点，也在
理论上讲明了这一点，是无产阶级国际主义的一大推进。

如何将无产阶级国际主义付诸实践，列宁将着眼点放在了民

---

① 列宁：《立宪会议选举和无产阶级专政》，中国社会科学院民族学与人类学研究
所民族理论室编《马克思主义经典作家民族问题文选·列宁卷（下）》，社会
科学文献出版社，2016，第 416 页。

族自决权。马克思、恩格斯也曾提到过民族自决权问题，而且所讲的"每个民族都必须获得独立，在自己的家里当家作主"也已经是这个意思，但将民族自决明确贯彻于国际主义的是列宁。在国际问题上，列宁认为"无产阶级不能不反对把被压迫民族强制地留在一个国家的疆界以内，这也就是说，要为自决权而斗争。无产阶级应当要求受'它的'民族压迫的殖民地和民族有政治分离的自由。否则无产阶级的国际主义就会始终是一句空话"①。在国内民族关系上的，列宁更强调："国内各民族都有自决权。国内各民族都有自由分离和建立自己的国家的权利。俄罗斯人民共和国不应当用暴力，而只应当通过自愿的协议来吸引其他民族建立共同的国家。"② 列宁把民族自决权看作实现民族平等和国际主义的根本，为此做了大量的理论阐述，成为他民族理论的重要内容。但他也认为有自决权和是否行使自决权是两回事，表现了原则和策略的高度统一。

三 "国际苏维埃共和国"与民族主义

随着第二国际的破产和国际共运新形势的到来，在列宁领导下，共产国际即第三国际于 1919 年 3 月初在莫斯科创建。在共产国际成立的大会上列宁多次讲到共产国际的任务和使命，说苏维埃运动这种形式已经在俄国取得胜利，目前正在全世界传播，现在人们看到第三国际即共产国际的成立，将来还会看到世界苏维

---

① 列宁：《社会主义革命和民族自决权（提纲）》，《列宁全集》第 27 卷，人民出版社，1990，第 259 页。

② 列宁：《修改党纲的材料》，中国社会科学院民族学与人类学研究所民族理论室编《马克思主义经典作家民族问题文选·列宁卷（下）》，社会科学文献出版社，2016，第 292 页。

埃联邦共和国的成立。甚至乐观地认为"全世界无产阶级革命的
胜利是有保证的。国际苏维埃共和国的建立已经为期不远了"。他
认为:"第三国际即共产国际的成立是国际苏维埃共和国诞生的前
兆,是共产主义在国际范围内即将胜利的前兆。"① 其后不久,列
宁又在《为战胜邓尼金告乌克兰工农书》中再次说道:"我们是
国际主义者。我们力求实现世界各民族工农的紧密团结,力求使
它们完全合并成为一个统一的世界苏维埃共和国。"② 显然,这是
列宁提出的在全世界实现无产阶级专政和社会主义的设想,其步
骤就是在共产国际的引领下,各国逐步建立苏维埃政权,最后联
合成"国际(或世界)苏维埃共和国"。

共产国际建立之后不久苏联即告成立,四个社会主义的加盟
共和国:俄罗斯、乌克兰、白俄罗斯和南高加索共同组成了苏维
埃社会主义共和国联盟,简称"苏联"。之后经调整和并入的加盟
共和国不断增多,直至发展为 15 个。它们因共同的社会主义性质
和共产主义目标而结合为一体,是"国际苏维埃共和国"的雏形。
这样,按照列宁的构想,以苏联为先导和基础,各国无产阶级革
命的发展终将取得最后的胜利。事实上,共产国际的推动、苏联
的建立和建设的成功的确大大促进了世界无产阶级革命的进程,
至第二次世界大战结束不久,世界上即已形成了以苏联为首的强
大社会主义阵营。然而,在社会主义阵营形成过程中及形成以后,
各国共产党首先要服从的是"国际主义",而由于苏联在社会主义
运动中的核心地位,服从国际主义在很大程度上成为服从苏联的

---

① 列宁:《关于共产国际的成立》,《共产国际第一次代表大会文献·闭幕词》、
《争取到的和记载下来的东西》,《列宁全集》第 35 卷,人民出版社,1992。
② 列宁:《为战胜邓尼金告乌克兰工农书》(1919 年 12 月 28 日),中国社会科学
院民族学与人类学研究所民族理论室编《马克思主义经典作家民族问题文选·
列宁卷(下)》,社会科学文献出版社,2016,第 418 页。

领导和苏联的利益，这便与各国革命实际和民族利益形成了抵牾。这种抵牾是如此强大和广泛，以至于国际共产主义运动由此而分裂了。

南斯拉夫和苏联的关系堪具典型意义。

南斯拉夫共产党成立于 1919 年 4 月，比共产国际的成立只晚一个月。南共成立后即宣告加入共产国际，接受共产国际的领导。南共是由一些社会民主党合并而成的，这些党曾受第二国际思想的影响，合并成新党后领导软弱、政治上不成熟，缺乏正确的斗争策略，在诸如民族问题和农民等重大问题上缺乏正确的立场。特别是新党成立不久，因在一系列重大问题上存在意见分歧而形成了两个派别。派别斗争愈演愈烈，致使党濒于分裂。共产国际对这个年轻而不成熟的南共给予了及时批评和帮助，① 在共产国际代表大会、执委会议上多次讨论过南斯拉夫问题，并做出了专门的决议。1925 年 3 月斯大林在共产国际执委会南斯拉夫委员会上做了讲话，对南共领导谢米奇（即马尔科维奇）在民族政策上的错误立场进行了严肃批评。斯大林这个讲话不仅分析批评了南共领导的错误观点，也明确阐明了马克思主义民族理论的一些重要观点，比如民族问题是社会总问题的一部分，民族问题实质上是农民问题，要正确理解民族自决权，"给那些愿意分离的民族以分离权，给那些愿意留在南斯拉夫国家范围内的民族以自治权"，"不应当把分离的权利理解为分离的义务，分离的责任。每个民族都可以行使这种分离权，但是也可以不行使这个权利"，等等。②

<hr>

① 杨元恪：《共产国际和南斯拉夫共产党》，中共中央编译局国际共运史研究所编《国际共运史研究资料》第 16 辑，人民出版社，1986，第 64 页。

② 斯大林：《论南斯拉夫的民族问题》，中国社会科学院民族学与人类学研究所民族理论室编《马克思主义经典作家民族问题文选·斯大林卷》，社会科学文献出版社，2016，第 311~314 页。

经过共产国际和斯大林的批评帮助，南共在民族问题上逐渐改正了错误，并在1928年南共四大上制定了正确的民族纲领。然而，共产国际在对南斯拉夫共产党帮助的同时也直接干涉乃至取代了这个党的自主立场，包括党的组织领导的安排，从而引发了南共的不满。

1937年铁托担任南共领导人之后，立即决定"我们必须摆脱共产国际的监护，并且不再盲目地、不加批判地接受和执行来自共产主义领导中心的指示"。[①] 至此，在其后的革命斗争和反法西斯战争中，南共虽继续接受共产国际的领导，但也坚持独立自主，不再盲目地、不加批判地接受和执行共产国际的指示。南共与共产国际的关系也基本等同于与苏共的关系。因此战后，苏认为南对它不友好，南则说苏有"大国主义"倾向。

1947年，由南斯拉夫党提议，苏联、南斯拉夫、波兰、匈牙利、罗马尼亚、捷克斯洛伐克、保加利亚、法国和意大利等9个国家的共产党联合成立了一个"情报局"，目的在于交流经验，必要时协调各国党的活动。1948年3月，苏联突然撤走在南斯拉夫的全部军事顾问和文职专家，并指责南领导人有反苏情绪。南共予以反驳并采取对抗措施。于是苏联操纵情报局召开会议做出决议，将南斯拉夫开除出情报局。其罪名就是"民族主义"。1948年6月情报局在其通过的名为《关于南斯拉夫共产党状况》的决议中称："近数月来，早先隐蔽着的民族主义分子，在南共的领导中占着优势，南共的领导脱离了南共的国际主义传统，而开始走上民族主义的道路。"苏联《真理报》1948年9月8日发表专论

① 杨元恪：《共产国际和南斯拉夫共产党》，中共中央编译局国际共运史研究所编《国际共运史研究资料》第16辑，人民出版社，1986，第72页。

《铁托集团的民族主义正引向哪里去?》对南共予以批判。① 事件发生后,反对民族主义及反对"铁托分子"的运动蔓延到了整个社会主义阵营,大大超出了苏联和南斯拉夫的冲突范围,许多国家的共产党人受到牵连,蒙受了不白之冤。②

就性质而言,苏南冲突更多反映的是苏联对社会主义兄弟国家实施的"大国沙文主义"压迫,而其后五六十年代,波兰、匈牙利和捷克斯洛伐克等国发生的一系列事件则可谓"民族主义"反弹。这些事件既有反社会主义势力的兴风作浪,也有试图摆脱既有发展模式、探索新的发展道路的改革实验,但渗透其间的都有各自强烈的民族意识和对于民族尊严、利益的维护。

在"情报局"事件发生过程中,波兰工人党的总书记哥穆尔卡就因强调波兰要走自己的路,以"右倾民族主义"获罪入狱。1956 年的苏共二十大,对国际共产主义运动产生了巨大影响。当年,波兰工人游行要求增加工资遭镇压,却引发了更大的政治风波。为稳定局面,波兰党不得不拟请哥穆尔卡再度出山主持中央工作。苏共领导对此不满,直接干涉波兰党的事务。赫鲁晓夫等强行要求参加波兰党的会议遭到拒绝,之后动用军队予以威胁。波兰党和政府毫不退缩,调动武装力量欲进行誓死抵抗。赫鲁晓夫无奈,只得同意了哥穆尔卡的重新当选。哥穆尔卡主政后积极推行改革政策,其中就包括向原在波兰军队中担任领导的苏军将领颁发勋章,然后请他们回国;在维护波苏友好的同时,通过谈判消除了苏军对波兰内政的干涉。这些措施,因深得波兰民心而

---

① 林平编《论国际主义与民族主义》,新华书店,1949,第 133 页。

② 徐天新、梁志明主编《世界通史·当代卷》,人民出版社,1997,第 67~68 页。

一度取得了良好效果。①

　　同样是 1956 年，在苏联政治变化的大背景中匈牙利的知识分子也活跃起来，以匈牙利爱国诗人裴多菲之名命名的"裴多菲俱乐部"成为发表各种议论的大讲坛，其中不乏反对共产党和社会主义的言论。匈牙利政府制止无效，国内局势日益混乱。裴多菲俱乐部提出 16 点要求，其中就包括撤走苏联驻军，维护民族尊严的内容。大学生的游行导致了整个局势的失控，直至执政的匈牙利劳动人民党瓦解。出于"国际主义"的义务和对于社会主义阵营的维护，苏联出兵干预匈牙利的动乱，却得到了风雨飘摇之中的匈牙利政府的抗议。政府首脑纳吉以此宣布退出华沙条约组织，并请求联合国保护。但苏军最终开进了布达佩斯，帮助组织了以卡达尔为首的新政府。这次被定性为"反革命"的事件导致了匈牙利几万人伤亡、损失了 1/4 的国民收入。好在卡达尔是个杰出的改革家，由于他的主政并实行的改革，匈牙利很快取得了经济较快发展和人民生活明显提高的良好效果。而在其改革中就包括对于苏联计划管理模式的改造和撤走苏联驻军等独立自主的内容。②

　　相比波匈事件，10 多年后捷克斯洛伐克发生的"抗苏"更显激烈。与波兰、匈牙利等国的改革相呼应，捷克斯洛伐克国内的改革要求也一直很强烈。1968 年 4 月，捷克斯洛伐克共产党中央召开会议，通过了"将进行实验"，"创立一个新的、适应捷克斯洛伐克情况的具有人道面貌的社会主义模式"的《行动纲领》。

---

① 徐天新、梁志明主编《世界通史·当代卷》，人民出版社，1997，第 270、275 页。

② 徐天新、梁志明主编《世界通史·当代卷》，人民出版社，1997，第 271 ~ 280 页。

其后，一批知名知识分子发表宣言，号召人民按自己的首创精神和自己的决定行事，加速各方面改革，同时提醒人民要防止"外国势力的威胁"。捷克斯洛伐克的这一活跃局面被人们誉为"布拉格之春"。但这一切也引起了苏联的严重恐慌，将其纲领、宣言等视为"反苏"和"反革命的号召书"。7月中旬，苏联联合波兰、匈牙利、保加利亚和民主德国等五国领导人联名写信谴责捷克斯洛伐克共产党的纲领，遭到了捷共中央的复信反驳。1968年8月20日晚，一架苏联民用客机以发生故障为由请求在布拉格机场降落，但被准许后从飞机上下来的是苏军的突击队。他们迅速占领了机场和其他重要据点以及军政机关，绑架了捷共领导人。与此同时，苏联以及波兰、匈牙利、保加利亚、东德等国的军队也从其他陆路全面侵入捷克斯洛伐克。捷共中央发表《告全国人民书》，谴责这种入侵行为，并拒绝按苏联的要求更换领导人。捷克斯洛伐克人民也以游行集会等形式抗议苏军的占领。这一事件震惊世界。苏联对捷克斯洛伐克的偷袭占领成为其大国沙文主义的一次最直白的坦露；而捷克斯洛伐克党和人民的斗争及最后胜利，也成为社会主义阵营中维护民族独立和国家主权的一次完美表现。①

为贯彻国际主义原则，列宁提出的反对"大俄罗斯沙文主义"或"大俄罗斯民族主义"，既是对外的，也是对内的。对外针对的是苏联和其他共产党及国家的关系，对内针对的是苏联国内大俄罗斯族与其他民族的关系。两者的不同是在国内民族关系上也加上了反对"地方民族主义"。但从列宁之后的历史来看，其在国际层面是一场失败的实践，在苏联国内依然是失败的实践。

① 徐天新、梁志明主编《世界通史·当代卷》，人民出版社，1997，第281～285页。

早在十月革命之前，列宁就曾痛斥沙皇制度对于其他各民族的压迫，并将其称为"黑帮民族主义"。十月革命之后，他又反复告诫人们："在我们大俄罗斯共产党人当中，稍微有一点点大俄罗斯民族主义的表现，就应当极其严格地加以追究，因为这种表现根本违背共产主义原则，会带来很大的害处……"① 苏联建立之初，斯大林也对两种民族主义的危害做了最充分的估计，认为在苏维埃社会主义共和国联盟建立过程中和建立以后，阻碍各民族合作和团结的第一个因素是"大俄罗斯沙文主义"，第二个因素是沙皇时期遗留下来的"事实上的不平等"，第三个因素是各民族共和国内的"地方沙文主义"。大俄罗斯沙文主义和地方沙文主义"会使某些共和国变成民族纷争的舞台"。其中，前者是民族纷争的第一个因素，也是最危险的因素。"我们必须把它打倒，因为打倒了它就是把某些共和国内过去保存下来的、现在正在发展的民族主义打倒 9/10。"后者是对前者的反应，是对它的报复，是一种防御，但在某些地方也成为进攻型的因素。他认为应当进行反对大俄罗斯沙文主义和地方沙文主义两条战线的斗争。②

沙皇俄国是一个经数百年扩张建立起来的封建帝国主义国家，是各"民族的监狱"。社会主义的苏联接受了这份历史遗产，也便不得不经受其复杂民族关系的考验。列宁清醒地认识到这种考验的艰巨性，因而提出要通过"让步"、通过对自己的"不平等"

① 列宁：《为战胜邓尼金告乌克兰工农书》，中国社会科学院民族学与人类学研究所民族理论室编《马克思主义经典作家民族问题文选·列宁卷（下）》，社会科学文献出版社，2016，第 422 页。

② 参见斯大林《党和国家建设中的民族问题》《俄共（布）第十二次代表大会》《问题和答复》等文，中国社会科学院民族学与人类学研究所民族理论室编《马克思主义经典作家民族问题文选·斯大林卷》，社会科学文献出版社，2016。

和慎之又慎的态度、通过反对"大俄罗斯沙文主义"来求得原来被压迫民族的谅解，最终消除民族纷争。斯大林在继承列宁思想的同时，更全面地阐述了反对两种民族主义的重要意义。这些观点的提出表现了无产阶级国际主义的伟大胸怀和勇气，对解决民族问题具有深远的意义。可惜的是，斯大林和苏联党在贯彻这一思想的具体实践中打了很大的折扣。列宁在世时，斯大林在民族问题上表现出的"操之过急"、"急躁"、动辄"发脾气"和"喜欢采取行政措施"等做法就受到了列宁的严厉批评。[①] 列宁去世以后，斯大林更是在行动上助长了"大俄罗斯主义"倾向，不断宣扬俄罗斯民族是苏联的"领导民族""优秀民族"，自觉或不自觉地推行以俄罗斯化为内容的民族同化政策，在"肃反"运动中以打击"地方民族主义"为名，对少数民族的许多精英人物，包括共产党人进行了严厉镇压。尤其在三四十年代，因反法西斯战争中某些民族中的少数人投敌而对这些民族实施了整体性惩罚，包括印古什人、车臣人、卡尔梅克人、日耳曼人、巴尔卡尔人等在内的十几个少数民族，300多万人受到流放性迁徙，其原有的民族自治地方被撤销。这些行为极大地伤害了少数民族的感情，也大大刺激了地方民族主义的增长。苏联国内的地方民族主义自十月革命之前即已存在，是与当时俄国境内被压迫民族反对沙皇的专制统治联系在一起的。十月革命以后，随着社会主义民族平等关系的建立，尽管有斯大林的错误和"大俄罗斯民族主义"的刺激，苏联国内的地方民族主义尚不活跃，大多处于蛰伏状态，但到了苏联后期，随着国内外局势的演化，这些民族主义便与"大

---

① 参见列宁《关于成立苏维埃社会主义共和国联盟》《关于民族或"自治化"问题》等，中国社会科学院民族学与人类学研究所民族理论室编《马克思主义经典作家民族问题文选·列宁卷（下）》，社会科学文献出版社，2016。

俄罗斯民族主义"一起，成为颠覆苏联社会主义大厦的主要力量了。从 80 年代后期开始，长期不满于苏联体制的波罗的海沿岸三国立陶宛、拉脱维亚、爱沙尼亚便在西方鼓动下放弃了共产党的领导，打出了"独立"、脱离苏联的大旗；因纳—卡地区的归属问题而有长期积怨的阿塞拜疆和亚美尼亚因联盟中央的调节不力而大动干戈；其他加盟共和国和自治共和国也大都发生了民族性骚乱，到处可以听到"俄罗斯人滚回去！"的吼声；而认为在苏联大家庭中付出太多而深感委屈的俄罗斯联邦则率先宣布了同联盟中央分庭抗礼的"主权"要求。赫然耸立近 70 年的第一个社会主义大国就这样分崩离析了。①

前南斯拉夫也是一个有着 20 多个民族的社会主义国家，也为各种民族主义所困扰并最终解体。南斯拉夫党和国家顽强抵制了大国沙文主义和强权政治的压迫，却未能抵制住来自内部的民族主义侵蚀。塞尔维亚族在南斯拉夫国内属第一大族，人口最多、居住面积最大，在反法西斯战争中的牺牲和贡献也最大，这难免使他们有一些大族的自傲情绪，滋长了"大塞尔维亚主义"。塞尔维亚族虽有 900 多万人，却远不到全国人口的一半，在政治和经济上也同样没有绝对的优势，加之南共领袖铁托在世时实行"弱塞强南"的策略，极力抑制塞族势力的增长，使塞族感到在南联邦国家中没有得到应有的地位，极为不满。克罗地亚、斯洛文尼亚、马其顿、阿尔巴尼亚等民族各自都有 200 万以上的人口，都有不同的历史文化和国际背景，也都存在不同的民族主义诉求：斯洛文尼亚族经济上最发达，对联邦国家的经济贡献最大，因而感到在联邦体制中吃了亏，经济上受束缚，向来就有分离倾向，

---

① 本节主要参考郝时远、阮西湖主编《苏联民族危机与联盟解体》（四川民族出版社，1993）有关内容。

成为南斯拉夫分裂时最早独立出来的国家。科索沃人口主要为阿尔巴尼亚族，在南斯拉夫国家中不属"主体民族"，虽然是一个"自治省"却享有与"共和国"几乎相同的权利，同时还得到全国最大的经济援助份额，但仍不满足，而是长期谋求全省的"阿族化"和"共和国"地位，企图与相邻的阿尔巴尼亚合并为一个"大阿尔巴尼亚国"。其他几族，克罗地亚、黑山、马其顿等也都各有所求。对这些民族主义存在的危害性，南斯拉夫党是有一定认识的，但具有明显的模糊性和妥协性。南斯拉夫共产党的主要领导人之一，也是南斯拉夫自治理论的主要创始人爱德华·卡德尔（1910~1979）对民族主义有过研究，却天真地认为，只要每一个民族都是自由的民族，并且都具备自由发展的一切可能性，各民族就可以和睦相处，并能够彼此合作。"反对民族主义的斗争并不等于说是向任何强行限制斯洛文尼亚民族和任何一个南斯拉夫民族的主权意识的思想让步"。[1] 这种理论认识上的模糊和实践上存在的问题在铁托时代尚没有带来致命的威胁，而当1980年铁托逝世以后，后继的南斯拉夫领导人和既有的体制便难以约束民族主义的增长，直接导致了国家的土崩瓦解。[2]

由于以苏联为中心的"国际主义"演变成了大俄罗斯沙文主义，所以，国际共运中的国际主义和民族主义矛盾实质上也便成了两种民族主义——大俄罗斯民族主义和各社会主义国家狭隘民族主义的矛盾。两种民族主义博弈的结果，一是完全消弭了国际主义，尽管这个概念和口号始终在社会主义阵营被高扬，事实上

① 〔前南〕爱德华·卡德尔：《关于马克思主义的民族主义理论》，黄雨辰、李振锡译，《民族译丛》1983年第2期。
② 参考杨元恪《南斯拉夫民族问题激化的原因》，郝时远、阮西湖主编《当代世界民族问题与民族政策》，四川民族出版社，1994，第53~64页。

早就不存在了；二是表面上大俄罗斯民族主义总能在博弈中取胜和占上风，但又不断刺激了各国和国内狭隘民族主义的增长。正因为这样，1976 年 6 月，由苏联召集的有 29 个共产党参加的欧洲共产党东柏林会议分歧多多，在最后通过的文件中竟破天荒地没有提及"无产阶级国际主义"，而是写上了严格维护每一个党的平等和独立自主，不干涉内政和尊重自由选举，以及在争取改革和社会主义的斗争中可以有不同的道路等内容。"当共产主义最终于 1989 年在东欧崩溃时，人们毫无顾忌地公开抛弃和辱骂的概念之一就是'国际主义'。它成为一个与对苏联统治的合法证明以及与大量金钱花费联系在一起的术语。"① 这不能不是"国际主义"的悲哀。

四　中国共产党的理论和实践

作为国际共产主义力量的重要部分，中国共产党是国际主义的受益者，也是脱离实际和霸权"国际主义"的受害者；是国际主义的积极践行者，也是国际主义错误的校正者。对在革命和建设中如何正确理解和践行无产阶级国际主义，中国共产党人做出了表率。

出于对马列主义的坚定信仰，中国共产党始终保持着国际主义的真诚，即便在民主革命的艰苦年代中，也都努力恪守自己的国际主义义务，为捍卫社会主义苏联和支援世界革命做出了自己的贡献。新中国成立后，为抗击帝国主义对社会主义近邻朝鲜和越南的侵略，党和政府领导人民毅然承担起了巨大的民族牺牲，

① 〔英〕哈利迪：《革命与世界政治》，张帆译，世界知识出版社，2006，第84页。

派出自己"最可爱的人",倾全国之力"抗美援朝""抗美援越",承担起了反对帝国主义、捍卫世界社会主义阵营的主要责任,同时,对其他亚非拉国家及阿尔巴尼亚的民族解放运动和国家建设也提供了巨大的物质和道义支持。这些,为新中国赢得了声誉,推进了世界革命和进步事业的发展,但也在很大程度上超出了中国的国力,影响了国家的安全环境,付出的代价是巨大的。

然而,中国共产党又努力将马克思主义与本国的具体实践相结合,走自己的路,始终保持了民族气节。自 1935 年遵义会议时起,中国共产党便逐步摆脱了共产国际的错误指导,在有关中国革命的路线、方针、政策和策略上形成了一整套极富创造性的新民主主义革命理论。

20 世纪 70 年代以后,随着中苏对抗的加剧,原有的社会主义阵营已名存实亡。中国共产党开始调整自己的对外政策,由对国际主义的强调开始较多地关注国内事务,至改革开放初期,关于国际主义和爱国主义关系的认识已经有了倾向性的改变。1981 年《中共中央关于建国以来若干历史问题的决议》指出:"无产阶级革命是国际性的事业,需要各国无产阶级互相支援。但是完成这个事业,首先需要各国无产阶级立足于本国,依靠本国革命力量和人民群众的努力,使马克思列宁主义的普遍原理同本国革命的具体实践相结合,把本国的革命事业做好。"[1] 党的十二大的表述是:"把爱国主义同国际主义结合起来,从来是我们处理对外关系的根本出发点。我们是爱国主义者,决不容忍中国的民族尊严和民族利益受到任何侵犯。我们是国际主义者,常常懂得中国民族

---

① 中共中央研究室编《三中全会以来重要文献选编》(下),中央文献出版社,2011,第 164 页。

的利益的充分实现不能离开全人类的总体利益。"① 作为这种强调本国利益和民族尊严的结果，至党的十三大以后，"国际主义"已不再被正式提起。

在放弃"国际主义"提法的同时，"爱国主义"和"中华民族"逐渐成为党的文献中的热词。同样是在党的十二大政治报告中，有了两个概念使用上的突破：一是党的八大之后第一次使用了"爱国主义"。二是在新中国成立之后的政治报告中第一次使用了"中华民族"。② 至十三大报告时，不但"爱国主义"的提法得到延续，而且把中国社会主义初级阶段确定为"实现中华民族伟大复兴"的阶段，"振兴中华"和"中华民族的振兴"也多次出现。90 年代以后，苏联解体、东欧剧变、冷战结束，中国共产党将以爱国主义为核心的民族精神的提倡和振兴中华的思想提到更为突出的位置，直至十八大以后，"中华民族复兴"已是中国政治的核心概念。

一个多世纪的国际共产主义运动实践证明，无产阶级革命本身是一个国际的事业，国际主义是它的题中之义；但它首先需要立足国内和本民族的力量，有自主的独立地位。所以恩格斯讲："国际联合只能存在于国际之间，因而这些国家的存在，他们在内部事务上的自主和独立也就包括在国际主义这一概念本身之中。"③ 国际主义的本意是对各民族共同利益和目标的追求，是对国家和民族利益的超越，但这个超越要以各国的独立自主为基础，

① 胡耀邦：《全面开创社会主义现代化建设的新局面》（1982 年 9 月 1 日），人民出版社，1982，第 40 页。
② 郭树勇：《从国际主义到新国际主义》，时事出版社，2006，第 260 页。
③ 恩格斯：《致劳拉·拉法格》，《马克思恩格斯全集》第 39 卷，人民出版社，第 84 页。

要以各国各民族间的相互尊重为前提。没有爱国主义或积极意义上的民族主义也便没有国际主义；抹杀各国各民族的自主地位和利益也不是国际主义。经历了苏联解体、俄罗斯国家重建的俄罗斯共产党总书记久加诺夫不无深刻地说道："国际主义与全球主义相反，甚至在词源上也与之截然不同。国际就是族际，也就是说，它决不会取消和抹杀民族的。没有民族，也就没有国际。相反，没有爱国主义的国际主义也是不可想象的。国际主义是在各民族相互影响和合作、文化和语言的相互充实、各国经济合作的基础上产生的。"① 这些话，不单是对一个词语的重新解释，更饱含着对历史教训的总结和对现实所需的诠释。在经历了一个多世纪的国际共产主义运动实践之后，各国马克思主义者已经普遍重置了国际主义和爱国主义或民族主义的关系。这是一种对规律的自觉认可。

---

① 〔俄〕根纳季·久加诺夫：《全球化与人类命运》，何宏江等译，新华出版社，2004，第 155 页。

第九章　马克思主义与民族解放运动

马克思主义领导的无产阶级革命和社会主义运动与同时代的民族解放运动同步而进，相互支持、相互渗透，共同完成了世界各国的去殖民化过程，推动了人类社会的进步，成为马克思主义和民族主义关系中的重要内容。马克思、恩格斯关于民族解放运动的论述揭示了三对关系：欧洲民族解放运动与资产阶级民主革命的关系、欧洲民族解放运动与无产阶级革命的关系、亚洲民族解放运动与欧洲革命的关系，提供了马克思主义关于民族殖民地问题的基本思想。在领导俄国革命和世界革命过程中，列宁一方面对各国民族解放运动给予了大力支持，另一方面在关于无产阶级革命与民族解放运动关系的问题上进行了大量的理论创造，使其成为帝国主义时代民族殖民地革命学说的严整体系。对于民族解放运动，无产阶级政党的责任不但是积极参与和支持，还在于对于运动的领导。第三国际率先承担了支持和领导的责任。无产阶级政党的领导不但决定了各国民族解放运动的进程及成败，也直接影响到其后各国的发展道路和世界的政治格局。完成独立的民族主义国家与社会主义既有分立又有交融。民族主义国家社会主义热潮的不断出现显示了马克思主义对于民族主义的渗透和改造。而这些国家社会主义运动表现出的多样性和脆弱性以及高低起落也是与国际共产主义运动的分化、社会主义阵营的分化直接相关的。所以，就民族解放运动史上表现出的民族主义和马克思主义的关系而言，民族主义走向哪里、如何发展，取决于马克思主义的引导，而最终又取决于由什么样的马克思主义引导。

民族解放运动一般指的是殖民地半殖民地人民反抗外来压迫、争取民族独立的运动。18 世纪以来，领导民族解放运动的各种政治力量大都把"民族主义"作为自己的旗帜和思想武器，民族解放运动由此成为民族主义正义性的典型表现。"马克思、恩格斯积极支持被压迫民族和人民的解放斗争。进入 20 世纪后，以列宁为代表的马克思主义者继承和发展马克思主义民族理论，指导和支持殖民地半殖民地国家民族解放运动。第二次世界大战结束后，一大批获得独立和解放的民族国家建立起来，彻底瓦解了帝国主义的殖民体系，世界各民族平等交往、共同发展展现出光明前景。"① 所以，马克思主义领导的无产阶级革命和社会主义运动与同时代的民族解放运动同步而进，相互支持、相互渗透，共同完成了世界各国的民族独立运动，推动了人类社会的进步，成为马克思主义和民族主义关系中的重要内容。

一　基本原则和观点的奠定

马克思、恩格斯时代是无产阶级革命走向历史舞台的时代，也是民族解放运动蓬勃开展的时代，这一时代背景决定了他们的理论学说也必然包含了关于民族解放运动的内容。

马克思、恩格斯经历或论述的民族解放运动主要有 1848 年革

---

① 习近平：《在纪念马克思诞辰 200 周年大会上的讲话》，中国共产党新闻网，2018 年 5 月 4 日。

命、波兰和爱尔兰的独立运动以及以中国、印度和伊朗为代表的亚洲人民反抗西方殖民统治的斗争。

1848 年革命是欧洲资产阶级革命中的重要环节，其中也包含了民族解放运动的内容。革命首先在意大利爆发，并很快蔓延到法国。流亡比利时的马克思深受鼓舞，激动地从刚获得的父亲遗产中拿出几千法郎资助比利时革命者，但很快遭到比利时当局的驱逐，其妻子燕妮也遭到拘捕和审讯。随后马克思去了巴黎，和恩格斯一道承担了共产主义者同盟新的中央委员会的领导工作，但主要关注点则是对于德国革命的指导。他们为德国无产阶级拟订了一项全国性的行动纲领《共产党在德国的要求》，这个纲领一开头就将自己的目标设定为"全德国宣布为一个统一的、不可分割的共和国"，[1] 当年 4 月，马克思、恩格斯回到德国的科伦，创办并出版了"民主派的机关报"《新莱茵报》，马克思任总编辑、恩格斯为副总编辑，他们把这份报纸的纲领明确规定为：粉碎普鲁士王国和奥地利王国这两个最主要的反动堡垒，以便把整个德意志统一起来，组成一个民主共和国。[2] 这与行动纲领的精神是一致的。他们在《新莱茵报》上发表了大量关于革命进程的即时文章，其中反复阐明的一个观点是：德国革命的胜败是和邻国的民族解放斗争紧密联系在一起的。他们认为，俄国沙皇、奥地利皇帝和普鲁士国王于 1815 年缔结的"神圣同盟"，对于资产阶级民主革命运动和中欧、东欧人民的民族解放是最大的障碍。在"神圣同盟"这一名称十分怪诞的联盟中，俄国这个当时几乎还不知

① 马克思、恩格斯：《共产党在德国的要求》，《马克思恩格斯全集》第 5 卷，人民出版社，1974，第 3 页。

② 〔德〕海因里希·格姆科夫等：《马克思传》，易廷镇、侯焕良译，人民出版社，2000，第 123 页。

道资本主义发展为何物的国家，起着决定性作用。① 因此马克思、恩格斯明确地站在受压迫的波兰、捷克、匈牙利和意大利民族一边，而对普鲁士、奥地利尤其是沙皇俄国的民族压迫政策和行径做了无情的抨击和揭露。

屡遭大国瓜分的波兰命运多舛。1848 年革命中的波兰人民奋起反抗普鲁士的统治，要求恢复祖国统一和民族独立。马克思、恩格斯站在国际主义立场看待波兰问题，认为"对我们德国人来说，波兰的生存比对任何人都更有必要"，因为从 1815 年开始，某些方面甚至从法国第一次革命时期开始的欧洲反动势力是建立在俄罗斯、普鲁士和奥地利"神圣同盟"基础上的。而这个同盟是靠瓜分波兰结成的。"这三个强国对波兰进行的瓜分的路线，乃是一根把它们互相连结起来的链条；共同的掠夺用团结的纽带把它们联系起来了。"因此，"建立民主的波兰是建立民主德国的首要条件"。②

基于这一认识，1848 年革命前后马克思、恩格斯对波兰问题给予了特别关注，写了大量关于波兰问题的文章。1848 年 2 月 22 日在布鲁塞尔举行的纪念克拉科夫起义两周年大会上，他们分别就波兰问题发表演讲，对这一起义所具有的意义及波兰革命与德国革命的关系做了深刻阐发，盛赞"克拉科夫革命把民族问题和民主问题以及被压迫阶级的解放看做一回事，这就给整个欧洲做

① 〔德〕海因里希·格姆科夫等：《马克思传》，易廷镇、侯焕良译，人民出版社，2000，第 128 页。
② 恩格斯：《法兰克福关于波兰问题的辩论》，中国社会科学院民族学与人类学所民族理论室编《马克思主义经典作家民族问题文选·马克思恩格斯卷（上）》，社会科学文献出版社，2016，第 217、218 页。

出了光辉的榜样"①。1863 年初,波兰人民重新发起了反对沙皇征服和统治的斗争。马克思和恩格斯计划合写一本小册子,揭露普鲁士和俄国镇压波兰的政策。他们从 2 月到 5 月收集了大量材料,对 17~18 世纪以来波兰的相关问题进行了深入研究,但因马克思肝病复发而未能完成写作。1863 年 8 月,波兰爱国者代表团拜访了马克思。马克思一方面让恩格斯在曼彻斯特筹款给予波兰人以物质支持,另一方面通过伦敦共产主义工人教育协会等发动欧洲工人阶级给予波兰道义声援。1864 年 9 月 28 日,为声援波兰,来自英国、法国、德国、波兰、意大利、瑞士的几百位工人代表齐聚伦敦的圣马丁堂,同时宣告了国际工人协会的诞生。② 国际工人协会即国际共运史上的"第一国际",是各国无产阶级的第一个国际联合组织。

正因为波兰问题在马克思、恩格斯所处历史环境中的特殊地位,他们关于民族问题的论述在波兰问题上最为集中;而波兰问题最终还是个民族解放问题,所以也是马克思、恩格斯关于民族解放理论最为集中的问题。

如果说马克思、恩格斯在民族问题上从 1848 年到 19 世纪 60 年代中期最为关注的是波兰,那么其后的 1867~1872 年最为关注的就是爱尔兰。爱尔兰自 12 世纪起便是英国的殖民地,长期以来,爱尔兰人民为争取民族独立进行了不懈的努力。19 世纪 50 年

① 马克思、恩格斯:《论波兰问题》,中国社会科学院民族学与人类学所民族理论室编《马克思主义经典作家民族问题文选·马克思恩格斯卷(上)》,社会科学文献出版社,2016,第 184 页。这里的克拉科夫起义是指发生于 1846 年 2 月波兰克拉科夫地区革命民主派发动的反抗奥地利统治的武装起义。起义一度使克拉科夫解放,宣告成立共和国,组成民族政府,3 月初,起义为奥地利和俄国军队联合镇压,最终失败。

② 〔德〕海因里希·格姆科夫等:《马克思传》,易廷镇、侯焕良译,人民出版社,2000,第 219 页。

代爱尔兰发生严重饥荒，英国统治者弃之不顾，爱尔兰独立运动
高涨，其中起核心作用的是芬尼社（或称芬尼党、芬尼亚党，意
为爱尔兰革命兄弟会）。这个组织以推翻英国统治、废除大地主所
有制、建立自己的共和国为宗旨，除在爱尔兰之外，也广泛分布
于英格兰和美国。1865 年，芬尼社发动起义未获成功。其后几年
又连续策动起义，由于领导层内部分歧和英、美政府的镇压连遭
挫折，至 70 年代后便迅速衰落。马克思和恩格斯始终关注着芬尼
运动的发展，虽然不赞成他们的秘密斗争形式，但对其斗争的正
义性和伟大意义给予了很高的评价。他们为此发表了许多文章和
演讲，通过第一国际联合欧洲各国工人予以声援，并竭力推动芬
尼运动和英国工人运动结合。1865 年 9 月芬尼社的一些领导人被
捕入狱，马克思和国际工人协会总委员会毅然出面为之辩护，还
有不少芬尼社员把恩格斯的家当作避难所。①

　　1869 年 9 月，在身为爱尔兰人的妻子的陪伴下，恩格斯前往
爱尔兰进行了一次旅行。他"打算写一部篇幅较大的论述爱尔兰
历史的著作，因为他和马克思很早以来就大力促进那个一再燃起
熊熊烈火反对英国资产阶级统治的爱尔兰民族解放运动"②。回到
英国后，恩格斯便致力于爱尔兰历史的研究，于 1870 年 5 月开始
动笔。他预定要写四章，结果只完成了第一章和第二章的片段：
1870 年的普法战争和巴黎公社的出现，打断了他的写作计划。
"自从四十年代以来，恩格斯曾始终不渝地为自由的波兰辩护，阐
明自由波兰是德国民主运动取得胜利和消灭沙皇专制制度的前提，

①　〔德〕海因里希·格姆科夫等：《恩格斯传》，易廷镇、侯焕良译，人民出版社，
　　2000，第 319 页。
②　〔德〕海因里希·格姆科夫等：《恩格斯传》，易廷镇、侯焕良译，人民出版社，
　　2000，第 318 页。

现在恩格斯也同样为了英国的社会进步的利益坚毅地为爱尔兰的解放进行辩护。"① 因为，恩格斯和马克思最终是把英国工人运动的前途寄希望于爱尔兰民族解放运动的撬动的。

为东方的富饶和财富所诱惑，自 16 世纪初开始，伴随着"新大陆"的发现，西方殖民者便沿着海路步步东进，菲律宾、印度尼西亚、马来亚、印度、伊朗和中国等亚洲国家相继沦为葡萄牙、荷兰、英国和法国的殖民地或半殖民地。殖民者的掠夺和压迫与亚洲被压迫民族的矛盾逐步抬升，至 19 世纪中叶，以伊朗巴布教徒起义（1848~1852）、中国太平天国运动（1851~1864）和印度民族大起义（1857~1859）为主要内容的亚洲第一次民族解放运动出现高潮。

远在欧洲无产阶级革命中心的马克思、恩格斯密切关注着这场欧洲之外的民族运动。他们探究古今、抨击时政，谴责西方殖民者的侵略罪行，揭露统治集团的欺骗行径，对亚洲人民的抵抗报以极大的同情和声援，同时对亚洲的未来寄予深切期望，其中对中国和印度问题着墨更多。

关于中国问题，马克思、恩格斯在当时的《纽约每日论坛报》上发表了《中国革命和欧洲革命》、《英中冲突》、《议会关于对华军事行动的辩论》、《俄国的对华贸易》、《英人在华的残暴行动》和《英人对华的新远征》等大量时评文章。他们将英军发动的第二次鸦片战争斥为"极端不义的战争"，"广州城的无辜居民和安家立业的商人惨遭屠杀，他们的住宅被炮火夷为平地，人权横遭侵犯"。他们揭露英国报纸和政府的谎言"毫无根据"，"英国人

---

① 〔德〕海因里希·格姆科夫等：《恩格斯传》，易廷镇、侯焕良译，人民出版社，2000，第 321 页。

控告中国人一桩，中国人至少可以控告英国人九十九桩"。① 他们也痛斥第一次鸦片战争中的英军暴行："当时英国军人只是为了取乐而犯下滔天罪行……他们强奸妇女、枪挑儿童、焚烧整个整个的村庄，完全是卑劣的寻欢作乐。"② 同时也对中国人民的抵抗精神给予高度赞扬，称这是一场"保卫社稷和家园的战争，一场维护中华民族生存的人民战争"。"过不了多少年，我们就会亲眼看到世界上最古老的帝国的垂死挣扎，看到整个亚洲新纪元的曙光。"③

关于印度问题，还在 1853 年 4 月，马克思就开始了对印度历史的研究，并于 6 月和 8 月在《纽约每日论坛》上发表了他的研究成果，这就是《不列颠在印度的统治》和《不列颠在印度统治的未来结果》。马克思在文中将印度比喻成东方的意大利和爱尔兰的结合，也即"一个淫乐世界和悲苦世界的奇怪结合"。他从恩格斯提出的"不存在土地私有制，的确是了解整个东方的一把钥匙"中受到启发，深刻揭示了印度农村公社和东方专制制度的关系："这些田园风味的农村公社不管看起来怎样祥和无害，却始终是东方专制制度的牢固基础，它们使人的头脑局限在极小的范围内，成为迷信的驯服工具，成为传统规则的奴隶，表现不出任何伟大的作为和历史首创精神。"④ 马克思还从印度历史中揭示了一条

① 马克思：《英人在华的残暴行动》，中国社会科学院民族学与人类学所民族理论室编《马克思主义经典作家民族问题文选·马克思恩格斯卷（上）》，社会科学文献出版社，2016，第 393 页。
② 马克思：《印度起义》，《马克思恩格斯全集》第 16 卷，人民出版社，2007，第 335 页。
③ 恩格斯：《波斯和中国》，《马克思恩格斯全集》第 16 卷，人民出版社，2007，第 400、401 页。
④ 马克思：《不列颠在印度的统治》，中国社会科学院民族学与人类学所民族理论室编《马克思主义经典作家民族问题文选·马克思恩格斯卷（上）》，社会科学文献出版社，2016，第 334 页。

"永恒的历史规律"：野蛮的征服者总是会被他们所征服的臣民的较高文明所征服。① 这些观点已成为马克思主义史学理论的经典信条。印度起义爆发后，马克思密切关注起义动态，发表了大量时评文章，讲起义的印度军队出现了前所未有的情况："他们杀死了他们的欧洲军官；伊斯兰教徒和印度教徒捐弃前嫌、同仇敌忾，一致反对他们的统治者。""英印军队中的起义与亚洲各大国对英国统治的普遍不满同时发生。"……②

除了中国和印度之外，马克思、恩格斯也对英国对缅甸发动的战争、阿富汗的抗英起义、法国对阿尔及利亚的统治以及俄国对中国的侵略等做了分析和论述。

19 世纪中叶，殖民地和半殖民地的民族解放运动尚未完全展开，现代交通和通信联系尚未建立，而远在欧洲的马克思、恩格斯如此投入地关注亚洲兴起的民族解放运动，其着眼点是这些运动与欧洲革命乃至世界革命的联系。1853 年马克思在论及鸦片战争之后中国的形势及太平天国运动的发生时讲："中国的连绵不断的起义已经延续了约十年之久，现在汇合成了一场惊心动魄的革命；不管引起这些起义的社会原因是什么，也不管这些原因是通过宗教的、王朝的还是民族的形式表现出来，推动了这次大爆发的毫无疑问是英国的大炮，英国用大炮强迫中国输入名叫鸦片的麻醉剂。"而后他预言："中国革命将把火星抛到现今工业体系这个火药装得足而又足的地雷上，把酝酿已久的普遍危机引爆，这

---

① 马克思：《不列颠在印度统治的未来结果》，中国社会科学院民族学与人类学所民族理论室编《马克思主义经典作家民族问题文选·马克思恩格斯卷（上）》，社会科学文献出版社，2016，第 339 页。

② 马克思：《印度军队中的起义》，《马克思恩格斯全集》第 16 卷，人民出版社，2007，第 165 页。

个普遍危机一扩展到国外，紧接而来的将是欧洲大陆的政治革命。"① 这两段话，一个是中国革命发生的原因：英国的大炮和之后的鸦片；一个是中国革命的可能性后果：欧洲革命。前者一语中的，后者虽没有直接呈现，但包括中国革命在内的亚非拉民族解放运动对欧洲资本主义的整体性改造是持续的和久远的。落后地区被压迫民族的解放斗争是欧洲资本主义变革的杠杆。这在19世纪既已呈现并为马克思主义经典作家所揭示。

马克思、恩格斯关于民族解放运动的论述具体揭示了这样三对关系：欧洲民族解放运动与资产阶级民主革命的关系、欧洲民族解放运动与无产阶级革命的关系、亚洲民族解放运动与欧洲革命的关系。

民族解放运动是资产阶级民主革命的一种普遍形式。自美国独立战争开始直到19世纪中叶的欧洲革命都证明了这一点；而按当时的认识，资产阶级革命又是无产阶级革命的前提，无产阶级革命只能建立在资本主义充分发展的基础上。这就决定了无产阶级对于民族解放运动必然持积极的支持态度，并尽一切努力帮助这些运动走向成功。所以马克思、恩格斯指导下的无产阶级全力支持1848年革命，支持波兰、爱尔兰、捷克、匈牙利、意大利等欧洲各国的民族解放运动。尽管他们知道，这是在无产阶级的旗帜下使无产阶级战士做了资产阶级的工作。当然，马克思主义坚决支持欧洲各国的民族解放运动的原因还在于，无产阶级国际联合的前提是他们所在国家的独立和统一："欧洲各民族的真

---

① 马克思：《中国革命和欧洲革命》，《马克思恩格斯全集》第12卷，人民出版社，1998，第114、118页。

诚国际合作，只有当每个民族自己完全当家作主的时候才能实现。"①

19 世纪中叶亚洲民族解放运动有别于欧洲的只是它还不具备资产阶级民主革命的性质，但这并未减弱它的正义性和它与欧洲革命的联系。亚洲丰富的资源和广阔的地域不断刺激着殖民者的贪欲，在肆无忌惮的掠夺中，亚洲的财富大股大股地流入欧洲资本的腰包。资本这个"从头到脚，每个毛孔都流着血和肮脏的东西"造就了西方的发展和繁荣，也决定了只有东方被压迫民族的觉醒和斗争才能从根本上动摇资本的统治。西方资本主义的命运始终与东方被压迫民族连在一起，东方的民族解放运动也由此成为欧洲无产阶级摧毁资本主义的同盟军。1858 年 1 月马克思在给恩格斯的一封信中讲，印度的起义正使英军面临极大的困境，英军的"死亡数比英国官场电报宣布的，大得不成比例。印度使英国人消耗人力和贵金属，现在是我们最好的同盟者"。② 马克思主义关于殖民地民族解放运动是无产阶级革命同盟军的思想在此已初现端倪。"马克思和恩格斯当年分析爱尔兰、印度、中国、中欧各国、波兰、匈牙利等国的事件时，已提供了关于民族殖民地问题的基本的原则思想。"③ 这一原则思想在其后的历史实践中不断得到丰富和发展。

---

① 恩格斯为《共产党宣言》波兰文版写的序言，《马克思恩格斯文集》第 2 卷，人民出版社，2009，第 24 页。

② 《马克思恩格斯通信集》第 2 卷，李季译，三联书店，1957，第 324 页。

③ 斯大林：《和第一个美国工人代表团的谈话》，中国社会科学院民族学与人类学所民族理论室编《马克思主义经典作家民族问题文选·斯大林卷》，社会科学文献出版社，2016，第 402 页。

二 完整理论体系的形成

资本主义发展带来了人类历史的大幅度跨越，同时也带来了人类社会的严重分化。这种分化在国内就是阶级对立的激化，国际上就是宗主国和被殖民国家或地区对立关系的形成。共同的被压迫境遇使得无产阶级和被压迫民族成为天然的盟友。马克思、恩格斯在创立共产主义理论过程中已经初步揭示了这种关系，而列宁则把这种盟友关系做了完整的联结。

19世纪和20世纪之交是自由资本主义向帝国主义跨越的门槛，其标志便是主要资本主义国家对世界瓜分的完成。瓜分和掠夺的升级必然是被压迫民族反抗的加剧，所以这期间的民族运动此起彼伏。特别是亚洲，由于陷入殖民压迫的历史更早、程度更深，同时接受西方民主民族革命思想的影响更普遍，民族解放运动的规模和范围也更广阔。典型的如越南安世农民的反法起义（1887~1913）、菲律宾的独立战争和抗美战争（1894~1902）、印度尼西亚的抗荷斗争（1873~1904）。而将民族解放运动与本国革命集于一身的"东方民族主义"运动——孙中山领导的中国辛亥革命、甘地领导的印度"非暴力不合作运动"及凯末尔领导的土耳其革命等，影响更为深远。

然而面对蓬勃发展的民族运动，以第二国际为代表的马克思主义阵营并没有做出正确的反应。自恩格斯逝世之后第二国际便出现了分化，表现在对待民族运动的问题上。在第二国际中占据主流的机会主义者连殖民化的本质都认识不清，更遑论对于民族解放运动的支持了。出于"阶级"立场，第二国际通过的相关决议或"结论"中也谴责现代殖民者"强占别国领土，征服别国人民，以便为了极少数人的利益对他们进行残酷剥削"，并号召各国工人阶级"反对侵犯土著居民权利的行为，反对对他们的一切剥削和奴役，并尽力启发土著居民争取独立"。[①] 但他们对正在发生的民族解放运动则漠然处之、视而不见。

坚持马克思主义正确立场的是以列宁为首的俄国社会民主党。在第二国际 1907 年的斯图加特会议上，列宁带领俄国布尔什维克代表团对会议上出现的错误观点予以严厉驳斥，这在一定程度上扭转了第二国际在殖民地问题上的错误倾向，但最终未能阻止第二国际的持续右滑。至 1914 年第一次世界大战爆发时，第二国际内的各国机会主义者就完全站在了本国政府一边，支持本国进行帝国主义战争，沦为"社会沙文主义者"或"社会帝国主义者"了。

俄国十月革命在帝国主义统治链条上打开了一个缺口，开辟了人类历史的新纪元。在领导俄国革命和世界革命过程中，列宁一方面对各国民族解放运动给予了大力支持，另一方面在关于无产阶级革命与民族解放运动关系问题上进行了大量的理论创造，大大丰富和发展了马克思主义的民族殖民地理论。

其一，列宁认为，随着帝国主义将世界瓜分完毕，世界被划分为压迫民族和被压迫民族。目前帝国主义阶段的特点"就是全世界已经划分为两部分，一部分是人数众多的被压迫民族，另一部分是少数几个拥有巨量财富和强大军事实力的压迫民族"[②]。帝国主义统治下的殖民地和附属国为其进一步对外侵略提供了物质

---

① 〔苏〕伊·布拉斯拉夫斯基：《第一国际第二国际历史资料·第二国际》，中国人民大学编译室译，三联书店，1964，第 155 页。

② 列宁：《共产国际第二次代表大会文献》，《马克思主义经典作家民族问题文选·列宁卷（下）》，社会科学文献出版社，2016，第 457 页。

和人力资源。因此推翻帝国主义统治成为世界被压迫民族和无产阶级的共同斗争目标，殖民地和附属国的民族解放运动与世界无产阶级革命构成了一种实际上的同盟关系。列宁领导的共产国际提出了"全世界无产者和被压迫民族联合起来"，旨在促进西方国家无产阶级革命运动同东方被压迫民族解放运动的联合，是马克思主义无产阶级理论的重大发展。

其二，由于帝国主义时代的到来和十月社会主义革命的胜利，被压迫民族的解放斗争已由世界资产阶级革命的一部分变成了无产阶级革命的一部分。十月革命后，列宁强调说："社会主义革命不会仅仅是或主要是每一个国家革命无产者反对本国资产阶级的斗争，不会的。这个革命将是受帝国主义压迫的一切殖民地和国家，一切附属国反对帝国主义的斗争。"[1] 西方无产阶级革命必须同殖民地和附属国的民族解放运动结成联盟才能取得胜利。

斯大林讲，马克思、恩格斯提供了民族殖民地问题的基本的主要思想，而列宁则把这些思想集合成为帝国主义时代民族殖民地革命学说的严整体系。[2] 马克思主义的民族殖民地理论即民族解放运动理论因此成形。民族解放运动之所以成为社会主义革命的一部分，除了由帝国主义和无产阶级革命时代背景所决定之外，还在于民族解放运动有了无产阶级政党领导而有了社会主义的前途。所以，对于民族解放运动，无产阶级政党的责任不但是积极参与和支持，还在于对运动的领导。而第三国际率先承担了支持和领导的责任。

---

[1]　列宁：《在全俄东部各民族共产党组织第二次代表大会上的报告》，《马克思主义经典作家民族问题文选·列宁卷（下）》，社会科学文献出版社，2016，第400页。

[2]　斯大林：《和第一个美国工人代表团的谈话》，《马克思主义经典作家民族问题文选·斯大林卷》，社会科学文献出版社，2016，第402页。

三 共产国际的贡献

第一次世界大战开战后，鉴于包括德国党在内的大多数社会民主党站在本国政府立场上支持战争，第二国际走向破产。为了联合各国无产阶级政党继续推进世界革命，列宁积极推动建立新的国际组织，申明："无产阶级的国际没有灭亡，也不会灭亡。工人群众定将冲破一切障碍创立一个新的国际。""清除了机会主义的国际万岁！"[1] 大战期间，列宁团结各国工人政党中的左派，为新的国际的成立奠定了组织基础。1919 年 3 月 2 日，来自 21 个国家 35 个政党和团体的 52 名代表聚集莫斯科，在列宁主持下，通过了《共产国际的行动纲领》《告全世界无产者宣言》等文件，宣告了共产国际即第三国际的成立。第三国际成员最多时包括 70 多个国家和地区的共产党组织、400 多万名党员，共召开过 7 次代表大会、13 次执行委员会全体会议。1943 年 5 月，为适应反法西斯战争需要和便于各国共产党独立处理问题，第三国际宣告解散。

第三国际自觉将无产阶级革命与被压迫民族的解放运动结合起来，成立伊始它就宣布："无产阶级的共产国际将支援被剥削的殖民地人民反抗帝国主义，以促进世界帝国主义体系彻底崩溃。"[2] 第三国际存在期间召开的各次代表大会和执行委员会议都有被压迫民族的代表参加，也几乎都有关于民族殖民地问题的议题。1920 年召开的第二次代表大会讨论通过了列宁起草的《民族

---

[1] 列宁：《战争和俄国社会民主党》（1914 年 9 月），《列宁全集》第 21 卷，人民出版社，1959，第 16 页。

[2] 戴隆斌主编《共产国际第一次代表大会文献》，中央编译出版社，2012，第 248 页。

和殖民地问题提纲初稿》，成为第三国际关于民族殖民地问题的纲领性文件。文件确定："共产国际在民族和殖民地问题上的全部政策，主要应该是使各民族和各国的无产者和劳动群众为共同进行革命斗争、打倒地主和资产阶级而彼此接近起来。"① 要求愿意加入第三国际的资本主义国家共产党都必须无情地揭露"本国的"帝国主义者在殖民地的勾当，不是在口头上而是在行动上支持殖民地的一切解放运动，把本国的帝国主义者赶出这些殖民地。② 列宁逝世以后，斯大林总结并进一步发展了列宁的思想，充分阐发了殖民地半殖民地革命的世界意义，把支援被压迫民族的解放斗争看作与帝国主义争夺后备军、推翻国际帝国主义统治的大问题，明确了"民族问题只有和无产阶级革命相联系并在无产阶级革命的基础上才能得到解决，西方革命必须同殖民地和附属国反帝解放运动结成革命的联盟才能取得胜利。民族问题是无产阶级革命总问题的一部分，是无产阶级专政问题的一部分"③，对马克思主义民族殖民地理论做出了重要贡献。

按照列宁和斯大林确定的路线要求，第三国际不但领导了世界的无产阶级革命，也领导了世界被压迫民族的解放斗争。通过各种途径，第三国际直接参与和指导了很多国家共产党组织的建立、共产主义干部的培养、革命运动的发起和运作。十月革命以

① 列宁：《为共产国际第二次代表大会准备的文件》，中国社会科学院民族学与人类学所民族理论室编《马克思主义经典作家民族问题文选·列宁卷（下）》，社会科学文献出版社，2016，第451页。

② 列宁：《为共产国际第二次代表大会准备的文件》，中国社会科学院民族学与人类学所民族理论室编《马克思主义经典作家民族问题文选·列宁卷（下）》，社会科学文献出版社，2016，第455页。

③ 斯大林：《论列宁主义基础》，中国社会科学院民族学与人类学所民族理论室编《马克思主义经典作家民族问题文选·斯大林卷》，社会科学文献出版社，2016，第303页。

后马列主义在中国的传播，中国共产党的建立以及早期的理论建设、组织建设和革命活动都和第三国际的指导分不开。为帮助中国革命，列宁和斯大林都对中国问题做出了深入研究，写有不少关于中国革命的论述。如 1927 年国共合作破裂后，斯大林就曾在联共（布）党内专门讲了中国问题，认为中国革命有三个阶段：第一个阶段是全民族联合战线的革命，第二阶段是资产阶级民主革命，第三阶段是苏维埃革命。现在中国革命已经走过自己发展的第一阶段，进入第二阶段，即土地革命阶段。他批判了以季诺维也夫、加米涅夫、托洛茨基等为代表的反对派的观点，认为中国共产党在短时期内获得的一切成就，"其原因之一就在于它是遵循列宁所规定的道路、遵循共产国际所指示的道路前进的"[1]。除此之外，他还在《时事问题简评》等文章中设置中国问题专章，详细阐述中国革命的性质、路线和策略，分析国共合作破裂后的局势。作为共产国际帮助和指导的结果，共产国际也对中国革命取得的成绩给予了高度肯定。1934 年，在共产国际执行委员会为其第七次代表大会准备的材料中，中国在东方革命部分占据着主要位置。材料称："中国革命事件的进程出色地证明共产国际路线的正确性。中国无产阶级在自己的共产主义先锋队率领下英勇奋斗，建立了范围广阔的苏区，那里正在实现中国共产党领导下的无产阶级和农民的革命民主主义专政。""它是整个殖民地世界被压迫人民的生动榜样。""在殖民地和半殖民地各国共产党中，中国共产党在反帝反封建革命战线中取得了最大、最巩固的成绩。

---

[1] 斯大林：《联共（布）中央委员会和中央监察委员会联席会议》，中国社会科学院民族学与人类学所民族理论室编《马克思主义经典作家民族问题文选·斯大林卷》，社会科学文献出版社，2016，第 396 页。

中国苏维埃及其红军已经成为世界无产阶级革命的一个因素。"①
1935 年召开的共产国际第七次代表大会更是认为："中国革命在
共产国际第六次代表大会以后采用了苏维埃的形式，这一革命是
战后影响了整个殖民地世界的伟大事件。苏维埃运动在中国的诞
生及其胜利发展有着最深远的世界历史意义。"②

　　印度革命也受到了第三国际的高度重视。1919 年 5 月，第三
国际刚刚成立列宁就接见了印度革命者代表团。次年 5 月，列宁
又致信印度革命协会，鼓励印度的穆斯林和非穆斯林结成紧密的
联盟，同时也希望印度、中国、朝鲜、日本、波斯、土耳其的工
人和农民携手进行共同的解放事业，③ 10 月，第三国际就帮助印
度在塔什干开始筹建印度共产党。其后，根据第三国际的安排，
英国共产党负起了对口帮助印度革命的任务，1925 年成立了殖民
地委员会，专事负责指导印度的共产主义运动。但印度的共产主
义者长期不统一，未能在革命中发挥主导作用，真正领导和主导
印度民族独立运动的是印度民族主义领袖甘地。

　　实际上，在十月革命的影响和第三国际的领导下，20 世纪二
三十年代殖民地和半殖民地国家的民族民主革命普遍高涨。除了
中国和印度之外，一大批亚洲、非洲和拉丁美洲国家也出现了共
产主义组织，其成为各国民族解放运动的参与者和组织者。这些
组织虽发挥了很大作用，但成功者并不多。比如印度尼西亚，

---

① 陈新民主编《第七次代表大会前的共产国际文献》，中央编译出版社，2011，
　第 11、77 页。
② 王学东主编《共产国际第七次代表大会文献》1，中央编译出版社，2013，第
　75 页。
③ 列宁：《致印度革命协会》，中国社会科学院民族学与人类学所民族理论室编
　《马克思主义经典作家民族问题文选·列宁卷（下）》，社会科学文献出版社，
　2016，第 439 页。

1920年即成立了"东印度共产主义联盟",1924年正式改为印度尼西亚共产党。在他们的领导下,1920~1923年印度尼西亚出现了罢工高潮。1926~1927年发动了抗击荷兰殖民统治的武装起义,产生了很大影响,但由于"左"倾错误和双方力量的悬殊起义最终失败。凯末尔领导的土耳其革命是"东方民族主义"运动的重要构成,得到了列宁领导的苏俄政权和共产国际的大力支持。1920年土耳其共产党成立,很快也便成为积极的革命力量。但凯末尔主义者一方面利用工农,另一方面又抵制和压制工农革命,1921年甚至用武力消灭了农民游击队,杀害了10多位土耳其共产党主要领导人,1922年成立共和国后即改变了对苏友好态度,转向西方帝国主义。波斯各地从1919年开始出现大规模的游行示威,要求废除英国和波斯间的不平等条约,赶走英国殖民者。斗争不断升级并波及全国,1920年后出现了一些民族民主政权,尤以吉兰省成立的"吉兰共和国"最为显赫。波斯共产党应运而生,旋即参加了吉兰的革命并与其他阶层结成了民族统一战线。在共产党的努力下,革命在艰难中推进,一度使吉兰共和国宣布成为苏维埃共和国。但由于统一战线内部分裂,共产党领导人被杀害,革命政权瓦解,起义失败。[①]

此外,菲律宾、马来亚、越南、缅甸、朝鲜、阿富汗、叙利亚、黎巴嫩、伊拉克、阿尔及利亚、埃及以及一些拉美国家,也在共产国际的影响或参与下建立了共产主义组织,发起或参与了各国的民族解放运动。正是通过这些运动,马克思列宁主义在殖民地和半殖民地得到了广泛传播,国际共产主义运动从西方走向东方,经过与殖民地半殖民地民族解放运动的结合扩展到全世界。

---

① 北京大学国际政治系民族解放运动教研室:《民族解放运动史(1775-1949)》,1980,第388页。

共产国际虽然为推动民族解放运动做出了巨大贡献，但其支持的二三十年代各国的革命斗争大多数以失败告终，唯有中国共产党领导的革命由小变大、由弱变强，在共产国际领导或支持的民族运动中一枝独秀，以至于共产国际关于"东方阵线"或殖民地半殖民地工作的成就每每论及的总是中国。但实际上，中国共产党早期，也即受国际直接领导的阶段也是步履维艰，充满了曲折。在指导革命过程中，共产国际曾对失败挫折及时做出过教训总结，作为历史的评说，后世研究者也对存在的问题做出过具体分析，权威的看法是：共产国际在判断各国革命形势发展阶段时，由于对实际情况了解不够，过高估计了有利因素，低估了统治阶级的统治基础和能力，发动起义过于盲目；组织形式高度集中，共产国际领导机构远离各国革命发生地，缺乏准确的调查研究，领导失误还强制执行，极大地妨碍了各国党积极性和创造性的发挥。[1] 这些分析是符合实际的，所以，根本问题还是没有处理好共产国际的统一领导与各国特殊国情的关系。企图用一种模式、一种策略去解决不同国家不同民族的问题，不出错是不可能的。

不能说共产国际没有认识到统一性和特殊性的关系。1920年四五月间，列宁为共产国际第二次代表大会的召开专门写了一本小册子《共产主义运动中的"左派"幼稚病》，其中谈道，一个能在革命斗争中指导无产阶级国际策略的中心，"无论如何不能建立在斗争策略准则的千篇一律、死板划一、彼此雷同之上。只要各个民族之间、各个国家之间的民族差别和国家差别还存在（这些差别就是无产阶级专政在全世界范围内实现以后，也还要保持很久很久），各国共产主义工人运动国际策略的统一，就不是要求

---

[1] 庄福龄主编《马克思主义史》第3卷，人民出版社，1996，第184页。

消除多样性，消灭民族差别（这在目前是荒唐的幻想），而是要求运用共产党人的基本原则（苏维埃政权和无产阶级专政）时，把这些原则在某些细节上正确地加以改变，使之正确地适应于民族的和民族国家的差别，针对这些差别正确地加以运用"。① 斯大林曾为列宁提出的共产国际的"策略原则"做了三点概括，其中第一个原则就是："在共产国际给各国工人运动作出指导性的指示时，一定要估计到每个国家的民族特殊的东西和民族独有的东西。"并把列宁的上述论述作为这一原则的具体内容。② 列宁的这个思想堪称经典，但在具体革命实践中真正做到并不容易。共产国际的最大失败之教训，恐怕就是没有做到甚至背离了这一原则。

四 分立和交融

共产国际后期及之后的世界民族解放运动持续发展并呈现了两次高潮；一次是第二次世界大战前后，另一次是20世纪60年代前后。其间，无产阶级革命力量在不同国家发挥了不同的作用，不但决定了各国民族解放运动的进程及成败，也直接影响到其后各国的发展道路和世界的政治格局。

第二次世界大战是波及欧亚非美及大洋洲的真正的"世界大战"。其间，原来并不属于殖民地和半殖民地的欧洲一些中小国家被德意法西斯所奴役，他们的反法西斯斗争便有了民族解放运动的性质。最先遭受侵略的东欧各国也成为反法西斯战争的前沿地

---

① 列宁：《共产主义运动中的"左派"幼稚病》，《列宁选集》第4卷，人民出版社，1995，第199~200页。

② 斯大林：《时事问题简评》，中国社会科学院民族学与人类学所民族理论室编《马克思主义经典作家民族问题文选·斯大林卷》，社会科学文献出版社，2016，第360页。

带。这些国家战后成为人民民主国家与共产党在战争中的重要作用有着直接的关系。其中，南斯拉夫和阿尔巴尼亚两国的共产党是它们各自反法西斯战争中的唯一领导力量。波兰共产党在战争中积极倡导建立反法西斯民族阵线、组织人民军打击德国入侵者；捷克斯洛伐克共产党在国内建立了第一支游击队；罗马尼亚、保加利亚和匈牙利的共产党也与其他进步力量组建了爱国联盟，领导人民共同抗击法西斯统治。正是在共产党领导和影响的基础上，1944~1945年苏联红军顺利进入东欧，击败法西斯并建立起8个人民民主国家：南斯拉夫、阿尔巴尼亚、捷克斯洛伐克、波兰、保加利亚、罗马尼亚、匈牙利和德意志民主共和国。[①]

第二次世界大战的一个重要特点是民族解放运动与反法西斯战争的结合，这一结合大大增强了世界反法西斯阵营的实力，也大大促进了各国民族解放运动的发展。中国是抗击日本帝国主义的主战场，而中国共产党领导的人民武装又是抗日战争的半壁江山。金日成领导的抗日武装在中国东北和朝鲜境内进行了长期的斗争，为日后朝鲜的独立和建国奠定了基础。越南共产党是在共产国际的帮助下，于1930年3月由胡志明联合几个革命组织的领导人创建的，时称印度支那共产党。1940年9月日军侵入越南后，印度支那共产党创建了越南独立同盟，成为领导越南人民抗战的民族统一战线组织。太平洋战争爆发以后，日军相继占领了马来亚、菲律宾、缅甸和泰国。其间，马来亚共产党联合各地的游击队成立了马来亚人民抗日军，经过三年斗争解放了一半以上的国土；菲律宾共产党也领导了抗日民族统一战线，建立了人民抗日军；而缅甸共产党、泰国共产党也同样组织领导了本国的抗日斗

---

① 徐天新、梁志明主编《世界通史·当代卷》，人民出版社，1997，第56页。

争。① 他们的抗日活动成为太平洋战争期间民族解放运动的重要内容。除了共产党之外，其他进步力量也在各国的反法西斯战争中发挥了积极作用，成为这一时期民族解放运动发展的重要促进因素。

第二次世界大战最终使得德国、意大利和日本三国法西斯被打败，英、法两个帝国主义国家被严重削弱，催生了东欧 8 个人民民主国家。这为世界民族解放运动提供了更为有利的条件，亚非拉民族解放运动的范围和规模也比战前有了更大的扩展。战后不久，中国人民经过三年解放战争，彻底驱逐了帝国主义势力，建立了新中国。朝鲜在金日成领导下，于 1945 年解放了北部，三年后即建立了朝鲜民主主义人民共和国。越南在 1945 年 8 月发动"总起义"，赶走了日本侵略者，9 月 2 日胡志明即发表独立宣言，宣布了越南民主共和国的成立。此外，印度、老挝、伊朗、伊拉克、叙利亚、黎巴嫩、埃及、阿尔及利亚、加纳、尼日利亚、赞比亚、马拉维、乌干达、危地马拉、巴拿马、巴拉圭、阿根廷、海地、墨西哥、玻利维亚和哥伦比亚等国家和地区的人民战后也都进一步掀起了争取民族解放的斗争。截至 50 年代中期，亚非实现独立的国家已有了约 30 个。还在 1947 年时毛泽东就乐观地认为："全世界反对帝国主义阵营的力量超过了帝国主义阵营的力量。""整个亚洲，兴起了伟大的民族解放运动。反帝国主义阵营的一切力量，正在团结起来，并正在向前发展。""现在是全世界资本主义和帝国主义走向灭亡，全世界社会主义和人民民主主义走向胜利的历史时代，曙光就在前面，我们应当努力。"②

---

① 徐天新、梁志明主编《世界通史·当代卷》，人民出版社，1997，第 590 页。
② 毛泽东：《目前形势和我们的任务》，《毛泽东选集》第 4 卷，人民出版社，1991，第 1259~1260 页。

不论是早期的 19 世纪中期还是两次世界大战前后，世界民族解放运动的主角是欧洲、亚洲和美洲，而至 20 世纪中期，主角就是非洲了。非洲在二战前名义上独立的国家只有埃塞俄比亚、埃及和利比里亚，而其他地区仍然在英、法、葡、西、意等殖民大国的统治之下。大战结束后，北非的利比亚、苏丹、突尼斯、摩洛哥、阿尔及利亚在 50 年代相继完成独立或接近独立。埃及虽早在 1922 年既已实现了名义上的独立，但英国在此保留了大量的殖民特权甚至驻有军队。二战结束后埃及发生了大规模的示威游行和罢工罢课，反对英国的控制和本国的腐败统治。1952 年 7 月由纳赛尔领导的"自由军官组织"发动革命，以政变形式推翻了封建王朝的统治，成立了共和国，巩固了埃及的民族独立。

50 年代中期之后，非洲民族解放运动的重心开始南移。以加纳和几内亚的独立为开端，民族独立进程突飞猛进、殖民体系加速崩溃。1960 年达到高潮，有 17 个国家获得独立，成为民族独立运动的"非洲年"。当年 12 月，联合国大会以压倒多数票通过了《关于给予殖民地国家和人民独立的宣言》，第二年又决定建立殖民地特别委员会。在世界进步力量的支持下，整个 60 年代非洲共有 32 个国家获得独立。此外，古巴等非洲之外国家的民族解放运动同样得到发展。

进入 70 年代，非洲民族解放运动高潮继续向南推进，从几内亚比绍、安哥拉、莫桑比克独立开始，直到 1990 年纳米比亚独立的完成，非洲的民族独立运动基本结束，世界范围内的民族解放运动也便基本终结了。

二战之后的民族解放运动继续得到了无产阶级革命力量的帮助和支持，而且由于出现了一批社会主义国家，这种帮助和支持有了更为坚实的物质基础和国际声势。中国虽然在相当长的时间内发展程度不高，也面临着帝国主义和其他外部势力的遏制、封锁和侵扰，但始终尽其所能甚至超其所能地履行着自己的国际主义义务，给予亚非拉各国的民族解放运动极大的支持。苏联和其他社会主义国家也在不同范围、不同程度上为民族解放运动提供了各种帮助。这种支持和帮助是马克思列宁主义民族解放运动理论的伟大实践。

历经 200 多年的民族解放运动摧毁了旧的殖民体系，大大改变了世界的面貌。资产阶级革命通过它将自己的意识形态和生产方式推及亚非拉各国，无产阶级革命也借此将马克思主义传播到世界各个角落，并建立起一个社会主义国家阵营。民族解放运动的完成是人类文明进程的一大推进，然而列宁和共产国际设想的通过和民族解放运动结盟推翻帝国主义统治，建立无产阶级专政和社会主义在全世界胜利的目标并未实现。

民族解放运动领导力量的性质及领导实践决定了民族解放运动发展的方向。而纵观十月革命以后各国民族解放运动的进程，马克思列宁主义政党的正确领导并没有得到普遍保证。除了中国、朝鲜、越南、老挝、古巴和东欧国家之外，其他国家民族独立的完成则是其他政治力量在起主导作用。其中，有的虽然建立了共产党，但因指导路线和政策不当未能承担起领导的责任；有的则限于条件，马列主义理论和政党根本就没有在当地立足，民族运动从一开始就为其他力量所支配。印度共产主义运动曾得到列宁和共产国际的高度重视并给予其很多帮助，但它始终未能形成统一力量，未能担当起领导印度独立和革命运动的责任。伊拉克共产党自 1934 年成立起就一直处于非法状态，未能发挥应有的作用。二战之后，马来亚、缅甸、菲律宾、印度、伊朗及一些拉丁美洲国家的共产党集体"右倾"，迷信于帝国主义的议会宣传，致使民族解放武装瓦解或被收编，大批共产党人和爱国人士惨遭迫害。[①] 战后非洲的民族独立运动领导权基本上都掌握在民族主义者手中，这些人主要是民族资产阶级和小资产阶级知识分子，也包括一些皇族及部落酋长等上层人物。1945 年至 20 世纪 50 年代，非洲建立的民族主义政党和政治组织约有 40 个，到 1961 年增加到 147 个。[②] 这与非洲民族独立运动呈现的高潮期是对应的。

　　正是由于马列主义政党和无产阶级未能完全把握民族解放运动的正确领导，其也便无法把握民族解放运动的最终方向，同时也就决定了各国民族解放运动完结之后没有都通过建立无产阶级专政走向社会主义，而是有了其他甚至相反的选择。从这个意义上讲，民族解放运动代表的民族主义与无产阶级革命代表的马克思主义的联盟关系破裂了。这种破裂在独立后的民族国家之内一度有着激烈的表现。20 世纪 60 年代，印尼共产党一度发展到 200 多万名党员，成为仅次于中共和苏共之后的世界第三大共产党。1965 年 9 月 30 日印尼军队发生内乱，几天之内，军队将领苏哈托指挥平定了这次"未遂的政变"，并独揽了国家大权。他将此次内乱定性为"共产主义政变"，随后展开了长达三年的"清共运动"，决心把印尼的共产党人赶尽杀绝，致使几十万到上百万名共产党人和无辜民众受害。[③] 中国由于曾参与援助印尼前政府，同时许多华人参加了共产党活动，因此也导致大量华人遇难。除印尼之外，五六十年代，其他一些东南亚国家和拉美国家也都发生过或大或小的反共和"清共"事件，成为民族主义国家一个难以原

---

①　北京大学国际政治系民族解放运动教研室：《民族解放运动史（1945-1978）》，1980，第 17~18 页。

②　徐天新、梁志明主编《世界通史·当代卷》，人民出版社，1997，第 328 页。

③　遇害者人数没有官方数据，不同的研究得出的数字从 50 万到 200 万人不等。另有数十万人遭到长期囚禁。

谅的污点。而同时代的社会主义国家也普遍对其国内的包括 "民族资本家" 在内的资产阶级开展了激烈的阶级斗争，尽管这些斗争后来又在各自的历史中得到了检讨和纠正。

民族主义与马克思主义联盟关系的破裂在国际舞台上呈现了比较委婉的形式，其突出表现就是不结盟运动的出现。

20 世纪 40 年代末 50 年代初，为了维护国家主权、摆脱大国的控制，尼赫鲁、铁托等一些新独立国家的领导人就提出了不结盟运动的设想。1961 年 9 月有 25 个国家领导人参加的第一次不结盟国家首脑会议在南斯拉夫首都贝尔格莱德召开，这标志着不结盟运动的正式形成。会议全力支持各国人民争取和维护民族独立，消除一切形式的殖民主义，同时主张用和平共处来代替把世界划为集团和冷战的政策。在筹备会议和第一次首脑会议上被确定的参加不结盟国家的条件就包括：不应参加与大国争夺有牵连的多边军事联盟；不应参加与大国争夺有任何牵连的双边军事协定或区域性防务条约。[1] 随着国际形势的变化，不结盟运动的内容不断丰富，但独立自主，反对帝国主义、新老殖民主义、种族主义，反对一切形式的外国侵略、占领、统治、干涉或霸权，反对把世界永远分为集团的大国集团政策没有变。[2]

所谓不结盟，首先是反对和拒绝与以美国为首的西方阵营结盟。二战结束之后，取代德意日法西斯称雄世界的首先是美国；民族独立运动打碎了英、法、德、意、荷、比、西等国构建的旧殖民体系之后，力图控制新兴独立国家推行新殖民主义的也是美

---

[1] 中国国际问题研究所编辑部编《不结盟运动主要文件集》，中国对外翻译出版公司，1987，第 3 页。

[2] 中国国际问题研究所编辑部编《不结盟运动主要文件集》，中国对外翻译出版公司，1987，第 4 页。

国。所以不结盟运动必须要抗美。但不结盟当然也包括反对和拒绝与以苏联为首的国家集团结盟。苏联在二战后逐渐背离了国际主义原则，在党际关系和国家关系上大搞霸权主义，成为与美国虽对立但一样危害世界和平与进步的力量。无疑，就不结盟运动中所要对抗的权重来看，美国肯定是第一位的，因为它的新殖民主义政策的推行和帝国主义行径都是赤裸裸的，独立国家反对新殖民统治的愿望也是最为迫切的。出于社会主义国家的本能，苏联对于民族解放运动也给予不少支持。所以当它搞霸权主义的时候，民族主义国家对它的批评和对抗还是比较有保留的。然而，既然要不结盟，就既要反对美国的帝国主义，也要反对苏联的霸权主义，不然就会不完整、不彻底。实际上，不结盟运动的发起人之一铁托原本就是因反对苏联的控制而获罪被开除出社会主义阵营的，对来自苏联的霸权有着切肤之痛；不少新独立国家也在苏联的地缘战略渗透和各种干涉中深受其害。随着苏联霸权主义行径的加剧，1970 年 9 月召开的第三次不结盟首脑会议开始抨击"超级大国"对别国内政的干涉；1973 年 9 月第四次会议就明确提出了"反对霸权"的口号并长期坚持。而苏联却对"霸权"一词讳莫如深，对不结盟运动的反霸权立场左右遮掩。① 苏联被不结盟运动所排拒，而它却是社会主义阵营的领袖，所以不结盟运动对苏联的排拒也是对社会主义阵营的排拒。中国虽然也坚决反对苏联的霸权主义，但并不能改变不结盟运动对于社会主义"结盟"性质的排拒。

　　所以，不结盟运动就是完成独立的民族国家面对帝国主义和社会主义两大阵营竖立起的一个隔离带，既反对帝国主义，也不

---

① 从苏联官方的表态来看，苏联对不结盟运动组织提出的"反殖""反帝"等口号都表示了支持，但对其中"反霸"和"超级大国"的提法极少提及。

同化于社会主义。毛泽东就曾讲:"它们不是帝国主义国家,也不是社会主义国家,而是民族主义国家。""既不站在帝国主义的一边,也不站在社会主义的一边,而站在中立的立场,不参加双方的集团。"①

不结盟运动从发起成立到其后的运作发展,反映的是民族主义国家的呼声和利益。然而,如果我们将这一阶段民族主义与马克思主义的关系仅仅理解为"分立"或破裂,无疑是片面的,因为在"分"的另一面,或者说更为深刻的一面是两者的"合"。这种"合"的基础仍然在于民族解放运动和无产阶级革命联盟的必要:被压迫民族在推翻殖民主义统治、建立自己的国家以后,大多数仍然受到帝国主义和新殖民主义的干涉,仍然不能实现完全的主权独立;同时,无产阶级革命的主要敌人仍然是代表垄断资本的帝国主义。无产阶级和被压迫民族联合起来共同推翻帝国主义统治的历史使命并没有完成。为此,各社会主义国家都有一种自觉,至少表面上都站在亚非拉国家一边,而民族主义国家也有着忽隐忽现的"亲"社会主义倾向。

中国共产党对此有着清醒的认识,始终理解和支持民族主义国家的立场。正如毛泽东所讲:"民族主义国家采取中立立场,帝国主义国家却不喜欢,因为这些民族主义国家的中立是摆脱了它们的控制而取得的。民族主义国家的中立就是一种独立自主、不受控制的立场。我们社会主义阵营欢迎这些国家的这种中立的立场,因为它有利于和平事业,不利于帝国主义的侵略计划和战争

① 毛泽东:《同巴西记者罗金和杜特列夫人的谈话》,《毛泽东文集》第7卷,人民出版社,1999,第401页。"民族主义国家"的普遍解释是摆脱了殖民主义的直接统治,在政治上取得了独立,由民族主义者掌握政权的国家。《简明政治学词典》,吉林人民出版社,1985,第211页。

计划。我们把亚洲、非洲、拉丁美洲已经独立的国家看成朋友，把还没有独立、正在争取独立的国家也看成朋友。"① 新中国建立后至改革开放之前，中国努力构建并维护的以反对帝国主义、维护国家利益和世界和平正义为主轴的国际统一战线经历了三个阶段：第一个阶段就是新中国成立初期，旗帜鲜明的"一边倒"，站在无产阶级革命立场上加入并维护以苏联为首的社会主义阵营，反对以美国为首的帝国主义。第二阶段是背靠社会主义阵营与新独立的亚非拉民族主义国家联合，共同对抗帝国主义。以 1955 年的亚非会议为标志，中国与印度等提出的国际关系五项原则是对帝国主义干涉政策的挑战，也是建立反帝统一战线的一条红线。"社会主义阵营各国人民要联合起来，亚洲、非洲、拉丁美洲各国人民要联合起来，全世界各大洲的人民要联合起来……结成最广泛的统一战线，反对美帝国主义的侵略政策和战争政策，保卫世界和平。"② 在这个阶段，毛泽东把当时的世界划分为"三个主义"：共产主义、民族主义、帝国主义，并说："这三个主义中，共产主义和民族主义比较接近。"③ 第三阶段就是随着中苏关系的彻底破裂，社会主义阵营解体，毛泽东三个世界划分理论的提出：美国、苏联是第一世界，日本、欧洲、澳大利亚、加拿大是第二世界，除了日本之外的亚洲、非洲和拉丁美洲，包括中国都属于第三世界。④ 在三个世界的划分理论中，中国已把自己从原有的社

---

① 毛泽东：《同巴西记者罗金和杜特列夫人的谈话》，《毛泽东文集》第 7 卷，人民出版社，1999，第 402 页。

② 毛泽东：《中国人民坚决支持巴拿马人民的爱国主义斗争》，《人民日报》1964年 1 月 13 日。

③ 毛泽东：《关于国际形势问题》，《毛泽东文集》第 8 卷，人民出版社，1999，第 408 页。

④ 毛泽东：《关于三个世界划分问题》，《毛泽东文集》第 8 卷，人民出版社，1999，第 442 页。

会主义阵营中抽出来，完全置身第三世界，即民族主义国家之中，同时联合美苏之外的发达国家，共同对抗美苏两个超级大国。从第二阶段的与民族主义"比较接近"，到第三阶段的完全站在一起，这是毛泽东根据国际局势变化做出的重大策略调整。尽管这个划分理论后来受到质疑，但至少说明中国共产党始终没有从原来与被压迫民族站在一起的立场倒退，始终维护着马克思主义与民族主义的联盟关系。

正是由于有着团结合作的基础，存在这样一个反帝反殖反霸的统一战线，所以，以不结盟运动为代表，完成民族解放后的民族主义与社会主义的联盟关系事实上并没有破裂，不但如此，在国际政治、社会制度和思想理念上还实现了相当程度的交融。

其一，从不结盟运动本身来看，这一运动的创始人和主要领导人都与马克思主义和社会主义有着密不可分的关系，不结盟运动组织也对社会主义国家敞开着大门。铁托虽然被苏联阵营开除，但他始终没有放弃共产主义信仰，他领导的南斯拉夫高举的始终是社会主义旗帜。纳赛尔在倡导阿拉伯民族主义的同时，也是"阿拉伯社会主义联盟"的领导人。尼赫鲁在领导印度民族运动中创建了左翼组织全印独立联盟，"全印独立联盟的显著特征是，它不仅要求摆脱英国人的统治而完全独立，而且要求在印度内部按照社会主义方式进行根本的社会变革"①。而印度独立后尼赫鲁也的确在按他的"社会主义方式"推动社会变革。所以，不结盟运动的三位创始人和主要领导人虽然分处欧非亚三洲，社会背景也各有差异，但他们都既是民族主义者，也是社会主义者。不结盟运动领导人如此，成员国家也如此。加入不结盟运动的不但有明

① 〔美〕斯塔夫里阿诺斯：《全球通史——1500 年以后的世界》，吴象婴、梁赤民译，上海社会科学院出版社，1999，第 641 页。

确"中间立场"的独立国家，也有越南、朝鲜、古巴等"正宗"的社会主义国家，显示了民族主义对于马克思主义的包容和其相互之间的融通。

其二，也正是由于这样一个基础，存在这样一个统一战线，社会主义在民族主义国家中曾是一个广为流行的理念和制度。各国领导人尽管对于社会主义的理解不同，但都把社会主义社会看作理想的完美的社会，都想通过社会主义使自己的国家尽快摆脱外来压迫和贫穷落后，① 因此他们接受了社会主义的理念和话语，同时根据自己的理解加以改造，并在各自的国家建设中加以实施。从 20 世纪 50 年代中期开始到 80 年代，在新独立的民族主义国家中，社会主义运动曾出现过两轮高潮。1955 年印度的尼赫鲁和埃及的纳赛尔首先提出了要在自己的国家建设社会主义社会，随后亚洲的锡兰（斯里兰卡）、印度尼西亚、缅甸、伊拉克、叙利亚和非洲的加纳、马里、阿尔及利亚等也相继宣布了自己的社会主义纲领，社会主义运动风行一时。60 年代中期到 70 年代初，印度尼西亚、加纳、埃及、马里等一些国家先后宣布了各自社会主义的失败。但 70 年代中期以后，刚果、贝宁、埃塞俄比亚、索马里、安哥拉、莫桑比克、也门、巴基斯坦、阿富汗、秘鲁、委内瑞拉和智利等亚非拉国家又相继提出实行社会主义，社会主义运动再现高潮。这样，在第二次世界大战之后亚非拉一百多个新独立国家中，先后有半数国家宣布过信仰社会主义。② 当然，这些社会主义是五花八门的，诸如"民主社会主义""宗教社会主义""非洲社会主义""军事社会主义""合作社会主义""阿拉伯社会主义"，等等。不能说他们都是假的或非马克思主义的，因为其中也

① 王伟光主编《社会主义通史》第 6 卷，人民出版社，2011，第 429 页。
② 王伟光主编《社会主义通史》第 6 卷，人民出版社，2011，第 428 页。

有"科学社会主义"的信奉者,特别是 1980 年前后,"越来越多的非洲领导人正试图证明,马克思和列宁所主张的社会发展有其普遍规律,既适合于欧洲和亚洲,也适合于非洲"。在埃塞俄比亚、莫桑比克和安哥拉等国家,"红旗到处与国旗一起飘扬","革命广场上竖立着马克思、列宁和恩格斯的巨幅画像",执政党的党徽上有红色的五角星,党旗上有表示工农联盟的锤子和锄头。① 这时的"非洲 50 个独立的黑人和阿拉伯国家中,有 7 个是在自称为马克思列宁主义领导统治下的国家。……至少另外还有 9 个国家信奉某种牌号的社会主义。这 16 个国家的人口占非洲四亿二千五百万总人口的四分之一以上。"②

民族主义国家社会主义热潮的不断出现显示了马克思主义的强大生命力,显示了马克思主义对于民族主义的渗透和改造。战后民族主义国家的进步正是在这种改造中得到了强力推进。然而必须明白的是,这些新独立国家自称的"社会主义"和"马列主义",本质上仍然是民族主义,或自称的"民族社会主义"。即便像埃塞俄比亚、莫桑比克和安哥拉这样一度表现最显眼的"社会主义国家",严格坚守的仍然是自己的民族主义立场。它们的执政党"都不仅把对马克思列宁主义的信仰写进了党纲,而且把明确阐述民族独立精神的原则也写进了党纲"③。它们的对外政策是在与社会主义国家团结合作的同时,也始终站在发展中国家一边,维护民族独立,反对包括苏联在内的大国霸权主义。正因为这一

---

① 〔美〕戴维·奥塔韦、玛丽娜·奥塔韦:《非洲共产主义》,魏培忠等译,东方出版社,1986,第 267 页。
② 〔美〕戴维·奥塔韦、玛丽娜·奥塔韦:《非洲共产主义》,魏培忠等译,东方出版社,1986,第 2 页。
③ 〔美〕戴维·奥塔韦、玛丽娜·奥塔韦:《非洲共产主义》,魏培忠等译,东方出版社,1986,第 274 页。

点，不但"正宗"的社会主义国家不承认它们的社会主义性质，西方阵营也仍把它们看作民族主义政权。

也正因为这些"社会主义"缺乏必要的社会基础和理论基础，执政者的"信奉"有着更大的随机性和脆弱性，一有风吹草动便随之动摇。所以八九十年代之后，随着苏联的解体和东欧的剧变，亚非拉的这些社会主义国家也大都改旗易帜了。

当然，亚非拉社会主义运动中表现出的多样性和脆弱性以及高低起落也是与国际共产主义运动的分化、社会主义阵营的分化直接相关的。而这种分化本质上是马克思主义在探索科学社会主义进程中的必然代价。所以，就民族解放运动历史上表现出的民族主义和马克思主义的关系而言，民族主义走向哪里、如何发展，取决于马克思主义的引导，而最终又取决于由什么样的马克思主义引导。

第十章　中国的民主革命
与民族主义

　　历史上，资产阶级革命从来都是和民族主义裹合在一起的。作为世界近代历史一部分的中国民主革命也是这样。孙中山一生为之奋斗的三民主义，第一位的就是民族主义。蒋介石领导的国民党自诩为孙中山革命的继承者，打的招牌也始终是包括民族主义在内的三民主义。中国共产党一般不讲自己的主张是民族主义，但它所领导的新民主主义革命就其性质而言仍然是资产阶级民主革命，这一革命的目标仍然是推翻封建主义及其已成为资本主义发展障碍的帝国主义压迫。中国的民主革命，不论是旧民主主义革命还是新民主主义革命都同样具有民族主义的性质。中国的民族主义首先是一种民族自觉，是中华民族危亡所系的一种本能反应，只是有了孙中山、毛泽东这类民族伟人的抒发才使它以不同的形态理论化、意识形态化。近代中国的两大主题，一是民主主义，反封建、反专制，推进资本主义；二是民族主义，反对帝国主义，实现民族独立和自强，二者相辅相成却又主从有序。在两大主题中，救亡是中心、是前提，没有民族主义，民主革命是不完全的，也是不会成功的；但民主主义又是民族主义的一个方向，一种结果。纵贯整个中国民主革命史，从辛亥革命、五四运动、五卅运动到国民大革命和抗日战争，民族主义无不是革命力量的黏合剂、革命高潮的发动机和将革命引向深入的助推器。民族主义既是中国革命的有机构成，也是革命不可或缺的思想资源。

中国的民主革命与近代历史同步，从鸦片战争开始，直到 1949 年中华人民共和国成立，历经旧民主主义革命和新民主主义革命两个阶段。两个阶段的不同之处在于领导阶级的不同和最终走向的不同，但共同之处都是反对外来民族压迫和内部封建压迫，由此它既是一场民主革命又是一场民族解放运动，其革命的性质和历程是对马克思主义民主革命理论和民族解放运动理论的生动诠释，也是马克思主义和民族主义联手挽救中国、改造中国的一个成功范例。资产阶级革命和无产阶级革命在民族主义这个点上实现了成功对接。

一 民主革命与民族主义的相伴而生

历史上，民族主义从来都是和资产阶级革命裹合在一起的。恩格斯讲：中世纪末期以来，"随着商业、农业和工业的发展，从而随着资产阶级社会势力的增长，民族意识也就到处发扬，被分割、被压迫的各民族都要求统一和独立。因此，1848 年革命的目的，到处都是既要满足自由要求又要满足民族要求"[1]。因此世界近代史的一个重要特点是资本主义的民主革命与民族主义相伴而生、形影相随，且越至后期越明显。自美国独立战争和法国大革命之后，民族主义就如一股股狂飙横扫欧美、冲击亚非、激荡世界。列宁讲："在全世界，资本主义彻底战胜封建主义的时代，是

---

[1] 恩格斯：《暴力在历史中的作用》，中国社会科学院民族学与人类学研究所民族理论室编《马克思主义经典作家民族问题文选·马克思恩格斯卷（下）》，社会科学文献出版社，2016，第 499 页。

同民族运动联系在一起的。"① 这是一个普遍现象，作为世界近代历史一部分的中国民主革命也是这样。毛泽东说："中国反帝反封建的资产阶级民主革命，正规地说起来，是从孙中山开始的。"②而孙中山恰恰就是中国民族主义运动最积极的倡导者和公认的领袖。孙中山一生为之奋斗的三民主义，第一位的就是民族主义。蒋介石领导的国民党自诩为孙中山革命的继承者，打的招牌和旗帜也始终是包括民族主义在内的三民主义。中国共产党一般不讲自己的主张是民族主义，但它所领导的新民主主义革命就其性质而言仍然是资产阶级民主革命，这一革命的目标仍然是推翻封建主义以及已成为资本主义发展障碍的帝国主义的压迫。这一点不但在民主革命后期毛泽东的诸多论述中得到反复申述，即便在对中国革命目标、对象和性质等尚处在探索阶段的第一次大革命时期，中国共产党也已经有了较明确的认识。1926 年中共中央在告中国国民党党员的一封信中讲："中国无产阶级运动一开始即带着浓厚的民族运动色彩，且直接参加民族运动。"③ 所以说，中国的民主革命，不论是旧民主主义革命还是新民主主义革命都同样具有民族主义的性质。中国民族主义在近代世界民主革命史上占有重要地位，也有着自己鲜明的特色。

中国民主革命的民族主义性质是由中国革命的对象，更进一步说是由中国近代的社会性质所决定的。20 世纪二三十年代中国思想界在关于中国社会性质的大讨论中，比较明确地提出了中国

① 列宁：《论民族自决权》，《列宁选集》第 2 卷，人民出版社，1995，第 370 页。
② 毛泽东：《青年运动的方向》，《毛泽东著作选读》上册，人民出版社，1986，第 298 页。
③ 《中共中央于中山先生逝世周年纪念告中国国民党员书》（1926 年 3 月 12 日），中央档案馆编《中共中央文件选集》（1926 年），中共中央党校出版社，1982，第 42 页。

属于半殖民地半封建社会的论点。① 这一论点很快为中国共产党人所接受。毛泽东在其《中国社会各阶级的分析》《中国革命和中国共产党》《新民主主义论》等著作中，详细分析了中国社会的主要矛盾，科学地论证了帝国主义与中华民族的矛盾、封建主义与人民大众的矛盾是近代中国社会的主要矛盾，而帝国主义与中华民族的矛盾，乃是各种矛盾中的最主要的矛盾。因此，中国革命的主要对象和主要敌人就是帝国主义和封建主义，而帝国主义又是中国人民的第一个和最凶恶的敌人。这样，"帝国主义和中国封建主义相结合，把中国变为半殖民地和殖民地的过程，也就是中国人民反抗帝国主义及其走狗的过程。从鸦片战争、太平天国运动、中法战争、中日战争、戊戌变法、义和团运动、辛亥革命、五四运动、五卅运动、北伐战争、土地革命战争，直至现在的抗日战争，都表现了中国人民不甘屈服于帝国主义及其走狗的顽强的反抗精神"。这正是 "中国人民的民族革命斗争"②，正是一种与同时代和与此前后的世界民族主义相一致的运动。

在当时关于中国社会问题的讨论中，尽管有很多的分歧，但对鸦片战争以来中国社会的状况和性质，人们大都有一个共同的认识，即中国积贫积弱，正成为帝国主义列强的俎上肉，面临着 "亡国亡种" 的民族危机。抗日战争时期，"战国策" 派的代表人物之一林同济讲：中国 "远自鸦片战争以来，就始终是一个彻头彻尾的民族生存问题。一切是手段，民族生存是目标"。③ 孙中山

---

① 俞祖华、王国洪主编《中国现代政治思想史》，山东大学出版社，1999，第473~475页。
② 毛泽东：《中国革命和中国共产党》，《毛泽东选集》四卷合订本，人民出版社，1969，第595页。
③ 林同济：《廿年来中国思想的转变》，《战国策》第 2 卷，第 17 期（1941 年 7 月）。

把当时的中国说成"比完全殖民地的地位更要低一级"的"次殖民地",因而也把他的旨在拯救中国的三民主义说成"救国主义":"什么是三民主义呢?用最简单的定义说,三民主义就是救国主义。……何以说三民主义就是救国主义呢?因为三民主义系促进中国之国际地位平等、政治地位平等、经济地位平等,使中国永久适存于世界。"①

民主革命从根本上说是要解决资本主义的发展问题。在封建土壤中生长出来的资本主义因素不但为旧的生产关系所束缚,也为封建专制统治所阻遏,而代表先进生产力的资本主义要发展必然要冲破封建生产关系,解除维系和支撑这种生产关系的专制政治。这是资产阶级民主革命所要解决的基本问题。但是历史发展的不平衡及资本的本性将率先完成资产阶级革命的西方国家推向了帝国主义,他们不再满足于自己国内的资本发展和利润,而是借助先人一步发展起来的近代技术和暴力向尚处于落后状态的国家和民族实施盘剥和掠夺。于是随资本主义发展和全球性扩张而来的便是世界性殖民地和半殖民地的出现。列宁讲帝国主义使世界划分为压迫民族和被压迫民族两大阵营恰当地反映了这种现象。西方帝国主义依靠资本主义发达起来,但他们向落后国家和地区的扩张却是在阻碍当地资本主义的发展,因为只有殖民地和半殖民地落后状态的存在才能保证他们对廉价原材料和劳动力的掠夺,保证他们商品和资本输出的顺畅。于是,近代历史进程中的殖民地半殖民地的人民要完成自己的资本主义民主革命也必然伴随着民族革命的任务,即在推翻封建生产关系和专制统治的过程中必须要向维护这种关系和统治的外来帝国主义势力开战,甚至必须

---

① 孙中山:《三民主义·民族主义·第一讲》(1924年1月至8月),《孙中山全集》第9卷,中华书局,第184页。

首先向帝国主义势力开战。这是近代历史上民主革命总是与民族运动或民族主义相伴而生的一般规律。

关于中国近代社会的状况，毛泽东在《中国革命和中国共产党》一文中做了精辟的分析。他认为，帝国主义对中国的侵略，一方面使中国封建社会解体，把一个封建社会变成了半封建社会；但是，另一方面，它们又残酷地统治了中国，把一个独立的中国变成了半殖民地和殖民地的中国。外国资本主义的侵入，在很大程度上破坏了中国封建社会的自给自足的自然经济基础，破坏了城市的手工业和农民的家庭手工业，但在客观上促进了城乡资本主义经济的发展。帝国主义列强侵入的目的，不是要把封建的中国变成资本主义的中国，而是要把它变成自己的商品市场和原料产地，因此，又千方百计地扶持中国的封建势力，保存封建主义经济。另外，资本帝国主义国家通过一系列的不平等条约，在中国攫取了种种特权，控制了中国的政治、经济、文化和军事，使中国丧失了主权。由于帝国主义之间的争夺，特别是中国人民的斗争，总的来看，帝国主义列强没有把中国变成自己直接控制的殖民地，而是勾结与扶持中国的封建统治者，使其成为自己统治、剥削中国人民的工具。中国的封建统治者为了维护自己的统治，也甘心投靠帝国主义，充当其走狗。这样，"帝国主义和中华民族的矛盾，封建主义和人民大众的矛盾，这些就是近代中国社会的主要矛盾。……而帝国主义和中华民族的矛盾，乃是各种矛盾中的最主要的矛盾"。因而，中国现阶段革命的主要对象或主要敌人，"不是别的，就是帝国主义和封建主义，就是帝国主义国家的资产阶级和本国的地主阶级。因为，在现阶段的中国社会中，压迫和阻止中国社会向前发展的主要的东西，不是别的，正是它们二者。二者互相勾结以压迫中国人民，而以帝国主义的民族压迫为最大的压迫，因而帝国主义是中国人民的第一个和最凶恶的敌人"。也因此，中国革命的任务，"毫无疑问，主要地就是打击这两个敌人，就是对外推翻帝国主义压迫的民族革命和对内推翻封建地主压迫的民主革命，而最主要的任务是推翻帝国主义的民族革命。中国革命的两大任务，是互相关联的。如果不推翻帝国主义的统治，就不能消灭封建地主阶级的统治，因为帝国主义是封建地主阶级的主要支持者。反之，因为封建地主阶级是帝国主义统治中国的主要社会基础，而农民则是中国革命的主力军，如果不帮助农民推翻封建地主阶级，就不能组成中国革命的强大的队伍而推翻帝国主义的统治。所以，民族革命和民主革命这样两个基本任务，是互相区别，又是互相统一的"。①

应该说，毛泽东在这里已把中国革命的两个侧面，即反帝和反封建的任务和它们之间的关系讲得非常透彻了。而这里，反对帝国主义的"民族革命"就是民族主义，它是中国民主革命两大任务之一，又是处于两大主要矛盾中的"最主要的矛盾"。

对民族主义的理解可有泛义的一面：历史上和现实中凡是出于维护和获取民族利益的一切主张和行为都可纳入这个范围。但严格意义上的民族主义则是资产阶级革命的产物。资产阶级在反对封建主义的斗争中，从提倡个人的"自由"上升到提倡民族的"集体自由"，从提倡个人的"自治"和"自决"上升到提倡集体的"民族自治"和"民族自决"，而为了建构和维护统一的资本市场，也极力树立以国家为单位的政治认同，并把这种认同与"民族"的观念联系起来。于是最终形成了这样一种理念，即：民族是神圣的，民族利益是至高无上的；"人类自然地分成不同的民

① 毛泽东：《中国革命和中国共产党》，《毛泽东选集》四卷合订本，人民出版社，1969，第591~600页。

族，这些不同的民族是而且必须是政治组织的严格单位。……除非每个民族都有自己的国家，享有独立存在的地位，否则人类不会获得任何美好的处境。"① 这就是民族主义。这个民族主义是同政治、国家连为一体的，国家是民族的象征和民族生存、发展的保障，国家的利益就是民族的利益，并且是最高利益。于是，当国家遭受外侵、压迫时，人民大众的反抗就是维护民族利益，也是当然的民族主义。

在中国数千年的文明史中，有着发达的国家政治和鲜明的国家观念，爱国主义是中华民族的优良传统。这一传统在近代历史上得到了充分的伸张。以西方列强为先导，周边的日本和俄国也迭相跟进地对中国的大肆侵夺和压迫大大刺激了有觉悟、有良知的中国人，他们忧患于自己国家的危亡和民族的贫弱，他们自觉地反抗外敌列强的行为和主张，他们对民众政治觉悟的呼唤和引导都成为中国民族主义当然的呼声。正因为如此，可以说，中国的民族主义首先是一种自然的民族自觉，是中华民族危亡所系的一种本能反应，只是有了孙中山、毛泽东这类民族伟人的抒发才使它以不同的形态理论化、意识形态化起来。近代中国的两大主题，一是民主主义，反封建、反专制，推进资本主义；二是民族主义，反对帝国主义，实现民族独立和自强，二者相辅相成却又主从有序。这一点毛泽东说到了，也说透了。在两大主题中，救亡是中心、是前提，没有民族主义，民主革命是不完全的，也是不会成功的；但民主主义又是民族主义的一个方向、一种结果。这已是历史做了回答的问题。

---

① 〔英〕埃里·凯杜里：《民族主义》，张明明译，中央编译局出版社，2002，第四版导言第 7~8 页。

二 各主要政治派别对民族主义的解说

泛义的民族主义在中国历史上俯拾皆是，"华夷之辨"和"非我族类，其心必异"等思想主张和政策行为贯穿于各个历史时期。这与中国自古是一个多民族国家，民族分野及其产生的矛盾问题时时会反映到社会思想和政治活动中有直接的关系。鸦片战争开始的近代历史是作为一个整体的中华民族面对外来强权干涉和侵略的历史，也是近代民族观念和民族主义由外部传入，成为中华民族争取民族解放和民族独立的历史。中国人在鸦片战争中对英国侵略势力的抗击已开始成为民族主义斗争的一部分，太平天国战争作为农民阶级试图推翻封建压迫斗争的同时也把枪弹射向了外来侵略者，但是作为近代意义上的民族观念和民族主义则出现在 19 世纪末 20 世纪初。是时，帝国主义侵略的加剧，尤其是中日甲午战争的失败和八国联军的入侵，标志着中国正面临着帝国主义列强的全面瓜分。康有为疾呼："俄北瞰，英西睒，法南瞬，日东眈，处四强邻之中而为中国，岌岌哉！"① 达尔文"物竞天择，适者生存"的生存法则经严复的译介大大强化了中华民族的生存危机感。在继洋务运动"师夷之长技以制夷"，企图通过器物层面的改良挽救中国的运动失败之后，先进的中国人纷纷向西方的思想武库中寻求救世良方，而在西方世界风靡一个世纪，并已在实践中屡试不爽的民族主义自然也成为国人所求的思想武器之一。

中国文化博大精深，"民族"作为中国古汉语固有的名词，早在隋唐，乃至南北朝时期即已出现。至于现代意义的"民族"，早

---

① 康有为：《京师强学会序》，《康有为全集》二，上海古籍出版社，1990，第185页。

先多认为是由梁启超从日文引入，但现已有研究表明，现代意义上的中文"民族"一词出现在 19 世纪 30 年代的中文文献，日文中的"民族"一词见于 19 世纪 70 年代翻译的西方著述之中，系受汉学影响的结果。① 不过，梁启超却是汉语"民族主义"一词的最早使用者及阐释者。② 他在 1901 年发表的《国家思想变迁异同论》一文中提出了诸如"家族主义""酋长主义""帝国主义"等一些新概念，同时也提出了"民族主义"。他说："民族主义者，世界最光明正大公平之主义也。不使他族侵略我之自由，我亦毋侵他族之自由。其在于本国也，人之独立；其在于世界也，国之独立。"③ 第二年，梁启超再次谈到民族主义的意义及含义："自十六世纪以来，（约四百年前），欧洲所以发达，世界所以进步，皆与民族主义（nationalism）所磅礴冲击而成。民族主义者何？各地同种族、同言语、同宗教、同习俗之人，相貌如同胞，务独立自治，组织完备之政府，以谋公益而御他族是也。"④ 梁启超这里虽然用语通俗，但对民族主义的解释应该说还是非常准确的。

尽管梁启超是汉语"民族主义"一词的最早使用者和释义者，⑤ 但孙中山的民族主义则有着更大的社会影响。因为后者不但是一种学说，更是一种革命性的政治主张，对近代中国革命和社会变

① 郝时远：《中文"民族"一词源流考辨》，《民族研究》2004 年第 6 期。
② 杨思信：《文化民族主义与近代中国》，人民出版社，2003，第 2 页。
③ 梁启超：《国家思想变迁异同论》，张枬、王忍之编《辛亥革命前十年间时论选集》第 1 卷，三联书店，1960，第 32 页。
④ 梁启超：《新民说》，原刊 1902 年 2 月 8 日《新民丛报》第 1 号，现刊夏晓虹编《梁启超文选》上，中国广播电视出版社，1992，第 106 页。
⑤ 目前掌握的材料来看，似可这样说，但梁启超于 1902 年在其《政治学大家伯伦知理之学说》一文中却说："两年以来，民族主义，稍输入于我祖国，于是排满之念，勃郁将复活。"（《梁启超法学文集》，中国政法大学出版社，2000，第 53 页）似 1900 年已可见关于"民族主义"的使用和介绍，比梁启超 1901 年开始使用要略早。

革起了巨大的指导作用。

孙中山的民族主义早期主张是与他的推翻清朝政府的革命思想联系在一起的。1895 年孙中山为"兴中会"所拟的誓词有"驱除鞑虏，恢复中华"。这里所称"鞑虏"是指统治中国的满族。他为自己所在的"中华"为"异族"统治所造成的沉沦忧患不已，"翳我祖国，以最大之民族，聪明强力，超绝等伦，而沉梦不起，万事堕坏"①，其后，他在纪念《民报》发刊一周年的讲演中对民族主义做了较系统的解说："那民族主义，却不必什么研究，才会晓得的。譬如一个人，见着父母总是认得，决不会把他当作路人，也决不会把路人当作父母。民族主义也是这样。这是从种性发生出来的，人人都一样的。满洲人入关，到如今已有二百六十多年。我们汉人，就是小孩子，见着满人，也是认得，总不会把他当作汉人。这就是民族主义的根本。但是最要紧的一层，不可不知。民族主义，并非是遇着不同种族的人，便要排斥他；是不许那不同族的人，来夺我民族的政权。因为我汉人有政权才是有国，假如政权被不同族的人所把持，那就虽是有国，却已经不是我们汉人的国了。我们想一想，现在国在那里？政权在那里？我们已经成了亡国之民了！"又说："惟是兄弟曾听见人说，民族革命，是要尽灭满洲民族。这话大错。民族革命的原故，是不甘心满洲人灭我的国，主我们的政，定要扑灭他的政府，光复我们民族的国家。"②

---

① 孙中山：《民刊发刊词》，中国科学院哲学研究所中国哲学史组、北京大学哲学系中国哲学史教研室编《中国历代哲学文选·清代近代编》，中华书局，1963，第 372 页。

② 孙中山：《三民主义与中国前途》，中国科学院哲学研究所中国哲学史组、北京大学哲学史教研室编《中国历代哲学文选·清代近代编》，中华书局，1963，第 421~422 页。

　　显然，孙中山这里的民族主义有一个致命的错误，这就是把自己的"民族"定位在汉族，而将本已属于中华民族的满族作为异己了。孙中山的思想并非孤论，而是当时存在于汉族知识分子中的一种普遍观念，其中，革命党人表现得尤其突出。誉满当时的青年革命家邹容、陈天华等都对满族做过极端的丑化，而在中国学术史上具有很高地位的章太炎同样在民族主义问题上表现得极为激进。他曾讲："若就政治社会计之，则西人之祸吾族，甚烈千万倍于满洲。"[1] 他于 1907 年在日本发起成立了"亚洲和亲会"，由他起草的《亚洲和亲会约章》声称"以反对帝国主义，而自保其邦族"为宗旨。人们认为这是中国近代明确提出反对帝国主义的开始。[2] 但他同时明确将革命等同于"排满兴汉"，也是在反满问题上最坚定的革命者。他在《革命道德说》中讲："吾所谓革命者，非革命也，曰光复也，光复中国之种族也，光复中国之州郡也，光复中国之政权也。"[3] 他批评康有为的"满汉一家"的言论说："然则今日固为民族主义之时代，而可混淆满汉以同薰莸于一器哉？"[4]

　　以孙中山为代表的革命党的民族主义主张有其鲜明的时代局限性，但我们也应看到，当时的清朝政府代表中国的封建专制政治，反对中国的封建统治与推翻由满族贵族统治的清朝政权是一致的。清朝是满人主政的时代，在统治中国的 200 多年中，满族

---

[1]　章太炎：《革命军约法问答》，《章太炎政论选集》上册，中华书局，1977，第432页。

[2]　俞祖华、王国洪主编《中国现代政治思想史》，山东大学出版社，1999，第426页。

[3]　章太炎：《革命道德说》，《中国历代哲学文选·清代近代编》下册，中华书局，1963，第372页。

[4]　章太炎：《驳康有为论革命书》，《中国历代哲学文选·清代近代编》下册，中华书局，1963，第381页。

统治者的确对汉族有着相当的民族歧视和压迫。在汉民族，尤其是在汉族知识分子当中一直存在一种推翻满人统治恢复汉族政权的期望，在汉族人口占绝大多数的中国社会以"种族革命"来动员民众不啻一种有效的策略。洪秀全领导的太平天国运动曾借助过这种情绪，采用过这种策略，以孙中山为代表的革命党采用这种策略也是顺理成章的。1924年《中国国民党第一次全国代表大会宣言》称"中国之革命，发轫于甲午以后，盛于庚子，而成于辛亥，卒颠覆君政。夫革命非能突然发生也。自满洲入据中国以来，民族间不平之气，抑郁已久。海禁既开，列强之帝国主义，如怒潮骤至，武力的掠夺与经济的压迫，使中国丧失独立，陷于半殖民地之地位。满洲政府既无力以御外侮，而钳制家奴之政策，且行之益厉，适足以侧媚列强。吾党之士，追随本党总理孙先生之后，知非颠复满洲，无由改造中国，乃奋然而起，为革命前驱；激进不已，以至于辛亥，然后颠复满洲之举，始告阙成。故知革命之目的，非仅仅在于颠复满洲而已，乃在于满洲颠复以后，得从事业于改造中国。依当时之趋向，民族方面，由一民族之专横宰制，过渡于诸民族之平等结合"①。要抗击帝国主义列强的侵略，改造半殖民地的中国社会，必须首先推翻使"民族间有不平之气"，并实行"家奴政策"的满洲政府。

辛亥革命推翻了满族统治的清朝政权，但革命之后要继续改造社会、统一国家，就不能没有民族间的和睦团结，因此必须设法使原来的"一民族之专横宰制，过渡于诸民族之平等结合"。于是就有了孙中山民族思想的转变，有了著名的"五族共和"的主张。1912年1月，孙中山在其《临时大总统就职宣言》中讲：

① 《中国国民党第一次全国代表大会宣言》，魏宏远主编《中国现代史资料选编》2，黑龙江人民出版社，1981，第5页。

"国家之本，在于人民。合汉、满、蒙、回、藏诸地为一国，如合汉、满、蒙、回、藏为一人，——是曰民族之统一。武昌首义，十数行省先后独立。所谓独立，对于清廷为脱离，对于各省为联合，蒙古、西藏意亦同此。行动既一，决无歧趋，机枢成于中央，斯经纬周于四至，——曰领土之统一。"① 在其后不长的一段时间内，孙中山又多次表述了这一观点。比如 1912 年他在宣布五族国民合进会成立的《五族国民合进会启》一文中讲道："五族国民，固同一血统，同一枝派，同是父子兄弟之俦"，"合汉、满、蒙、回、藏五族国民，合一炉以冶之，成为一大民族；即合汉、满、蒙、回、藏五族豪杰之才识知能，成为一大政党"，"五族国民果能终成一大民族，一大政党，并此汉、满、蒙、回、藏之名词且将消弭而浑化之"。②

显然，孙中山此时大讲"五族共和"是对之前所主张的"排满兴汉"大大前进了一步，这时他的民族主义的主体定位已经上升到了等同于全体中国国民，包括各个少数民族在内的"中华民族"，而不是他在此之前所认定的"汉族"。这里所体现的民族平等思想是对传统民族观的一种超越，其思想基础除了作为杰出的资产阶级革命家所具有的民主平等意识之外，也与他此时完成了推翻清朝专制统治，同时也完成了他所期望的"种族革命"，开始尝试建立新的民族团结和统一的国家的愿望有关。他从先前的革命者到现在的建设者，角色的转换不能不是他所表述的民族思想有所变化的内在因素。

---

① 孙中山：《临时大总统就职宣言》，中国第二历史档案馆编《中华民国史档案资料汇编》第 2 辑，江苏人民出版社，1981，第 1 页。
② 孙中山：《五族国民合进会启》，黄彦、李伯新编《孙中山藏档选编》，中华书局，1986，第 400 页。

　　然而孙中山的"五族共和"思想在其后期又被他自己所断然否定。他在 1919 年写的《三民主义》一文中说，"更有无知妄作者，于革命成功之初，创为汉、满、蒙、回、藏五族共和之说，而官僚从而附和之，且以清朝之一品武员之五色旗，为我中华民国之国旗，以为五色者，代表汉、满、蒙、回、藏也，而革命党人亦不察"①。1921 年孙中山在一篇关于《三民主义之具体办法》的演讲中又讲："何以说民族主义还没有完全达到目的呢？自从满洲来到中国，我们汉族被他征服二百几十年之久。今天满虏虽被推翻，光复汉业，但是吾民族尚未能自由独立。……这是甚么原故呢？就是吾党之错误。自光复之后，就有世袭底官僚，顽固底旧党，复辟底宗社党，凑合一起，叫做五族共和。岂知根本错误，就在这个地方。讲到五族底人数，藏人不过四五百万，蒙古人不到百万，满人只数百万，回教虽众，大都汉人。讲到他们底形势，满洲既处日人势力之下，蒙古向为俄范围，西藏亦几成英国底囊中物，足见他们皆无自卫底能力，我们汉族应帮助他才是。汉族号称四万万，或尚不止此数，而不能真正独立组一完全汉族底国家，实是我们汉族莫大底羞耻，这就是本党底民族主义没有成功。由此可知本党尚须在民族主义上做功夫，务使满、蒙、回、藏同化于我汉族，成一个大民族主义的国家。"②

　　所以，孙中山放弃"五族共和"的思想转变在于试图实现西方民族主义思想的核心要求：一个国家，一个民族。为了实现这个目标，在中国这样一个多民族的国家里，仅仅讲共和、团结是不够的，还必须进一步将这些民族融合起来，形成一个大的民族整体——中华民族。而由于汉族在人口上占有绝对的多数，其他

---

① 孙中山：《三民主义》，岳麓书社，2000，第 240 页。
② 孙中山：《三民主义》，岳麓书社，2000，第 260 页。

的民族就应该向汉族同化，最后形成的大民族只能是以汉族为核心。

这种典型的民族同化主张，于今看来是极为有害的。但是，在共产国际和中国共产党的影响下，1924 年在国民党一大宣言中孙中山的民族主义正式表述为："国民党之民族主义，有两方面之意义：一则中国民族自求解放；二则中国境内各民族一律平等。""国民党之民族主义，其目的在使中国民族得自由独立于世界"，"民族主义，对于任何阶级，其意义皆不外免除帝国主义之侵略"，"民族解放之斗争，对于多数之民众，其目标皆不外反帝国主义而已"。[①] 这一表述，也为中国共产党所接受，成为动员中国人民争取民族解放的一面旗帜。

总的来看，民族主义是孙中山一生的追求，从最初为兴中会拟定的誓词"驱除鞑虏，恢复中华"，到他的遗嘱"唤起民众，及联合世界上以平等待我之民族，共同奋斗"，[②] 体现的都是强烈的民族主义情感。但孙中山民族主义思想前后的表述是有较大变化的，既有反对封建专制，追求民族平等的美好愿望，又深受旧时代难以摆脱的大民族主义思想的羁绊，以至最后大谈"同化"，否认了少数民族的地位，这成为他民族主义思想的疵点。

如果说，与孙中山同时的维新派是政治上的"保守主义"，但在民族主义的主张上则有着比革命派更多的积极意义。康有为从戊戌变法时向清廷的第一批上书中，就有"平满汉之界"之说。变法失败后，"革命"与"排满"连为一体，革命派的民族主义

---

① 《中国国民党第一次全国代表大会宣言》，魏宏远主编《中国现代史资料选编》2，黑龙江人民出版社，1981，第 9 页。

② 孙中山：《〈五权宪法〉前言》，单纯、张合运主编《中国精神——百年回声》，海天出版社，1998，第 58 页。

主张就是"排满""仇满",但以康有为和梁启超为代表的维新派则力主"满汉同族"。康有为在《辨革命书》一文中从中国历史上援引大量事例论证了"满汉有别""排满兴汉"的错误。他讲："夫夷夏之别,出于春秋。然孔子春秋之义,中国而为夷狄则夷之,夷而有礼义则中国之。""然则孔子之所谓中国夷狄之别,犹今所谓文明野蛮耳。故中国夷狄无常辞,从变而移,当其有德,则夷狄谓之中国,当其无道,则中国亦谓之夷狄。""国朝入关二百余年,合为一国,团为一体,除近者荣禄刚毅挑出此义,已相忘久矣。所谓满汉者,不过如土籍客籍籍贯之异耳。其教化文义,皆从周公、孔子,其礼乐典章,皆用汉、唐、宋、明……盖化为一国,无复有几微之别久矣。"他反复陈述:"满汉不分,君民同体……故只有所谓中国,无所谓满汉;帝统宗室,不过如汉刘、唐李、宋赵、明朱,不过一家而已。不筑堤防,何有水涨,虽欲攻满洲,何从攻之。……君而无道,不能保民,欲革命则革命耳,何必攻满自生内乱乎!"①

梁启超在谈到康有为在这方面的见解时讲道:"近年联汉扑满之议颇行,先生以为骤生此界,是使中国分裂,而授外国以渔人之利也。苟使能去专制之秕政,进人民之公益,则汉人自居国民之大多数,两利俱存,何必仇满。"他又讲道:"近世多有倡各省独立之说,先生以为中国自秦以来,数千年皆统一之历史,盖地理上、人种上、习惯上有不得然者也。虽欲分之,必不可得分,徒取糜烂,且生外忧。"② 梁启超认识到,在列强竞争、弱肉强食

---

① 康有为:《辨革命书》,原载《新民丛报》1903 年第 16 期,参见张枬、王忍之编《辛亥革命前十年间时论选集》第 1 卷,三联书店,1960,第 213、216~217 页。

② 梁启超:《南海康先生传》,原刊《清议报》第 100 册,1901 年 12 月 21 日,现载夏晓虹编《梁启超文选》上,中国广播电视出版社,1992,第 319 页。

的世界，中国的国大民众本身就是一个有利的竞争条件。他说："合群云者，合多数之独而成群也。以物竞天择之公理衡之，则其合群之力愈坚而大者，愈能占优胜权于世界上，此稍学哲理者所能知也。吾中国谓之为无群乎？彼固庞然四百兆人，经数千年聚族而居者也。"他反对提倡"排满复仇论"，主张合满汉各民族为一大中华民族，以相对于世界其他现代民族国家。他提出了"大民族主义"和"小民族主义"这样一对概念。"吾中国言民族者，当于小民族主义之外，更提倡大民族主义。小民族主义者何？汉族对于国内他族是也。大民族主义者何？合国内本部属部之诸族以对于国外诸族是也。"他认为汉族本身也是由多数种族在历史上混合而成，而满洲人实已同化于汉人，因此，建立中华民族共同体是完全可能的，中华民族若"号称四万万同胞，谁曰不宜"，提出："合汉合满合蒙合回合藏，组成一个大民族，把全球人类三分之一有一之人类，以高掌远跖于五大陆之上。"①

以康梁为代表的维新派鼓吹"满汉一体"，其中固然有他们政治上维护清廷的合法地位，民族问题上也只能讲求一体、联合的内在逻辑，但在民族关系的影响上是积极的，特别是在帝国主义和少数分裂分子借中国政治动荡之际分裂中国的活动甚嚣尘上的世纪之交，意义更为深远。维新派所提倡的"大民族主义"更是中国近代民族主义的积极成果，后为包括孙中山在内的各进步思想派别和政党所普遍接受，也为当代思想界所普遍推崇。

梁启超对中国民族主义思想的贡献是杰出的，从某种角度讲他的"大民族主义"正是动员中国人民团结御侮、独立自强急需提倡和强调的一种观念，但若讲他的思想已完全超越了他的时代，

---

① 梁启超：《政治学大家伯伦知理之学说》，《梁启超法学文集》，中国政法大学出版社，2000，第55页。

已是完全平等的民族观却是不合实际的，因为我们从他的文章中仍可以看到痕迹很浓的"汉族中心主义"。就在他所论"大民族主义"的同一篇文章里，他所希望建立的"大民族"就正是以汉族为中心的："则此大民族必以汉人为中心点，且其组织者，必成于汉人之手。"① 1923年梁启超写的《五十年中国进化概论》是一篇代表他历史观的重要文章，他在文中历数数千年来，尤其是近五十年来中国发生的巨大变化，他把它概括为"中华民族之扩大"，但这里的"中华民族"则是汉族的同义词。他讲：

> "原来我们中华民族，起初不过大小几个部落，在山东、河南等处地方得些根据地，几千年间，慢慢地长……，长……，长成一个硕大无朋的巨族，建设成这泱泱雄风的大国。他长的方法有两途：第一是把境内境外无数异族叫他同化于我；第二是本族的人年年向边境移植，把领土扩大了。"

> "辛亥革命，满清逊位，在政治上会有很大意义，……专就民族扩大一方面来看，那价值也真不小。原来东胡民族，和我们捣乱捣了一千七八百年，五胡南北朝时代的鲜卑，甚么慕容燕、拓拔魏、宇文周，唐宋以后，契丹跑进来叫做辽，女真跑进来叫做金，满洲跑进来叫做清，这些都是东胡族。我们吃他们的亏真算吃够了，却是跑进来过后，一代一代都被我们同化。最后来的这帮满洲人，盘据是盘据得最久，同化也同化得最透。满洲算是东胡民族的大总汇，也算是东胡民族的大结束。近五十年来，满人的汉化，以全速率进行，到了革命后，个个满人头上都戴了一个汉姓，从此世界上可

---

① 梁启超：《政治学大家伯伦知理之学说》，中国政法大学出版社，2000，第55页。

真不会有满洲人了。这便是把两千年来的东胡民族，全数融纳进来，变了中华民族的成分，这是中华民族扩大的一大段落。"①

他把国民对于政治上的自觉，称为"政治进化的总根源"，认为：

> 这五十年来中国具体的政治，诚然可以说只有退化并无进化，但从国民自觉的方面看来，那意识确是一日比一日鲜明，而且一日比一日扩大、自觉。觉些甚么呢？第一，觉得凡不是中国人都没有权来管中国的事。第二，觉得凡是中国人都有权来管中国的事。第一种是民族建国的精神，第二种是民主的精神。这两种精神，从前并不是没有，但那意识常在睡眠状态之中，朦朦胧胧的，到近五十年——实则是近三十年——都很鲜明地表现出来了。我敢说，自从满洲退位以后，若再有别个民族想抄袭五胡、元魏、辽、金、元、清那套旧文章再来"入主中国"，那可是海枯石烂不会出来的事。……总之，在最近三十年间我们国民所做的事：第一件，是将五胡乱华以来一千多年外族统治的政治根本铲除；第二件，是将秦始皇以来两千多年君主专制的政治永远消灭。②

显然，梁启超虽然提倡近代意义上的"大民族主义"，期望建

---

① 梁启超：《五十年中国进化概论》，单纯主编《民族复兴之路》，海天出版社，2001，第48~49页。
② 梁启超：《五十年中国进化概论》，单纯主编《民族复兴之路》，海天出版社，2001，第48~49页。

立一个容纳中国各民族的"大中华民族",但他并没有抛弃旧时代留给他的"大汉族中心主义",他所期望建立的中华大民族仍然是以同化少数民族为前提的。这一点,他并没有超出孙中山。对比孙中山后期对其"五族共和"主张的否定和民族同化的提倡,梁启超这里的表述与之并没有本质的区别。

孙中山和梁启超的民族主义被视为中国民族主义思想的主要代表,它们产生于中华民族历史危难的19~20世纪之交,有着中华民族抗御外侮、民族自强的向外的一面,也有主张国内统一、民族振兴向内的一面。它们积极地唤起中华民族的民族自觉,力促积贫积弱的中国独立富强,实现民族复兴,并首倡国内民族的平等。但民族主义自有的理论矛盾、他们自身的思想局限和时代背景,使得他们的民族主义无论在对外一面的反对帝国主义,还是对内一面的民族平等,都没有明确化和实质化起来。这也成为口称继承孙中山遗训的蒋介石推行他的对外妥协,对内实行大汉族主义民族政策的理论依据。

蒋介石终其一生都声称履行孙中山的三民主义,并一度突出民族主义,曾将"革命的民族主义"作为他的国民党的立党之本,将反帝扩大到反对"赤色帝国主义",将国内的"民族平等"演化为更为明确的大汉族主义。他在1943年发表的《中国之命运》将中国各民族都说成出于同一始祖的不同"宗族",是"同一血统的大小宗支",认为它们在长期的历史发展过程中,由于生活的互相依赖、文化的交流和累世的婚姻关系,逐渐同化、融合为一个"中华大民族"。这一理论抹杀了国内少数民族的独立存在,成为"大汉族主义"的典型表述。

中国共产党对民族主义是积极意义上的实践者,又是一般意义上的反对者。她所从事的新民主主义革命把帝国主义列为主要敌人，积极领导人民抗击帝国主义，争取中华民族彻底解放，本身就是一种明确的民族主义，但在她的理论武库中民族主义主要是一种对立的民族观。[①]列宁曾讲道："资产阶级的民族主义和无产阶级的国际主义——这是两个不可调和的敌对的口号，它们同整个资本主义世界的两大阶级营垒相适应，代表着民族问题上的两种政策（也是两种世界观）。"[②]基于这一理论，中国共产党早在其四大通过的《对于民族革命运动之决议案》中就申明，无产阶级参加的民族革命运动"只可称为民族解放运动，决不是什么民族主义的运动"。其理由是：各阶级的民族运动，各依照自己的阶级利益而进行。"无产阶级参加民族运动是为了推翻全世界资本帝国主义之压迫，推翻外国的资本主义，同时也反对本国的资本主义，并且要由民族革命引导到无产阶级的世界革命。……封建阶级及资产阶级的民族运动，乃立脚在一民族的一国家的利益上面，其实还是立脚在他们自己阶级的利益上面。他们这种民族主义（国家主义）的民族运动，包含着两个意义：一是反抗帝国主义的他民族侵略自己的民族，一是以对外拥护民族利益的名义压迫本国无产阶级，并且以拥护自己民族光荣的名义压迫较弱小的民族，例如土耳其以大土耳其主义压迫境内各小民族，中国以大中华民族的口号同化蒙、藏等藩属；前者固含有世界革命性，后

---

① 但在早期也有另外的认识，如 1924 年 9 月 17 日陈独秀在《我们的回答》一文中就讲道："民族主义有两种：一是资产阶级的民族主义，主张自求解放，同时却不主张解放隶属自己的民族，这可称做矛盾的民族主义；一是无产阶级的民族主义，主张一切民族皆有自决权，主张自求解放，不受他族压制，同时也主张解放隶属自己的弱小民族，不去压制他，这可称做平等的民族主义。"中共中央统战部编《民族问题文献汇编》，中共中央党校出版社，1991，第 60 页。

② 《列宁全集》第 20 卷，人民出版社，1958，第 9 页。

者乃是世界革命运动中反动行为。"① 其后，中国共产党对民族主义的表述没有根本的变化，而到了 1948 年，刘少奇在其《论国际主义与民族主义》一文中对于民族主义的论述已趋于系统，他认为：

> 资产阶级民族主义（即英文 nationalism，或译为国家主义）的民族观，即资产阶级对于民族的看法及其处理民族问题的纲领和政策，是根据它的阶级基础、从资产阶级一阶级的狭隘利益出发的。

资产阶级追求利润的天性，是资产阶级民族主义的阶级基础。"从这样的阶级基础出发，资产阶级的民族主义关于民族问题的纲领和政策，就是：在自己国内，要使整个人民的利益服从于它这一阶级的利益，把它这一阶级或其中某一上层阶层的利益，放在全国人民的利益之上，并企图由他们垄断'民族'这个名义，宣布自己是本民族的代表或本民族利益的保护人，以作为欺骗人民的工具；同时，在国外，则把自己民族（实质上是指它的上层阶级）和其他民族的利益对立起来，企图把自己民族放在其他民族之上，在可能的时候，就去压迫和剥削其他民族，以其他民族的利益为牺牲，并从国外的掠夺中分出一部分以收买国内一部分人，去缓和与分裂本国人民对于它的反对。……当着一个民族被其他民族压迫，或在本国封建主义的压迫之下，资产阶级为了自己阶级的利益而和这类压迫发生矛盾的时候，它是可以在一定条件之

---

① 中共中央：《对于民族革命运动之决议案》，中央档案馆编《中共中央文件选集（1921~1925）》，中共中央党校出版社，1982，第 272 页。

下，和人民一起，对这类压迫进行一定程度的斗争的。……但是，当着资产阶级在得势以后，能够压迫其他民族的时候，它就马上变成这种情形的反面，去压迫其他民族，成为其他民族的压迫者。"

但是，他又讲到，马克思列宁主义是从历史看任何问题的。"当资本主义初起时代，资产阶级所进行的民族运动，是为反对异民族压迫，建立民族国家。这是具有历史的进步意义的，无产阶级曾经拥护了这样的民族运动。在近代，则有殖民地半殖民地的资产阶级的民族主义。这种民族主义，也是有其客观历史上的一定的进步意义。"因为"在这种殖民地半殖民地的国度中，例如在中国、印度、朝鲜、印尼、菲律宾、越南、缅甸、埃及等等，又不可免地生长起资产阶级的民族主义，因为这些地方的民族资产阶级，第一和帝国主义有矛盾，第二和这些国家的落后封建势力有矛盾，而这种封建势力又与帝国主义相结合，限制和损害民族资产阶级的发展，因此，这些地方的民族资产阶级在一定历史时期和一定程度上就有其革命性，这些地方的资产阶级的民族主义，在其动员群众起来反对帝国主义与封建主义的时候，就有其一定的进步意义。正如列宁所说：'这种民族主义有着历史的正当性'（在东方各民族共产主义组织第二次全俄代表大会上的报告）"。

依据这一理论，刘少奇评价了孙中山的民族主义，讲："孙中山的民族主义，有旧民主主义时代的两重性，就是：他反对当时中国的统治者满族朝廷，有进步的性质；但是，他提倡大汉族主义，就是反动的性质。但在十月革命之后，中国革命进入新民主主义时代，由于他接受了苏联与我们中国共产党人的帮助，把那种大汉族主义的民族主义加以修改，转到主张反对帝国主义侵略与联苏、联共、援助工农三大政策的革命的民族主义的时候，转

到主张'中国民族自求解放'与'中国境内各民族一律平等'
（国民党第一次全国代表大会宣言）的时候，这就是转向到新民主
主义，而我们共产党人也就采取和他合作的政策。……虽然，即
使在这种时候，孙中山的世界观仍然是资产阶级的或小资产阶级
的世界观，他的民族主义还是一种资产阶级的民族主义，还带有
反动性质的一面（例如：所谓'血统'、'国族'的观点，所谓
'大亚细亚主义'等），可是在这时，他主张'唤起民众及联合世
界上以平等待我之民族共同奋斗'的民族革命主义，实行联苏、
联共、援助工农三大政策，这就是在世界社会主义革命的新时代
中，殖民地半殖民地革命资产阶级民族主义进步性的高度表现，
这就有很大的革命意义。"①

　　应该说，刘少奇的这段论述当是中国共产党对于民族主义最
系统的解说，正是基于这种认识，中国共产党在一般的反对或批
评民族主义的同时，也在一些特殊的历史时期表明了自己与民族
主义具有一致性的立场。比如，抗日战争时期，毛泽东将"实行
民族主义，坚决反抗日本帝国主义，对外求中华民族的彻底解放，
对内求国内各民族真正的平等"列为宣传提纲。② 在《新民主主
义论》一文中他又讲："一九二四年孙中山重新解释三民主义中的
革命的民族主义、民权主义和民生主义这三个政治原则，同共产
主义在中国的民主革命阶段的政纲，基本上是相同的。"③ 董必武
1937 年撰文提出，由孙中山在国民党第一次全国代表大会上制定

① 刘少奇：《论国际主义与民族主义》，中共中央统战部编《民族问题文献汇编》，
　　中共中央党校出版社，1991，第 1176~1195 页。
② 毛泽东：《目前抗日统一战线中的策略问题》，《毛泽东选集》第 2 卷，人民出
　　版社，1991，第 752 页。
③ 毛泽东：《新民主主义论》，《毛泽东选集》第 2 卷，人民出版社，1991，第
　　688 页。

的宣言体现的是一种"革命的三民主义",而"宣言上所说的民族主义与马克思主义者对民族问题的主张原则上相同","现在国民党又有转向恢复革命的三民主义之征候,所以将重新与共产党合作。合作以后,共产党自当竭其力之所至以拥护革命的三民主义,并促国民党竭其力之所至以恢复革命的三民主义。争取中国独立的民族主义,争取平民民主自由的民权主义,争取改善广大群众生活的民生主义,在抗日革命战争中是极端需要的"。① 周恩来也说:"中国民族主义与国际主义并不矛盾,也不冲突。国际主义者在中国必须坚决实行中国民族主义,才能使中华民族得到独立解放,走向国际舞台。同时,中国的民族主义者,必须同情和联合国际主义的运动,才能共同打倒国际帝国主义的统治,求得国际上真正的民族平等,中华民族的彻底解放。"②

三 民族主义对中国民主革命的动员

近代的中国是一个"民族"情结十分浓郁的国家,其原因有三:第一,辛亥革命的种族革命因素的影响;第二,抗日战争的民族性影响;第三,世界民族解放运动大环境的影响。正由于此,中国几乎所有觉悟的社会阶层和政治力量,面对民族危机,都把民族主义作为整合力量,进行社会动员的工具。

中国近代民族主义思潮发端于19世纪末,它既是近代中国民族危亡激发的结果,也理所当然地成为当时和其后中国民主革命发生发展的主要思想基础。纵贯整个中国民主革命史,从辛亥革

---

① 董必武:《共产主义与三民主义》,中共中央统战部编《民族问题文献汇编》,第538~541页。
② 《周恩来政论选》上册,中央文献出版社、人民日报出版社,1993,第318页。

命、五四运动、五卅运动到国民大革命和抗日战争，民族主义无不是其中革命力量的黏合剂、革命高潮的发动机和将革命引向深入的推进器。民族主义既是中国革命的有机构成，也是革命不可或缺的思想资源。

辛亥革命是中国民主革命，也是中国民族主义的第一份胜利成果。它推翻了封建专制体制在中国的统治，也改变了作为少数民族的满族执掌中国政权的局面。以历史的眼光看，它真正的革命性价值在于前者，即封建帝制的推翻和共和体制的确立，但在发动革命乃至进行革命的过程中，革命者打出的旗号却是"排满兴汉"。尽管孙中山曾力图避免将革命与对满洲民族的排斥等同起来，但仍称："民族革命的原故，是不甘心满洲人灭我的国，主我们的政，定要扑灭他的政府，光复我们民族的国家。"[①] 由此，辛亥革命被称为一场"种族革命"也不无道理。诚如前述，基于当时的历史条件，赋予民族主义"种族"的色彩，将推翻专制统治同"光复"汉族政权等同起来也不失为一种有效的政治策略。"排满兴汉"在政治实践上同推翻清朝的专制统治是同一过程。鸦片战争以后，清朝统治集团虽经内外变革之风的冲击，但并未能遏制它的没落。在保守势力的主导下，国势日衰，民不聊生，尤其是甲午战败、庚子赔款已使中华民族濒临"亡国灭种"。事实已证明，中国国家地位的衰落，民众的贫困和民族的危亡，根源于清朝统治的腐败和无能。于是，在变法改良失败之后，从根本上推翻专制政权便是唯一的选择。辛亥革命远不是一场民众普遍参与的革命运动。从参与成分来看，知识分子居多，包括属于所谓"海归派"的留学生、华侨，也包括国内接受新式教育的学生、军

---

① 孙中山：《三民主义与中国前途》，《中国历代哲学文选·清代近代编》，中华书局，1963，第421~422页。

官和士兵，此外还有被孙中山视为自清朝以来唯一保存了汉族"民族主义"的各地"会党"。① 清朝统治者在政治上的"首崇满洲"、制造的"满汉畛域"长期以来为汉族社会所不满，"革命"即"光复"汉族统治有着深厚的社会基础，因而革命派把"反满"同推翻专制统治的结合能够得到广泛的响应。所以孙中山事后能讲："夫民族思想，根于天性，故十余年来，各团体群趋于革命，一言排满，举国同声，乃遂有今日。"② 事实上，在革命的准备阶段，革命派即已十分重视民族主义的宣传，他们讲："凡各国民族之鼓舞兴起于革命之事业者，未有不由于教育之影响者也。……支那民族之涂炭，权利之销融，为满政府断送其生命者，历劫而不可偿也。其民族虽知之而或不知其所以然，虽恶之而或不知所以脱其祸。……教育者，时代精神之导火线也；时代精神者，教育事业之聚光点也。故言教育而不言革命，则不足以发扬时代之精神；不足以发扬时代之精神者，不足以胎孕民族之事业。"③ 这里的"教育"明显包含着宣传的含义。正是借用"排满"这种容易激发民众情绪的民族主义宣传，孙中山、章太炎、邹容和陈天华们的革命动员才产生了巨大的社会效应。辛亥革命

① 孙中山认为，清康熙末年以后，随着明朝遗民的逐渐消逝和因"博学鸿词科"的开设大批汉族知识分子的附清，汉族中一些"富有民族思想的人，觉得大势去矣，再没有能力可以和满洲抵抗，就观察社会情形，想出方法来结合会党"。汉族中"那些有思想的人知道了不能专靠文人去维持民族主义，便对于下流社会和江湖上无家可归的人收罗起来，结成团体，把民族主义放到那种团体内去生存"。所以满洲200多年以来，无论是怎样专制，因为是有这些会党口头的遗传，还可以保存中国的民族主义。见孙中山《三民主义·民族主义》，岳麓书社，2000，第27~28页。

② 孙中山：《在武昌十三团体联合会欢迎会的演说》，《孙中山全集》第2卷，中华书局，1982，第332页。

③ 《民族主义之教育》（无署名），《游学译编》第十期，张枬、王忍之编《辛亥革命前十年间时论选集》第1卷下册，三联书店，1960，第408页。

所倚重的民族主义尽管包含了较多弊端的"种族革命"成分，但的确是有效的。

民族主义并非革命派一家的鼓噪。实际上，清末民初凡追求中国变革的政治和思想派别几乎都把民族主义作为自己的政治追求。维新派在当时属政治上的保守力量，但在追寻中国富强和民族振兴的目标方面和革命派是一致的。作为维新派主要代表人物之一的梁启超不但是民族主义概念的最早介绍者，也是中国近代史上对民族主义理论做出集中阐述和巨大贡献的思想家，以至当今学界论及中国的民族主义言必称梁。以"改良"和"保皇"领袖著名的康有为未对民族主义理论做过直接论述，但他在自己维新主张的阐述中洋溢的爱国主义和民族情感并不亚于激进的革命派。他讲："我中国人民之众，居地球三分之一，土地等于欧洲，物产丰于全美，民智等于白种，盖具地球第一等大国之资格，可以称雄于大地而自保其种者也。吾同胞何幸生于此文明之大国，当如何自喜自奋自合自保……"① 类似这样的言论在其他维新派的文章中不乏其例，在其他进步政治派别的言谈中也俯拾即是。据统计，仅1902~1904年国内学人在国外创办的报纸杂志就有30多种，它们都大量地介绍西方民族主义思想，强调在中国实现民族主义的必要性。像《湖北学生界》、《游学译编》（湖南）、《浙江潮》、《江苏》等所刊发的文章少则15%、多则30%都是有关反满和民族革命内容的。尤其是《民报》，围绕的论题就是孙中山"驱逐鞑虏、恢复中华"的纲领。② 这说明，民族主义在清末民初这一特殊的历史时期已是中国思想界共同扛鼎的大旗，在抗御列

---

① 康有为：《辨革命书》，《新民丛报》1902年第16期，张枬、王忍之编《辛亥革命前十年间时论选集》第1卷，三联书店，1960，第211页。
② 陶绪：《晚清民族主义思潮》，人民出版社，1995，第186页。

强、挽救危亡的社会变革中承担了动员民众、推进革命的巨大作用。

抗日战争是中华民族近代以来取得的第一次抗击外敌全面胜利的战争，也是中国民族主义蓬勃发展的又一高潮。这期间，中国人民同仇敌忾、休戚与共，各政治派别捐弃前嫌、一致对外，实现了中华民族全民性的大联合、大团聚。中华民族的全民抗战及其胜利，是鸦片战争以来逐步觉醒的中国人民对列强压迫而表现出的反抗斗争。日本的侵华过程伴随的是中国人民以反抗侵略为主要内容的民族主义不断高涨的过程。"九一八"事变是日本侵略战争的开始，而由流亡到北平的政治人物组织的东北民族抗日救国会发表的《为民族的生存和国家的安宁而战》的宣言也被称为"中国的抗日政治"的"最早体现"。由北平、上海、天津等大城市领先，而后又几乎在全国所有城市出现的各种形式的抗日救亡运动，以及人们发出的"誓死不做亡国奴，挽救民族危亡，挽救国家危亡"的呼声构成了中国"民众民族主义"的强大声势和力量，它是长达15年的反侵略战争的最深厚的思想基础，也是19世纪中叶以来"救亡图存"思想的结晶。①

如同辛亥革命时民族主义得到了以革命派和维新派为代表的民族精英的着力动员，抗日战争期间的民族主义同样得到了以中国共产党为主要代表的新的民族精英们的积极推动。怎样处理与一心要置自己于死地、控制着全国政权且拥有强大武装力量的国民党的关系，是中国共产党能否动员全国力量、实现全面抗战并取得胜利的关键。为此，中国共产党随着局势的发展经历了从"反蒋抗日"、"逼蒋抗日"到"联蒋抗日"的策略性转变，并最

① 〔日〕池田诚等：《抗日战争与中国民众——中国的民族主义与民主主义》，杜世伟等译，求实出版社，1989，第45页。

终建立起以国共合作为基础的抗日民族统一战线。

"九一八"之后，日本帝国主义步步进逼，从东北逐渐向南，至 1935 年又发动了"华北事变"，对华北地区提出了统治权的要求。中华民族再次面临生死存亡的危险境地。1935 年 8 月 1 日，在共产国际实行广泛的反法西斯统一战线策略的指导下，中国共产党驻共产国际代表团以中华苏维埃共和国中央政府和中共中央的名义发表了《为抗日救国告全体同胞书》，即《八·一宣言》。宣言称：

> "日本帝国主义加紧对我们进攻，南京卖国政府步步投降，我北方各省又继东北四省之后而实际沦亡了！……不到四年，差不多半壁山河已经被日寇占领和侵袭了。田中奏折所预定的完全灭亡我国的毒计正着着实行，长此下去，跟着长江和珠江领域及其他各地，均将逐渐被日寇所吞蚀。我五千年古国将完全变成被征服地，四万万同胞将都变成亡国奴。……近年来，我国家我民族已处在千钧一发的生死关头。抗日则生，不抗日则死，抗日救国，已成为每个同胞的神圣天职。"
>
> "今当我亡国灭种大祸迫在眉睫之时，共产党再一次向全体同胞呼吁：无论各党派间在过去和现在有任何政见和利害的不同，无论各界同胞间有任何意见上或利益上的差异，无论各军队间过去和现在有任何敌对行动，大家都应当有'兄弟阋于墙外御其侮'的真诚觉悟，首先大家都应当停止内战，以便集中一切国力（人力、物力、财力、武力等）去为抗日救国的神圣事业而奋斗。"①

---

① 中共中央：《为抗日救国告全体同胞书》，中共中央党史资料征集委员会编《第二次国共合作的形成》，中共中央党校出版社，1989，第 55~56 页。

其后的 11 月，中共中央、中华苏维埃共和国中央政府和中国工农红军革命军事委员会又相继发表了宣言，深刻地揭示了中华民族"亡国灭种"的危机，号召全国人民团结起来，停止内战，抗日反蒋，建立抗日民族统一战线。其后，中国共产党在瓦窑堡会议上正式明确了抗日民族统一战线的策略，并因势利导，妥善地处理了"西安事变"，"逼蒋抗日"，使蒋介石初步接受了停止内战和联共抗日的政治主张。1937 年 7 月 7 日的卢沟桥事变标志着日本全面侵华战争的开始，也使得由中国共产党所推动的抗日民族统一战线最终形成。抗日民族统一战线是中国共产党在日本帝国主义将中华民族置于生死危难之际动员全民族抵抗的唯一正确形式。毛泽东讲，统一战线的成立，"这在中国革命史上开辟了一个新纪元。这将给予中国革命以广大的深刻的影响，将对于打倒日本帝国主义发生决定的作用"[①]。而抗日民族统一战线是"民族战线，不是人民战线"。"我们的抗日民族统一战线，不但是国内各个党派各个阶级的，而且是国内各个民族的。"[②] 一部抗日战争史完全证实了毛泽东这一论断的正确。

民族统一战线是中国民族主义在抗日战争时期的杰出贡献，也是中国共产党对中国民族主义做出的杰出阐释。尽管民族主义不是中国共产党的政治立场，但在抗日战争这一特定的历史时期却是她应有的政治主张。毛泽东讲，抗日需要一个坚固的统一战线，而统一战线则要求有一个共同纲领。"共同纲领是什么呢？这就是孙中山先生的三民主义和共产党在八月二十五日提出的抗日

[①] 毛泽东：《国共合作成立后的迫切任务》，《毛泽东选集》第 2 卷，人民出版社，1991，第 364 页。

[②] 毛泽东：《论新阶段》，中国人民解放军军事科学院编《毛泽东军事文选》，中国人民解放军战士出版社，1981，第 181、176 页。

救国十大纲领。"① 并说，中国共产党所追求的"共产主义是在革命发展的将来阶段实行的，共产主义者在现在阶段并不梦想实行共产主义，而是要实行历史规定的民族革命主义和民主革命主义。这是共产党提出抗日民族统一战线和统一的民主共和国的根本理由"。共产党"十年来所实行的一切政策，根本上仍然是符合于孙中山先生的三民主义和三大政策的革命精神的。共产党没有一天不在反对帝国主义，这就是彻底的民族主义"。② 这里，毛泽东对中国共产党所主张的民族主义做了明确说明：它在本质上就是反对帝国主义，当下就是抵抗日本帝国主义的侵略，挽救民族危亡。

实际上，中国共产党不但主张民族主义，也在抗日战争中予以积极实践。1939 年 4 月 4 日，陕甘宁边区发布《陕甘宁边区抗战时期施政纲领》，第一条即为"民族主义"，内容共六款，分别为：

（一）坚持巩固与扩大抗日民族统一战线，团结全边区人民与党派，动员一切人力、物力、财力、智力，为保卫边区、保卫西北、保卫中国、收复一切失地而战。

（二）高度的发扬边区人民的民族自尊心与自信心，反对一切悲观失望、妥协投降的倾向。

（三）厉行除奸工作，提高边区人民的警觉性，彻底消灭

---

① "十大救国纲领"是：打倒日本帝国主义；全国军事的总动员；全国人民的总动员；改革政治机构；抗日的外交政策；战时的财政经济政策；改良人民生活；抗日的教育政策；肃清汉奸卖国贼亲日派，巩固后方；抗日的民族团结。毛泽东：《为动员一切力量争取抗战胜利而斗争》，《毛泽东选集》第 2 卷，人民出版社，1991，第 354~356 页。

② 毛泽东：《国共合作成立后的迫切任务》，《毛泽东选集》第 2 卷，人民出版社，1991，第 367~368 页。

汉奸、敌探、土匪的活动，以巩固抗日后方。

（四）实现蒙回民族在政治上、经济上与汉族的平等权利，依据民族平等的原则，联合蒙回民族共同抗日。

（五）尊重蒙回民族之信仰、宗教、文化、风俗、习惯，并扶助其文化的发展。

（六）在不损害边区主权的原则下，保护一切同情中国抗战国家的人民、工商业者、教民，在边区生产、经营与文化事业方面的活动。①

这里的"民族主义"，既有抗日这一主要目标，也有服务于这一目标并与之相应的国内民族关系的完全平等，而这正是孙中山在其晚年阐述的"一则中国民族自求解放；二则中国境内各民族一律平等"的民族主义的完整体现。这种忠实于抗日民族统一战线纲领的三民主义具体实践，符合中华民族的根本利益，得到了中国社会各阶层各党派各民族的广泛拥护，也使以蒋介石为首的国民党不得不暂时放弃消灭共产党的企图，接受中国共产党的建议，与之合作抗日。中国共产党通过抗日民族统一战线这样一种以民族主义为基础的政治形式，实现了对中华民族的全民性动员，为抗日战争的胜利创造了条件。

应该说，中国共产党提出的统一战线主张之所以能够为以蒋介石为首的国民党所接受，除了全国人民强大的抗日压力之外，也源于蒋介石和大多数国民党人固有的民族主义思想基础。声称孙中山事业继承者的蒋介石始终以三民主义为根本原则，而其中的民族主义也自然成为他的政治追求。不论是出于大地主大资产

---

① 《陕甘宁边区抗战时期施政纲领》，中共中央统战部编《民族问题文献汇编》，中共中央党校出版社，1991，第622页。

阶级受到外来压迫的自然反抗，还是作为中国人应有的民族觉悟，蒋介石并不缺乏爱国主义感情。抗日战争全面爆发前他就讲："我们生为一个中国人，是黄帝的子孙，中华民族的同胞，那一个都知道要爱他自己的国家！爱他自己的民族！爱自己的同胞！所谓不爱国家，不爱民族，割据称雄，自私自利的跳梁小丑，不过是甘为国民的公敌！民族的罪人！最少数最少数的几个人而已。"①而当他在中国共产党及全国人民的推动下，最终下定抗日的决心时又说道：卢沟桥事变已使"人为刀俎，我为鱼肉！我们已快要临到这人世悲惨之境地。这在世界上稍有人格的民族，都无法忍受的。……万一真到了无可避免的最后关头，我们当然只有牺牲，只有抗战！……我们固然是一个弱国，但不能不保持我们民族的生命，不能不负起祖宗先民所遗留给我们历史的责任……如果放弃尺寸土地与主权，便是中华民族的千古罪人。那时便只有拼民族的生命，求我们最后的胜利"。② 1938 年 3 月，国民党召开临时全国代表大会，会议发表宣言称："此次抗战，为国家民族存亡所系，人人皆当献其生命，以争取国家民族之生命"，为争取胜利，"决不辞任何之牺牲"。③ 会议通过的《抗战救国纲领》贯彻这一宣言，成为影响全国局势的重要文献。所以，就蒋介石和国民党具有的民族意识、"正统领袖"和"政党"身份而言，他们也体现出了应有的爱国精神，为中国的民族主义进行了有力动员。但是，国民党的民族主义动员有两个重要特点。

---

① 蒋介石：《抵御外侮与复兴民族》，中共中央党史资料征集委员会编《第二次国共合作的形成》，中共中央党校出版社，1989，第 287 页。

② 《蒋委员长对卢沟桥事件之严正声明》，中共中央党史资料征集委员会编《第二次国共合作的形成》，中共中央党校出版社，1989，第 325 页。

③ 北京师范大学历史系编《中国现代史》下册，北京师范大学出版社，1983，第 42 页引。

其一，重视民族传统道德和精神的作用。"九一八"事变之后，面对日本帝国主义的步步进逼和全国日益高涨的抗日高潮，蒋介石在全国发动了一场所谓"新社会运动"。其用意在于以"四维"（礼义廉耻）、"八德"（忠孝仁爱信义和平）等传统道德来统一人们的思想，实现全国的军事化、生产化和艺术化，"改造社会、复兴国家"。他认为，日本自明治维新以来一直向他们的国民进行"忠君爱国"的教育，"所以一到对外作战的时候，就能够同仇敌忾、奋勇牺牲。这种精神是战胜敌人的一个最大的要件。他们具备了这个条件，所以能够一再战胜人家。到现在，他们一切的军事准备，比世界上任何一个国家都要充足，所以大胆的来侵略我们中国，要想独霸东亚！"而现在中国则"自己没有一点准备，没有一点国防"，现在发展已来不及，而且根本赶不上日本。这样，中国只有用"革命精神""民族精神"来统一全国的军民，"拿我们的精神来战胜他们的物质"。[1] 抗日战争期间，蒋介石多次强调："抗战的胜利，全在于精神。"1939 年 3 月 12 日，蒋介石借孙中山逝世十四周年纪念日发表告全国同胞书，宣布实施"国民精神总动员"，规定它的共同目标是"国家至上、民族至上，军事第一、胜利第一，意志集中、力量集中"，提出"必须认定国家民族之利益应高于一切，在国家民族之前，应牺牲一切私见私心，乃至牺牲个人自由与生命亦非所恤"。同时提倡以"忠孝仁义爱信和平"为"救国之道德"，要求全国同胞务必"对国家尽其至忠，对民族行其大孝"。[2] 毋庸置疑，不论是"新生活运

---

[1]　蒋介石：《抵御外侮与复兴民族》，中共中央党史资料征集委员会编《第二次国共合作的形成》，中共中央党校出版社，1989，第 283~285 页。

[2]　俞祖华、王国洪主编《中国现代政治思想史》，山东大学出版社，1999，第 44 页。

动"还是"国民精神总动员"都属民族主义的动员，因为它们的目标都在于动员全国民众抗御日本帝国主义的侵略，然而其手段是以传统思想道德来增强民族团聚力，试图以民族的"精神"力量来弥补军事力量的不足。这种对民族精神的强调有其合理的一面，对提高民族自尊心和自信心，克服悲观情绪，发扬中华民族传统文化，最终打败侵略者，都起到了重要的鼓舞作用。

其二，有强化专制独裁、防共反共的消极因素。蒋介石自1927年控制国民党之后，相当长的时期内并没有完成自己地位的巩固。除了如冯玉祥、阎锡山和桂系军阀等内部派系纷争之外，受到重创的共产党在正确路线指引下，起死回生，不断壮大，成为蒋介石统治的最大隐患。因此，蒋介石一方面在日本的进逼和全国人民的强大压力下不得不举旗抗日，可另一方面也从没有放弃对异己力量，尤其是对共产党的遏制和打击。"九一八"事变之后他在相当时间内坚持"攘外必先安内"，抗日战争开始后不断对共产党军队制造"摩擦"甚至发动"皖南事变"，企图消灭新四军，都是这种遏制和打击的结果。而与此同时，从思想文化和意识形态上强化自己的统治，打击以中国共产党为主要对手的政治势力也必然要在他的民族主义主张上表现出来。新生活运动虽然打的是"民族复兴"的旗号，但其用意则包含着用中国传统的伦理道德来束缚民众的思想，借推行"新"的生活方式来抵制和消除已在国内有了相当基础的共产主义思想的企图。正如日本学者讲的："它名义上是欧美文明的移植，实际上提倡'礼义廉耻'，是以浑厚的儒教思想为基础的。其目的是以顽固的传统思想对抗共产主义，以生活的生产化、军事化、艺术化推进民众的组织化。"① 蒋介石在开展新生

---

① 〔日〕池田诚等：《抗日战争与中国民众——中国的民族主义与民主主义》，杜世伟等译，求实出版社，1989，第121页。

活运动期间成立的"复兴社"和"力行社"等特务组织，就是用以强化自己的专制统治、打击共产党和其他政治异己的具体措施。至于"国民精神总动员"中的"国家至上""意志集中、力量集中"等，其实是国民党的"一个党，一个领袖，一个主义"的变相提法。毛泽东在蒋介石宣布实施这个动员后在延安做了一个题为《关于国民党所号召的国民精神总动员》的报告，他说："共产党是历来号召全国总动员的。"国民党所号召的"国民精神总动员纲领有积极的东西，也有消极的地方。一方面号召全国人民对抗日本帝国主义，另一方面是对付共产党的"。我们的任务是："要使它得到一个正确的方针，使它有利于'打日本，救中国'。"① 毛泽东这里对作为民族主义动员的"国民精神总动员"的评价是准确的。正因为蒋介石有着强烈的反共和独裁倾向，中国共产党将蒋介石所实行的政策又称为"中国的法西斯主义"，对其做过大量的揭露和批判。

此外，在民族主义的对内方面，蒋介石则发展了孙中山大汉族主义的错误，将国内各民族称为中华民族的各个"宗支"，从而抹杀了少数民族的民族地位，为实行民族压迫和歧视政策提供了根据。周恩来在1943年批评蒋介石的法西斯主义时讲："至于他对国内各少数民族，还不是充满了大汉族主义的民族优越感和传统的理藩政策的思想么？即在对外，国民党还不是有人在提倡大中华联邦应该圈入安南、泰国、缅甸、朝鲜甚至南洋群岛么？"② 这些都说明，尽管蒋介石国民党有着明确的民族主义精神，并为

---

① 中央文献研究室编《毛泽东传（1893-1949）》，中央文献出版社，1996，第536页。

② 周恩来：《坚持抗日统一战线，反对蒋介石的新专制主义》，中央统战部、中央文献研究室编《周恩来统一战线文选》，人民出版社，1984，第69页。

发动民众投入抗日战争做出了很多贡献，但基于自己的反共和专制主义立场，他们的民族主义掺杂了相当的消极成分。这就为他们的抗日态度和实际战绩打了很大的折扣。

除了中国共产党和国民党之外，抗日战争时期的其他政治派别，尤其是民主党派，也大都把自己的立场转向抗日，成为以抗日救亡为主要内容的民族主义动员的重要力量。由著名爱国将领李济深和陈铭枢所领导的中国国民党临时行动委员会于"九一八"事变后就提出要抗日救国，主张对日宣战，完成民族革命，同时对蒋介石的反共政策加以抵制。"华北事变"之后，他们又成立了中华民族革命同盟，提出"抗日御侮"，"集中一切力量进行民族革命……武装全国民众，对日作战，恢复失地"。① 1917 年由黄炎培创办的中华职业教育社本是一个推广职业教育的教育团体，"九一八"事变之后则力主抗日，创办《救国通讯》，宣传抗日，最终变成了一个抗日救国的政治团体。沈钧儒、章乃器则发起成立了全国各界救国委员会。类似这样的团体和民主党派均为抗日而形成，为挽救民族危亡而呼唤，在中国共产党和国民党之外形成了另外一种不可忽视的力量。在中国，反抗侵略和外来压迫是民主革命的主要内容之一，而这种民族主义动员，也便是中国革命的动员和胜利的重要保障。

---

① 姜平：《中国民主党派史》，武汉大学出版社，1987，第 76 页。

第十一章　中国民族工作中的
"两种民族主义"

　　在当代中国民族工作史上，"两种民族主义"一般指"大汉族主义"和"地方民族主义"（或"狭隘民族主义"）。民主革命时期，中国共产党关于两种民族主义的批评，有时是指党外和敌对阵营的，有时是指党内和自己队伍内部的。新中国成立初期妨碍民族团结的因素首先是来自尚未肃清的敌人的破坏，其次便是大汉族主义和地方民族主义的残余。在民族关系上反对两种民族主义是中国共产党从中国的实际出发打破民族隔阂的必要思想建设。1952~1953年、1956~1957年的两次民族政策大检查，使大汉族主义受到了清算，民族政策意识大大增强。其后一场主要针对地方民族主义的斗争也在民族地区展开。反对大汉族主义和地方民族主义为改善民族关系、促进民族团结创造了良好社会环境，然而也留下了深刻的教训。在改革开放逐步深入，各民族意识普遍增强的条件下，原被归入大汉族主义和狭隘民族主义的各种现象都有故态复萌之势。所以，中国共产党对两种民族主义问题重新频繁发出警示，强调大汉族主义要不得，狭隘民族主义也要不得，它们都是民族团结的大敌。

　　在民族主义的类别中，"两种民族主义"的典型性不够鲜明，因为它基本是"无意识"的，没有系统理论，也不是有组织的行为，却是被马克思主义民族理论和民族工作实践明确判定为消极、负面的民族主义。民族主义所具有的那些进步性和积极意义是不属于这个类别的。中国共产党领导的民族工作实践对两种民族主义的性质和作为做出了完整的诠释，成为马克思主义关于民族主义理论和实践的重要内容。

一 理论来源及在民主革命时期的内容

在当代中国民族工作史上，"两种民族主义"是一个特定概念，即指"大民族主义"和"地方民族主义"。前者一般具体指"大汉族主义"，后者或称"狭隘民族主义"。

关于反对两种民族主义的理论源头可溯及列宁和斯大林的有关论述。在列宁和斯大林的民族理论中，民族主义始终是与无产阶级民族观对立的剥削阶级民族观，有着各种表现和种类，"大民族主义（沙文主义）"和"地方民族主义"只是民族主义的两种类别。早在 1913 年，列宁就在《论俄国社会民主工党的民族纲领》中讲道："沙皇政府比邻国政府更加反动，它是经济的自由发展的最大障碍，并且拼命激起大俄罗斯民族主义。"[1] 这里已经提到了"大民族主义"。十月革命以后，列宁和斯大林将反对民族主义的着力点即放在了党内和国内的"两种民族主义"。1919 年列宁在俄共（布）第八次代表大会上提出要警惕"大俄罗斯沙文主义"。他在讲到乌克兰问题时指出："对大俄罗斯共产党人中产生的一点点大俄罗斯民族主义的表现，都应当极其严格地加以追

---

① 列宁：《论俄国社会民主工党的民族纲领》，《列宁全集》第 24 卷，人民出版社，1990，第 240 页。

究。"同时讲:"长期遭受压迫使乌克兰落后群众具有民族主义倾向,因此,俄国共产党党员必须极其耐心和慎重地对待这种民族主义倾向。"实际上,不仅乌克兰,而且当时所有面临着与俄罗斯建立联盟关系的各国都有民族主义倾向。因此,列宁号召俄罗斯和其他有关各国的共产党员共同奋斗,"粉碎任何资产阶级民族主义的阴谋,消除各种各样的民族主义偏见"。①

此后,斯大林也在不同的场合对两种民族主义的表现和实质等做了论述。他认为,在苏维埃社会主义共和国联盟建立过程中和建立以后,阻碍各民族合作和团结的第一个因素是"大俄罗斯沙文主义",第二个因素是沙皇时期遗留下来的"事实上的不平等",第三个因素是各民族共和国内的"地方沙文主义"。"大俄罗斯沙文主义和地方沙文主义""会使某些共和国变成民族纷争的舞台",其中,前者是民族纷争的第一个因素,也是最危险的因素。"我们必须把它打倒,因为打倒了它就是把某些共和国内过去保存下来的、现在正在发展的民族主义打倒 9/10。"后者是对前者的反应,是对它的报复,是一种防御,但在某些地方也成为进攻型的因素。他认为应当进行反对大俄罗斯沙文主义和地方沙文主义两条战线的斗争。前者是俄罗斯共产党员的任务,后者是非俄罗斯共产党员的任务。关于"事实上不平等"的问题,就是边疆地区的民族与中部民族的发展差距问题,它也是导致民族纷争的重要因素。而这一问题的解决又是同克服两种民族主义联系在一起的。②

① 列宁:《俄共(布)第八次代表大会》《俄共(布)中央关于乌克兰苏维埃政权的决议》《为战胜邓尼金告乌克兰工农书》,中国社会科学院民族研究所编《列宁论民族问题(下)》,民族出版社,1990,第 752、776、792 页。
② 参见斯大林《党和国家建设中的民族问题》《俄共(布)第十二次代表大会》《问题和答复》等文,中国社会科学院民族研究所编《斯大林论民族问题》,民族出版社,1990。

中国共产党早期移植了列宁和斯大林的这些论点和经验。几乎与斯大林做出上述论述的同时，1924 年 11 月 7 日，作为中共党的领袖之一的瞿秋白就在介绍十月革命经验的文章中提道：俄国十月革命找到了解决民族问题的道路，但并不等于完全解决了民族问题，"这是因为旧俄封建农奴资本制度的遗毒，决不能扫除于一旦。这种流毒，第一，便是大俄罗斯的自大的狭义的民族主义。往往大俄罗斯人对于异族的事，有轻忽漠视，居高临下的态度。譬如乌克兰、白俄罗斯、土耳其斯坦、亚奏倍裳等地方，农民大半是异族，工人大半是大俄罗斯人。这种农工之间的结合，至今还是因为异族恶感而不能十分顺手。只有这种妄想以一民族同化其他民族的野心——旧俄帝国之流毒，完全去尽之后，苏联各民族的结合才能巩固。因此，苏联各国的共产党竭力设法扫除这种流毒呢。第二虽不能说尽是流毒，却也一半是俄国资产阶级的政策的结果。这便是各小民族经济及文化程度的落后。……第三便是各小民族历史上的仇视大俄罗斯人，各民族相互间的恶感，以及各小民族自大的民族主义。这当然也是旧时俄皇政府的政策所致。对于大俄罗斯人及其他异族的仇视，固然也是小民族的自卫精神——然而疑忌过甚，反而进于进攻态度。……必需设法消灭这种民族自大主义"①。

对照斯大林的前述论述，瞿秋白这里显然是对斯大林论点的转述，只是把斯大林说的"大俄罗斯沙文主义和地方沙文主义"改变成了"大俄罗斯的自大的狭义的民族主义"和"各小民族自大的民族主义"，两者稍有差别，但都是两种民族主义。

民主革命时期，中国共产党关于两种民族主义的批评，根据

———————————

① 瞿秋白：《十月革命与弱小民族》，中共中央统战部编《民族问题文献汇编》，中共中央党校出版社，1991，第 63~64 页。

不同的情况，有时是指党外和敌对阵营的，有时是指党内和自己队伍内部的。

1925 年中共四大通过的《对于民族革命运动之决议案》指出，中国的封建阶级和资产阶级的民族主义（国家主义）"以大中华民族口号同化蒙藏等藩属"，是一种"世界革命运动中之反动行为"。① 这里没有明讲谁在搞"同化"，但当时正是孙中山在大力宣扬他的以同化少数民族为前提的"国族"理论。1948 年刘少奇讲："孙中山的民族主义，有旧民主主义时代的两重性，就是：他反对当时中国的统治者满族朝廷，有进步的性质；但是，他提倡大汉族主义，就是反动的性质。"② 所以，中国共产党最早对大汉族主义的批评是对党外、针对孙中山的，但还没有使用"大民族主义"或"大汉族主义"。

1931 年 2 月，党内"左"倾教条主义的代表人物陈绍禹（王明）批评同样犯有"左"倾错误的李立三，说他没有执行共产国际关于民族问题的指示，没有落实中共六大关于注意国内少数民族问题的决议："这一点充分说明'大汉族主义'的狭隘的传统思想的残余，在立三这类同志的头脑中有极大的影响。"③ 紧接着，1931 年 11 月中华工农兵苏维埃第一次全国代表大会通过的《关于中国境内少数民族问题的决议案》在阐述民族政策时就有"坚决的反对一切大汉族主义的倾向"，1932 年 2 月中共中央给四川省委的信中就批评四川"党内对于少数民族的基本原则认识还

---

① 《中国共产党第四次全国代表大会对于民族革命运动之决议案》，中共中央统战部编《民族问题文献汇编》，中共中央党校出版社，1991，第 32 页。

② 刘少奇：《论国际主义与民族主义》，中共中央统战部编《民族问题文献汇编》，中共中央党校出版社，1991，第 1176~1195 页。

③ 陈绍禹：《为中共更加布尔什维克化而斗争》，中共中央统战部编《民族问题文献汇编》，中共中央党校出版社，1991，第 148 页。

包含着大汉族主义和民族改良主义的倾向",指示四川省委"坚决反对大汉族主义的倾向"等。① 这是中国共产党对党内大汉族主义倾向批评的开始。

当然,除了"大汉族主义"之外,反对少数民族中的大民族主义也在这一时期提出。1930年11月5日,中共中央在关于内蒙古工作的计划大纲中写道:"对于大蒙古主义的狭义民族观念,要从宣传上仔细去解释去反对,不要取敌视的态度。"1934年7月7日《中共中央驻北方代表给内蒙党委员会的信》中写道:"党必须不调和的与日本帝国主义的大蒙古主义及其代办人——王公喇嘛国民党的大汉族主义斗争","党必须经常负责的去揭露日本帝国主义王公喇嘛的'大蒙古主义'与国民党的'大汉族主义'的狰狞面目……"② 显然,中国共产党这里的重点是反对"大蒙古主义",这是党在蒙古族聚居区开展工作所必需的,尤其是由1934年前后在日本的策动下一些分裂势力正以"民族自决"的名义试图把内蒙古从中国分离出去这一严重局势所决定的。国民党的大汉族主义也当然需要反对,因为它的危害性在于助长了内蒙古的分裂。

此后,"大汉族主义"在党的文献和政策中被广泛提及,如批评张国焘以"大汉族主义对待弱小民族",在军队的纪律中严格要求不得有任何轻视少数民族的"大汉族主义"倾向,在与少数民族相邻的根据地的行动纲领中明确写有"反对大汉族主义"的规定,等等。

---

① 《关于中国境内少数民族问题的决议案》《中共中央给四川省委的信》,中共中央统战部编《民族问题文献汇编》,中共中央党校出版社,1991,第171、179页。

② 《中共中央关于内蒙工作计划大纲》《中共中央驻北方代表给内蒙党委员会的信》,中共中央统战部编《民族问题文献汇编》,中共中央党校出版社,1991,第141、231、233页。

抗日战争时期，为了争取少数民族抗日，中国共产党对于大汉族主义的批评主要集中于历史上的统治阶级及国民党的民族政策，同时也对地方民族主义做出批评。1940 年 4 月经中央书记处批准的《中共中央西北工作委员会关于回回民族问题的提纲》指出，回回民族的特征之一是"汉化"程度相当深："这一方面由于受了汉族这个比较进步民族的影响，另一方面则由于大汉族主义的野蛮的压迫。"提纲对"国民党政府的大汉族主义政策及其影响"做了专门论述，讲道："对回回民族大汉族主义的猖獗，始于满清一代。……所以满清统治是中国各民族的最黑暗的牢狱。辛亥起义后高举'五族共和'的旗帜，但是实际上并未作到各民族平等。国民党第一次代表大会'对内民族平等'的宣言，至今只是一张空头支票。回族已经汉化，回族就是回教徒，因此回族不是一个民族，因此回族所需要的不是民族平等，而是教育，是要用教育来解除回族的宗教迷信，来提高回族的知识文化：这就是大汉族主义的理论与政策。……同时另一方面，伴着大汉族主义而来的，在回族内部也有狭隘的回族主义的思想。不论大汉族主义或回族主义，主要的虽是在回汉两族上层统治阶级的利益的基础上形成的，但在回汉两族广大的下层民众中间，也仍然存在着的。"①

同样，1940 年 7 月，中央西北工作委员会在关于抗战中蒙古民族问题提纲中也讲道："国民党继承了满清政府与北洋军阀时代的对蒙政策，对蒙古民族继续实行大汉族主义的压迫。"因此党对蒙古民族的政策中，就包括"肃清大汉族主义的压迫政策"，为改善民族关系，必须"从上而下的彻底肃清大汉族主义的传统与狭

---

① 《中共中央西北工作委员会关于回回民族问题的提纲》，中共中央统战部编《民族问题文献汇编》，中共中央党校出版社，1991，第 649~650 页。

隘的民族观点"。①

与中央西北工作委员会的这两个纲领性文件相配套，李维汉、贾拓夫、罗霄、刘春等民族理论工作者也先后发表文章，就回回和蒙古民族问题及其中的大民族主义和地方民族主义做了论述。而 1941 年 4 月 15 日以"民族问题研究会"名义编写发行的《回回民族问题》一书则以更详细的资料论证了上述观点。这些都成为中国共产党民族理论发展史上具有代表性的作品。

1943 年蒋介石发表了《中国之命运》一书，其中关于"中华民族"一章涉及中国的民族构成和性质问题，再次重申了中国各民族不是"民族"而是"宗族"的论点。1943 年 7 月 21 日陈伯达发表文章《评〈中国之命运〉》，其中谈到"蒋先生此书对于中华民族的了解，和本来的历史真实情况完全不相符合"。他认为蒋介石所说"我们中华民族是多数宗族融和而成的"，是"同一血统的大小宗支"的说法，"本来是德、意、日法西斯主义的糟粕"。他在批驳了这些观点之后把它归结为"大汉族主义"，说："中国大地主大资产阶级之所以要捏造这种单一民族论，其目的就在于提倡大汉族主义，欺压国内弱小民族。"② 当年 8 月 16 日周恩来也发表文章，强烈抨击蒋介石对国内各少数民族，"充满了大汉族主义的民族优越感和传统的理藩政策的思想"，"蒋介石的民族观，是彻头彻尾的大汉族主义。在名义上，他简直将蒙、回、藏、苗等称为边民，而不承认其为民族。在行动上，也实行民族的歧视和压迫"。文章将蒋介石的思想体系批判为"中国的法西斯主义

---

① 《中共中央西北工作委员会关于抗战中蒙古民族问题提纲》，中共中央统战部编《民族问题文献汇编》，中共中央党校出版社，1991，第 661、664、667 页。

② 陈伯达：《评〈中国之命运〉》，中共中央统战部编《民族问题文献汇编》，中共中央党校出版社，1991，第 946 页。

的思想体系"。① 这已是对国民党大汉族主义最严厉的抨击。

解放战争时期，中国共产党延续了对于两种民族主义的批判，这种批判同样既有针对敌对阶级的，也有针对自己队伍内部的。1948 年 11 月 19 日中央西北局对内蒙古伊克昭盟工作的一份指示文件典型地反映了这一点。文件在分析了伊盟党的工作取得的成绩的同时，也指出了其存在的问题，说："其所以如此，主要在于我们许多干部中还存在大汉族主义的思想残余，相当的抗拒着党的平等的民族政策之贯彻；在于我们的干部中有很浓厚的经验主义作风……"文件指出伊盟大部分地区是很特殊的，"它具有如下的特点：（一）在政治上，它处于蒋傅（指蒋介石、傅作义——引者注）大汉族主义的民族压迫下，这种民族压迫的主要形式是大量移民，强迫开垦，强迫汉化，强迫反共，设治设县，进行特务统治，并扶持反动王公，压迫与剥削蒙古人民。其实质就是土地的掠夺与侵占。……（二）在经济上，由于大汉族主义者强迫垦殖的结果，农业有相当的发展，并已出现了农业区和半农半牧区……由于以上原因，今天在伊盟最主要最严重的问题，不是蒙人内部的阶级压迫，而是蒋党大汉族主义的民族压迫与由此而造成的蒙汉民族矛盾，这种矛盾又以土地问题为其中心"。②

所以，这一时期中国共产党对国民党对少数民族地区的统治基本上是用"大汉族主义"来概括的；而对于自己内部不能执行党的民族政策的思想和做法也大多是用"大汉族主义倾向"或"残余"来定性的。这实际上也是民主革命时期中国共产党对于

---

① 周恩来：《坚持抗日统一战线，反对蒋介石的新专制主义》，中央统战部、中央文献研究室编《周恩来统一战线文选》，人民出版社，1984，第 69 页。

② 《中共中央西北局对伊盟当前政策问题的指示》，中共中央统战部编《民族问题文献汇编》，中共中央党校出版社，1991，第 1201、1202 页。

"大汉族主义"概念的一贯性运用。

对"地方民族主义"或"狭隘民族主义"始终没有正面提及，但对于类似"大蒙古主义""回族主义"这样的警示还是可以见到的。1940年在讨论中央西北工作委员会拟定的《关于回回民族问题的提纲》和《关于抗战中蒙古民族问题的提纲》时，毛泽东提到，不仅要反对大汉族主义，而且要反对狭隘民族主义。因此，提纲在正式发表时，增加了也要反对狭隘民族主义的内容。① 这也当是与大民族主义相对的"狭隘民族主义"开始使用的缘起。

关于两种民族主义的理论阐释，由于当时的战争环境和理论研究的薄弱，可见的文献是不多的，有代表性的是李维汉1940年6月16日以"罗迈"为名发表在《解放》第109期上的《回回问题研究》一文。该文在最后一部分分别谈到了两种民族主义的"实质"等问题。文章说：

> 什么是大汉族主义的实质呢？
>
> 大汉族主义的传统就是压迫弱小民族的思想、纲领和行为。大汉族主义的实质，就在于力谋维持压迫回族的政策，就在于轻视和侮蔑回族、回教及其风俗习惯的心理与行为，就在于尽力支持回族中一切落后的黑暗的东西以便利自己对回族的统治，就在于力谋抑制民族平等思想的生长与传播等。
>
> 大汉族主义反映着汉族统治阶级的利益，在现在的条件下，是反映着汉族地主资产阶级的利益。关心剥削和压迫国内各弱小民族的是地主资产阶级及其政治上的代理人，因为

---

① 李维汉：《回忆与研究》，中共党史资料出版社，1986，第455页。

这是他们的利益所在。所以大汉族主义的思想，实质上是汉族统治阶级的思想。

但是，这并不是说，在汉族民众中就完全没有沾染有大汉族主义的思想。事实上，在一部分汉族民众中，也或多或少的存在着这种思想，例如对于回族的轻视，对于回教的侮蔑等等。接近回族的汉民中，这种思想甚至还相当浓厚。为什么在汉族民众中也存在着大汉族主义思想呢？主要原因有两个：一是由于汉族统治阶级所传播，二是由于历史上为统治阶级所挑起的回汉仇杀的影响。此外回汉间生活习惯不同所引起的两族人民间的隔膜、误会与成见，也助长了大汉族主义思想的传播。

由于汉族是长期的统治民族，所以大汉族主义也有其长期的历史传统。

大汉族主义在历史上造成了回族对汉族的不信任与仇视，而在今天，他更成了日寇分裂回汉的武器。我们必须坚决肃清大汉族主义，才能求得回汉两民族间的自愿联合，坚持胜利的抗战。

谁应首先担负起这个肃清的责任呢？

汉族中的先进人士与广大有觉悟的民众，应该首先起来担负起这个责任。因为肃清大汉族主义，首先应该是汉人自己的事情。

　　…………

什么是狭隘回族主义倾向的实质呢？

狭隘回族主义倾向的实质，就在于力谋离开中华民族解放运动的总潮流，而把自己关闭在自己民族的外壳以内；就在于力谋排斥一切外来的但是进步的东西，而保持自己的一切落后的东西；就在于只关心那可以使回汉民族彼此隔离的东西，而不关心那可以使回汉民族彼此接近联合起来的东西；就在于极力闭塞自己民族大众的耳目，使他们盲目的反对大汉族主义，以保卫自己在民族中的特权等等。

回族中的狭隘民族主义的倾向，还表现在以大回族主义的压迫政策去对待他自己统治区域内的各少数民族，如番人、撒拉人、蒙古人以及汉人等。

狭隘的回族主义的倾向，反映着回族对于大汉族主义压迫政策的不满与怨恨，但主要的是反映着回族上层分子的愿望。这种倾向，是一种民族排外主义，是对于大汉族主义的反动的报复思想。

这种狭隘回族主义的倾向，同样，已经被日寇利用作为挑拨回汉恶感与诱惑回族的武器。

因此，必须纠正回族中的狭隘民族主义倾向，才能使回族的解放事业走上正确的道路。

谁应首先担负起这个责任呢？

回族中的先进人士与广大有觉悟的民众应该首先起来担负这个责任。因为纠正狭隘回族主义的倾向，首先应该是回回自己的事情。①

这段论述，虽是具体到回回民族问题来说的，却是对大汉族主义和地方民族主义的阶级实质、危害和消除的责任等问题的一般性阐述，因而具有普遍意义，由此成为其后中国共产党在两种民族主义问题上的一种理论基调。这段论述，连同它所在的整篇

---

① 罗迈：《回回问题研究》，中共中央统战部编《民族问题文献汇编》，中共中央党校出版社，1991，第854、855页。

文章于 1941 年 4 月 15 日被收入《回回民族问题》一书，产生了广泛的影响。

二　民族政策大检查对大汉族主义的清算

新中国成立伊始，两种民族主义一般规范地表述为"大民族主义"和"狭隘民族主义"。《中国人民政治协商会议共同纲领》第五十条规定："反对大民族主义和狭隘民族主义，禁止民族间的歧视、压迫和分裂各民族团结的行为。"① 1952 年 2 月通过的《中华人民共和国民族区域自治实施纲要》第三十五条规定："上级人民政府应教育并帮助各民族人民建立民族间平等、友爱、团结、互助的观点，克服各种大民族主义和狭隘民族主义的倾向。"②

1954 年 9 月通过的《中华人民共和国宪法》中开始将"狭隘民族主义"改为"地方民族主义"，称："在发扬各民族间的友爱互助、反对帝国主义、反对各民族内部的人民公敌、反对大民族主义和地方民族主义的基础上，我国的民族团结将继续加强。"③ 而自 1982 年以后，中国宪法和民族区域自治法中则统一表述为"在维护民族团结的斗争中，要反对大民族主义，主要是大汉族主义，也要反对地方民族主义"。

新中国成立初期民族工作的重要任务是增强民族团结，而妨碍民族团结的因素首先是来自尚未肃清的敌人方面的破坏，其次

① 《中国人民政治协商会议共同纲领》，《民族政策文献汇编》，人民出版社，1953，第 1 页。
② 《中华人民共和国民族区域自治实施纲要》，《民族政策文献汇编》人民出版社，1953，第 169 页。
③ 《中华人民共和国宪法》，《民族政策文件汇编》第 2 编，人民出版社，1958，第 1 页。

便是各民族间的大民族主义和狭隘民族主义的残余。大民族主义一般是指大汉族主义，有时也指一个地区内占有多数民族地位的某些少数民族中的大民族主义，主要是指大汉族主义，它是反对两种民族主义的重点。1949 年 2 月 1~3 日，毛泽东在西柏坡同来访的苏联代表米高扬谈话时就说道：中国是多民族国家，有几十个民族，汉族人数最多，其他如蒙、回、藏、维吾尔等民族大多居住在边远地区。我们提倡各民族互相团结、互相友爱、互相合作，共同建国。民族间出现某些摩擦和纠纷，甚至是矛盾或冲突是难免的。但是今天可以比较容易解决。目前主要的是防止和反对大汉族主义，同时也要反对地方民族主义，这两者是妨碍和破坏民族团结的祸根子。① 而后，随着中国革命的全面胜利和民族工作的全面展开，中国共产党人就把反对大汉族主义放在了更突出的位置。邓小平 1950 年 7 月 21 日在《关于西南少数民族问题》一文中讲："在中国的历史上，少数民族与汉族的隔阂是很深的。由于我们过去的以及这半年的工作，使这种情况逐渐地在改变，但不是说我们今天已经消除了隔阂。少数民族要经过一个长时间，通过事实，才能解除历史上大汉族主义造成的他们同汉族的隔阂。"又说："只要我们真正按照共同纲领去做，只要我们从政治上、经济上、文化上诚心诚意地帮助他们，就会把事情办好。只要一抛弃大民族主义，就可以换得少数民族抛弃狭隘民族主义。我们不能首先要求少数民族取消狭隘民族主义，而是应当首先老老实实取消大民族主义。这两个主义一取消，团结就出现了。"②

---

① 中共中央文献研究室编《毛泽东传（1893-1949）》，中央文献出版社，1996，第 911 页。
② 邓小平：《关于西南少数民族问题》，国家民委政策研究室编《中国共产党主要领导人论民族问题》，民族出版社，1994，第 52、54 页。

这些话，刘少奇、周恩来等其他领导人也多次讲到。

在民族关系上反对两种民族主义，而又主要反对大汉族主义是中国共产党贯彻马列主义民族平等思想的体现，更是从中国的实际出发从根本上解决民族隔阂的必要思想建设。汉族在历史上整体的先进、人口的众多和统治时间的长久，决定了对少数民族的歧视和偏见是一种社会顽疾，它不可能在新中国成立后的短时间内消失。相反，由于教育不够、宣传不够，人们对少数民族工作认识不足，对少数民族的偏见和歧视仍然时不时地出现在工作和社会生活中。这不但继续加剧了少数民族和汉族的隔阂，而且增加了少数民族对党和国家的猜忌。长期遭受压迫和歧视使得少数民族在民族关系上非常敏感，而由此导致的保守、封闭直至对其他民族排拒的地方民族主义也便很容易发生。因此，在中国共产党刚刚接管政权、民族工作正值起步之时，将反对两种民族主义，尤其是把对大汉族主义的清除工作放在突出地位是十分必要的。毛泽东、刘少奇、周恩来和邓小平等都对批判大汉族主义问题发表过许多意见，其中有些还非常尖锐。

1952 年 8 月，中央人民政府公布了《中华人民共和国民族区域自治实施纲要》，政务院公布了《关于地方民族民主联合政府实施办法的决定》和《关于保障一切散居的少数民族成份享有民族平等权利的决定》。为了正确实行这三个重要文件，进一步巩固和发展各民族团结合作的局面，8 月 18 日政务院发出《关于学习民族政策的通知》，要求在有关地区开展一个民族政策的学习运动。中共中央转发了这个通知。

1952 年 8 月，甘肃省靖远县在检查民族工作时发现一些地方的汉族干部和群众有歧视当地回民的现象。如不尊重回民的风俗习惯，不让回族参加民兵，不给他们贷款，分配土改成果时不公平等。中共定西地委就此向甘肃省委写了一份检查报告。甘肃省委和中共中央西北局十分重视，分别在这个报告的批示中号召在甘肃和其他西北各省对民族杂居地区的民族政策执行情况进行检查。中共中央也于当年9月批转了这个报告，要求西北、西南和中南每个民族聚居或杂居地区都要以认真的精神检查民族政策的执行情况，并要向中央报告。同年12月中央再次就民族政策检查发出指示，要求即使在少数民族较少或很少的地区，也都必须进行民族政策执行情况的检查。

检查中发现的问题首先是对少数民族的忽视和歧视，不以平等的态度对待少数民族，侵犯少数民族的正当权利；其次是急躁冒进的情绪和机械地套用汉族地区的经验，引起了少数民族的反感；再次是相当多的基层干部把强制命令作为完成任务的手段，违法乱纪现象严重。毛泽东得悉这些情况后十分重视，对存在的问题痛心疾首，1953年3月16日起草了一份《中央关于在民族问题上在党内和人民中进行马克思主义的教育，批判大汉族主义，具体地解决少数民族中仍然受歧视受痛苦的问题的指示》，称：

> 有些地方民族关系很不正常。此种情形，对于共产党人来说，是不能容忍的。必须深刻批评我们党内在很多党员和干部中存在着的严重的大汉族主义思想，即地主阶级和资产阶级在民族关系上表现出来的反动思想，即是国民党思想，必须立刻着手改正这一方面的错误。凡有少数民族存在的地方，都要派出懂民族政策、对于仍然被歧视受痛苦的少数民族同胞怀抱着满腔同情心的同志，率领访问团，前往访问，认真调查研究，帮助当地党政组织发现问题和解决问题，而不是走马看花的访问。

根据不少材料看来，中央认为凡有少数民族存在的地方，大都存在着尚未解决的问题，有些是很严重的问题。表面上看来平静无事，实际上问题很严重。二、三年来在各地所发现的问题，都证明大汉族主义几乎到处存在。如果我们现在不抓紧时机进行教育，坚决克服党内和人民中的大汉族主义，那是很危险的。在许多地方的党内和人民中，在民族关系上存在的问题，并不是什么大汉族主义的残余的问题，而是严重的大汉族主义的问题，即资产阶级思想统治着这些同志和人民而尚未获得马克思主义教育，尚未学好中央民族政策的问题，故须进行认真的教育，以期一步一步地解决这个问题。另外，应在报纸上根据事实，多写文章，进行公开的批判，教育党员和人民。①

3月19日，毛泽东又在一份文件中批注："有些地方民族平等基本实现了，民族隔阂基本消除了，在这些地方可以说大民族主义只是残余了。但在民族平等还未基本实现，民族隔阂还未基本消除的地方则大民族主义还是严重地存在，不能说只是残余。再则目前时期主要的危险思想是大汉族主义，不要笼统提大民族主义。"②

从1952年9月开始的民族政策执行情况的大检查至第二年年中胜利结束。1953年6月下旬召开的第四次全国统战工作会议根据检查结果起草了《中央统战部、民委关于在内蒙古、新疆、青

---

① 毛泽东：《批判大汉族主义》，国家民委政策研究室编《中国共产党主要领导人论民族问题》，民族出版社，1994，第94、95页。
② 毛泽东：《对中央转发西北局关于甘肃临夏检查民族政策执行情况报告的附注》，国家民委政策研究室编《中国共产党主要领导人论民族问题》，民族出版社，1994，第96页。

海、甘肃等省、自治区执行民族政策情况的检查总结》。7月由毛泽东主持,中央政治局以民族问题为议题重点讨论了这个总结。毛泽东等肯定了这个文件,并就其中的内容做了许多具体指示,最后以《关于过去几年内党在少数民族中进行工作的主要经验总结》为题,1954年10月转发党内。这个文件明确提出了过渡时期党在民族工作方面的任务,并特别强调了必须纠正一部分汉族干部中的大汉族主义、主观主义和命令主义思想作风以及防止地方民族主义思想的重要意义,在党的民族工作史上具有重要地位。

1953年10月10日,《人民日报》以《贯彻民族政策,批判大汉族主义思想》为题发表社论,指出:"去年九月间开始的全国各地区民族政策执行情况的检查,已经胜利地结束了。这个检查的结果证明,中共中央、毛主席所规定的党在国内民族问题方面的任务及各项民族政策是完全正确的。大多数地区执行中央的民族政策基本上也是正确的。"该社论在肯定成绩的同时,再次就大汉族主义的存在和危害等做了论述:

> 大汉族主义和少数民族中各种各式的狭隘民族主义,都妨害着我国各民族人民的团结合作的事业,而在全国范围来说,大汉族主义已成为当前民族关系、民族工作中的主要危险。
>
> 大汉族主义妨害民族平等的真正实现,损害少数民族人民对汉族人民的信任,正因为如此,大汉族主义也妨碍少数民族中各种狭隘民族主义的克服,甚至助长着某些狭隘民族主义。

社论提出:"反对大汉族主义及其残余的斗争是一个长期的思想教育问题,不可能在较短的时间内完全解决问题。在这方面的放任自流，固然是错误的，不能许可的；但采取急躁粗暴的办法也是不对的，是必须防止的。各地应结合日常工作，稳步地、适当地进行这方面的教育和斗争，经常地进行民族政策执行情况的检查，严格地执行民族工作中的请示报告制度，以期一步一步地解决这个问题。"①

第一次民族政策执行情况检查之后，毛泽东仍多次告诫人们反对大汉族主义。1955年3月21日，他在中国共产党全国代表会议上的讲话中讲道："要反对大汉族主义。不要以为只是汉族帮助了少数民族，而少数民族也很大地帮助了汉族。有些同志总是在那里吹，我们可帮助了你们，就没有看到没有少数民族是不行的。……现在，我们帮助少数民族很少，有些地方还没有帮助，而少数民族倒是帮助了汉族。有些少数民族，需要我们先去帮助他们，然后他们才能帮助我们。少数民族在政治上很大地帮助了汉族，他们加入了中华民族这个大家庭，就是在政治上帮助了汉族。少数民族和汉族团结在一起了，全国人民都高兴。所以，少数民族在政治上、经济上、国防上，都对整个国家、整个中华民族有很大的帮助。那种以为只有汉族帮助了少数民族，少数民族就没有帮助汉族，以及那种帮助了一点少数民族，就自以为了不起的观点，是错误的。"②

1955年10月11日，毛泽东再次指出："现在大汉族主义还是不少的，例如包办代替，不尊重人家的风俗习惯，自以为是，看不起人家，说人家怎么样落后等等。"因此提出"要继续反对大汉

① 《贯彻民族政策，批判大汉族主义思想》，《人民日报》1953年10月10日。
② 毛泽东：《反对大汉族主义》，国家民委政策研究室编《中国共产党主要领导人论民族问题》，民族出版社，1994，第113页。

族主义"。①

　　毛泽东这样说是有明确针对性的。在当时绝大多数民族地区已经进入合作化运动以后，一些不顾民族特点、强迫命令、照搬汉族地区经验的做法时有发生，有些地方引起了少数民族的强烈反对，甚至出现了骚乱。这些问题和1956年2月在四川藏、彝地区出现的叛乱一道，严重影响民族地区的团结和改革发展。因此，1956年3月毛泽东提出，再检查一次民族政策的执行情况。1956年4月16日中央发出了《关于检查民族政策执行情况的指示》，要求全国各有关地区的各级党委和驻民族地区的部队，应像1952年一样，认真地检查一次民族政策的执行情况。4月25日毛泽东在中央政治局扩大会议的讲话（即《论十大关系》）中又讲到，我们无论对干部还是人民群众"都要广泛地持久地进行无产阶级的民族政策教育，并且要对汉族和少数民族的关系经常注意检查。早两年已经作过一次检查，现在应当再来一次。如果关系不正常，就必须认真处理，不要只口里讲"。② 1957年2月27日，毛泽东在《关于正确处理人民内部矛盾的问题》的讲话中再次强调："我国少数民族有三千多万人，虽然只占全国总人口的百分之六，但是居住地区广大，约占全国总面积的百分之五十至六十。所以汉族和少数民族的关系一定要搞好。这个问题的关键是克服大汉族主义。在存在有地方民族主义的少数民族中间，则应当同时克服地方民族主义。无论是大汉族主义或者地方民族主义，都不利

---

① 毛泽东：《再论反对大汉族主义》，国家民委政策研究室编《中国共产党主要领导人论民族问题》，民族出版社，1994，第115页。

② 毛泽东：《汉族和少数民族的关系》，国家民委政策研究室编《中国共产党主要领导人论民族问题》，民族出版社，1994，第121页。

于各族人民的团结，这是应当克服的一种人民内部的矛盾。"①

第二次民族政策执行情况大检查由 1956 年中开始，至 1957 年 8 月初全国人大民族委员会和中央民族事务委员会在青岛召开民族工作座谈会结束。座谈会上周恩来发表了《关于我国民族政策的几个问题》的著名讲话，讲话中的第一个内容就是"关于反对两种民族主义的问题"。他说：

> 我们反对两种民族主义，就是既反对大汉族主义（在中国主要是反对大汉族主义），也反对地方民族主义，特别要注意反对大汉族主义。这两种民族主义都是资产阶级民族主义的表现。一方面，如果在汉族中还有大汉族主义的错误态度的话，发展下去就会产生民族歧视的错误；另一方面，如果在兄弟民族中存在地方民族主义的错误态度的话，发展下去就会产生民族分裂的倾向。总之，这两种错误态度、两种倾向，如果任其发展下去，不仅不利于我们民族间的团结，而且会造成我们各民族间的对立，甚至于分裂。这个问题怎样解决呢？我们认为，除了极少数人的问题以外，在民族问题上的这两种错误态度，两种倾向问题，是人民内部矛盾的问题，应当用处理人民内部矛盾的原则来解决，就是运用毛主席提出的公式，从民族团结的愿望出发，经过批评或斗争，在新的基础上达到我们各民族间进一步的团结。②

① 毛泽东：《正确处理少数民族问题》，国家民委政策研究室编《中国共产党主要领导人论民族问题》，民族出版社，1994，第 144~145 页。
② 周恩来：《关于我国民族政策的几个问题》，国家民委政策研究室编《中国共产党主要领导人论民族问题》，民族出版社，1994，第 163 页。

周恩来的这个讲话是对第二次民族政策大检查的总结，这个讲话连同他的其他一些论述比较全面地表达了当时中国共产党在反对两种民族主义的立场和观点。除了上述以外，周恩来还有两个观点值得重视。

其一，大汉族主义有时是自觉的，有时则是不自觉的，要充分注意少数民族的心理感情。周恩来多次讲道："历史上有大汉族主义思想，现在也还有自觉的或不自觉的大汉族主义思想，当然，不自觉的多，自觉的少。"① "任何民族都有它的民族心理感情。汉族因为居于优势地位对少数民族的心理感情是不容易体会的。"② "我们的干部，在处理民族问题的时候，大汉族主义常常会不自觉的表露出来。就是很注意这个问题了，有时也不免会有一些疏忽。所以，我们在工作中要处处谨慎，否则小事情会变成大事情，局部性问题会变为全局性问题，即刻就会闯出乱子来。"③ 少数民族在历史上长期的被压迫地位，使得他们在与汉族的交往中对涉及他们民族的问题十分敏感，经常表现出对于汉族的戒备和怀疑，这一点并没有随着新中国的成立而自然消除。而汉族同志如果对此不警惕、不谨慎，往往就会在不自觉中犯大汉族主义的错误。因此，汉族同志应该经常地注意自己的言行，多设身处地地站在少数民族立场上考虑问题。在各民族的相处中，"汉族一定要自觉，遇事应多责备自己，要严于责己，宽于待人。这样少数民族也就会跟着汉族的样子做，各个民族就会真正自愿

---

① 周恩来：《民族区域自治有利于民族团结和共同进步》，《周恩来统一战线文选》，人民出版社，1984，第341页。
② 周恩来：《民族区域自治有利于民族团结和共同进步》，《周恩来统一战线文选》，人民出版社，1984，第337页。
③ 周恩来：《关于西北地区的民族工作》，《周恩来统一战线文选》，人民出版社，1984，第191页。

地合起来"①。反对自觉的大汉族主义，也反对和警惕不自觉的大汉族主义，这是周恩来严密细致的工作作风在民族问题上的体现，也是他的一个重要政策观点。

其二，反对大汉族主义和地方民族主义的根本目的在于共同建设社会主义祖国。在《关于我国民族政策的几个问题》中，周恩来对此讲得很清楚："我们反对两种民族主义，必须从建设强大的社会主义祖国这个共同目标出发。如果没有这个共同目标，就反对不了两种民族主义。比如说，站在人口最多的汉族方面批评兄弟民族中的地方民族主义倾向时，如果不想到这个共同目标，就很容易发生一些民族歧视的错误。……另一方面，站在少数民族方面批评汉族中的大汉族主义时，如果不从共同目标出发，也容易造成对立。""要把我国各民族经济、文化事实上不平等的现状逐步加以改变，为共同建设强大的社会主义祖国而努力，这就需要各民族互相团结，从团结的愿望出发来批评。汉族同志中如果确实有大汉族主义的倾向和错误，就批评具体的人和具体的事，而不要简单地、不加分析地指责，不要对汉族的整体产生怀疑、不信任。不然就会助长民族分裂的倾向，不能达到民族间的团结。"② 共同目标和团结十分重要。不管汉族还是少数民族，都应该时刻牢记中华民族的共同利益，时刻不忘民族团结和国家统一；不管批评地方民族主义还是大汉族主义，都应该从维护中华民族的共同利益和团结统一、从建设我们社会主义祖国这一共同目标

---

① 周恩来：《民族区域自治有利于民族团结和共同进步》，《周恩来统一战线文选》，人民出版社，1984，第338页。

② 周恩来：《关于我国民族政策的几个问题》，国家民委政策研究室编《中国共产党主要领导人论民族问题》，民族出版社，1994，第164~166页。

出发。"祖国统一是全国各民族的最高利益。"①

  1952~1953 年、1956~1957 年的两次民族政策大检查，由于有正确的思想指导和各级领导的重视，广大汉族干部和群众普遍受到了一次马克思主义民族观的教育，大汉族主义受到了清算，民族政策意识大大增强。与此同时，党和政府还通过各种活动大力营造民族平等团结的良好社会环境。1951 年 5 月 16 日，政务院做出了关于处理带有歧视或侮辱少数民族性质的称谓、地名、碑碣、匾联的指示："为加强民族团结，禁止民族间的歧视与侮辱，根据中国人民政治协商会议共同纲领第五十条之规定，对于历史上遗留下来的加于少数民族的称谓及有关少数民族的地名、碑碣、匾联等，如带有歧视和侮辱少数民族意思者，应分别予以禁止、更改，封存或收管。"② 根据这一指示，各地对有损少数民族尊严的有形痕迹做了消除性处理。比如对一些地名的修改，将新疆维吾尔自治区首府"迪化"改为"乌鲁木齐"，将内蒙古自治区首府"归绥"改为"呼和浩特"，云南西双版纳傣族自治州首府"车里"改为"允景洪"，北京市北沟沿的"回子营"改为和平巷，东直门的"鞑子营"改为合作巷等。此外，其他带有对少数民族歧视和侮辱的有形痕迹也都得到了普遍清理。这些措施，使全社会对少数民族和民族关系有了一种新的认识，对改善民族关系和推进民族工作起到了很大的促进作用。

---

① 周恩来：《民族工作的成就和任务》，国家民委政策研究室编《中国共产党主要领导人论民族问题》，民族出版社，1994，第 193 页。

② 《政务院关于处理带有歧视或侮辱少数民族性质的称谓、地名、碑碣、匾联的指示》（1951 年 5 月 16 日），国家民委办公厅等编《中华人民共和国民族政策法规选编》，中国民航出版社，1997，第 93 页。

三　反地方民族主义与民族工作中的冒进

在中国共产党的民族理论中，两种民族主义中的地方民族主义处于从属地位，从来没有着力进行过批判，然而在两次以打击大汉族主义为重点的民族政策大检查结束之后，一场主要针对地方民族主义的斗争也在民族地区展开。

1957年4月27日，中央发出了《关于整风运动的指示》，决定在全党进行一次以反对主观主义、官僚主义和宗派主义为内容的整风运动，同时在群众中进行社会主义教育运动。由于在整风运动中一些人乘机攻击中国共产党的领导和社会主义制度，6月8日中央发出了《关于组织力量准备反击右派分子进攻的指示》，于是整风运动很快演变为反右派运动。反对地方民族主义是和反右派运动联系在一起的。

1957年9月23日，邓小平在中央八届三次扩大会议的报告中指出："在一切已经基本上实现了生产资料所有制的社会主义改造的少数民族地区和少数民族人口中，应该同样进行社会主义教育，并且适当地进行反右派斗争。在少数民族中的社会主义教育和反右派斗争，除了同汉族地区相同的内容以外，还应该着重反对民族主义倾向。……在少数民族干部和上层人士中，应该指出，地方民族主义倾向和大汉族主义倾向，同样是资产阶级的反社会主义的倾向，对于社会主义祖国的各民族的团结统一同样有危险。过去我们强调反对汉族干部中的大汉族主义倾向，这是完全必要的，今后也仍然要继续坚决反对大汉族主义。但是目前在少数民族干部中，强调反对地方民族主义倾向，是同样必要的。"①

邓小平的这一指示代表着中央的精神，因为我们从前述毛泽东 1957 年 2 月 27 日《关于正确处理人民内部矛盾的问题》的报告和周恩来 8 月初《关于我国民族政策的几个问题》的讲话中，可以明显地看到他们在批判大汉族主义的同时，同样关注到了地方民族主义问题。

关于地方民族主义或狭隘民族主义的表现，李维汉在《一九五一年十二月二十一日在中央民族事务委员会第二次委员会扩大会议上的报告》中曾讲到，狭隘民族主义残余"其特点是：保守与排外，看不见祖国的伟大和进步事务，看不见本民族的前途，安于现状，故步自封，阻碍自己民族的前进"②。而至 1958 年 2 月 9 日，在全国人大民族委员会举行的第五次扩大会议上，时任国家民委副主任的汪锋在关于在少数民族中进行整风和社会主义教育运动的报告中讲到了地方民族主义的三个突出表现：一是对祖国的分离主义，企图成立独立国，分裂祖国统一；或者成立联邦和自治共和国，逐步达到从祖国大家庭分离出去的目的。二是在民族关系上的孤立主义，反对民族间的团结合作，特别是排斥汉人。三是对党的分裂主义，反对党的统一团结和共产主义原则，企图以民族主义分裂党组织，认为其他民族的党员不能为自己的民族谋幸福，甚至企图成立民族党。③

各地在反对地方民族主义的斗争中也都根据本地实际，揭露

---

① 邓小平：《关于少数民族》，《民族政策文件汇编》第 2 编，人民出版社，1958，第 112 页。
② 李维汉：《有关民族政策的若干问题》，《人民日报》1952 年 8 月 14 日。
③ 全国人民代表大会民族委员会编《第一届至第九届全国人民代表大会民族委员会文件资料汇编（1954—2003）》上，中国民主法制出版社，2008，第 72～73 页。

了地方民族主义的具体表现。比如全国人大代表马木提·尼牙孜讲新疆的地方民族主义表现是："一、他们首先是企图把新疆从伟大的祖国大家庭中分裂出去。他们认为实行民族区域自治政策建立自治地方的形式不能解决新疆的民族问题，他们要求分立而成立'维吾尔斯坦'，或者是'维吾尔共和国'。他们把今天的区域自治说成是为明天建立共和国的准备阶段。他们反对'新疆'这个名称，说'新疆'就是新的殖民地。""二、新疆的资产阶级民族主义者借口新疆维吾尔自治区应该有民族特点，借口实现自治权利和民族化来排斥汉族干部，反对汉族人民到新疆去。""三、他们反对党的领导，破坏党的统一和团结。……他们诬蔑说'党的领导是大汉族主义统治'，'没有党的领导，少数民族自己也能得到解放和建设社会主义'。……"①

　　显然，这时的地方民族主义已与李维汉当时所讲的"特点"有了很大不同，性质也已发生了变化。鉴于存在的问题，各地反地方民族主义的斗争普遍开展起来。1958年6月下旬，新疆维吾尔自治区党委举行了有381名自治区、州、专区和县的党员负责干部参加的扩大会议。会议对新疆党内存在的地方民族主义进行了严肃的斗争，指出，自治区地方民族主义分子向党和社会主义进攻的方面很广泛，涉及的问题很多，在祖国统一、民族团结、人民民主专政、走社会主义道路和党的领导等五个方面表现得特别突出和严重。会议结束前，自治区党委第一书记王恩茂做了总结报告，通过了关于克服地方民族主义的决议和开除党内右派分子党籍的决议。6月27日，《人民日报》发表了王恩茂的总结报告，同时发表了赛福鼎（自治区党委书记）的文章《坚决执行党

_____

① 《只有坚决批判和克服地方民族主义才能彻底完成各民族中的社会主义革命》，《人民日报》1958年2月12日。

的民族政策，彻底克服地方民族主义》。他们在文章中批判了新疆地方民族主义的各种观点，讲到了维护民族团结和反对民族团结的斗争，讲到鉴于地方民族主义已经成为当前的主要危险倾向，所以必须在干部中彻底地进行反对地方民族主义的斗争，在群众中进行反对地方民族主义的教育，提高干部和群众的社会主义觉悟水平。当日，《人民日报》还发表了社论《为什么要反对地方民族主义》，以新疆为例说明了进行反对地方民族主义斗争的必要性和意义。

很显然，就当时存在的问题来讲，开展对于地方民族主义的批判和斗争是完全必要的，不这样不足以维护国家的统一和民族团结，各种民族政策的落实、各民族的共同进步也将无从谈起。但其中有些表现只能说是一般的错误认识或民族情绪，不能称其为民族主义。有的地方举例说："地方民族主义把社会主义的共同道路和社会主义的基本原则、同民族特点对立起来，把民族问题摆在第一位，借口民族特点或情况特殊，反对社会主义，反对必要的社会改革。认为'合作社只适合汉族，不适合少数民族'，'合作化后，民族特点不存在了'，'粮食统购统销破坏了我们民族的风俗习惯，搞掉了我们的民族特点'。"[①] 这就把一般的认识问题不适当地等同于地方民族主义了。

反对地方民族主义斗争一般来讲注意到了政策问题和矛盾的性质问题，注意到了"地方民族主义者"和"有地方民族主义倾向的人"的区别，也认为："地方民族主义者是披着民族外衣的资产阶级右派分子，也就是反对社会主义，反对共产党领导、破坏祖国统一和民族团结的反动分子和不愿接受改造的封建残余分子。

---

① 《不反对地方民族主义，就无法建设社会主义》，《人民日报》1958 年 2 月 13 日。

这种人主要是资产阶级、资产阶级知识分子和其他剥削阶级分子里头的一部分。他们在各民族中和在他们所属的阶级阶层中，都是极少数。他们同我们的矛盾是敌我矛盾。……有地方民族主义倾向的人，和地方民族主义分子是不同的，这种人在关于社会主义制度、共产党领导、祖国统一和民族团结等问题上虽然也有一些错误的思想和言论，有的并且或多或少地同情和接受了民族主义分子的一些观点，但是，他们一般是可以接受共产党的领导和拥护社会主义制度，并且可以是拥护祖国统一和民族团结的。……他们同我们的矛盾是人民内部的矛盾。"① 然而与在全国其他地方反对右派斗争的情况一样，民族地区将许多只有"地方民族主义倾向的人"作为"地方民族主义分子"划入敌我矛盾斗争之中了，也和其他地区的反右派斗争一样，将打击对象严重扩大化了。有些少数民族干部，在整风运动中虽然说过一些错话，除少数别有用心者之外，绝大多数出于偏激的民族感情，属于认识问题，将其作为敌我矛盾处理是非常错误的。

大规模的反对地方民族主义斗争随着全国性的反右斗争的结束也便结束了，然而在其后的一段时间内，一些民族地区出现问题仍然会和地方民族主义联系起来，这给当地民族工作和民族团结带来了严重损害。

反对地方民族主义的扩大化错误，在"文化大革命"后明确得到纠正。1979年10月14日中共中央转发了中央统战部《关于地方民族主义分子摘帽问题的请示》。根据这个请示，凡是在反地方民族主义运动中被划为"地方民族主义分子"的，不论是按照敌我矛盾处理的还是按照人民内部矛盾对待的，全部摘掉了"地

---

① 《是社会主义，还是民族主义》，《人民日报》1958年3月2、3日。

方民族主义分子”的帽子；对确实划错了的，也以是否反对社会主义、反对共产党领导、破坏祖国统一和民族团结为标准加以改正。

与反对地方民族主义斗争相联系的是，在全国“大跃进”和人民公社化的潮流中，民族地区也出现了盲目“跃进”。

1958 年，违背发展规律的“大跃进”和人民公社化运动一经出现，除西藏以外的所有民族地区都卷入这一浪潮之中。从 1958 年 9 月到年底，各民族地区建立起了人民公社，甚至有些尚未完成民主改革，或虽已完成民主改革，但刚刚组建初级合作社甚至互助组的少数民族农牧区，也在“跑步进入共产主义”的口号下，“一步登天”地实现了“公社化”。1957 年末，全国牧区入社的户数占牧区总户数的比重，内蒙古、新疆和青海分别为 27%、38% 和 18%，而发展慢的甘肃和四川分别只有 3% 和 0.2%，但是到了 1958 年底，除西藏外，无论在牧区还是在半农半牧区全部成立了人民公社。① 与此相应，在生产上搞瞎指挥，高指标，大刮“浮夸风”和“共产风”。1958 年 9 月下旬中央统战部在广西壮族自治区的三江侗族自治县召开民族工作现场观摩会，会议介绍了三江“大跃进”的形势，说上半年早稻亩产已达 1021 斤，计划全年亩产 2 万斤，总产比 1957 年增长 33 倍以上，并计划到 1960 年人均粮食为 2.5 万斤。②《人民日报》介绍经验说：三江是一个“山高水冷”的贫瘠山区，原本很落后。自进行了整风和社会主义大辩论，取得了反右和批判地方民族主义的伟大胜利后，迅速提高了各民族人民的社会主义觉悟，打掉了各种各样的“特殊论”和

---

① 黄光学主编《当代中国的民族工作》下，当代中国出版社，1993，第 79 页。
② 《当代中国的民族工作》编辑部：《当代中国民族工作大事记（1949—1988）》，民族出版社，1989，第 123 页。

"落后论"。他们在"改变山区,赛过平原"的口号下,全县人民一齐动员起来,战胜了穷山恶水,终于获得了早稻大丰收。"产量比去年增加九倍多",成为全国少数民族地区的第一个早稻千斤县,从严重的缺粮县一跃而为余粮县。与此同时,这个县还"建立了大小工厂四千多个,比大跃进前猛增六百多倍"。"三江在短短的时期内,取得这样显著的成就,有力地说明了一个事实:少数民族地区完全可能同全国其他地区一样,高速度地进行社会主义建设。"①

牧区也和农区一样,也实行"一大二公"的管理体制,刮起"一平二调"的"共产风",在畜牧业生产上放弃"以牧为主"的方针,采取了以农挤牧的政策。一些地方提出牧区以"开荒为纲",要将牧区变为粮食基地。一些地方则规定了牧业县和半农半牧县每年要完成的巨额粮食征购任务,致使牧区大片草地被开垦。1958~1960年青海省共开垦牧区草场570万亩,其中有210多万亩因全无收成而弃耕,造成了粮、畜俱败。内蒙古仅1960年在呼伦贝尔盟新建和扩建的18个国营农牧场,即开垦草原239万亩,其中不宜耕种的39万亩,影响牧业生产较大的184万亩,引起了严重的农牧矛盾和民族矛盾。内蒙古牧区掀起三次草原大开荒,开垦的草原面积共达3700多万亩,沙化、退化的草原面积累计4亿多亩,占全区草原总面积的1/3。与此相关,从1958年到1960年,大部分牧区牲畜锐减。新疆牲畜头数平均每年递减1.8%,青海平均每年递减14.7%,甘肃平均每年递减5.5%,四川平均每年递减4.2%。②

1958年12月,中央统战部召开了第十一次全国统战工作会

---

① 《少数民族在高速度前进》,《人民日报》社论1958年10月18日。
② 黄光学主编《当代中国的民族工作》下,当代中国出版社,1993,第79、80页。

议。会议尽管是为贯彻中央八届六中全会精神，力图在统战、民族、宗教领域纠正"左"的倾向，但仍然不切实际地提出要"加速少数民族地区的社会主义建设，争取在今后十五年、二十年或者更长一点时间，使少数民族能够在经济和文化方面先后赶上或接近汉民族的发展水平，共同建成社会主义"。基于这种认识，忽视民族特点和地区特点，取消行之有效的优惠政策，照搬汉族地区经验的"一刀切"现象在民族地区仍然在严重泛滥。①

反对"大汉族主义"和"地方民族主义"都是中国共产党领导的民族工作的重要内容，为改善民族关系、促进民族团结创造了良好的社会环境，然而也留下了深刻的教训。鉴于这种教训，改革开放以后，民族工作领域逐渐淡化了这个提法。1987 年 1 月 23 日，中央统战部、国家民委在给中央关于民族工作几个重要问题的报告中也说："现在，我国各民族的关系基本上是劳动人民之间的关系，对于民族关系方面发生的问题，应当采取说服教育，民主协商、积极疏导的方法加以解决。大汉族主义和地方民族主义是客观存在的，在《宪法》和《民族区域自治法》中，写了既要反对大汉族主义，也要反对地方民族主义。我们要大力宣传和树立无产阶级的民族观，注意克服资产阶级的民族观，按照法律和党纪、政纪办事。总结历史的经验，在处理这类问题时，必须慎重从事，从有利民族团结出发，有什么问题就解决什么问题，不要轻率地扣这个帽子或那个帽子。"② 中央同意并批转了这个报告。

和民主革命时期相比，新中国成立后对两种民族主义的理论

---

① 黄光学主编《当代中国的民族工作》上，当代中国出版社，1993，第 131 页。
② 《中共中央统战部、国家民委关于民族工作几个重要问题的报告》，国家民委办公厅等编《中华人民共和国民族政策法规选编》，中国民航出版社，1997，第 53 页。

阐述明显多了，能够反映这一阶段认识水平的仍是李维汉 1961 年 9 月写的《关于民族工作中的几个问题》一文，其中有一部分专门谈"反对大汉族主义和地方民族主义"。文章从 8 个方面阐述了他的观点：

（一）首先从马克思主义关于民族主义的基本观点出发，确定民族主义和国际主义（或共产主义）是根本对立的，不能相容的。但也承认资产阶级民族主义有其一定历史条件下的进步性。

（二）我国已进入社会主义阶段，在国内民族关系上，资产阶级或者任何其他剥削阶级的民族主义，不论是表现为大汉族主义或者地方民族主义，都只能危害我国各民族的团结，从而危害社会主义和共产主义事业，绝不能起任何积极作用。我们必须坚持国际主义——共产主义，反对民族主义，既要反对大汉族主义，也要反对地方民族主义。

（三）大汉族主义思想，原来是汉族地主阶级和资产阶级在民族关系上表现出来的反动思想。解放以后，由于民族压迫制度已经根本废除，大汉族主义跟着丧失了统治地位。但是这种反动思想仍然残存于一部分同志和人们的头脑中，妨碍民族之间的团结，妨碍汉族的同志以正确的态度去对待少数民族，帮助少数民族进步和发展。

（四）地方民族主义，是少数民族剥削阶级的反动思想在民族关系上的反映。有这种思想倾向的人，对加强祖国统一和各民族间的团结合作，常常抱消极态度。他们看不见各民族共同建设社会主义祖国大家庭的伟大意义和本民族的前途，固步自封，保守落后，阻碍本民族的发展和各民族的团结。

少数地方民族主义分子，为害更加严重。

（五）现在在我们国家，剥削阶级分子和剥削阶级的思想影响仍然存在，历史上长期形成的民族隔阂也仍然或多或少地存在，民族间的差别更将在很长的时期内存在下去。所以无论是大汉族主义思想的残余，或者是地方民族主义思想的残余，都还需要很长的时间才能完全肃清；而且在一定的条件下，在某些地区和一部分同志中，还有滋长以至突出起来的可能。因此，我们必须继续对这两种思想倾向进行斗争。汉族在我国居于主体民族的地位，在各民族的平等、团结、友爱、互助的关系中，汉族人民尤其是汉族干部负有主要责任。因此，汉族的同志尤其要提起高度的自觉，随时警惕和检查自己，克服和防止大汉族主义。少数民族的同志则要注意防止和克服地方民族主义。

（六）在进行反对民族主义斗争的时候，我们必须采取具体分析和实事求是的态度。首先要分清是非界限，不应当把正当的民族感情和要求，看作民族主义。其次，要分清错误的性质，不应当把汉族干部和民族干部的任何错误都看成是民族主义性质的错误。对属于民族主义性质的错误，也要分别轻重。最后，要分清人民内部矛盾和敌我矛盾。一般说来，不论是对待大汉族主义残余或者是对待地方民族主义残余，都是一种人民内部矛盾。都应当用团结——批评——团结的方法、说服教育的方法去解决。只有那些发展成为反对共产党领导和社会主义制度、破坏祖国统一的少数分子，才是敌我矛盾。对于这种敌我矛盾，除了发动叛乱和进行反革命活动的分子，必须加以镇压以外，其他可以当作人民内部矛盾处理的，要尽量采用处理人民内部矛盾的方法去解决。

（七）我们应当怎样防止犯民族主义错误呢？一般地说来，就是要严格地遵守毛主席提出的六项政治标准。分别地说，汉族的同志必须特别注意：1、坚持民族平等，坚持宪法特别赋予少数民族人民的自治权利和民主自由；2、坚持照顾各少数民族和民族地区的特点；3、坚持党的民族政策。对此必须一心一意，绝不可采取两条心或半条心的态度。如果违反了这三条，就要犯大汉族主义的错误。少数民族的同志则必须特别坚守：1、只有一个祖国，即中华人民共和国；2、只有一条道路，即社会主义和共产主义；3、只有一个领导核心，即中国工人阶级统一的先锋队——中国共产党。对此必须一心一意，绝不可采取两条心或半条心的态度。如果违反了这三条，就要犯地方民族主义的错误。

（八）反对民族主义，是一个长期的斗争和教育的过程，必须有破有立。一方面，是批评和自我批评。要及时地严肃地处理发生的问题，不使错误得到滋长，由小错误变成大错误，并使干部从中受到教育。另一方面，要进行正面教育。要用具体的事实教育干部和人民；特别必须在党内和在各民族干部和人民群众中广泛地系统地进行社会主义、共产主义和爱国主义相结合的教育，进行马克思列宁主义民族观的教育，不断地提高各民族党员、干部和人民群众的觉悟程度。①

显然，这些认识更多是对当时反对两种民族主义的经验总结，包括政策原则，理论探讨并未深入展开，加之后来实践上更多的失误，这就难怪改革开放以后两种民族主义的提法逐渐淡化了。

① 李维汉：《关于民族工作中的几个问题》，李维汉：《统一战线问题与民族问题》，人民出版社，1981，第541~546页。

然而，两种民族主义提法的淡出，并不等于相应现象的消失，相反，在改革开放逐步深入，各民族意识普遍增强的条件下，原被归入大汉族主义和地方民族主义的各种现象都有故态复萌之势。所以，中国共产党对两种民族主义问题重新频繁发出警示。

2014 年 9 月中央民族工作会议明确提出，加强民族团结，要坚决反对大汉族主义和狭隘民族主义；大汉族主义要不得，狭隘民族主义也要不得，它们都是民族团结的大敌。大汉族主义错误发展下去，往往容易产生民族歧视；狭隘民族主义错误发展下去，往往容易产生民族分裂倾向。① 随后出台的《中共中央国务院关于加强和改进新形势下民族工作的意见》也将坚持各民族一律平等，"必须确保各民族享受和履行平等的权利和义务，禁止对任何民族的歧视，反对大民族主义主要是大汉族主义，反对狭隘民族主义"，明确作为坚持中国特色解决民族问题正确道路的基本要求之一。这对维护良好的民族关系，做好民族工作是十分必要的。

---

① 国家民委编《中央民族工作会议精神学习辅导读本》，民族出版社，2015，第 127~128 页。

第十二章　中国近代以来的
三种民族国家设想

　　建立民族国家是中国近代以来各种政治力量的共同追求。单一的汉族国家、各民族同化为一的国家和复合型的多元一体国家是近代以来中国的三种民族国家设想。这些设想的提出及实践基本呈现的是一种顺序递进的关系，反映了中国人在构建自己民族国家认识上的不断深化。就民族国家的"民族"而言，两个层次、"多元一体"是一种普遍存在。试图将两个层次的民族单一化或同一化是失败的构想；而在保留"多元"的前提下打造国家民族"一体化"才是合乎规律的追求。在民族国家建设问题上，中国共产党确立的复合型多元一体结构是对同质化的超越，也是对民族主义错误理想的矫正。

　　在近代以来中国出现的各种思潮和意识形态中，民族主义无疑是为各种政治力量最能接受的一种。民族主义的核心原则是"一个民族，一个国家"。1903 年发表在《浙江潮》上的一篇文章讲："合同种异异种，以建一民族的国家，是曰民族主义。""惟民族的国家，乃能发挥其本族之特征；惟民族的国家，乃能合其权以为权，合其志以为志，合其力以为力，盖国与种相剂者也。"[①] 这是一

---

① 余一：《民族主义论》，《浙江潮》1903 年第 1、2 期，张枏、王忍之编《辛亥革命前十年间时论选集》第 1 卷，三联书店，1960，第 486、487 页。

个十分恰当的定义和解说。因此，建立民族国家也是中国近代以来各种政治力量的共同追求。但由于民族主义本身不是一个独立的意识形态，于是当它依附其他意识形态以后，它的"一族一国"原则也便随之产生了不同的具体设想。大致来看，近代以来的中国有着三种民族国家设想①：单一的汉族国家、各民族同化为一的国家和复合型的多元一体国家。这三种国家设想的提出基本上呈现了一种顺序递进的关系，反映了中国人在构建自己民族国家认识上的不断深化。

一　单一汉族的民族国家设想

作为近代民族主义的产物，"排满兴汉"、建立纯粹的汉民族国家是以孙中山为首的革命党早期追求的目标。革命党人明确将汉族作为"中国民族"或"中国人"的同义词，一再声称，"中国，是汉族的中国"；孙中山将其民族主义的政治纲领确定为"驱除鞑虏，恢复中华"。他也曾解释说："民族主义，并非是遇着不同种族的人，便要排斥他；是不许那不同族的人，来夺我民族的政权。因为我汉人有政权才是有国，假如政权被不同族的人所把持，那就虽是有国，却已经不是我们汉人的国了。我们想一想，现在国在那里？政权在那里？我们已经成了亡国之民了！"又说："惟是兄弟曾听见人说，民族革命，是要尽灭满洲民族。这话大错。民族革命的原故，是不甘心满洲人灭我的国，主我们的政，

① 一般来讲，民族国家有两个层面的内容：一是政治层面的，体现了近代民主政治的一般原则和形式；二是国民层面的，体现了"一体性"或"同一化"的民族构成追求。本书所论的民族国家构想和模式，是就国民的民族构成上讲的。

定要扑灭他的政府，光复我们民族的国家。"① 章太炎明确将革命
等同于"排满兴汉"，他在《革命道德说》中讲："吾所谓革命
者，非革命也，曰光复也，光复中国之种族也，光复中国之州郡
也，光复中国之政权也。"② 他曾批评康有为的"满汉一家"的言
论说："然则今日固为民族主义之时代，而可混淆满汉以同薰莸于
一器哉？"③

　　这里"排满兴汉"、"光复"汉族国家，有着明显的极端性和
非理性，也因此在后世的研究中有人将此种言论和行为视为革命
党的斗争策略，即以此来唤起占人口绝大多数的汉人的斗争觉悟，
以实现推翻清朝专制统治的目的。但即便如此，这些言论仍然可
称中国近代史上建立中国民族国家的第一种设想，搭建了单一民
族国家的模式。这一设想无疑在动员汉人起来革命方面起了很大
促进作用，但它的提出以及伴随其中的对满人及其他少数民族的
贬抑和歧视则成为后来贻害国家统一和民族团结的"大汉族主义"
的渊薮。

　　在革命党提出单一汉族国家奋斗目标之时，维新派则针锋相
对地提出了"满汉一体"的主张。1898 年康有为在其《请君民合
治满汉不分折》中开文即讲："奏为请君民合治，满汉不分以定国
是而一人心、强中国。"④ 同为维新派的叶恩在其《上振贝子书》
中也称："今日列强并立，无不以民族帝国主义为方针，故其国民

①　孙中山：《三民主义与中国前途》，《中国历代哲学文选·清代近代编》下册，
　　中华书局，1963，第 421~422 页。
②　章太炎：《革命道德说》，《中国历代哲学文选·清代近代编》下册，中华书局，
　　1963，第 372 页。
③　章太炎：《驳康有为论革命书》，《中国历代哲学文选·清代近代编》下册，中
　　华书局，1963，第 381 页。
④　康有为：《请君民合治满汉不分折》，中国史学会主编《中国近代史资料丛
　　刊——戊戌变法（二）》，上海人民出版社，1957，第 237 页。

团合，视国家为一体，兢兢焉万国争强。今满汉也，皆黄种也，同一民族也，同一民族则宜团为一体，不宜歧视。"① 今天看来，这些思想显然比革命党要明智得多、开明得多，但它尚不是与革命党主张并列的民族国家设想。因为维新派是"保皇党"，他们的主张是对旧的封建体制的修补，而不是对新的国家制度的规划。

单一民族国家的主张与革命党不成熟的国家观有关，也与对"民族"的狭隘理解有关。西方民族主义理论在传入中国的同时，也将其民族理论上的歧义带进了中国。但受中国传统族类观的影响，20世纪初中国知识界对"民族"的理解主要是文化和血统上的。当时还是激进革命党人的汪精卫对民族概念的表述是："民族云者，人种学上之用语也……民族者同气类之继续的人类团体也。""一同血系（此最要件，然因移住婚姻，略减其例），二同语言文字，三同住所（自然之地域），四同习惯，五同宗教（近世宗教信仰自由，略减其例），六同精神体质。"② 至20年代初孙中山进一步讲"民族"由血统、生活、语言、宗教和风俗习惯这五种"自然力"所构成，③ 与汪精卫的表述大同小异。就连维新派领袖梁启超对"民族"的理解也是"同种族、同言语、同宗教、同习俗之人，相貌如同胞"④。这些解释都把民族做种族性理解。正是因为这种民族概念的主导，革命党人在遵循"一族一国"民族主义原则时，自然要将"一族"限定为单一的汉族了。

---

① 叶恩：《上振贝子书》，《新民丛报》第15号，张枬、王忍之编《辛亥革命前十年间时论选集》第1卷，三联书店，1960，第209页。
② 汪精卫：《民族的国民》，张枬、王忍之编《辛亥革命前十年间时论选集》第2卷，三联书店，1960，第83页。
③ 孙中山：《三民主义》，岳麓书社，2000，第4页。
④ 梁启超：《新民说》，原刊1902年2月8日《新民丛报》第1号，夏晓虹编《梁启超文选》（上），中国广播电视出版社，1992，第106页。

二　多民族同化为一的国家设想

中国的多民族国情决定了中国即汉族国家的荒谬，决定了辛亥革命后掌握了政权的革命党人必须要团结各民族共建国家，于是就有了孙中山民族思想的转变。1912 年 1 月，辛亥革命一完成，孙中山便在其《临时大总统就职宣言》中讲："国家之本，在于人民。合汉、满、蒙、回、藏诸地为一国，如合汉、满、蒙、回、藏为一人，——是曰民族之统一。武昌首义，十数行省先后独立。所谓独立，对于清廷为脱离，对于各省为联合，蒙古、西藏意亦同此。行动既一，决无歧趋，机枢成于中央，斯经纬周于四至，——曰领土之统一。"[①] 其后不久孙中山又多次谈道："五族国民，固同一血统，同一枝派，同是父子兄弟之俦"，"合汉、满、蒙、回、藏五族国民，合一炉以冶之，成为一大民族；即合汉、满、蒙、回、藏五族豪杰之才识知能，成为一大政党"，"五族国民果能终成一大民族，一大政党，并此汉、满、蒙、回、藏之名词且将消弭而浑化之"[②]。这些言论所表达的思想，时人统称为"五族共和"[③]。

[①]　孙中山：《临时大总统就职宣言》，中国第二历史档案馆编《中华民国史档案资料汇编》第 2 辑，江苏人民出版社，1981，第 1 页。

[②]　孙中山：《五族国民合进会启》，黄彦、李伯新编《孙中山藏档选编》，中华书局，1986，第 400 页。

[③]　"五族共和"思想此时虽然得到孙中山的提倡，但并不是他的发明，因为早在辛亥革命发生之前，就有"合五族为一家""五族大同"的学说和口号。如杨度 1907 年在其《金铁主义说》的长文中就认为："以今日中国国家论之，其土地乃合二十一行省、蒙古、回部、西藏而为其土地，其人民乃合满、汉、蒙、回、藏五族而为其人民"，"汉、满、蒙、回、藏之土地不可失其一部，汉、满、蒙、回、藏之人民不可失其一种，必使土地如故，人民如故，统治权如故"。杨度：《金铁主义说》，刘晴波主编《杨度集》，湖南人民出版社，1986，第 280、304 页。

"五族共和"的提倡使孙中山民族国家构想中的"民族"内涵扩展到了全体中国国民，而不是他此前所认定的"汉族"，表现了孙中山顺应国情和执政后所应具有的立场。与"五族共和"思想相对应，1912年3月11日颁布的《中华民国临时约法》在中国历史上首次以准宪法的形式对民族平等原则做了宣示："中华民国，由中华人组织之。……中华民国人民，一律平等，无种族阶级宗教之区别。"① 这是一种巨大的历史进步。

由于"五族共和"既有的进步性和包容性，很快得到了包括汉族和少数民族在内的各民族的广泛认可，一时间，"合五大民族同心同德以开大业""化五大族为一家"② 等言说充斥于各民族各阶层人士之口和媒体之中。

然而孙中山的"五族共和"思想后来又被自己否定了。1919年他在其《三民主义》一文中把"五族共和"称为由"无知妄作者"所创，认为这一学说得到了"官僚"的"附和"，因而必须抛弃。③

孙中山在否定"五族共和"的同时提出了自己的"国族"理论。他认为，在中国"民族就是国族"，"民族主义就是国族主义"。"因为中国自秦汉而后，都是一个民族造成一个国家。"现今"就中国的民族说，总数是四万万人，当中参杂的不过是几百万蒙古人，百多万满洲人，几百万西藏人，百几十万回教之突厥人，外来的总数不过一千万人。所以就大多数说，四万万中国人，可以说完全是汉人。同一血统，同一言语文字，同一宗教，同一

---

① 《中华民国临时约法》，中国第二历史档案馆编《中华民国史档案资料汇编》第2辑，江苏人民出版社，1981，第106页。

② 中国国民党中央委员会党史史料编纂委员会编《临时公报》辛亥年十二月诸条，1983。

③ 孙中山：《三民主义》，岳麓书社，2000，第240页。

习惯，完全是一个民族"。① 但这种对中国多民族状况的视而不见毕竟掩盖不了汉族之外多民族的存在，所以，孙中山一方面说中国的四万万人都是一个民族，另一方面又强调"务使满、蒙、回、藏同化于我汉族"。他极力推崇美国的民族同化模式，说："试看彼美国在今日号称世界最强最富底民族国家，他底民族结合，有黑种，有白种，几不下数十百种，为世界中民族最多底集合体。自美国国家成立，有英国人、荷兰人、德国人、法国人，参加入他底组织中。美国全部人口一万万，德国人种在美国的约有二千万，实占他底人口总数五分之一；其他英、荷、法各种人在美国的数亦不少。何以美国不称英、荷、法、德、美，而称美利坚呢？要知美利坚底新民族，乃合英、荷、法、德种人同化于美而成底名词，亦适成其为美利坚民族，为美利坚民族，乃有今日光华灿烂底美国。看看民族底作用伟大不伟大。美国底民族主义，乃积极底民族主义。本党应以美国为榜样。今日我们讲民族主义，不能笼统讲五族，应该讲汉族底民族主义。……即拿汉族来做个中心，使之同化于我，并且为其他民族加入我们组织建国底机会。仿美利坚民族底规模，将汉族改为中华民族，组成一个完全底民族国家，与美国同为东西半球二大民族主义的国家。"②

显然，孙中山这里的设想不再是把"鞑虏"驱逐出中国，而是要把非汉族的少数民族同化于汉族之中，建立的是一个虽包括"满、蒙、回、藏"，但实质仍是汉族的国家。

至于建造"国族"的具体措施，孙中山提出了一个从"家族"到"宗族"，再到"国族"的设想。他认为中国人的家族和

---

① 孙中山：《三民主义》，岳麓书社，2000，第 3、5 页。
② 孙中山：《三民主义》，岳麓书社，2000，第 261 页。

宗族观念是很深的。"中国国民和国家结构的关系，先有家族，再推到宗族，再然后才是国族。"这种组织被一级一级地放大，有条不紊地结合起来，"便可以成一个极大中华民国的国族团体。有了国族团体，还怕甚么外患，还怕不能兴邦吗"。①

孙中山的设想看似具体，实际上是一种空想，因为他把"国族"当成社会组织来构建了。1924 年孙中山在《中国国民党第一次全国代表大会宣言》中提出要建立"自由统一的（各民族自由联合的）中华民国"。而这个国家建设又是与他将中国各民族"融合"为一个中华民族的构想相一致的。因为同是在这个国民党"一大"上，也通过了由孙中山起草的《国民政府建国大纲》。根据这个大纲，中华民国实现完全的民主政治要经过"军政"、"训政"和"宪政"三大阶段。而中国各民族在该构想中三个阶段的状态分别是："军政"时期为帝国主义势力所压迫，"五族"之地有别、"五族有别"；"训政"时期，随着县、省制的设置，民族平等的发展，各民族逐渐接近、混合；"宪政"时期即形成单一的中华民族"国族"，成为统一的民族国家。② 至此，不但中国完成了民主政治的建设，也完成了民族建设，孙中山基于民族主义原则的民族国家臻于形成。

以蒋介石为首的国民党全盘接受了孙中山的民族国家构想。1929 年国民党在击败北洋军阀、执掌了全国政权后即在其第三次全国代表大会上宣称："今幸军阀之恶势力已被摧毁，中国境内之民族，应以互相亲爱、一致团结于三民主义之下，为达到完全排除外来帝国主义目的之唯一途径。诚以本党之三民主义，于民族

---

① 孙中山：《三民主义》，岳麓书社，2000，第 53~55 页。
② 参见〔日〕松本真澄《中国民族政策之研究——以清末至 1945 年的"民族论"为中心》，鲁忠慧译，民族出版社，2003，第 115~121 页。

主义上，乃求汉、满、蒙、回、藏人民密切的团结，成一强固有
力之国族……"①

国民党的民族政策明确贯穿了以同化为途径的"国族"构建
原则。1941 年 4 月国民政府内政部拟具了《民族政策初稿》。这
个文件在一般原则上规定了中国境内各民族一律平等，但在其后
的 11 项实施办法中却体现出推进民族"混合"和同化的精神。提
出要"树立中华民族一元论理论基础"等②。

关于如何理解中国"国族"的内容，蒋介石对孙中山的理论
做了另样的发挥。1942 年他在西宁的一次演讲中说："各位须知：
我们中华民国，是由整个中华民族所建立的，而我们中华民族乃
是联合我们汉、满、蒙、回、藏五个宗族组成一个整体的总名词。
我说我们是五个宗族而不是五个民族，就是说我们都是构成中华
民族的分子，像兄弟组成家庭一样。《诗经》上说：'本支百世'，
又说'岂伊异人，昆弟甥舅'，最足以说明我们中华民族各单位融
合一体的性质和关系。我们集许多家族而成为宗族，更由宗族合
成为整个中华民族。国父孙先生说：'结合四万万人为一个坚固的
民族。'所以我们只有一个中华民族，而其中单位最确当的名称，
实在应称为宗族。"③ 1943 年 3 月 30 日，蒋介石出版了他的《中
国之命运》一书。该书对上述论点又做了更充分的阐述，重申：
"就民族成长的历史来说，我们中华民族是多数宗族融合而成的。

---

① 荣孟源等：《中国国民党历次代表大会及中央全会资料》上，光明日报出版社，
1985，第 646 页。
② 中国第二历史档案馆藏：12 全宗（2）1431 卷，转自马玉华《国民政府对西南
少数民族调查之研究》，云南人民出版社，2006，第 122 页。
③ 蒋介石：《中华民族整个共同的责任》（1942 年 8 月 27 日），《蒋总统集》第 2
册，国防研究院、中华大典编印会，1961，第 1422 页。

这多数的宗族本是一个种族和一个体系的分支。"①

蒋介石在这里对"中华民族"的解说与孙中山的不同之处有两点,一是关于"宗族"。孙中山的"宗族"是与延续至今的含义一致的。而蒋介石所称的"宗族"明确是指国内的各"民族"。之所以不称"民族"是为了与"中华民族"有所区别。这是与当时国内学界"中华民族是一个"的宣传以及区别使用民族概念的倾向相对应的。二是关于国内各民族与"中华民族"的关系。孙中山基本是将满、蒙、回、藏等少数民族视为有待同化的成分,将以汉族为中心的"中华民族"视为有待形成的"国族";而蒋介石则将中华民族视为已经存在的国族,包括汉族在内的各民族(宗族)原本就是一个经过融合而成的实体,相互之间都是同源异流的关系,而用"宗族"来称呼显然又为各民族的关系增添了"血浓于水"的意味。

由于蒋介石的国民政府"领袖"身份,他对中华民族(国族)的解说产生了很大影响,尤其是《中国之命运》出版以后,国民党动用政府力量大力推介宣传,一时间中华民族"同源一体论"广为流行。

不论是为"光复"汉族政权的建国论,还是以汉族为中心同化其他民族共为一体的建国论,都是对民族主义民族国家"一族一国"原则的严格恪守。但两者在实践中均化为泡影。革命党排斥异己、汉族独掌天下的理论一进入民族国家构建实践便无从立身。而从晚年孙中山到蒋介石一脉相承的"国族"理论,由于脱离多民族的国情实际,忽视中国各民族应有的平等权利,尤其是不承认少数民族的"民族"地位,从一开始便遭到强烈抵制,而

---

① 蒋中正:《中国之命运》,中正书局,1946,第 2 页。

随着国民党政权的倒台，这一理论及其构建实践也便退出历史舞台了。

三　复合型的多元一体国家设想

虽然民族主义属于资产阶级民族观，但在马克思主义看来，民族国家是一种进步的国家形态。马克思、恩格斯、列宁和斯大林都对民族国家的形成、发展和意义有过大量的论述。他们认为："民族国家对于整个西欧，甚至对于整个文明世界，都是资本主义时期典型的正常的国家形式。"从民族关系方面来看，民族国家无疑是保证资本主义发展的最好的条件。[①] 所以，以马克思主义为指导的中国共产党明确将民族国家作为自己的政治追求。毛泽东在论述他的新民主主义论时谈道："我们共产党人，多年以来，不但为中国的政治革命和经济革命而奋斗，而且为中国的文化革命而奋斗；一切这些的目的，在于建设一个中华民族的新社会和新国家。"[②] 毛泽东还讲中国在抗战以后应建立一个"民主共和国"，"这个国家是一个民族主义的国家"。[③] 他也曾明确讲中国"是一个伟大的民族国家"。[④] 设想把中国建设成为一个民族国家，这是与以孙中山和蒋介石为首的国民党一致的，但在建立什么样的民族国家问题上，中国共产党与他们有质的不同。

---

① 列宁：《论民族自决权》（1914 年 2~5 月），《列宁全集》第 25 卷，人民出版社，1988，第 225、228 页。

② 毛泽东：《新民主主义论》，《毛泽东选集》第 2 卷，人民出版社，1991，第663 页。

③ 毛泽东：《论新阶段》，中国人民解放军军事科学院编《毛泽东军事文选》，中国人民解放军战士出版社，1981，第 189 页。

④ 毛泽东：《中国革命和中国共产党》，《毛泽东选集》第 2 卷，人民出版社，1991，第 623 页。

1922 年，中国共产党首次提出的国家建构设想是：首先，"统一中国本部（包括东三省）为真正民主共和国"，"蒙古、西藏、回疆三部实行自治，为民主自治邦"。然后，"在自由联邦制原则上，联合蒙古、西藏、回疆，建立中华联邦共和国"。① 这个以联邦制为框架的设想一直延续到中华人民共和国成立前夕，最终确立为以民族区域自治为补充的单一制的人民共和国。维系中国共产党这种政治设想的是马克思主义的民族平等原则。根据这种原则，每一个民族，不论大小和发展状况如何都有自己平等的政治权利。因此，中国应该建构国家层面的民族，也应该保证国内各民族存在和发展。

基于这一点，中国共产党对以"同化"为目标的孙中山和蒋介石的"国族"理论始终给予强烈的批评；也基于此，中国共产党历史文献在讲到"中华民族"时最终将其放在中国各民族总称的位置，② 与国民党有意无意把它当成汉族的同义语有着明显的区别。

随着新民主主义革命的胜利和中华人民共和国的成立，中国共产党设想的国家建构成为现实。但《中华人民共和国宪法》明确规定："中华人民共和国是全国各族人民共同缔造的多民族国家。"由此，有学者证明中国已经不是"民族国家"。但我们应该明了的是，中文"多民族国家"中的"民族"和"民族国家"中的"民族"虽是同一个词，却不是一个概念。用大家都知道的英文表达，"多民族国家"中的"民族"为"ethnic groups"或

① 《中共二大关于国际帝国主义与中国和中国共产党的决议案》，中共中央统战部编《民族问题文献汇编》，中共中央党校出版社，1991，第 8 页。
② 当然，由于历史的原因，这种状况是从抗日战争以后逐渐明确起来的，之前，中国共产党文献也有将"中华民族"和"汉族"混同的现象。

"nationalities"，指国内的各民族；而"民族国家"中的"民族"则是"nation"，即国家层面的民族，或国族。能不能称为"民族国家"看的是这个国家有没有这样一个"nation"，并不在于它有多少"ethnic groups"或"nationalities"。我们现在讲中国是一个民族国家，主要依据的也就是我们有一个国家层面的民族或国族，这就是中华民族。

"中华民族"是中国各民族或国民的总称，但也有一定的实体性。这个实体性表现在政治上，表现在文化上，也表现在情感上。中华民族经历了数千年的"自在"过程，而自鸦片战争以来便进入"自觉"状态，这已广为人知。"中华民族"这一概念自 20 世纪初出现以来，其含义经历了从汉族到中国各民族总称或中国国民的演变，也经历了各族人民对这一称呼及其所应具有的族体内涵的认同过程。至今，以中华民族为主体的民族意识已经确立并不断得到巩固，以中华民族复兴或振兴为目标的"中国梦"正成为全体中国人的共同追求。正是有了这样一个"中华民族"，我们才称自己是一个民族国家。而民族国家又是当今合法的国际政治实体，是能够成为最大的国际组织——联合国成员的一种资格。因为联合国（united nations）正是由这样的民族国家（nation states）所组成的。

在中华民族之下还有国内各民族的存在，这是不符合传统民族国家标准的。因为在民族主义理想中，民族国家就是纯粹一个民族的国家，而如果不是这样的国家，要么通过民族清洗或驱逐，排除异己；要么实现同化政策，从文化和血缘上消融异己。民族的同质化是其终极目标。这也正是在民族国家历史上民族驱逐、清洗甚至屠杀政策总是与之相伴而行，同化政策总是大行其道的原因。近代中国民族国家的前两种设想，革命党的单一汉族国家伴随的是对"鞑虏"的驱逐，国民党的同化为一民族国家伴随的又是民族同化，恰好印证了这种规律性现象。然而历史证明了同质化民族国家道路行不通。

设想于民主革命时期，形成于社会主义时期的现代中国民族结构，以马克思主义为指导，扎根于中国多民族的国情实际，既承认和努力建设国家层面的民族，又承认国内各民族的平等存在，用多民族的团结进步和共同繁荣支撑国家民族的建设和发展，是中国多元一体民族结构在新的历史条件下的巩固和延续。中华民族是一种"复合型民族"。这种"民族"由不同层次的族体构成，有着浓重的中国话语特色，尽管不合传统的民族主义原则，但作为一个整体，它可以与"国民"相对应，成为国家层次上的"民族"，是民族国家得以确立的基本根据。从近代以来中国民族国家的建构历程来看，复合型的多元一体结构，是唯一符合中国国情，唯一可行和成功的模式。

中国的近代革命，不论旧民主主义革命还是新民主主义革命，都有民族主义的性质，因此都有民族国家的追求。从单一民族国家到同化为一的民族国家，再到多元一体的民族国家，是中国人对自身民族国家建设认识不同阶段的反映。虽然前两种认识最终只是失败的空想，但毕竟反映了那个时代的认识，是社会进步应该付出的代价。这种认识和代价也是其他多民族国家普遍付出了的。事实证明，尊重多民族的现实，在保留"多元"的前提下打造"一体化"才是合乎规律的追求。在民族国家建设问题上，复合型的多元一体结构是对同质化的超越，也是对民族主义错误理想的矫正。

第十三章　当代中国的民族建设问题

　　民族建设是近代以来民族主义理想的自觉实践，也是各国现代化建设和发展中的一项重要内容。秉持"一族一国"理念的西方民族建设虽然有着一定的合理性，却始终存在与现实中民族多元、文化多元不断增多的矛盾。多元文化主义在否定西方文化霸权、支持少数人合法权益的同时，也抹杀了普遍价值的存在，拆解了作为国家应有的统一性和一体性的理论支撑。单一民族模式和多元文化模式是各国民族建设中的两个极端，本质上都是对民族建设规律的违背。作为世界历史进程的一部分，中国的民族建设也从近代便开始了。"多元一体"既是中国民族建设的成功模式，也是中国特色解决民族问题之道。提倡多元一体主义就是提倡正确认识和处理民族问题的基本矛盾。民族建设说到底是民族国家处理民族问题的一种方式。与世界主要国家的民族结构和历史进程相比，中国民族建设有着自己的特有优势和基础。铸牢中华民族共同体意识，是对中国民族建设中文化建设和情感建设的强调。我们提倡的中华文化认同，既要各民族的小认同，也要民族之间的相互认同，更要有中华民族的大认同。中华民族不仅是一个文化共同体或族类共同体，还是一个容纳了政治、经济、地域因素在内的国民共同体。故铸牢中华民族共同体意识既要讲文化认同，也要讲国家认同、各民族共同的利益和命运认同。

"民族建设"在西方学术界是一个广泛使用的概念，也是其现代主义学派关于民族主义论述中的重要理论观点。但随着国内民族理论研究的深入，民族建设也渐成一个热点。人们正在认识到，近代以来中国的民族建设也一直在进行，既和国际上的这一过程相对应，也有自己特殊的路径和规律，是中华民族共同体研究中的一个重大理论问题。

一 民族建设的概念、类型及演化轨迹

"民族建设"（nation-building）在中文中或被译为"民族构建"和"民族统一构设"等。它借一种建筑学的比喻，指一个国家内部走向一体化，并使其居民成为一个"民族"的过程。① 但也有不同的用法，如随着当代民族意识的高涨，国外一些少数民族或土著民族开始强调自己的"民族"（nation）地位，将建立自己的自治政府、恢复和保留自己的语言、文化和传统价值等也称为"民族建设"。此外，学界不少人强调民族（不论是国家层面的还是历史文化层面的）的"想象"性和人造性，将民族的形成过程也即建造过程称为"民族建设"。本书的"民族建设"取一般含义，即将全体国民凝聚为一个整体的"国家民族"的过程。

民族建设作为一种政策最早在18世纪后期的法国大革命时期既已提出，它有两方面的内容：一方面是政治统一的建设，通过一系列制度和政策的实施，在建立以民主制为基础的现代国家体制的同时，使国民完成从臣民向公民的转变，从对君主和神权的忠诚向对民族国家的忠诚的转变；另一方面是文化统一性的建设，

---

① 邓正来主编《布莱克维尔政治学百科全书》，中国政法大学出版社，2002，第527页。

即通过制度、政策和教育宣传等促成国内文化的同一化和以国家为中心的统一民族认同，一个国家一种文化，从而实现民族的"同质化"。民族建设是近代以来民族主义理想的自觉实践。民族主义理想的最高境界就是"一个国家，一个民族"。为实现这一目标，它依傍民主革命，屈从于革命者"民族"招牌的借用，与其一同完成推翻封建阶级和外来压迫者的使命，建立起"民族国家"，而后又期望借用国家的力量将"假定"的民族通过"建设"改变成一个真正的民族。由于近代以来民族主义成为世界民主革命的普遍支配力量，通过这种革命建立的现代国家普遍是一种民族国家性质，因此，民族主义也继续在现代国家建设中扮演着重要角色，民族建设也由此成为各国现代化建设和发展中的一项重要内容。

　　当然，民族建设的提出并得到普遍实施还有着更深层次的社会经济根源。马克思主义经典作家早就把民族国家的产生与资本主义的时代背景联系了起来，把现代民族看成社会发展的资产阶级时代的必然产物和必然形式。西方学者也讲："现代国家和民族国家是一对共生现象；在发展进程中，现代化和民族建设属于同一过程。"① 他们认为："从根本上说，民族主义的出现和发展与现代化的进程以及经济发展有着非常密切的关系。正是在这种现代化发展的过程中，民族的概念被'创造'出来，借助于这个具有超凡凝聚力的新概念，来开发工业化大生产和国内贸易所需要的广大区域，社会精英利用'神话传统'的强大力量，将流传于民间，本来并不相关的历史传说，经过精心缜密的演绎，塑造出具有巨大凝聚力的同一精神认同。整个 19 世纪和 20 世纪，在强

---

① Leonard Tivey, *The Nation-State: The Formation of Modern Politics*, Oxford, 1981, p. 36.

大且具诱导性的人文、社会理论的轮番'轰炸'下，世界各地都将'民族'这一概念构造成新时代国家的社会根基。"① 简而言之，"民族"（nation）及"民族"观念产生于现代化这个时代大背景下，现代化所需的统一市场和经济联系的普遍性是以国民造就民族的基本动因。

民族建设的起始点是民族国家的建立。就此来看，最早的资本主义国家也是最早开始民族建设的国家，因为封建主义消灭和资本主义发展的过程同时就是人们形成民族的过程，而那里的民族自然就具有国家的属性，发展成独立的资产阶级民族国家。早期西方国家的民族建设是成功的。其中西欧国家基本上在中世纪后期就已开始了民族君主国的形成过程，到了资本主义完全取得胜利的 18～19 世纪，这些国家就基本上实现了各自的民族化，成为标准的"民族国家"。美国虽远离欧洲，但其民族建设也是成功的。孙中山曾赞叹，由英国人、荷兰人、法国人、德国人融合而成的美利坚民族成就了"光华灿烂"的美国，力倡中国"仿美利坚民族底规模，将汉族改为中华民族，组成一个完全底民族国家，与美国同为东西半球二大民族主义的国家"。②

欧美西方国家之外情况各有不同。随着苏联的建立，社会主义国家也有着各自实际上的民族建设。马克思主义经典作家十分认可民族国家在资本主义时代的进步作用，而这种民族国家在他们眼里也是与"民族"同一的。苏联是一个特殊的社会主义国家联盟，因此它的民族建设实际上是双重的：一重是联盟国家层面的，另一重是各加盟共同体或自治共同国层面的。前者是它公开

① 〔德〕哈拉尔德·米勒：《文明的共存》，郦红、那滨译，新华出版社，2002，第 88 页。

② 孙中山：《三民主义》，岳麓书社，2000，第 261 页。

的努力目标，所以至 20 世纪六七十年代它曾称苏联已经建成了一种新型的人们共同体——"苏联人民"，或称已经建成了"苏维埃民族"。后者比较复杂，可说是一种不自觉的追求。因为这些联盟成员国一部分原本就是民族国家的性质，如乌克兰、白俄罗斯及后被并入的波罗的海三国。它们虽被确认为一个苏联的加盟单位，但还有自身独立的民族国家身份，以及相应的民族意识和利益。另一部分则有着很大的"构建"性，如中亚的哈萨克、乌兹别克、塔吉克、吉尔吉斯和土库曼。这些"国""族"同一的民族是在语言、族源等方面相近的"部族"基础上，根据苏联的民族理论通过国家力量着力塑造的。"在苏维埃制度条件下，有几十个从前被压迫的部族，复兴并结合成了苏维埃社会主义民族"。①

经过 70 年的努力，苏联两个层面的民族建设有着不同的结局：联盟层面的随同苏联的解体一同破灭了，所谓的"苏联人民共同体"和"苏维埃民族"最终证明了它的虚幻性。其下各加盟单位的建设倒是成效斐然，不论是原本既已为国的乌克兰、白俄罗斯还是后被构建的中亚五国，到苏联解体时都表现出了强烈的民族意识。实际上，最终苏联解体也都是按照这种民族国家单元裂解的。苏联之外其他的社会主义国家，虽然经过了长期的国际主义培育，但谁都没有真正放弃自身的国家利益和民族意识，而且越到后来显示出的民族性越强烈，至苏联解体、东欧剧变时都公开退回到自己的"民族主义"立场了。

除了欧美发达国家和苏联式社会主义国家之外，世界其他国家的民族建设大致还可分为以下三个类型。

一是新大陆型，或可称移植更新型。这一类型的国家分布在

---

① 苏联科学院哲学研究所：《苏联社会主义民族》，中央民族学院民族问题译丛编译室译，民族出版社，1958，第 43 页。

拉丁美洲和大洋洲。它们最早遭受西方殖民者的掠夺蹂躏，也直接感受欧洲资本主义文明的影响，与欧洲有着政治、经济、文化以及血统上的直接联系。"新大陆"各国的民族建设有着明显的"欧化"特性，这与其主流文化和主要人口均源自欧洲分不开。但毕竟这些国家已经脱离了欧洲母国的脐带，它们要求认同自己新的国家和民族，并努力结合自身的特点建立新的文化。新大陆国家民族建设的文化底色有三块：欧洲文化，尤其是源自英国的盎格鲁-撒克逊文化和源自伊比利亚半岛的拉丁文化；以印第安民族和澳大利亚、新西兰原居民族文化为代表的土著文化；随奴隶贸易和其他途径而来的黑人文化。这三种文化的不同组合构成了各国民族文化的不同色彩。

二是恢复重建型。民族国家是一种近现代现象，但在民族国家之前的人类历史上也曾存在长期的国家文明。西方殖民主义借助资本和近代技术将世界纳入其殖民统治之下，也摧毁了大部分殖民地、半殖民地原有的国家体系，于是当这些地区在驱除殖民主义、完成了民族独立和解放之后，恢复主权、重建国家，同时将民族认同自觉注入国家意识就成为它们国家建设的主要任务。这在中国、印度、伊朗、埃及、越南、伊拉克等具有悠久历史和国家制度的国家很具典型性。然而，这些国家在民族、语言、宗教和其他文化上普遍具有的多元性和复杂性，使得它们在民族建设过程中还面临着妥善处理民族矛盾和宗教矛盾、协调民族关系、在更高程度上实现国家统一和发展的任务。

三是新生构建型。这一类型主要表现于完成非殖民化后的非洲大陆国家。这些国家的地域基础是西方在非洲的殖民地，是西方列强近代以来相互争夺和妥协的结果，而不是非洲原有政治和民族地理的自然划分，因此在此基础上建立起来的民族国家没有或缺乏历史文化根基。与其他地区不同："非洲的模式基本上是先宣布组成国家，建立政府，然后依靠政府人为的力量，借助于国家和政府机构的有组织的政治权力来推进民族一体化进程，来为这个新国家的生存、稳定与发展寻求必要的文化纽带、国民意识和社会经济基础。"[①] 这种民族建设完全是一种从无到有的构建，由此它所面临的问题和困难一般也比其他类型更多、更大。所谓的"部族主义"和"地方主义"也一直成为这些国家的最大威胁。[②]

从民族国家的发展进程来看，早期的欧洲民族国家基本呈现了"国""族"一体的性状，马克思主义经典作家对民族国家进步性的肯定都是集中在这种同质性或统一性上的，同时对形成这种同质性或统一性的"民族同化"给予了充分肯定。20 世纪前期，随着以两次世界大战为主要动因的国界调整，欧洲的民族国家一方面数量增多，另一方面既有国家内的多元化成分增多，但尚未动摇民族国家的同质属性和印象。20 世纪中期以后，随着民族解放运动的全面推进和完结，民族国家在新独立的亚非拉国家也成为主流，但它们的族类、宗教和语言的多样性远远超过传统民族国家。而在传统民族国家内部，由于全球化的加快和南北发展差距的拉大，以至于冷战结束、苏联解体、东欧剧变，西方的外来人口不断增多，原来文化和民族成分的相对同质性再也保持不住了。于是在西方内部出现了两种应对策略，一种是在民族国家内包容异质性，承认文化多元、族性多元的合理性，集中表现为多元文化主义思潮和政策的出现；另一种是对外来人口、文化和宗教持强硬排斥态度，坚持民族国家的同质性，由此形成了西

① 刘鸿武：《从部族社会到民族国家》，云南大学出版社，2000，第 13 页。

② 王希恩：《论民族建设》，《中国社会科学院研究生院学报》2004 年第 3 期。

方国家极右势力的增长和排外思潮的涌现。应该说，在相当长的时期内，在两种策略的博弈中前者是占了绝对优势的，以至于其基本精神被冠以"政治正确"而不能触动。然而进入 21 世纪之后，西方的移民和难民问题给予社会的压力越来越大，原来不得触动的多样性原则遭到越来越大的质疑，英、德等国领导人甚至公开声称"多元文化主义已经失败"。而到了 21 世纪第一个 10 年的中期，随着欧洲难民危机的爆发、英国脱欧的成功和美国大选特朗普的上台，"国家民族主义"成为西方的主导性政治倾向，而夹杂着强烈排外情绪的民粹主义又为这一倾向增添了很大的民意支持，使得原本正在为其民族建设增添多元色彩的进程有了中断的危险。西方民族国家从其建立到其后的民族建设始终都是世界现代政治的先导，有着巨大的示范作用。秉持民族主义"一族一国"理念的西方民族建设虽然有着一定的合理性和可行性，但也始终存在与现实中民族多元、文化多元不断增多的矛盾，20 世纪六七十年代开始的多元文化主义理念的盛行为这一矛盾的解决打开了一个窗口。然而多元文化主义的理论根基是文化相对论，这一理论在否定西方文化霸权、支持少数人合法权益的同时，也抹杀了价值正义性的存在，拆解了作为国家应有的统一性和一体性的理论支撑，所以无以应对随异质成分越来越多出现的社会矛盾，不但同质化的民族建设无法进行，也动摇了主流文化、主流群体维系的民族国家根基。当前西方国家的民族主义回潮，固然主要为国际经济和政治大格局的变动所致，但也是对放任了的多样性、多元化思潮和政策效应的反弹。

然而，反弹之后的西方各国以及与此有同样经历的其他国家期望回到以同质化为目标的民族建设同样是不可能了。因为，由经济规律和人类发展规律所决定的全球化不可能停顿，由发展不

平衡和国际政治博弈所决定的人口流动不可能终止。依此，任何
一个国家的民族和文化单一性都将是一种幻想。一方面，现今的
世界远不是一个世界主义的世界，各国不可能不进行民族建设；
另一方面，民族建设又难以回避多元化、多样性与一体性要求的
矛盾，如何解决这个矛盾，对每一个民族国家都不能不说是一个
大考验。

二　多元一体主义与民族建设

作为世界历史进程的一部分，中国的民族建设也从近代历史
便开始了。正如前述，中国各主要政治力量都为此提出和实施了
各自的民族国家构建设想，从单一的民族国家到同化为一的民族
国家，再到多元一体的民族国家，体现了中国人对自身民族国家
规律的艰苦探索。民族国家的构想和实践也是民族建设的构想和
实践，因为民族国家一体两面，一面是国家，一面是民族。民族
国家的建设自然是包括民族建设在内的。

"多元一体" 既是中国民族建设的成功模式，也是贯穿于全部
中国特色民族问题解决之道，进而言之，已是一种 "主义"，可谓
具有普适意义的 "多元一体主义"。

"主义" 是对体系化的理论和主张的概称。自 1988 年费孝通
先生提出 "中华民族多元一体格局" 以来，"多元一体" 已是一
个认知度很高的学术概念。特别是，经过 30 年的讨论，"中华民
族多元一体" 不但成为民族学界最为流行的观点之一，也在 2014
年 9 月的中央民族工作会议等决策层面上得到了充分肯定和应用，
成为新时代中国特色社会主义民族理论和政策的重要内容。就此
而言，"多元一体" 早已具备了 "主义" 的特征，它具有的普遍

价值和意义在于以下几方面。

其一，对中华民族和一般民族结构的深刻揭示。多元一体主义出自"中华民族多元一体"，后者是前者的本义，不能忽略。在费孝通先生的论述中，中华民族的"一体"由56个民族"多元"组成，而在56个民族下，又有一些分支或"民族集团"构成了另外一层"多元"。中华民族统一体是一个多层次的多元一体结构。[1] 由此我们可以得到的启发是，"多元一体"不单单是一种中华民族的层级结构，也是任何一个民族、任何一种文化的结构。中华民族和其下的56个民族都是"民族"，尽管这些"民族"含义不同、属性不同，但都能够为中国人理解，为中国人所认同。它们相互依存、相互联系，共处于一种事物之中。

多元一体体现了事物结构上的规律性。而既然是一种规律，就有其不可动摇的永恒性和普遍性。所以，我们不能指望会有多元消融纯然一体的民族和民族走向。每一个民族、每一种文化的内部结构都是多元的。中华民族只要存在，其内部结构也会是多元的，在族性或文化上完全同质的中华民族是不可能存在也是不可能形成的。中华民族多元一体是普遍民族结构的一种典型反映。据此，我们可以得到一种正确看待民族现象、民族关系的历史、现状和未来的分析方法。

多元一体的民族结构在中国共产党民族理论中有着一贯的表达，只是这种表达更多是用"多民族的统一国家"或类似的概念。早在1939年毛泽东在谈到中国国情时就讲道，中国除汉人外"共有数十种少数民族，虽然文化发展的程度不同，但是都已有长久

---

[1] 费孝通等：《中华民族多元一体格局》，中央民族学院出版社，1989，第33页。

的历史。中国是一个由多民族结合而成的拥有广大人口的国家"①。新中国成立后，尤其是改革开放以来，中央在有关民族工作的场合也总是谈道，"我国历来是一个统一的多民族国家"，"我国是统一的多民族的社会主义国家"等，而宪法更将其表述为："中华人民共和国是全国各族人民共同缔造的统一的多民族国家。"党的十八大以来，中央对"统一多民族国家"的国情进一步做出强调。习近平在2014年9月中央民族工作会议讲话中讲的第一个问题就是"准确把握我国统一的多民族国家的基本国情"。显然，"统一的多民族国家"，强调了国家和民族的统一性、一体性，强调了构成国家民族成分的多样性、多元性。通过这种国家和民族结构的分析说明中国各民族人民共同开发了祖国、建设了祖国，共同创造了中国历史和中华文化。

其二，"尊重差异、包容多样"的着力弘扬。长期以来，尤其是进入"现代"历史以来，人们总是将同一性和大同世界视为至高理想，极力忽略、抹杀多样性存在的必要性和合理性，现代文明的发展已证实这是一种错误。西方的多元文化主义在揭示这种错误方面做出了突出的贡献，甚至可以说是它的主要贡献。多元文化主义鼓吹和强调多样性原则，由此使尊重多元文化和民族平等的理念在西方世界乃至整个国际社会得到普及。如今，多样性、多种民族、多元文化已不再被看作一种负担，而被普遍视为一种和谐社会的建设性资源。近些年来，西方国家由移民问题引发的保守主义和民粹主义在如何对待异质文化问题上出现了倒退，但并未从根本上动摇已经成为社会正义的价值原则。尊重和保护文

---

① 毛泽东：《中国革命和中国共产党》，中央统战部编《民族问题文献汇编》，中央党校出版社，1991，第626页。

化多样性已成为人类文明的一项重大推进，也正在成为中国人着意培养的文明素养。中国传统文化原本就是讲究"和而不同"的，将其作为处理不同意见、不同文化之间关系的重要原则。

马克思主义对文化多样性始终是肯定的。恩格斯曾在不同的文章中对英国人、法国人、德国人、爱尔兰人等民族的历史文化做过深入分析，对其特色鲜明的性格给予了恰当的评价和赞美。列宁认为，推翻国际资产阶级，消除一切民族壁垒，"不会因此减少反而会百万倍地增加人类的'变异'，使人类的精神生活以及思想上的流派、倾向和差异更加丰富多彩"。[1] 这里，丰富多彩的"差异"和"精神生活"成为无产阶级革命追求的目标。所以，在将无产阶级革命的普遍原则运用到具体民族和国家实践的时候，马克思主义从来是尊重特殊性的，在审视和追求人类文化生活的理想状态时，从来也是将多样性纳入其中的。中国共产党的民族理论也始终体现了这一原则，并将其贯穿于革命、建设和改革开放的全部民族政策之中。

改革开放以来，中国共产党对"尊重差异、包容多样"逐渐做了明确的表述。党的十八大以来，中央在讲到国情时不但强调多民族是中国的一大特色，也强调多民族是中国发展的一大有利因素，提出："要注重塑造我国的国家形象，重点展示中国历史底蕴深厚、各民族多元一体、文化多样和谐的文明大国形象。"[2] 人们正在明白，单一化不符合事物发展规律，也不利于发展：因为多样化才有色彩、有活力，人类正是在多样文化的互动中获得创造的动力、灵感和享受；多样的地域环境和经济方式可为发展提

① 列宁：《德国机会主义论战争的一本主要著作》，《列宁全集》第 26 卷，人民出版社，1990，第 293 页。
② 央视网：《中共中央政治局进行第十二次集体学习》（2013 年 12 月 31 日）。

供广阔的资源、市场和条件。在中国与多民族相伴而生的文化多样性和环境多样性所具有的优势不可多得、弥足珍贵。

其三，体现了"多元"与"一体"的辩证统一。多元文化主义的根本缺陷，在于它在强调"多元"的同时没有给予"一体"应有的位置，强调差异性的同时忽略了普遍性和同一性的存在。多元文化主义属于所谓的"后现代"思潮，其特点是反对文化中心主义，彰显差别和异质性。它的价值主要在于通过"多元"或"多样性"的强调，反对普遍主义之下对于异质文化及其群体价值的否定和正当权利的剥夺。[①] 因此这种多元化或多样性主张在伸张正义的同时也和文化保守主义、"新种族主义"、民族主义有着千丝万缕的联系，始终处理不好尊重多元文化、保障少数人利益与维护国民统一性的关系。当外来人口较少，异族文化处于明显弱势，不足以动摇原有社会秩序和主流文化地位的时候，多一点或仅仅对于"多元"的强调并无大碍；但随着外来人口逐渐增多，异族人口及其文化严重冲撞了原有社会结构和社会秩序的时候，仅仅强调"多元"就明显不够甚至会起不良作用了。西方的多元文化主义只讲"多元"不讲"一体"，或者没有平衡好"一体"和"多元"的关系是其政策失败的主要根源。近几年来欧洲移民问题的加剧和由此带来的理论反思越来越倾向于这种认识。多元一体主义则是"多元"与"一体"的统一论者。它的"多元"体现的是对事物差异性的承认，"一体"则是对普遍性和同一性的肯定。事物总是有差异也有同一，有多元也有一体。人们在推崇多样性的同时，不能丢弃同一性，在尊重文化多元化的同时，不能忘记人类的共有文明或共性利益。不但要"各美其美"，也要

---

① 王希恩：《多元文化主义与马克思主义的两点比较》，《科学社会主义》2010 年第 2 期。

"美美与共"。具体到中华民族的结构中，"一体包含多元，多元组成一体，一体是主线和方向，多元是要素和动力，两者辩证统一。中华民族和各民族的关系，形象地说，是一个大家庭和家庭成员的关系，各民族的关系是一个大家庭里不同成员的关系"。①这种格局和由此对于多元和一体的定位不可偏移，不可动摇。

其四，文化相对论的扬弃。多元一体理论与多元文化主义是有联系的，由此决定了它与文化相对论也需有一个理论上的切割。20世纪中叶以来，文化相对论在西方人类学中地位凸显，俨然成为西方人类学的理论基础，也成了多元文化主义的核心内容。文化相对论有着彰显平等、反对文化霸权的积极意义，尤其在欧洲中心主义或西方文化独霸天下的当代世界，在维护弱小国家和民族的文化权益方面发挥了特殊的作用。但文化相对主义否定先进和落后之分，否定人类的普遍价值，这就走向极端了。所以当它推动多元文化主义行诸实践的时候，也便很容易使不同文化、不同民族之间的联系被切断、是非被模糊。随着文化相对论的出现和盛行，一些否定历史进步的论点大行其道，成为所谓的"后现代主义"的标志性理论。这些观点和理论不但混淆了是非界限，也在实践中阻碍了一些民族和国家的现代化发展进程。多元一体主义汲取了文化相对论的积极因素，也是对文化相对论错误的否定：它尊重多样性但不鼓励文化隔绝，在承认各民族文化特殊价值的同时，也应该承认先进与落后、文明与蒙昧的区别。马克思主义是唯物主义的发展论，始终坚持的是历史唯物主义的进步观。正因为如此，我们需要提倡各民族相互学习、相互交流，取长补短、共同进步；需要努力实现现代化，提高少数民族和民族地区

---

① 国家民委编《中央民族工作会议精神学习辅导读本》，民族出版社，2015，第29页。

的发展水平。中国的民族工作或被称为"民族团结进步事业"，讲"团结"也讲"进步"。长期以来，在对待民族文化方面，人们常常未将区别先进与落后放在必要的位置，以至于在怎样弘扬和继承民族文化、怎样处理好发展与保护的关系问题上疏于辨别、是非不清，造成了一些发展机会的丧失。而倡导多元一体主义就是倡导科学的发展观，摒弃狭隘的民族文化观和保护主义。

如何解决好民族问题是一个世界性难题，关键在于能否处理好"一"和"多"的关系。① "一"和"多"的关系，就是"一体"和"多元"的关系，"一体"与"多元"的矛盾由此也是当代多民族国家民族问题、文化问题的基本矛盾，正确认识和处理这个矛盾在解决民族问题的全局中具有关键意义、根本意义。提倡多元一体主义就是提倡正确认识和处理民族问题的基本矛盾。民族建设说到底是民族国家处理民族问题的一种方式。现在来看，单一民族模式和多元文化模式是各国民族建设中的两个极端，本质上都是对民族建设规律的违背。因此，处理好"一体"和"多元"的关系也是各国搞好民族建设的不二法门，多元一体建设模式也由此具有了普遍意义。

三　中国民族建设的优势及基础

近代以来，完成资产阶级民主革命或者赢得民族独立的世界各国，都在有意无意进行着民族建设，但建设的基础是不一样的。而与世界主要国家的民族结构和历史进程相比，中国民族建设有着自己特有的优势和基础。从包括美国、加拿大、澳大利亚和拉

---

① 巴特尔：《铸牢中华民族共同体意识 奋力实现伟大复兴中国梦》，《求是》2018年第 13 期。

美国家在内的移民国家来看。这种民族建设的主体是外来移民，而且成分复杂并不断增多。他们从原来的民族母体上脱离出来，到了另外一片土地上去创建一个新国家、建设一个新民族，这是一种全新世界的开拓，显然比中国在自己的地盘上要难得多。他们引以为自豪或者很成功的一个方面，就是靠所谓"宪政爱国主义"来打造政治认同，用主体移民的文化来树立文化认同，但远没有中国这么一个强大的、原生的中华文化认同基础。美国在这方面非常典型。它的整个民族建设应该说是很成功了，但是面临的困难也在逐步加大。因为它的文化结构和民族结构正在不断复杂化、多元化。原来用以维系文化认同的盎格鲁-新教文化有被边缘化的危险。因此亨廷顿才那么着急，急切地追问"我们是谁"。① 苏联和现在的俄罗斯是另外一个类型。苏联建立前的沙俄是靠300年的殖民扩张建立的大帝国。苏联解体有很多原因，但是那么大的地盘、那么复杂的民族构成，恐怕不是用一般的制度和政策就能维系的。一体化的先天条件太差。印度虽然有悠久的历史，但它的居民人口、文化传承在历史上是断裂的。古印度和当今印度的人口、文化并不是一个系列。摆脱殖民统治的非洲是一个充满期望感的社会。这里的国家大都接受了西方的政治理念和制度，也在从事民族建设，但它们大都还是部落政治、各自为政，难以建立统一的政治认同，更难形成坚固的文化认同。

唯有中国历经了5000年文明的洗礼，中华文化一脉相承，发展到今天，56个民族多元一体，相互交融，形成了你中有我、我中有你，谁也离不开谁的关系。2019年9月27日，习近平在全国民族团结进步表彰大会上讲，"中华民族多元一体是先人们留给我

---

① 〔美〕塞缪尔·亨廷顿：《我们是谁？——美国国家特性面临的挑战》，程克雄译，新华出版社，2005，第8页。

们的丰厚遗产，也是我国发展的巨大优势"，并从以下四个方面做了概括。

第一，我们辽阔的疆域是各民族共同开拓的。各族先民胼手胝足、披荆斩棘，共同开发了祖国的锦绣河山。自古以来，中原和边疆人民就是你来我往、频繁互动。特别是自秦代以来，既有汉民屯边，又有边民内迁，历经几次民族大融合，各民族你中有我、我中有你，共同开拓着脚下的土地。今天，960 多万平方公里的国土富饶辽阔，这是各族先民留给我们的神圣故土，也是中华民族赖以生存发展的美丽家园。

第二，我们悠久的历史是各民族共同书写的。早在先秦时期，中国就逐渐形成了以炎黄华夏为凝聚核心、"五方之民"共天下的交融格局。秦国"书同文，车同轨，量同衡，行同伦"，开启了中国统一的多民族国家发展的历程。此后，无论哪个民族入主中原，都以统一天下为己任，都以中华文化的正统自居。分立如南北朝，都自诩中华正统；对峙如宋辽夏金，都被称为"桃花石"；统一如秦汉、隋唐、元明清，更是"六合同风，九州共贯"。秦汉雄风、大唐气象、康乾盛世，都是各民族共同铸就的历史。

第三，我们灿烂的文化是各民族共同创造的。中华文化是各民族文化的集大成。中国各民族创作了诗经、楚辞、汉赋、唐诗、宋词、元曲、明清小说等伟大作品，传承了格萨尔王、玛纳斯、江格尔等震撼人心的伟大史诗，建设了万里长城、都江堰、大运河、故宫、布达拉宫、坎儿井等伟大工程。中华文化之所以如此精彩纷呈、博大精深，就在于它兼收并蓄的包容特性。各族文化交相辉映，中华文化历久弥新，这是今天我们强大文化自信的根源。

第四，我们伟大的精神是各民族共同培育的。在历史长河中，农耕文明的勤劳质朴、崇礼亲仁，草原文明的热烈奔放、勇猛刚健，海洋文明的海纳百川、敢拼会赢，源源不断注入中华民族的特质和禀赋，共同熔铸了以爱国主义为核心的伟大民族精神。中华民族精神是各族人民共同培育、继承、发展起来的，已深深融进了各族人民的血液和灵魂，成为推动中国发展进步的强大精神动力。

> 一部中国史，就是一部各民族交融汇聚成多元一体中华民族的历史，就是各民族共同缔造、发展、巩固统一的伟大祖国的历史。各民族之所以团结融合，多元之所以聚为一体，源自各民族文化上的兼收并蓄、经济上的相互依存、情感上的相互亲近，源自中华民族追求团结统一的内生动力。正因为如此，中华文明才具有无与伦比的包容性和吸纳力，才可久可大、根深叶茂。①

习近平的这一概括极为精当。不但如此，基于多元一体的中华民族凝聚力在近代以来的中国革命、建设和改革开放中得到了更新和重构，为中国进一步的民族建设奠定了坚实的基础。

中华民族自古既有很强的凝聚力。从创生和延续了世界上唯一没有中断的中华文明，历5000年而不衰，虽有战争、割据和分裂，但最终仍归"大一统"的事实足以证明这一点。形成这种凝聚力的基本要素有以下三点。其一，建立在小农经济基础之上的高度集权国家体制。中华文明的主体是农业文明，小农经济是这种文明的基本经济形态。中国历史上的高度集权政治体制是小农

---

① 习近平：《在全国民族团结进步表彰大会上的讲话》，新华网，2019 年 9 月 27 日。

经济的必然产物，它的有效运作对古代中国社会的凝聚作用是极为有效的。其二，以儒学理论为主的思想意识形态。以儒家学说为核心的社会伦理和政治文化为古代中国的政治统治和社会稳定提供了强大的思想武器，"大一统"观念、宗法意识等也对专制统治和社会稳定起到了强化作用。其三，中原较高文明的吸附和不同经济方式的互补。汉族的文化发达和人口、政治优势对周边民族保持着一种长久的吸附力，周边民族向中原地区辐集，主动学习汉文化并努力与其同化也是一种持续而普遍的现象。农业和畜牧业两种经济方式的互补造就了中国历史上民族关系的生态性，相互不可分离。①

然而，这种经济基础和社会结构只属于古代中国，而随着近代历史大门的开启和现代化的推进，这一切都被彻底改变了。西方列强的侵略引发了中国封建经济结构的逐步解体；孙中山先生领导的辛亥革命推翻了腐朽的清王朝，也终结了中国数千年的封建专制统治；新文化运动和五四运动动摇了"孔家店"在中国的思想统治，不论是西方资本主义思想的流入，还是马克思主义的传播，都给传统儒学意识形态带来了致命冲击。而伴随这种改变的是经过100多年确立起来的全新的经济结构、政治体制、意识形态和民族关系。

中国的民主革命打翻了旧中国的半殖民地半封建经济，最终建立起了以公有制为主体、多种所有制共存的社会主义市场经济，其间历经计划经济和"商品经济"的探索和过渡。然而不论计划经济还是市场经济，都有着绝不亚于甚至高于资本主义的社会化属性，而通过这种社会化的大经济就使中国各个区域、各个民族

---

① 王希恩：《中华民族凝聚力的更新和重构》，《民族研究》2006年第3期。

和各个阶层最大限度地联系在一个统一的国民经济体系之中了。新中国成立以来，每次大的经济战略的实施和经济增长的过程也都是一次人口流动和经济联系的促进过程。改革开放以来的40多年，是中国经济和综合国力增长最快、人民生活水平提高最快的历史时期，也是中国人口流动最为活跃、各地经济联系最为密切的时期。这种增长和联系铸成了中华民族凝聚力和民族建设最为坚实的经济基础。

以中国共产党的领导为核心的政治制度是近代以来中国人民做出的正确选择。之前，资产阶级的改良维新、孙中山的三民主义以及所谓的"中间道路"等都曾为中国的政治制度做出过谋划，以蒋介石为首的国民党的政治统治还在中国大陆维系了22年，但最终都退出了历史舞台。唯独中国共产党领导的人民民主专政国家体制和政治制度延续了70多年，不但未被打断还越发呈现出蓬勃生机。这套体制通过人民代表大会制度、中国共产党领导的多党合作和政治协商制度、民族区域自治制度和基层群众自治制度来保障人民行使民主权利；坚持了党对军队的绝对领导；通过不断完善的法治体系推进了依法治国、依法执政；以一整套严密的体制机制保障了中央和地方的责权关系、维护了政令通达、高效权威。中国的政治体制不断摆脱干扰，坚决抵制了西方民主政治的诱惑，始终坚持走中国自己的路。中国建设和改革开放取得的巨大成就、发展稳定关系的有效协调、国际声望的不断提升、在重大危机面前表现出的强大领导力和组织力，无不显示出中国特色政治制度的优越性和有效性。

中国传统的儒学理论衰败之后，在战争年代是无法找到适当的意识形态填补这个空白的。新中国成立后刚刚树立起的新风尚，很快又遭"文化大革命"摧残而无从立身。所以相对而言，中国民族建设中的文化建设有一个较长的停顿期，是一个薄弱环节。这个停顿期和薄弱环节是从改革开放开始打破的。党的十一届三中全会以来，中国共产党确定了中国特色社会主义的大方向，在思想文化领域既坚持马克思主义的基本原则，又十分注重中华民族优秀传统文化的发掘和弘扬，以爱国主义为核心的民族精神和以改革创新为核心的时代精神得到大力倡导。进入 21 世纪之后，中国共产党提出了社会主义的核心价值体系，继而将其凝聚成社会主义核心价值观，即"富强、民主、文明、和谐、自由、平等、公正、法治、爱国、敬业、诚信、友善"。这个价值观既包括国家层面的价值目标，也包括社会层面的价值取向和个人层面的价值准则，既有社会主义的因素，也有中华传统文化和人类普适价值的成分，正在成为塑造中国国民的道德准则和价值标杆。

对于多民族国家来说，民族关系的处理是民族建设的根本。而在这一领域，中国共产党领导的实践无疑是最成功的。毋庸讳言，对如何解决好民族问题，中国共产党是有过长期探索的，由于历史的原因，也有过照搬式的教条主义，但自抗日战争起便逐步将马克思主义民族理论中国化了。新中国成立以后，中国共产党将民族区域自治确立为解决民族问题的基本制度，在政治、经济、文化和社会生活各个领域制定和实施了全面的民族政策，充分保障了少数民族的各项权利，包括平等的政治权利、文化保护权利、语言文字使用权利、宗教信仰自由权利和经济发展权利，等等。尤其是各民族共同发展繁荣的政策大大提升了少数民族和民族地区的发展水平，创造了一个个"一步跨千年"的奇迹。正是由于这套政策的正确性和有效实施，中国始终保持了民族团结、边疆稳定和国家统一的大局。这在民族主义浪潮不断冲击、国外敌对势力不断渗透、"三股势力"内外勾结的大环境中实属不易。

事实证明，100多年来中华民族凝聚力成功实现了自身的更新和重构，而这也是中国的民族建设经历的成功实践和取得巨大成就的过程。其中，五四运动和国民大革命、抗日战争、中华人民共和国成立、抗美援朝、改革开放和中华民族伟大复兴新时代是凝聚民族精神、振奋爱国热情最为显著的历史时段。中华民族在此经历了民族觉醒和抗争、从"站起来"到"富起来"再到"强起来"的历史跨越，民族建设也实现了从原有优势到现实效应的转化，并积淀成进一步推进的坚实基础。

四　铸牢中华民族共同体意识

民族建设要顾及物质和精神两方面。物质方面搞经济建设，精神方面就要搞文化建设和情感建设。中华民族建设同样如此。所以我们强调中华民族意识，强调中华民族凝聚力，实际上是在强调中国民族建设中的文化建设和情感建设。近年来中央强调要铸牢中华民族共同体意识，党的十九大又把它作为民族工作的重要任务加以提出。不仅如此，"实现中华民族伟大复兴"也已写入新近通过的宪法修正案。"中华民族"入宪，说明增强中华民族意识已经上升到国家意志，代表了中国人民的共同愿望，其意义是非常重大的。

铸牢中华民族共同体意识首先是一个认同问题，这种认同首先要从文化上表现出来。2014年中央民族工作会议对此有明确的表达：加强中华民族大团结，长远的根本的是增强文化认同。文化认同是最深层次认同，是民族团结之根、民族和睦之魂。文化认同解决好了，对伟大祖国、对中华民族、对中国特色社会主义道路的认同才能巩固。①

　　"文化认同"是一个复合概念。其中的"认同"尽管很复杂，但和"文化"结合起来用无非两种意思，一是归属感，二是认可。完整一点说就是通过文化来确认人们的民族（或其他群体）归属，或对某种文化的肯定和认可。

　　相对"认同"，"文化"的意思更为复杂。文化是什么，似乎是谁都在说、都在感触但谁也说不清的东西。有文化的大概念说，举凡人类所创造的一切都可认定为文化；有小概念说，文化只是被集中到了精神层面和制度层面。我的理解，虽然人们在为文化做定义时会有大概念说，但就具体使用来看主要是侧重小概念的。"文化"每每与经济、政治、社会、军事、生态等相提并论，成为社会生活、现代化建设或学术研究的一个单独领域，并没有用以涵盖和取代其他领域。所以，从本义上讲"文化"主要还是表现精神文明和社会规制方面的东西，物质的东西只有同精神和规制结合起来才有文化的性质。一座坟茔之所以说是一种文化，是因为它体现了建造者的一种信仰和寄托，体现了墓主人生前身份的礼制；一座建筑之所以是一种文化，是因为它体现了建造者对其功能、寓意的理解，反映了其所具有的技能、知识和艺术志趣。所以，文化不应是指这座墓葬和建筑本身，而是指由它们表现的精神内涵和形制意义。进而言之，不是所有的人造物品都是文化，而是在人造物品中体现了人的精神意涵的东西才是文化。所谓文化，就是人的行为及所创造的一切事物所蕴含的理念、信仰、知识和技能。文化是人之所造所为，是区别人类和其他生物的根本标志（当然，高于人类的生命体被确认之后当另说）。文化是人类

---

　　① 国家民委编《中央民族工作会议精神学习辅导读本》，民族出版社，2015，第252、253页。

的本质属性。或称，人就是一种文化动物。

文化的含义尽管是精神层面的，却是通过物质层面和人的行为表现出来的，文化认同由此广泛而深刻。文化的生成是一个长期的过程，一旦形成便极为稳定；文化的存在又是有区隔的，民族（族类共同体）是最常见的文化单元。因此，我们现在所讲的文化总是和民族联系在一起，文化认同总是会具体到民族的文化认同。每一种文化都凝聚着人的创造性劳动，铭刻着人的奋斗和智慧。特定的地域环境、历史过程造就了不同民族的特点，形塑了不同的民族性格、形成不同的知识体系和社会规则。文化形成的因素是多重的，文化认同自然也不会是单线条的。文化认同所表现出的不仅仅是对乡音、牧笛、祠堂、农舍这类文化实体的依恋和情感，也会寄情于塑造这一文化的土地山川、江河湖海、一草一木乃至流淌无穷的历史故事。文化塑造了具体的人，也赋予了人最直接、最深刻的情感。所以，文化认同是一种包含着对人、物、景、情全方位的认同，是人的最深层次认同。趋利的本能、环境的影响都可以左右一些人的认同，但人之所出的文化却是根植最深的认同元素。《白鹿原》电视剧一度热播，剧中的主人公们性情各异、经历各异、政治取向各异，但在归宗白鹿原上绝无二致，被逐出宗族，不准进祠堂是最大的惩罚。这是中国传统文化和文化认同的典型反映。

在文化上寻求归属是人的一种本能，但现代化越深入，文化交流越深入，认同迷失现象越严重。这不但是对人之归属需求规律的背离，也不利于社会稳定和国家统一的维护。

文化认同的要义就是要从文化方面明确我们是谁的问题。我们是中国人，同为中华民族。为什么？因为我们共居中国、同享中华文化。中华文化是我们作为中华民族和中国人的根本。但在多民族国家，怎样正确认识中华文化，是增强文化认同的关键。

中华文化是各民族共同创造的。这一命题应该从两方面看。一是各民族的历史实践为中华文化的形成发展提供了物质前提。历史上，中原汉族开拓了自身的农业文明，周边少数民族则开拓了草原文明或其他文明。这些文明的创造及其相互的碰撞融合都在中国文化中得到了充分的表现。敦煌文化享誉天下。敦煌莫高窟所藏文物除了壁画之外，还有数万件从 5 世纪初到 11 世纪初晋至宋代诸朝的经卷、文书、帛画、织绣、铜像等，所用文字有汉字、藏文、梵文、粟特文、于阗文等，内容涉及不同时期各民族的生产活动、社会结构、宗教生活、艺术创作等，堪称古代中国多民族生活的百科宝典，是中华文化对古代多民族历史状况的典型写照。此外，被视为中国传统文化经典的诗经、汉赋、唐诗、宋词、元曲和明清小说，都有大量关于少数民族生活和民族关系的内容。正是中国各民族丰富多彩的生活和创造才为灿烂多彩的中华文化的形成和发展提供了素材、创造了条件。

二是各民族都在不同时期不同领域以不同的方式创造了各自的文化，成为中华文化的不同成分。就少数民族来说，他们的文化创造，有的已完全融入了中华主流文化，如主持隋唐长安城修建的是宇文恺，他是宇文鲜卑人；中国历史文献中的"二十四史"是官修"正史"，其中的《宋史》、《辽史》和《金史》编修主持人是元代宰相脱脱，他是蒙古族人；《饮膳正要》是一部珍贵的元代宫廷食谱，也是中国现存最早的古代营养保健学专著，其作者是元代"回回"（或曰蒙古族）太医忽思慧；《骆驼祥子》《四世同堂》的故事脍炙人口，而它们的作者老舍是满族人；等等。实际上，在那些所谓正宗的中华文化的创造队伍中，那些可以识别和难以识别的少数民族作家、诗人、科学家、思想家、军事家、政治家灿若群星、多不胜数。有的是以鲜明的民族色彩流传于世的。以文字为例，古代中国除了汉字之外，流行的少数民族文字就有突厥文、契丹文、西夏文、藏文、粟特文、回鹘文、女真文、满文、八思巴文、察合台文、于阗文、龟兹文等十多种，当今的少数民族文字有的是历史流传下来的，有的则是外来的或新创的。再从医学来看，汉族地区的"中医"源远流长，而藏医学在8世纪也已形成了成形的理论，回医在元代的朝廷也已设有专门机构，在民间十分流行。此外蒙古、维吾尔、傣、苗、瑶、彝等民族也都有自己悠久的医学传统，成为中华医药学宝库中不可或缺的内容。目前，中国拥有联合国教科文组织批准公布的39项人类非物质文化遗产项目，居世界第一，其中少数民族项目有13项，占总数的1/3，国家级非遗中的少数民族项目比例在45%以上，远高于少数民族在中国总人口中的比例。这些数字足以说明少数民族文化在中华文化中的地位了。

中华文化既然是各民族的共同创造，也便是各民族共有的精神家园，各民族都属于一个"我们"。所以，我们始终讲中华民族是一个大家庭，中华文化是一个百花争艳的大花园，这里的每一种优秀文化都应得到彰显弘扬，都应得到认同。然而，"我们"这个家庭毕竟太大了，家庭形成又经历了长期的历史过程，家庭成员之间的特点也各有不同。所以，我们提倡的文化认同，既要有各民族的小认同，也要有民族之间的相互认同，还要有中华民族的大认同。

56个民族层面的小认同是必需的，因为这是我们文化认同的基本面。没有这个基本面，中华文化认同就是一个空泛的存在。不让一个民族认同自己的文化是不对的，认同中华文化和认同本民族文化并不相悖。从历史来看，中国虽然自古就是一个多民族国家，但这里的多民族只是个笼统概念，只是新中国成立后通过民族识别才具体化的。多民族概念明确了，民族间的界限清晰了，民族意识也提升了。这有消极的一面，也有积极的一面，积极的一面就是保护和弘扬各民族文化的自觉性提高了。从现在来看，文化多元是好事，因为多元有色彩、有活力，多元互鉴互融才能取长补短共同发展。所以，多民族的大一统，各民族多元一体，是老祖宗留给我们的一笔重要财富，也是我们国家的一个重要优势。我们的民族政策始终坚持各民族发展繁荣，强调保护和弘扬民族文化对各民族文化的发展和增强各民族文化的认同起了决定性作用。可以说，在各民族文化认同这个层面上，人们的认识已有了很大的提高，当今我们在民族文化保护和弘扬上取得的成绩是和人们日益增强的民族文化认同直接相关的。

民族之间的相互认同是文化认同的应有之义，认同的本义就包含肯定、认可。所以积极的认同绝不是一种自我意识，更不是自我意识的膨胀，而是包含着对他者的包容和接纳。在中华民族内部，各民族之间的这种包容和接纳也在中华文化认同的范畴之内。一般而言，对不同民族的文化持认同和肯定态度是能够做到的。民族地区的别样风情总是吸引外地游客的最大驱动力，文艺舞台上越是民族的东西越受欢迎。但在这种欢迎和欣赏的另一面则是各自的保守和狭隘。随着城市化现代化的推进，民族之间的流动交往以前所未有的规模在发生，各民族在深入交往的同时，利益矛盾和文化摩擦也在发生。而在民族杂居地区，不同民族在对相关文化资源的认识和开发上的矛盾也时有所现。尤其是，在互联网的虚拟空间，不同民族成员围绕一些历史问题、宗教问题乃至现实问题的争执频繁出现。这些争执对民族感情的伤害极为严重，与我们提倡的民族认同或文化认同格格不入。当前，民族之间的相互包容已是积极文化认同的基本要求。海纳百川本是中华民族的优秀文化品质，在新的时代条件下应得到积极弘扬和倡导。

中华文化不仅仅是各民族文化的统称，也有着实在的内容，这就是已有的覆盖中国各民族的共性文化。这一层认同事关中华民族生存的根本，实在称得上中华文化的"大认同"。中华文化的同一性来自各民族同为一国、同建一国的历史和实践。不论是原本既生于斯、长于斯的本土民族，还是在不同历史时期辗转来此的外来群体，经过千百年的历史发展，早已在居住上交错杂居、文化上兼容并蓄、经济上相互依存、情感上相互亲近，形成了你中有我、我中有你、谁也离不开谁的命运共同体。在此基础上的各民族文化自然会有很强的共性或同一性。比如说在中国历史上居于思想支配地位的儒学、中央集权的政治体制、注重忠义孝悌的社会伦理、南北盛行的宗族文化、多族同一的节庆礼仪，以及当代共享的汉字、普通话和中国特色社会主义理论体系，等等。

由于汉族在中国人口中占绝对多数，也由于汉族文化在中国历史和现实中的主流地位，中华文化呈现出较多的汉文化成分和色彩是很正常的，但不能说中华文化就是汉文化，这和中华民族不能等同于汉族是一个道理。将中华文化和汉文化等同起来的观念过去有，时至今日仍然有。这种观念的存在，不但为少数民族和中华民族的关系制造了障碍，也为民族分裂主义提供了借口。所以，正确的文化认同事关中华民族的根本，加强正确的民族观教育至为重要。习近平讲，要向各族人民反复讲，各民族都对中华文化的形成发展做出了贡献，各民族要相互欣赏、相互学习。把汉文化等同于中华文化，忽略少数民族文化，把本民族文化自外于中华文化，对中华文化缺乏认同，都是不对的，都要坚决克服。是为至理。

文化认同与中华民族建设所需的其他环节一样，也属于一个动态的建设过程。而在当下，就是以符合时代要求的中华文化来凝聚人心的过程。发展中的中华文化应该包括以下几个要素。

第一，应以传统文化为底色。首先要澄清，民族文化不等于传统文化。民族文化可以有较多的传统成分，但就其本义来讲是指一个民族的特性文化，而这个特性又是随历史发展有不同表现的。表现在过去的就是传统民族文化，表现在当前的就是现代民族文化。中华文化同样如此。我们讲中华文化一般来说更多是指传统的文化。这是因为只有传统文化才保有更多的特色，才是民族文化的底色。在当前时代背景下，不论少数民族还是汉族，都面临着现代文化的强烈冲击。如果传统文化不能得到保护和传承，中华文化也将成为无本之木、无源之水。任何民族文化都是以传统文化为特色、为底色。这一点任何时候都不能忽略。

第二，必须是我们民族的优秀文化。任何民族的文化都是良莠混杂的，我们对中华文化的传承也好，弘扬也好，针对的只能是其优秀部分，而不能良莠不分。中华传统文化博大精深，崇尚和谐、蕴含着天人合一的宇宙观、协和万邦的国际观、和而不同的社会观、人心向善的道德观，这是最可珍惜和传扬的文化内容，而那些麻木保守、缺乏公德、言而无信等所谓中国人的"劣根性"则是最应摒弃的。应该使人们在中华文化的滋养中得到向上的力量、向善的力量，而不是相反。在此问题上必须坚持马克思主义的发展观、进步观，不能搞没有原则的文化相对主义。

第三，必须充分体现多元一体的结构和理念。中华民族是多元一体格局，一体包含多元，多元组成一体，一体离不开多元，多元也离不开一体，一体是主线和方向，多元是要素和动力，两者辩证统一。这个格局也应在中华文化的建设中得到充分体现。一个民族不能在大的文化格局中获得自己的存在感，是不可能得到真正认同的；中华文化不能从各民族文化中获得资源和养分就不可能存在和发展。要做"多元"与"一体"的统一论者，提倡"多元一体主义"。"多元"体现的是对事物特异性的承认，"一体"则是对普遍性和同一性的肯定。事物总是有差异也有同一，有多元也有一体。所以，我们在推崇多样性的同时，不能丢弃同一性，在尊重文化多元的同时，不能忘记中华民族以及人类的共有文明。

第四，应充分体现时代精神和民族发展方向。传统只能说明过去，不能说明现在和未来。凝聚民族认同的不仅仅是过去的骄傲和乡土的依恋，还有现实的利益和未来的希望。所以，中华文化的建设就不仅仅是恢复传统，更要赋予其明确的时代精神。中华民族伟大复兴是现阶段各民族的根本利益所在，代表着现阶段的时代特点和方向，因此提倡以此为核心的爱国主义和创新精神，提倡面向世界和未来的开放意识和包容精神，提倡权利和义务共担的公民意识，提倡崇德尚法、德法兼备的社会规范，或者说提倡和弘扬社会主义核心价值观，应成为中华文化建设的必备内容。近代以来，中国社会发展的最大短板就是核心价值观的缺失，能在新时代的文化认同建设中补上这一块，无疑将是中华文化之大幸、中华民族之大幸。

"中华民族"一词最早是1902年梁启超在一篇文章中开始使用的，其含义和性质屡经讨论。现在看来，"中华民族"的性质是双重的：其一，我们现在所说的中华民族不仅仅是汉族，而且是包括少数民族在内的56个民族的总称，它既是多元的，又是一体的，是一种复合型的族类共同体。其二，中华民族不仅是一个文化共同体或族类共同体，更是一个容纳了政治、经济、地域因素在内的国民共同体，是国际法上的"国家民族"。因此，中华民族既是历史文化的，又是政治的、国家的，具有鲜明的综合性。

正由于中华民族有这样一个综合属性，我们讲铸牢中华民族共同体意识的时候，只讲文化认同就不够了。56 个民族的文化尽管有很大的共性，但有些民族之间的文化差别还是比较大的，语言不通，风俗习惯、宗教信仰不同，这样仅仅强调文化认同可能就比较勉强。另外，还有的民族是近代以后才从外面进来的，进入中华民族大家庭的时间不长；还有很多是跨境民族或跨界民族，有着与境外民族相同或相近的文化。这就使得他们的文化认同有着很大的可变性和多重性，完全靠文化认同来增强共同体意识就有很大的局限性。所以谈铸牢中华民族共同体意识，增强中华民族的政治认同也非常有必要。

政治认同首先是国家认同。人类有各种社会组合形式，国家是最能满足人类安全保障和生存发展的政治形式。国家的本质属性是阶级性，这是马克思主义的一条基本原理。除此之外，国家也有民族性。因为任何国家都由特定民族的人口组成，都要维护特定民族的利益。冷战结束以后，以阶级为主调的意识形态减弱，民族因素、宗教因素、文化因素等所谓的"族性"色彩突出，相应的民族国家地位得到了加强。而在中国，爱国主义和中华民族意识也在中国特色社会主义政治中得到彰显，这是对世界大势的顺应。20 世纪 90 年代以来，有关全球化的研究十分热烈。一度有这样一种看法，就是全球化将会使民族国家时代成为过去。从逻辑上讲，这是能够成立的。因为全球化突破国家界限，人类社会必然会形成一个"全球政府"主导的世界。但是经过几十年的发展实践，全球化尽管在突飞猛进地推进，但是并没有使民族国家退出历史舞台。甚至在全球化历程开始最早、步伐走得最远的西方世界，各自的民族国家立场不但丝毫没有得到动摇，反而更为坚定。当前英国脱欧、欧洲政坛极右势力上升、特朗普上台、民粹主义、国家利己主义思潮涌动等十分清楚地显示出，西方国家正在集体"向后转"，从拥抱全球化的立场向画地为牢的民族国家堡垒退缩。所以从世界范围来看，我们中国也没有任何理由动摇自己的民族国家立场。中国56个民族都从自己的国家中获得安全、安宁和发展的利益，也要为祖国奉献自己的责任和义务。国家认同是铸牢中华民族共同体意识不可或缺的一环。

国家认同与具体的政治制度分不开，中国特色社会主义政治制度是国情和历史的选择。我们认同国家，应该是具体的而不是抽象的。国家有两种含义：一种是政府，用马克思主义的观点来看，就是凌驾于社会之上具有强制力的公权力；另一种就是人们常说的领土、政府和国民三者的结合体。所以，我们谈国家认同一定应是完整的、具体的。具体到当下，国家认同的内容理所应当包括党和政府。中国如此多的人口、如此广袤的国土、如此复杂的社会构成和国际环境，能够始终保持聚而不散的凝聚力并日益繁荣富强，没有中国共产党的坚强领导是不可想象的。

政治认同包括国家认同，也包括各民族共同的利益认同和命运认同。在中国历史上，无论是壮丽辽阔的国土、灿烂多样的文化，还是秦汉雄风、盛唐气象、康乾盛世，都是中国各民族共同创造的；近代以来抗击列强压迫，争取祖国解放，维护国家独立和中国特色现代化奇迹的创造也都是各民族人民共同完成的。历经数千年的中华各民族早已形成了休戚与共、谁也离不开谁的关系。这种关系就是我们所讲的形成了一个利益共同体和命运共同体。

　　利益认同在认同理论中是非常受重视的。能够决定认同取向的是三个因素：文化、利益和环境。其中文化是"天然"的成分，文化认同最持久、最深厚；而利益则是现实的因素，利益认同最直接、最有力。利益和命运密不可分。就此而论，在铸牢中华民族共同体意识的环节中，我们重视文化认同，同样需要重视利益认同。利益认同可以弥合文化认同，也可以分解文化认同。物质需求相比精神需求总是更直接、更基本。人可以不认自己的文化，但不能不吃饭。共同的利益和命运最可以化解矛盾、沟通感情、促进团结。而我们中华各民族之间原本就有着休戚与共的利益关系和共同命运，如果忽视这一点、不强调这一点，原有的文化认同也就会失去根基。

　　中华民族是一个利益共同体，也是一个命运共同体。在中华民族伟大复兴的征程中，每一个民族都不可能独享其荣、独善其身，而只能一荣俱荣、一损俱损。这虽然是一个大家都在讲的大道理，却是一个切切实实的真道理。

结　语

　　"民族"是人类基于群居本能、最有生命力的社会组合形式。民族主义看到了这一点，进而认为人类只有依托民族才能更好地生存发展，也只有依托民族才能实现自己的政治理想。这无疑反映了一种规律。资产阶级非常认可这个规律，也从未忽视过这一规律，所以自始至终对民族主义的运用非常自如：以民族的名义打造市场、以民族的名义发动革命，也以民族的名义构建国家、维护统治。

　　而马克思主义则不能从容地运用这个规律，因为它的宗旨是实现共产主义，从一开始就是一种国际的性质，秉持的是国际主义。资产阶级可以厕身于民族，无产阶级则必须超越民族。然而，其既然是规律，马克思主义也应该遵循。所以即如前述，马克思主义对于民族主义的完整立场也包括借助和吸纳。这样，如果把遵循民族的规律称为民族主义，把共产主义的无民族状态称为世界主义，那么马克思主义设定的共产主义目标实际上就要经过民族主义—国际主义—世界主义这样一条轨迹。在此，民族主义是基础：没有民族独立和解放，就没有无产阶级的国家；没有民族的国家建设，就无从为社会主义和共产主义创造物质和精神条件。而国际主义是纽带：没有国际主义就无从处理好国家之间、民族之间的关系，无从联合世界各民族人民抵达共产主义的理想彼岸。

　　就马克思主义对于民族主义的这一借助而言，以无产阶级掌握国家政权为界可分前后两个阶段，效果是不一样的：之前是成功的。无产阶级在帮助资产阶级完成民主革命、参加和领导民族解放运动中明确站在"民族"的立场，成功地实现了借助，也促进了无产阶级革命事业的发展。之后则比较失败。马克思、恩格斯没有建立无产阶级国家的实践；列宁创建了苏联，却没有经历其后的国家建设；斯大林领导了苏联的国家建设，也试图把民族国家理想嫁接于社会主义，但最终演化成了"大俄罗斯沙文主义"，"戏弄"了无产阶级国际主义。第三国际及之后国际主义的扭曲、社会主义阵营的分裂、苏联的解体、中国社会主义建设前期的挫折等都与这个问题有着直接或间接的关系。所以，无产阶级能否把握好、借助好民族规律，不但决定了革命和国家建设的成败，也决定了能否走好国际主义的下一步，乃至再下一步的世界主义或共产主义。而从这个视角来观照，中国化的马克思主义理论和实践，尤其中国特色社会主义道路的开拓显然就有了更为深远的意境。

　　中国共产党仅用了28年的时间便取得"天下"，从一个只有几十人的小党跃身为世界上人口最多国家的执政党，可值称道的经验很多，而其对民族规律的借助无疑是最为值得重视的亮点之一。中国共产党积蓄力量最成功，也是推进中国革命最显著的时期有两个：一个是国民大革命时期，另一个是抗日战争时期。两个时期的共同特征是高举民族主义的旗帜，唤起了中华民族的民族意识、团结各民族各阶层人民共同进行民族解放运动。如果说，无产阶级取得国家政权之前对民族主义借助总体上是成功的，那中国共产党的经验堪称典范。

　　无产阶级取得国家政权之后在民族规律借助上的失误在新中

国的历史上也是有表现的，主要就是在"左"的错误思想指导下的阶级斗争扩大化，对中华传统文化的摧残，继而对中华民族意识的破坏和国内民族关系的损害。好在中国共产党始终保持了民族气节，在与包括霸权式的"国际主义"在内的各种外来势力斗争中逐渐明确了自己的中国化方向。也正是有这样一个基础，改革开放开始后，中国共产党对民族规律的借助也便日渐自觉化、明朗化。从"爱国主义"和"振兴中华"口号的重新提出，到对"中华民族凝聚力"和"中华民族精神"的强调，再到十八大以来"中华民族伟大复兴"的相继写进党章和载入宪法，显示了中国共产党中华民族意识自觉的不断深化。更为重要的是，自2002年十六大开始，中国共产党的党章已明确宣布："中国共产党是中国工人阶级的先锋队，同时是中国人民和中华民族的先锋队。"中国共产党明确而坚定的民族化立场不但是对国际共产主义运动史上忽视民族规律错误的矫正，也是在新的时代背景下对于马克思主义的创造性发展。当今世界，经典马克思主义时代的阶级状况和国际环境都发生了天翻地覆的变化。在应对这种变化中，中国特色社会主义无疑是最有生命力的马克思主义理论和实践。

美国研究民族主义的著名学者格林菲尔德在其《民族主义——走向现代的五条道路》的中译本前言中写道：我们正面临一场历史巨变，"这就是伟大的亚洲文明的崛起"，"其中最重要的是中华文明的崛起"。它"成为世界的主导"，"从而结束了历史上的'欧洲时代'，以及'西方'的政治经济霸权"，但起决定性作用的是它背后的民族主义"集体动力"。① 这种认识在国际上极具普遍性，也难以否认它的正确性。因为中国特色社会主义正

---

① 〔美〕里亚·格林菲尔德：《民族主义——走向现代的五条道路》，王春华等译，上海三联书店，2010，第1页。

是在中华民族意识的不断凝聚中获得动力、取得成功的。

然而，马克思主义的发展绝不会只停留在民族化这一步，其后的国际主义是顺理成章的第二步。"无产阶级国际主义"显然已没有了生命力，这不但是因为实践中的失败导致这个提法和口号的被抛弃，同样是因为阶级状况和国际大环境的变化使得它已不再具有实践的条件。对于当今的马克思主义者来说，国际主义的实践对象不应仅是各国的"无产阶级"和社会主义国家之间，更主要的是各种不同社会制度、不同发展水平的国家和民族之间。而在这个层面，从新中国成立之初的和平共处五项原则，到其后的三个世界划分理论，再到当今人类命运共同体的构想，都是不断民族化的中国共产党人的理论奉献。这些奉献不再被称为"无产阶级国际主义"，却仍然具备国际主义性质、承担着国际主义使命，是走向世界主义不可或缺的一环。

中国特色社会主义正在证明借助民族的必要，也在证明超越民族的必要；未来的马克思主义也必将在对民族的借助和超越中不断发展。

主要引证及参考书目

中国社会科学院民族学与人类学研究所民族理论室编《马克思主义经典作家民族问题文选·马克思恩格斯卷（上、下）》，社会科学文献出版社，2016。

中国社会科学院民族学与人类学研究所民族理论室编《马克思主义经典作家民族问题文选·列宁卷（上、下）》，社会科学文献出版社，2016。

中国社会科学院民族学与人类学研究所民族理论室编《马克思主义经典作家民族问题文选·斯大林卷》，社会科学文献出版社，2016。

《马克思恩格斯文集》第1~10卷，人民出版社，2009。

《马克思恩格斯全集》（第1、2版），人民出版社。

《列宁全集》（第2版），人民出版社。

《斯大林全集》，人民出版社。

马克思、恩格斯：《共产党宣言》，中央编译出版社，2005。

《毛泽东选集》第1~4卷，人民出版社，1991。

《毛泽东文集》第7~8卷，人民出版社，1999。

《习近平谈治国理政》第1卷，外文出版社，2014。

《习近平谈治国理政》第2卷，外文出版社，2017。

中央统战部编《民族问题文献汇编》，中共中央党校出版社，1991。

中央统战部、中央文献研究室编《周恩来统一战线文选》，人民出版社，1984。

国家民委政策研究室编《中国共产党主要领导人论民族问题》，民族出版社，1994。

国家民委编《中央民族工作会议精神学习辅导读本》，民族出版社，2015。

庄福龄主编《马克思主义史》第1~4卷，人民出版社，1996。

李维汉：《回忆与研究》，中共党史资料出版社，1986。

李维汉：《统一战线问题与民族问题》，人民出版社，1981。

国家民委办公厅等编《中华人民共和国民族政策法规选编》，中国民航出版社，1997。

全国人民代表大会民族委员会编《第一届至第九届全国人民代表大会民族委员会文件资料汇编》（1954~2003），中国民主法制出版社，2008。

黄光学主编《当代中国的民族工作》上，当代中国出版社，1993。

费孝通等：《中华民族多元一体格局》，中央民族学院出版社，1989。

荣孟源等：《中国国民党历次代表大会及中央全会资料》上，光明日报出版社，1985。

梁守德等：《民族解放运动史》，北京大学出版社，1985。

徐天新、许平、王红生主编《世界通史·现代卷》，人民出版社，1997。

徐天新、梁志明主编《世界通史·当代卷》，人民出版社，1997。

樊亢主编《资本主义兴衰史》，经济管理出版社，2007。

王伟光主编《社会主义通史》第6卷，人民出版社，2011。

宁骚：《民族与国家——民族关系与民族政策的国际比较》，北京大学出版社，1995。

郭树勇：《从国际主义到新国际主义》，时事出版社，2006。

刘彦章等编《斯大林年谱》，人民出版社，2003。

郝时远：《类族辨物——"民族"与"族群"概念之中西对话》，中国社会科学出版社，2013。

郝时远、阮西湖主编《苏联民族危机与联盟解体》，四川民族出版社，1993。

张三南：《马克思主义经典作家关于民族主义的论述及当代意义研究》，时事出版社，2014。

赵常庆等：《苏联民族问题研究》，社会科学文献出版社，1996。

陆庭恩、刘静：《非洲民族主义政党和政党制度》，华东师范大学出版社，1997。

杨伯溆：《全球化：起源、发展和影响》，人民出版社，2002。

魏宏远主编《中国现代史资料选编》2，黑龙江人民出版社，1981。

庞中华主编《全球化、反全球化与中国》，上海人民出版社，2002。

戴隆斌主编《共产国际第一次代表大会文献》，中央编译出版社，2012。

华东师范大学当代中国马克思主义研究中心：《社会主义发展的历程研究》，上海人民出版社，2001。

中央编译局国际共运史研究所编《国际共运史研究资料》第

16 辑，人民出版社，1986。

黄修荣主编《共产国际、联共（布）秘档与中国革命史新论》第 1 集，中共党史出版社，2004。

王希恩主编《20 世纪的中国民族问题》，中国社会科学出版社，2012。

中国国际问题研究所编辑部编《不结盟运动主要文件集》，中国对外翻译出版公司，1987。

俞祖华、王国洪主编《中国现代政治思想史》，山东大学出版社，1999。

张枬、王忍之编《辛亥革命前十年间时论选集》第 1 卷，三联书店，1960。

夏晓虹编《梁启超文选》上，中国广播电视出版社，1992。

中国第二历史档案馆编《中华民国史档案资料汇编》第 2 辑，江苏人民出版社，1981。

孙中山：《三民主义》，岳麓书社，2000。

魏宏远主编《中国现代史资料选编》，黑龙江人民出版社，1981。

邓正来主编《布莱克维尔政治学百科全书》，中国政法大学出版社，2002。

〔德〕海因里希·格姆科夫等：《马克思传》，易廷镇、侯焕良译，人民出版社，2000。

〔德〕海因里希·格姆科夫等：《恩格斯传》，易廷镇、侯焕良译，人民出版社，2000。

〔苏〕迈斯特连科：《苏共各个时期的民族政策》，林钢译，人民出版社，1983。

〔美〕斯塔夫里阿诺斯：《全球通史——1500 年以后的世界》，

吴象婴、梁赤民译，上海社会科学院出版社，1999。

〔法〕托克维尔：《旧制度与大革命》，冯棠译，商务印书馆，1997。

〔法〕卢梭：《社会契约论》，何兆武译，商务印书馆，1982。

〔美〕里亚·格林菲尔德：《资本主义精神——民族主义与经济增长》，张京生、刘新义译，上海世纪出版集团，2004。

〔美〕里亚·格林菲尔德：《民族主义——走向现代的五条道路》，王春华等译，上海三联书店，2010。

〔英〕弗·卡斯顿：《法西斯主义的兴起》，周颖如、周熙安译，商务出版社，1989。

〔英〕戴维·赫尔德、安东尼·麦克格鲁：《全球化与反全球化》，陈志刚译，社会科学文献出版社，2004。

〔苏〕伊·布拉斯拉夫斯基：《第一国际第二国际历史资料·第二国际》，中国人民大学编译室译，三联书店，1964。

〔美〕戴维·奥塔韦、玛丽娜·奥塔韦：《非洲共产主义》，魏培忠等译，东方出版社，1986。

〔苏〕莫·克·魏托什金等：《民族主义、大国沙文主义、世界主义、种族主义》，李毅夫、梅林译，民族出版社，1959。

〔奥〕奥托·鲍威尔著、殷叙彝编《鲍威尔文选》，人民出版社，2008。

〔英〕C. D. H. 柯尔：《社会主义思想史》第3卷，何慕李译，商务印书馆，1986。

〔英〕安东尼·史密斯：《民族主义——理论，意识形态，历史》，叶江译，上海世纪出版集团，2006。

〔英〕安东尼·史密斯：《全球化时代的民族与民族主义》，龚维斌、良警宇译，中央编译出版社，2002。

〔美〕海斯:《现代民族主义演进史》,帕米尔等译,华东师范大学出版社,2005。

〔英〕霍布斯鲍姆《民族与民族主义》,李金梅译,上海人民出版社,2006。

〔英〕埃里·凯杜里:《民族主义》,张明明译,中央编译出版社,2002。

〔英〕厄内斯特·盖尔纳:《民族与民族主义》,韩红译,中央编译出版社,2002。

〔以〕耶尔·塔米尔:《自由主义的民族主义》,陶东风译,上海世纪出版集团,2005。

〔英〕伯林:《反潮流:观念史论文集》,冯克利译,译林出版社,2002。

〔英〕约翰·麦克里兰《西方政治思想史》,彭淮栋译,海南出版社,2003。

〔美〕塞缪尔·亨廷顿:《我们是谁?——美国国家特性面临的挑战》,程克雄译,新华出版社,2005。

〔英〕哈利迪:《革命与世界政治》,张帆译,世界知识出版社,2006。

〔澳〕伊恩·卡明斯:《马克思恩格斯与民族运动》,柯明译,湖北人民出版社,1983。

〔俄〕根纳季·久加诺夫:《全球化与人类命运》,何宏江等译,新华出版社,2004。

苏联科学院哲学研究所:《苏联社会主义民族》,中央民族学院民族问题译丛编译室译,民族出版社,1958。

图书在版编目（CIP）数据

马克思主义理论和实践中的民族主义／王希恩著
. -- 北京：社会科学文献出版社，2020.8（2022.9重印）
ISBN 978-7-5201-6935-6

Ⅰ.①马…　Ⅱ.①王…　Ⅲ.①马克思主义-民族主义
-研究　Ⅳ.①A811.64

中国版本图书馆 CIP 数据核字（2020）第 133963 号

马克思主义理论和实践中的民族主义

著　　者／王希恩

出 版 人／王利民
组稿编辑／宋月华
责任编辑／周志静
责任印制／王京美

出　　版／社会科学文献出版社·人文分社（010）59367215
　　　　　　地址：北京市北三环中路甲 29 号院华龙大厦　邮编：100029
　　　　　　网址：www.ssap.com.cn
发　　行／社会科学文献出版社（010）59367028
印　　装／北京虎彩文化传播有限公司

规　　格／开　本：787mm×1092mm　1/16
　　　　　　印　张：26.5　字　数：319 千字
版　　次／2020 年 8 月第 1 版　2022 年 9 月第 3 次印刷
书　　号／ISBN 978-7-5201-6935-6
定　　价／189.00 元

读者服务电话：4008918866